Othmar Keel Studien zu den Stempelsiegeln IV

ORBIS BIBLICUS ET ORIENTALIS

Zum Autor:

Othmar Keel (1937) studierte Theologie, Exegese und altorientalische Religions- und Kunstgeschichte in Zürich, Freiburg i.Ü., Rom, Jerusalem und Chicago. Er ist seit 1969 Professor für Exegese des Alten Testaments und für Biblische Umwelt an der Theologischen Fakultät der Universität Freiburg i.Ü.

Wichtigste Buchveröffentlichungen: Feinde und Gottesleugner. Studien zum Image der Widersacher in den Individualpsalmen (Stuttgart 1969); Die Welt der altorientalischen Bildsymbolik und das Alte Testament (Zürich/Neukirchen 1972, [4]1984; engl. 1978; holländisch 1984); Jahwe-Visionen und Siegelkunst (Stuttgart 1977); Jahwes Entgegnung an Ijob (Göttingen 1978; französisch 1993); Deine Blicke sind Tauben. Studien zur Metaphorik des Hohen Liedes (Stuttgart 1984); Das Hohelied (Zürich 1986; englisch 1994); Das Recht der Bilder, gesehen zu werden (Freiburg Schweiz-Göttingen 1992).

Zusammen mit M. Küchler Autor und Herausgeber von Orte und Landschaften der Bibel. Ein Handbuch und Studienreiseführer zum Heiligen Land. Band I: Geographisch-geschichtliche Landeskunde (Zürich/Göttingen 1984); Band II: Der Süden (ebd. 1982); zusammen mit H. Keel-Leu, S. Schroer u.a., Studien zu den Stempelsiegeln aus Palästina/Israel I-III, OBO 67, 88 und 100 (Freiburg Schweiz-Göttingen 1985, 1989 und 1990); zusammen mit Ch. Uehlinger, Altorientalische Miniaturkunst. (Mainz 1990); Göttinnen, Götter und Gottessymbole. Neue Erkenntnisse zur Religionsgeschichte Kanaans und Israels aufgrund bislang unerschlossener ikonographischer Quellen (Freiburg i.Br. 1992,[2]1993).

Orbis Biblicus et Orientalis 135

Othmar Keel

Studien zu den Stempelsiegeln aus Palästina/Israel

Band IV

Mit Registern zu den Bänden I-IV

Universitätsverlag Freiburg Schweiz
Vandenhoeck & Ruprecht Göttingen

Die Deutsche Bibliothek – CIP-Einheitsaufnahme

Studien zu den Stempelsiegeln aus Palästina, Israel. –
Göttingen: Vandenhoeck und Ruprecht; Freiburg Schweiz:
Univ.-Verl.

Bd. IV. Mit Registern zu den Bänden I – IV / Othmar Keel ... – 1994

(Orbis biblicus et orientalis; 135)
ISBN 3-525-53770-0 (Vandenhoeck und Ruprecht)
ISBN 3-7278-0952-3 (Univ.-Verl.)

NE: Keel, Othmar; GT

Veröffentlicht mit Unterstützung des Hochschulrats der Universität Freiburg i. Ü. und der Schweizerischen Akademie der Geistes- und Sozialwissenschaften

Paulusdruckerei Freiburg Schweiz

ISBN 3-7278-0952-3 (Universitätsverlag)
ISBN 3-525-53770-0 (Vandenhoeck & Ruprecht)

Für Hildi
zum 8. April 1994

INHALTSVERZEICHNIS

Vorwort

Der vorliegende Band schliesst eine Reihe von vier Bänden "Studien zu den Stempelsiegeln aus Palästina/Israel" ab (OBO 67, 88, 100 und 135). Die 17 Studien, die sie enthalten, versuchen, Licht in Chronologie und Thematik der – von der Mittleren Bronzezeit abgesehen (TUFNELL 1984) – bisher kaum systematisch behandelten anepigraphischen Glyptik Palästina/Israels zu bringen.

Der *erste* Band (OBO 67 = KEEL/SCHROER 1985) behandelt grundsätzlich das Problem, welche Bedeutung der Miniaturkunst für eine Kultur- und besonders für eine Religionsgeschichte Palästinas zukommen könnte. Die Fragestellung wird im dritten Band nochmals aufgenommen (OBO 100 = KEEL/SHUVAL/UEHLINGER 1990: 396-404). Weiter wird im ersten Band am Motiv des "Mannes im Wulstsaummantel" gezeigt, wie beim Studium der Stempelsiegel andere Bildträger (Rollsiegel, Stelen), auf denen das gleiche Motiv zu finden ist, im Auge behalten werden müssen, um die spezielle Bedeutung des Motivs in der Stempelsiegelglyptik erfassen zu können.

Im *zweiten Band* (OBO 88 = KEEL/KEEL-LEU/SCHROER 1989) katalogisiert ein erster Beitrag die rund 50 Stempelsiegel aus Palästina aus den Perioden *vor* der Mittleren Bronzezeit und diskutiert die Frage, ob es sich um importierte oder lokal angefertigte Stücke handle. Die restlichen fünf Beiträge beschäftigen sich mit Siegelamulett-Gruppen und Motive der Mittleren (Ω-Gruppe, Jaspis-Gruppe, Falkenköpfiger), der Mittleren und Späten Bronzezeit (Nackte Göttin, Göttinnen- und Hathorkopf) und eine Gruppe der Späten Bronzezeit (Ptah).

Der *dritte* Band (OBO 100 = KEEL/SHUVAL/UEHLINGER 1990) ist Problemen der ausgehenden Spätbronzezeit gewidmet (der Amuntempel in Gaza und die Philister; Bogenschützen auf Skarabäen), vor allem aber der Aufarbeitung des glyptischen Materials aus der Frühen Eisenzeit (Katalog, Klassifizierung und Deutung des Materials). Dazu enthält er die Veröfffentlichung des glyptischen Materials, das auf dem Tell Keisan in der Ebene von Akko gefunden worden ist.

Der vorliegende *vierte* Band (OBO 135 = KEEL 1994) beschäftigt sich mit einem bisher nicht adäquat publizierten, weitestgehend übersehenen Hortfund aus der ausgehenden Frühen Eisenzeit aus Megiddo, mit einer stark ägyptisierenden Siegelamulett-Gruppe aus der Eisenzeit II A-B (10.-8. Jh.) und einer Gruppe der Eisenzeit II C (7. Jh.), deren Ikonographie vom typisch assyrisch-aramäisch Kult der nächtlichen Gestirne beeinflusst ist. Dabei wird einmal mehr das Verhältnis Grosskunst – Kleinkunst thematisiert. Ein kurzer Überblick über die lokale Siegelamulett-Produktion Palästina/Israels von den Anfängen bis ans Ende der Eisenzeit stellt eine Art Zusammenfassung dar und ein Sachregister zu allen vier Bänden soll deren Benützung erleichtern.

Die Ikonographie der beschrifteten Siegel der Eisenzeit II B-C ist in einem eigenen Band studiert worden, der 10 Einzelstudien und eigene Register umfasst (OBO 125 = SASS/UEHLINGER 1993).
In "Göttinnen, Götter und Gottessymbole. Neue Erkenntnisse zur Religionsgeschichte Kanaans und Israels aufgrund bislang unerschlossener ikonographischer Quellen" (1992, ^{2}1993) haben KEEL/UEHLINGER den Versuch einer Synthese gewagt, der die Ergebnisse der 27 genannten Spezialstudien mit dem verbinden sollte, was bisher zur Ikonographie und Epigraphik Palästina/ Israels erarbeitet worden ist.

Als nächstes ist die Edition des gesamten bisher nicht systematisch erfassten Quellenmaterials geplant, vor allem der rund 10'000 Stempelsiegelamulette aus offiziellen Grabungen, aber auch die anderer Denkmälergattungen. So wird demnächst ein Corpus der ägyptischen Amulette aus Palästina/Israel von CHRISTIAN HERRMANN in der Reihe OBO erscheinen. Diese Veröffentlichungen des Quellenmaterials sollen künftiger Foschung erlauben, mit dem ganzen Material zu arbeiten, von dem wir in "Göttinnen, Götter und Gottessymbole" nur einen kleinen Teil verwenden konnten.

Dem Schweizerischen Nationalfonds zur Förderung der wissenschaftlichen Forschung danke ich für seine Unterstützung, ohne die die "Studien zu den Stempelsiegeln" nicht hätten realisiert werden können, meiner Assistentin Frau ULRIKE HENKENMEIER, für eine kritische Durchsicht des Manuskripts und ihr und Frau BERNADETTE SCHACHER für seine typographische Bearbeitung und Formatierung.

Meine Frau, HILDI KEEL-LEU, hat auch zu den Beiträgen dieses Bandes nicht nur zahlreiche Zeichnungen, sondern mancherlei Recherchen beigesteuert. Ihre Kompetenz in diesem Bereich ist ein wesentlicher Bestandteil des "Instituts" geworden (vgl. ihr "Vorderasiatische Stempelsiegel", OBO 110, 1991). Ihre technisch-fachlichen Beiträge an diesen Band sind aber nur ein winziger Bruchteil dessen, was ich ihr verdanke. Seit 25 Jahren teilt sie mit mir und dann auch mit unseren Kindern, mit unseren Freundinnen und Freunden, ihr reiches emotionales und intellektuelles Leben, kümmert sich um unsere Bedürfnisse und Sorgen und lässt uns an den ihren teilhaben. Ich widme ihr dieses Buch zu unserem 25jährigen Hochzeitstag mit grosser Dankbarkeit.

Danken möchte ich bei dieser Gelegenheit auch meinem Kollegen DOMINIQUE BARTHÉLEMY, der uns nicht nur getraut, sondern uns schon damals sein effizientes Wohlwollen hat zuteil werden lassen und es durch all die 25 Jahre bewahrt hat.

Freiburg/Schweiz, März 1994 Othmar Keel

FRÜHEISENZEITLICHE SIEGELAMULETTE

Der Hortfund von Megiddo*

INHALTSVERZEICHNIS

---

* Die hier vorgelegten Ergebnisse wurden erstmals am 13. Dez. 1990 anlässlich eines Kolloquiums des Deutschen Vereins zur Erforschung Palästinas in der Tagungsstätte der Justus-Liebig-Universität in Schloss Rauischholzhausen vorgetragen. Meiner Frau Hildi Keel-Leu danke ich für ihre Recherchen zu Datierung der Brandschicht und zur Beschreibung und Einordnung des Gefässes und für die Zeichnungen der Siegelamulette auf den Taf. 5-11.

1. EINLEITUNG

Während der ersten Ausgrabungen auf dem *Tell el Mutesellim*, dem alten Megiddo (hebr. *Tel Megiddo*), in den Jahren 1903 und 1905 (vgl. DAVIES 1986: 12-17; KEMPINSKI 1989: 6f) machte der deutsche Archäologe GOTTLIEB SCHUMACHER in der sog. Brandschicht über seiner mittleren Burg einen Hortfund mit Stempelsiegeln, bes. Skarabäen, Amuletten und Schmuck aus der frühen Eisenzeit (ca. 1200-1000). In meiner Arbeit "Früheisenzeitliche Glyptik in Palästina/Israel" (KEEL/ SHUVAL/ UEHLINGER 1990: 331-421) habe ich ihn nicht berücksichtigt. Subjektiv haben der Verzicht auf Vollständigkeit und objektiv die sehr summarische Art der Publikation, die Details nur mit Mühe erkennen lässt, dazu geführt, dass ich diese wichtige Gruppe übersehen habe.[1]
Nachdem ich am 23. Mai 1990 dank der Freundlichkeit von Frau Evelyn KLENGEL-BRANDT Gelegenheit hatte, die auf der Museumsinsel in Berlin aufbewahrten Teile dieses Hortfunds zu studieren, wurde mir seine Bedeutung bewusst. Aus dem Nachteil, ihn übersehen zu haben, konnte der Vorteil werden, in der geschlossenen Gruppe ein Vergleichsmaterial zu besitzen, das gestattete, die in der genannten Studie gezogenen Schlüsse zu überprüfen. Ehe das geschehen konnte, musste aber eine brauchbare Dokumentation (Beschreibungen, Abdrücke, Photos) auch jenes Teils des Hortfunds beschafft werden, der im Archäologischen Museum in Istanbul aufbewahrt wird. Dies gelang im September 1990 mit Hilfe des Direktors Herrn HALIL BEY, der Konservatorin Frau MINE SOYSAL und von Frau UTE BIRGI, Luzern/ Istanbul.

---

1 Auch M. SHUVAL (1990: 67-161; vgl. aber seine Nr. 49) und J. EGGLER in seiner unveröffentlichten Master Thesis am Department of Semitic Languages and Cultures der University of Stellenbosch, Südafrika ("Scarabs from Excavations in Palestine/Transjordan from Iron Age I [c. 1200-1000 B.C.], Stellenbosch 1992, 391-406) haben diesen Hortfund übersehen. Zu einem ersten Hinweis auf seine Bedeutung vgl. KEEL/UEHLINGER 1992: §§ 64ff.

G. SCHUMACHER beschreibt den Hortfund wie folgt (1908: 88f):
"Etwa in der Mitte des Quadrats Q21[2] lag in 182,30 m MH[3], 4,20 m unter der Telloberfläche und 4,30 m über dem Pflaster der Kelter der dritten Schicht[4], in einer Brandschicht aus Ziegelresten, Asche, Kohlen, Steinen und Erde eine Anzahl von Schmuckgegenständen und Töpfen, die wir der vierten Schicht[5] zuweisen müssen. In der genannten Schuttmasse stand ein von Feldsteinen ummauerter Topf mit vier Henkeln, der auf einem Fussgestell von drei weiteren Henkeln ruhte und von blatt- und leiterartigen Ornamenten bedeckt war (Abb. 123 [hier **Taf. 1a**]). Dieser Topf enthielt (vgl. Tafel XXVIII [hier **Taf. 2** und **3**]) eine Menge kleiner Perlen aus Ton und rotem Karneol (a), Amulette aus grünem Email (b), ägyptische Horusaugen aus Steatit und Stein (c), Tierzähne (d), viele einst zu einem Halsband vereinigte Cypraea-Meermuscheln (e), welche noch jetzt als Schmuck der Kamelhalfter vielfach Verwendung finden und *wadaʿ* genannt werden, eine versteinerte Conche (m), die als Amulett getragen wurde, zwei Bronzefingerringe (f), papierdünne, zusammengerollte Goldplättchen mit eingepresstem blätterartigem Ornament (Tafel XXVII l [hier **Abb. 1**]), feingezähnte Fischflossen (Tafel XXVII k [hier **Abb. 2**]), Bronzespitzen (Tafel XXVIII g), sowie zwei Bēsgötzen aus grünem Email (l), kleine ägyptische Statuetten (k) und bemalte Glas- (n) und Steatitscherben (o). Teils im Topf, teils daneben lagen 32 Skarabäen aus Steatit (h) und weissem Kalkstein, die meist einen oder zwei Löwen und menschliche Figuren in primitiver Ausführung (vgl. Typen Tafel XXVII f und g [hier **Abb. 3**] und Abb. 124 [hier **Taf. 1b**]), aber auch gut gearbeitete ägyptische Legenden mit dem Königsnamen *Mn - chpr - rʿ* (Dḥutmes III) zeigen. Der hier so häufig gefundene Löwe kommt auch in der späteren fünften Schicht, hier jedoch meisterhaft ausgebildet, vor. Lei-

---

2 Leider gibt es in der Publikation SCHUMACHERs keinen Plan der Schicht IV in diesem Quadrat. Der bei Schumacher (1908) auf Taf. XVI skizzierte Befund eines Teils des Quadrats Q21 in den Schichten III und II lag genau fünf Meter tiefer (MH 177.30) als der Hortfund und erlaubt keine Schlüsse auf Architektur- und andere -Reste in der Umgebung desselben. Diese bleiben also weitestgehend unbekannt.

3 D.h. Meereshöhe.

4 C. WATZINGER hat sie später dem 12./11. Jh. zugeschrieben (1929: 56-59).

5 Von WATZINGER ins 10. Jh. (Zeit Salomos) datiert (ebd.).

der zerfielen viele der durchs Feuer verbrannten Skarabäen und Amulette sehr bald. Ebenso konnte eine wunderhübsch aus Knochen geschnitzte, unbekleidete, weibliche Statuette von 0,05 m Länge, weil gänzlich verkohlt, nicht mehr zusammengesetzt werden; ihr Haarputz lief in langen Zöpfen zu beiden Seiten des Gesichts herab."

2. DATIERUNG DER "BRANDSCHICHT"

Es war nicht SCHUMACHERs Absicht, eine absolute Chronologie seiner Schichten bzw. von deren Funden zu etablieren. Es ging ihm vielmehr darum, ein relatives Verhältnis der baulichen Reste und Funde zueinander nachzuweisen (1908: 9), die er in acht Kulturschichten von unten (MB II) nach oben (EZ) einteilte. Die "Brandschicht" gehört seiner Schicht IV an, bzw. bildet deren Abschluss.
Gut zwanzig Jahre nach SCHUMACHERs Publikation unternahm der ebenfalls deutsche Archäologe CARL WATZINGER den Versuch, die verschiedenen Kulturschichten historischen Ereignissen zuzuordnen und absolut zu datieren. Von der Ursache der "Brandschicht", die sich zur Hauptsache über den südlichen Teil des Tells ausbreitet, sprach er als dem "bedeutsamsten Ereignis in der Geschichte Megiddos in der Eisenzeit" (1929: 26). Ihrer grossen Ausdehnung wegen schloss WATZINGER auf eine massive Zerstörung der Stadt als Folge kriegerischer Auseinandersetzungen.
Nach der damals geltenden Lehrmeinung schrieb WATZINGER die in Schicht IV beobachtete neue Mauertechnik bzw. den Quaderbau der Zeit Salomos (965-928) zu (1908: 56-58). Für die Zerstörung der damaligen Stadtanlage konnte somit der Einfall Scheschonqs I. in Palästina verantwortlich gemacht werden. Auch von den Funden her stand nach WATZINGER einer Datierung der Brandschicht ins letzte Viertel des 10. Jhs. nichts im Wege (ebd. 59).
Die Verantwortlichen der amerikanischen Ausgrabungen von 1925-1939 (vgl. DAVIES 1986: 17-22; KEMPINSKI 1989: 7-9) haben die Numerierung der Schichten umgekehrt: die oberste bzw. jüngste Schicht beginnt mit I, so dass SCHUMACHERs "Brandschicht" mit dem Ende von Schicht VI A der heutigen Abfolge gleichzusetzen ist (DAVIES 1986: 72). Gleichzeitig erwies sich der Zerstörungshorizont nach heuti

gen Erkenntnissen, vorab aufgrund der Keramik, die eindeutig "philistäische" Züge trägt, als mindestens ein Jahrhundert älter (DAVIES 1986: 16; 1986a: 46f; KEMPINSKI 1989: 84). Das in diesen Zusammenhang passende historische Ereignis könnten dann allenfalls die Feldzüge Davids gegen die Philister (DAVIES 1986: 73f; 1986a: 47) oder, wie KEMPINSKI meint (1989: 89), eine Katastrophe grösseren Umfangs, nämlich ein Erdbeben, gewesen sein. Er setzt es aufgrund der Keramikfunde ("one of the best assemblages of mid-eleventh century B.C. forms in North Palestine", 1989: 84) in der Mitte des 11. Jhs. an. Für unseren Hortfund ergibt sich daraus eine Datierung in die zweite Hälfte des 11. Jhs., also in die ausgehende Eisenzeit I.

3. BESCHREIBUNG UND EINORDNUNG DES GEFÄSSES

Das Gefäss, in dem der Hort verwahrt war, ist bei SCHUMACHER kurz, bei WATZINGER genauer beschrieben. Die beiden Autoren zeigen eine bzw. zwei Abbildungen vom Zustand, in dem es aufgefunden worden ist (SCHUMACHER 1908: 86, 88, Abb. 123 = **Taf. 1a**; WATZINGER 1929: 36, Abb. 33). **Taf. 4-5** zeigen das Gefäss nach der Restaurierung im Berliner Museum (Inv. Nr. VA 15014). Die Ergänzung ist nicht einfach freihändig gemacht worden, wie die Photos bei SCHUMACHER und WATZINGER vermuten lassen könnten, sondern aufgrund von Scherben, die mit dem Gefässkörper zusammen gefunden worden sind. Es handelt sich um ein vierhenkliges Gefäss, das auf drei Henkelfüssen ruht. Die Höhe beträgt restauriert 31,5 cm, vor der Restauration betrug sie ca. 26 cm. Der Durchmesser ohne Henkel ist ca. 23 cm. Das Material ist grober brauner Ton. Er ist mit roter Farbe überzogen, auf der senkrechte Polierstriche zu erkennen sind. Die Bemalung ist violett-schwarz und weiss: Um Hals und Schulter verläuft je ein violettschwarz umrandetes weisses Band. Darunter sind zwischen den vier Henkeln in vier Gruppen Malereien angebracht. Auf **Taf. 4** ist links ein Rechteck mit zwei "Leitern" und einem ebenfalls vertikal angebrachten Gittermuster zu sehen. Rechts flankieren zwei "Leitern" ein vertikales Grätenmuster. Auf **Taf. 5** ist links ein waagrecht plaziertes Gittermuster durch eine dunkel gerahmte weisse Linie von drei vertikal angebrachten "Leitern" getrennt. Rechts ist ein pflanzenartig stilisiertes Ornament mit einem achtarmigem Gebilde (Stern ?) links davon und einem Gebilde in Form einer oben und unter

durch eine horizontale Linie begrenzten römischen II zu sehen. Auch die Henkel sind mit horizontalen Strichen bemalt.
Der Typ des Gefässes entspricht dem archäologischen Kontext, in dem es gefunden worden ist. An ihm ist in exemplarischer Weise erkennbar, was von der früheisenzeitlichen Keramik im allgemeinen gilt: Es ist a) einerseits der Tradition der Spätbronzezeit verpflichtet und erweist sich b) andererseits durch gewisse Merkmale als Vertreter einer neuen Zeit (vgl. KEMPINSKI 1985: 402 und 79*). Zusätzlich sind ihm c) spezielle Züge eigen, die es zu einem Einzelstück machen.
a) Auf spätbronzezeitliche Vorbilder gehen die runde Gefässform, die als Standfüsse dienenden Henkel und die zweifarbige Bemalung in der Henkelzone zurück (AMIRAN 1969: 192, 218, 216; WEIPPERT 1988: 410).
b) Eine Neuerung sind die vier Henkel, die auf unserem Gefäss unterhalb der Schultern angebracht sind (AMIRAN 1969: 216; WEIPPERT 1988: 411). KEMPINSKI hat gezeigt, dass die vierhenklige Form in Megiddo schon in der Schicht VIIA vorkommt und bezeichnet sie als "an 'Israelite' modification of the late 13th century" (1989: 82). Der frühen Eisenzeit entspricht auch die Art der Bemalung, die in Megiddo nach einer kurzen Unterbrechung in der für uns wichtigen Schicht VIA erneut festzustellen ist, auf unserem Beispiel aber nur noch entfernt mit dem spätbronzezeitlichen Metopenstil verwandt ist: ein zu dieser Zeit durchaus bekanntes Phänomen (KEMPINSKI 1989: 84; AMIRAN 1969: 216).
c) Die Form des Gefässes entspricht am ehesten den Krateren, wie sie zur gleichen Zeit bzw. schon etwas früher in Megiddo und anderweitig im palästinischen Raum auftreten (LOUD 1948: pl. 66,2 Stratum VIIB; 69,15.16 Stratum VII A-VI A; 74,12; 79,1 Stratum VIIA-VIA; 79,5; 85, 4.6 Stratum VI; vgl. FRITZ/KEMPINSKI 1983: Taf. 87 C). Abweichend ist aber die geschlossene Körperform und der langgezogene, fast senkrecht aufsteigende Hals. In etwa vergleichbar ist ein Krater von der Ḫirbet el-Mšāš, bei dem jedoch die Henkel nicht am Bauch des Gefässes angebracht sind, sondern vom Rand zur Schulter führen (FRITZ/KEMPINSKI 1983: Taf. 88 K).
Die Bemalung ist abgesehen vom oben Gesagten völlig eigenwillig: sie weist vier voneinander verschiedene Motive auf, wobei "Leitern" eine prominente Rolle spielen. Die Motive sind weder untereinander verbunden noch gegen unten durch eine abschliessende Linie begrenzt, so

dass sie entweder frei im Raum schweben oder von der oberen Begrenzungslinie herunterhängen. Ein Musterkatalog?
Auch die Farben, violettschwarz und weiss entsprechen nicht der üblichen (schwarz-rot-braunen) Palette. Ob hier vielleicht die zyprischen "milk bowls" Pate gestanden haben? Auffallend an dieser spätbronzezeitlichen Importware sind jedenfalls die herunterhängenden Leitern und das Fehlen einer unteren Begrenzungslinie.
Aufgrund dieser Eigentümlichkeiten ist man geneigt, das Gefäss als Einzelanfertigung zu betrachten (zum Gefäss vergleich noch den Nachtrag von AMIHAI MAZAR unten auf p. 52).

4. HORTFUNDE

Wie in Anm. 1 gesagt wurde, wissen wir über den Zusammenhang wenig, in dem das Gefäss gefunden wurde. SCHUMACHERs Feststellung: "In der genannten Schuttmasse stand ein von Feldsteinen ummauerter Topf" (1908: 88) lässt aber immerhin erkennen, dass das spezielle Gefäss sorgfältig verwahrt worden ist. Im biblischen Hebräisch hätte man für diesen Vorgang das Verbum *ṭmn* verwendet, das "vergraben (Ex 2,12; Ijob 3,16), verbergen (Jos 7,21f), versteckt anbringen (Ps 9,16; 31,5), verwahren (Ijob 40,13)" bedeuten kann. Den Hortfund selbst hätte man wohl mit dem Substantiv *maṭmôn* bezeichnet. Seine "Bedeutung erstreckt sich von der Vorratsgrube bis zum verborgenen Schatz" (KELLERMANN 1978; vgl. KEEL 1973 zu Gen 35,4; vgl. Jes 45,3; Spr 2,4).
In einem Keramikgefäss oder sonst einem Behälter gesammelt und gehortet wurden im Alten Orient meist Metallgegenstände (Edelmetallstücke, Figuren, Waffen). DAVID ILAN (1992) hat solche Funde neulich zu klassifizieren versucht und unterschieden zwischen Gründungsdeposita (bei Tempeln oder öffentlichen Bauwerken), Kultdeposita, zu denen auch in Gruppen vergrabene, obsolet gewordener Votivgaben in Tempelvorhöfen gehören (NEGBI/ MOSKOWITZ 1966), Grabbeigaben und dem Besitz von Metallarbeitern und -händlern. In unserem Fall würde es sich analog um Siegel-, Amulett- und Schmuckhersteller bzw. -händler handeln. Zusätzlich kann an Privatpersonen gedacht werden, die ihren Besitz an Kostbarkeiten in einer Krisensituation versteckt haben (zur Problematik einer genauen Funktionsbestimmung vgl BJORKMAN 1993).

Horte, bei denen Siegelamulette den Haupt- oder wenigstens einen wichtigen Bestandteil bilden, sind im Vergleich zu Metallhorten sehr selten. Zu den wichtigsten gehört der, den P. MONTET in einem 54,5 cm hohen Gefäss in Byblos im Areal eines Tempels des 3. Jts. gefunden hat. Der Tempel ist gegen 2000 endgültig zerstört worden. Das Gefäss wurde anscheinend nach seiner Zerstörung vergraben. Darüber lag ein Gebäude aus der Perserzeit. Vom archäologischen Kontext her kommt also jede Zeit zwischen dem 20. und dem 6.-4. Jh. in Frage. Aufgrund des Inhalts ist der Hort wahrscheinlich nicht, wie TUFNELL und WARD (1966) meinten, in die 11. Dyn. zu datieren, aber auch nicht in die späte 13. Dyn., wie O'CONNOR vorschlug (1985:33), sondern in die erste Hälfte der 12. Dyn. zwischen 1950 und 1850 (WARD 1987: 515f). Er enthielt neben Anhängern und Figurinen, Perlen, kleinen Metallgefässen und Schmuckstücken aller Art 109 Siegelamulette. Davon waren 3 Rollsiegel, 6 Figuren-Stempel, sogenannte "Design-Amulets" (TUFNELL/ WARD 1966: 190 fig. 4,100-101; 195 fig. 5,102 und 104), darunter zwei Frosch-Skaraboide (ebd. 180 fig. 2,6-7), 10 sogenannte Kauroide und 90 Skarabäen, davon 14 ungravierte (ebd. 177).
Drei Gründungsdeposita der Hatschepsut (1479-1458) in Der el-Bahri enthielten u.a. rund 300 Skarabäen, die praktisch immer noch unveröffentlicht sind (JAEGER 1982: 123f).[6]
E. GRANT fand in Bet-Schemesch Stratum IVB (ca. 1300-1200) ein Gefäss mit ungefähr 400 meist sehr kleinen Objekten aus Gold, Silber, Bronze, Stein und Fayence, hauptsächlich Schmuckperlen, Ohrringen und ähnlichem.[7] Darunter waren auch 31 Skarabäen und Skaraboide. Von diesen sind nur 9 veröffentlicht (davon 7 gleich dreimal).[8] 22 sind bis heute unpubliziert geblieben.

---

6 Zu weiteren Gründungsdeposita ägyptischer Tempel, die Siegelamulette enthielten vgl. ebd. 124f.

7 Vgl. GRANT 1931: 43 und 49; ders. 1932 21 und pls. 48f und 51; GRANT/WRIGHT 1939: pls. 52,13 und 56,13 (Gefäss).

8 GRANT 1932: 84 und pl. 49,7-8; Nr. 8 ist identisch mit pl. 51,34 und 51,2.33. 45.47.49 und 50. Ausser pl. 49,7 sind alle bei ROWE 1936 mit Photos der Basis und des Rückens veröffentlicht (Nr. 640, 645, 791, 651, 378, 639 und 654). B. BRANDL hat dann die gleichen sieben Stück mit zusätzlichen Aufnahmen einer Seite (ausser GRANT 1932: pl. 49,7) nochmals veröffentlicht (1980). Neu dazugekommen ist bei ihm einzig ein ungravierter Kristall-Skarabäus (ebd. 80 fig. 12).

Sowohl beim Hortfund aus Byblos wie bei dem aus Bet-Schemesch sind die Siegelamulette zusammen mit Schmuck vergraben worden, wobei Schmuckgegenstände in der Mehrzahl sind. In Megiddo scheint das Verhältnis eher umgekehrt gewesen zu sein. Es gab Schmuckelemente wie Perlen aus Karneol und Fayence. Die Amulette und Siegelamulette, die vielleicht an Perlenketten getragen wurden, scheinen aber der dominierende Bestandteil gewesen zu sein.
Das Neben- und Miteinander von Schmuck und Amulett findet sich im literarischen Bereich im Jesajabuch 3,18-23.

5. ÄGYPTISCHE AMULETTE

Es kann und soll an dieser Stelle nicht der ganze Hortfund diskutiert werden. Das Interesse dieser Studie gilt den Stempelsiegeln. Bevor wir uns ihnen zuwenden, wollen wir aber doch kurz einen Blick auf die in SCHUMACHER dokumentierten und in Berlin aufbewahrten Amulette, besonders die Udschat-Augen (*wḏ3t*) werfen. Die Udschat-Augen sind von C. MÜLLER-WINKLER in ihrer Arbeit von 1987 sorgfältig klassifiziert und datiert worden. CH. HERRMANN hat in seiner Arbeit von 1994 die eisenzeitlichen Amulette aus Palästina erstmals gesammelt und viel bisher unveröffentlichtes Material publiziert und untersucht. Die Berücksichtigung dieses Materials kann die Datierung des Ensembles zusätzlich klären und festigen helfen.

5.1. Udschat-Augen

Das grösste der vier bei SCHUMACHER (1908) auf Taf. XXVIII unten (= **Taf. 3**) abgebildeten Stücke (HERRMANN 1994: Nr. 1187) ist durch die mit einem Fischgrätenmuster versehene Augenbraue charakterisiert. Diese Eigenheit taucht in der 18. Dyn. erstmals auf, bleibt aber auch für die Ramessidenzeit (19.-20. Dyn.; 1292-1075) typisch (MÜLLER-WINKLER 1987: 119 und 124; HERRMANN 1985: Nr. 172-189 und eine sehr genaue Parallele aus einem früheisenzeitlichen Kontext vom Tell es-Saʿidijeh bei TUBB 1988: 41 Fig. 17). Ausschliesslich in der Ramessidenzeit findet sich der mehrfache Schminkstrich (vom Auge waagrecht nach hinten gezogen) bzw. die horizontal gerillte Schminkstrich-Fläche. Ein diesem Stück sehr ähnliches ist in Megiddo

Stratum V (1010-930) gefunden worden (vgl. HERRMANN 1994: Nr. 1188).
Dieser findet sich auch beim zweitgrössten unserer vier Udschat-Augen (HERRMANN 1994: Nr. 972; vgl. MÜLLER-WINKLER 1987: 124; HERRMANN 1985: Nr. 178-189; HERRMANN 1990: Nr. 46-49). Gute Parallelen zu diesem Stück fanden sich in Bet-Schean Stratum V (1100-950), Bet-Schemesch Grab 1 (ca. 1050-850), Hazor Stratum IXB (950-900) und Megiddo Stratum V (1010-930; HERRMANN 1994: Nr. 974, 977, 975 und 973). Typisch für die Ramessidenzeit sind bei diesen zwei Stücken auch ihre beachtliche Grösse und das Material, bei dem es sich um Fayence zu handeln scheint (WATZINGER 1929: 40).
Neben Fayence nennt WATZINGER Steatit und Kalkstein. Eine dieser beiden Angaben dürfte sich auf das Stück rechts aussen beziehen (HERRMANN 1994: Nr. 900). Es handelt sich um ein Udschat-Auge ohne Innenzeichnung, und solche sind "per definitionem aus Stein" (MÜLLER-WINKLER 1987: 162, vgl. auch 95). Von solchen aus Karneol abgesehen (vgl. ebd. 167) kommen Stein-Udschat-Augen nur in der 21. Dyn. (1075-944), in der 26. Dyn. (664-525) und in der Ptolemäerzeit vor (MÜLLER-WINKLER 1987: 162). Da die beiden letzten Perioden nicht in Frage kommen, bleibt nur die 21. Dynastie.
Das letzte der vier Udschat-Augen ist mit einem Uräus kombiniert, der eine Sonnenscheibe auf dem Kopf trägt (HERRMANN 1994: Nr. 1194; vgl. MÜLLER-WINKLER 1987: 105f).[9] Der Uräus bäumt sich vor dem Auge auf. Udschat-Augen mit Uräen sind von der 18. bis in die 25. Dynastie belegt. Auf MÜLLER-WINKLERs Tabelle auf S. 147 fehlt die 19. und 20. Dyn. Sie ist aber durch zahlreiche Model von Udschat-Augen mit typisch ramessidischen Merkmalen, die mit Uräusschlangen kombiniert sind, belegt (HERRMANN 1985: Nr. 240-248; HERRMANN 1990: Nr. 65-66). Diese Kombination ist für die Eisenzeit II eher atypisch. Die Art, wie Uräus und Udschat-Auge kombiniert sind, ist allerdings ungewöhnlich. Insofern kann sie für die Datierung nicht viel beitragen. Die andern drei aber geben einer Datierung des Hortfunds

---

9 Schriftliche Unterlagen im Vorderasiatischen Museum in Berlin wollen es der Nordburg zuweisen. Aber diese schriftlichen Unterlagen sind in einem so schlechten Zustand und erweisen sich also so wenig zuverlässig, dass die Publikation, die alle vier Udschat-Augen dem Hortfund zuweist, den Vorzug verdient.

ins 12./11. Jh. zusätzlich Gewicht, wobei das Stein-Udschat-Auge ein Vergraben des Horts gegen Ende der Laufzeit dieses Stratums um die Mitte des 11. Jhs. oder wenig später nahelegt.
Neben den vier auf Taf XXVIII unten abgebildeten Udschataugen sind als Teil des Hortfunds zwei weitere auf Taf. XXVIII oben (= **Taf. 2**) in den oberen Ecken abgebildet. Obwohl sie nur gut zur Hälfte sichtbar sind, scheint es doch eindeutig zu sein, dass die beiden mit keinem der vier auf Taf. XXVIII unten (= **Taf. 3**) abgebildeten Stücke identisch sind. Die Originale befinden sich vielleicht in Istanbul. Nach den Angaben in Berlin scheinen zusätzlich zu den sechs genannten Belegen vier weitere in Berlin aufbewahrte Udschataugen aus dem Hortfund zu stammen. Ch. HERRMANN hat sie zum ersten Mal publiziert (1994: Nr. 983, 995, 1004, 1005).

5.2. Figuren von Gottheiten

Neben den "ägyptischen Horusaugen" (Udschataugen) erwähnt SCHUMACHER "zwei Besgötzen aus grünem Email (l) und kleine ägyptische Statuetten (k) (1908: 88f)". Mit dem "Besgötzen aus grünem Email bei l" kann wohl nur der Beskopf aus Fayence auf Taf. XXVIII unten (= **Taf. 3**) gemeint sein, der dort verkehrt abgebildet ist (jetzt bei HERRMANN 1994: Nr. 456). Das Stück links davon ist kaum ein Bes.
Von den kleinen ägyptischen Statuetten auf Taf. XXVIII unten bei k (= **Taf. 3**) hat die dritte von rechts, der Oberteil einer Figur mit Doppelkrone (HERRMANN 1994: Nr. 168) sehr gute Parallelen aus Bet-Schean Stratum VI (1175-1075) und aus Grab 127 beim Tell el-Farʿa Süd (20. Dyn.; HERRMANN 1994: Nr. 161 und 162).
Der thronenden Isis (vierte von rechts) mit dem Horusknaben auf dem Schoss und dem Kuhgehörn mit Sonnenscheibe auf dem Kopf (HERRMANN 1994: Nr. 42) lässt sich eine Parallele aus Bet-Schean Stratum V (1100-950) an die Seite stellen (HERRMANN 1994: Nr. 43).
Die fünfte Figur von rechts, wahrscheinlich eine thronende Sachmet (HERRMANN 1994: Nr. 77), ist aufgrund ihres beschädigten Zustands nicht ganz leicht einzuordnen. Sie hat eine gewisse Ähnlichkeit mit einer Sachmet vom Tell el-Farʿa-Süd Grab 206. PETRIE hat das Grab der 20. Dyn. zugeordnet (1930: pl. 32,158). Aufgrund der massiven Aufhängevorrichtung ist das Stück aber wohl später zu datieren (HERRMANN 1994: Nr. 78). Ein weiteres verwandtes Stück stammt aus Lachisch Grab 218 (TUFNELL 1953: pl. 34,28; HERRMANN 1994: Nr.

79). TUFNELL datiert das Grab ind 10./9. Jh., HERRMANN eher ins 9./8. Jh.
Die hier kurz besprochenen ägyptischen Amulette aus dem Hortfund, die zehn Udschat-Augen und die vier Figürchen von Gottheiten, die sich identifizieren liessen, bestätigen weitgehend die Datierung des Hortfunds in die Mitte des 11. Jhs., die auch die Fundschicht (Keramik) und das Gefäss, das ihn barg, nahelegen. Ihre Formen sind auch anderweitig, vor allem in Bet-Schean und auf dem Tell el-Farʿa Süd, für diese Zeit belegt. Die Tatsache, dass manche von ihnen ins 10. Jh. weiter laufen, bestätigt nur die relativ späte Ansetzung innerhalb der Eisenzeit I. Falls die Sachmet unbedingt später zu datieren ist, müsste die Frage gestellt werden, ob sie tatsächlich im Gefäss oder in der Nähe gefunden wurde. Ein von SCHUMACHER als Teil des Hortfunds publiziertes Siegelamulett (1908: Taf. XXVIII,p = **Taf. 3** Nr. 29) ist nach SCHUMACHER selber tatsächlich nur in unmittelbarer Nähe des Gefässes und nicht in diesem gefunden worden (1908: 90). Es dürfte sich tatsächlich um eine Intrusion aus erheblich späterer Zeit handeln (s. unten 5.2. Nr. 26).

5.3. Figuren nackter Frauen

Zum Schluss dieses Abschnitts ist noch zu fragen, wie man sich die von SCHUMACHER so enthusiastisch beschriebene "wunderhübsch aus Knochen geschnitzte, unbekleidete, weibliche Statuette von 0,05 m Länge" (1908: 89), die leider sofort zerfallen ist und von der es keine Abbildung gibt, im 11. Jh. vorzustellen hat.
Rund 20 aus Nilpferdzahn oder Knochen geschnitzte nackte weibliche Figuren von 33-57 mm Länge sind im Süden Palästinas, auf dem Tell el-Farʿa Süd, auf dem Tell Ǧemme und ein Exemplar in Šeḫ Zuwejid, gefunden worden. Sie stammen durchwegs aus Fundzusammenhängen der Eisenzeit IIB (9-8. Jh.; HERRMANN 1994: Nr. 239-259). Sie haben keine Zöpfe. Zwei breite Haarsträhnen hängen beiderseits des Gesichts herab. Vor allem aber sind sie sie durchwegs so grob geschnitten, dass sie den Enthusiasmus SCHUMACHERs nicht erklären bzw. als lächerlich erscheinen lassen. So ist wohl eher an ein Figürchen zu denken, das noch an der spätbronzezeitlichen Tradition der Elfenbeinschnitzerei Anteil hatte, wie sie durch den Elfenbeinhortfund aus Megiddo repräsentiert wird. LOUD 1939: Nr. 1 zeigt eine weibliche

Sphinx mit eleganten Zöpfen, und geflochtene Zöpfe besitzt auch das Frauenköpfchen LOUD 1939: Nr. 186. LOUD 1939: Nr. 175 zeigt eine höchst elegante Rückenansicht einer nackten weiblichen Figur. Diese Figur ist allerdings nicht 5, sondern 23 cm lang. Die von Schumacher bewunderte Knochenschnitzerei dürfte also zwischen dem Elfenbeinhortfund von Megiddo (1350-1150) und den Frauenfigürchen aus dem Süden Palästinas aus dem 9.-8. Jh. anzusiedeln sein.

6. DIE STEMPELSIEGEL

6.1. Der Bestand

SCHUMACHER sagt, "teils im Topf, teils daneben" hätten "32 Skarabäen" gelegen (1908: 89). Da die Legende zu Abb. 124 = **Taf. 1b** nur von "Skarabäen" redet, obwohl auf dem Bild mindestens zwei Löwen-Skaraboide, zwei Konoide und andere Formen zu sehen sind, meint er mit "Skarabäen" offensichtlich ganz einfach Stempelsiegel. Es ist aber nicht mit 32 Stück zu rechnen, da SCHUMACHER klagt: "Leider zerfielen viele der durchs Feuer verbrannten Skarabäen...sehr bald" (ebd.). Auf dem Foto von Taf. XXVIII oben (= **Taf. 2**), das u.a. die "Skarabäen" zeigt (h), die das Hortgefäss enthielt (SCHUMACHER 1908: 88), habe ich die Stempelsiegel durchnumeriert. Es scheinen 27, höchstens 28 Stück zu sein. Bei Nr. 28 ist mir nicht klar, ob es zu den "Amuletten aus grünem Email" (b) oder zu den Stempelsiegeln (h) gehört. Zu den Stempelsiegeln kann man noch das auf Taf. XXVIII unten (= **Taf. 3**) mit p bzw. Nr. 29 bezeichnete Objekt zählen. So kommen wir auf 28 oder maximal 29 Stempelsiegel.
Ist die Differenz zwischen den von SCHUMACHER genannten 32 und den abgebildeten 29 bzw. 28 Stück auf das Konto der "vielen" durch Feuer verbrannten "Skarabäen" zurückzuführen, die bald zerfallen sind, oder darauf, dass bei den 32 auch die mitgezählt worden sind, die ausserhalb des Gefässes lagen? Sind evtl. hauptsächlich solche zerfallen, die ausserhalb des Gefässes lagen? Die Fragen sind nicht mit Sicherheit zu beantworten. Auf Abb. 124 (= **Taf. 1b**) sind sogar nur 24 Stempelsiegel zu sehen, von denen in der Bildlegende ganz allgemein gesagt wird, dass sie "aus der nördlichen Brandstätte der vierten Schicht stammen", also nicht unbedingt aus dem Hortgefäss.

Manche der Stücke von **Taf. 1b** lassen sich zwar auf **Taf. 2** mit mehr oder weniger Sicherheit wieder finden. So ist Taf. 1b Nr. 4 = Taf. 2 Nr. 22, Taf 1b Nr. 6 = Taf. 2 Nr. 8, Taf. 1b Nr. 15 = Taf. 2 Nr. 24 usw. Aber bei den meisten ist die Identifizierung nicht mit Sicherheit möglich, weil die Stücke auf Taf. 2 nicht wie auf Taf. 1b in den Sand gelegt worden sind und darauf geachtet wurde, dass die Basen aller Stücke schön waagrecht und auf gleicher Höhe zu liegen kamen. Als das Foto von Taf. 2 aufgenommen wurde, lag jedes Stück in einem andern Winkel zur Kamera und warf einen langen Schatten, so dass die Basis in den meisten Fällen sehr unscharf und der Umriss der Form durch die Schatten entstellt ist.

Irgendein brauchbares Verzeichnis der Funde existiert nicht. Zwar findet sich im Vorderasiatischen Museum in Berlin eine am 15. Februar 1908 in Haifa von G. SCHUMACHER gezeichnete Inhaltsangabe zu Kiste 14, in der Fundmaterial aus Megiddo nach Berlin geschickt wurde. Aber die Angaben sind so summarisch, dass sie nicht weiter helfen. Da heisst es etwa: "Fund-Nr. 667 u. 667a, zwei Skarabäen mit Figuren; nördl. Brandstätte, Schicht IV" usw.

Als WATZINGER die Funde aus der Grabung SCHUMACHERs publizierte, bemerkte er zu den "32 Skarabäen aus Topf Nr. 1": "Von diesen Skarabäen ist ein Urteil nur über die auf Tafel XXVII (= **Abb. 3**) abgebildeten möglich" (1929: 42). Es folgt dann eine kurze Beschreibung der zwei Stücke durch Max PIEPER, der beide der 19. Dyn. zuweist.

Mit dieser Äusserung ist WATZINGER viel zu pessimistisch. Ausgehend von Abb. 124 (= **Taf. 1b**) und unter Zuhilfenahme von Taf. XXVII (= **Abb. 3**) und Taf. XXVIII (= **Taf. 2** und **3**) kann das Material, das aus dem Hortfund nach Berlin und Istanbul gelangt und dort noch zu finden ist, weitgehend identifiziert werden. Auf diese Weise ist eine durch Autopsie gesicherte Kenntnis von etwa 75% dieser bedeutendsten Fundgruppe von Stempelsiegeln aus der Eisenzeit I möglich, wie der folgende Katalog zeigen wird.

6.2. Katalog

Der Katalog basiert in erster Linie auf SCHUMACHERs Abb. 124 (=**Taf. 1b**).

Nr. 1 (Taf. 6,1)

OBJEKT: Skarabäus, die Linie, die das Pronotum von den Flügeldecken trennt, ist auffällig weit hinten angebracht und bildet einen nach hinten gerichteten Winkel, die Beine sind sehr summarisch durch ein flaches Dreieck angedeutet; die Basis ist am unteren Rand etwas bestossen; die Gravur ist teils grob flächig, teils linear (Extremitäten der menschlichen Figuren), auch das *wsr*-Zeichen hinter der Figurengruppe ist linear und anscheinend doppelt gezeichnet (zwei Versuche); gelblich-bräunlicher Enstatit; 17,2 x 12,8 x 8 mm.

BASIS: Ein nach rechts gerichteter Pharao mit Blauer Krone (quadriert) und Uräus an der Stirn und einem Schurz mit zwei Troddeln schreitet weit aus. Er hält mit einem gerade ausgestreckten Arm einen stehenden, nach rechts gerichteten Gefangenen, dem die Arme auf den Rükken gebunden sind, am Haarschopf, der sich in zwei Strähnen teilt Der andere Arm ist nach hinten schräg nach oben ausgestreckt und hält ein Krummschwert. König und Gefangener stehen auf einer Linie, die zusammen mit der unteren Basisumrandung ein *nb* "Herr" bildet. Hinter der Figurengruppe steht das Zeichen *wsr* "mächtig, stark", das ein Element des Thronnamens zahlreicher Könige der 19. und 20. Dyn. bildet, bes. Ramses II. und III.

Die Komposition des Niederschlagens ist in Ägypten in zahlreichen Versionen seit der 1. Dyn. belegt (HALL 1986). Bei unserem Stück aber handelt es sich eigentlich um die Kombination dieses Motivs mit dem Motiv des Herrschers, der einen gefesselten Feind vor sich herführt (vgl. dazu KEEL 1974: 147-151 und Abb. 65-72). Eine genaue Parallele zu unserem Stück hat PETRIE auf dem Tell Defenne (Daphne) im östlichen Delta gefunden (1888: pl. 41, 54 = **Abb. 4**).

Eine Komposition, die der auf unserer Nr. 1 sehr ähnlich ist, findet sich auf einem Skarabäus aus Lachisch (TUFNELL 1958: pl. 36,243; 37,243). Über dem nach vorn ausgestreckten Arm ist dort noch eine hockende Maʿat eingekerbt. Das macht den Anklang an die genannten ramessidischen Thronnamen mit *wsr-m3ʿt-rʿ* noch stärker. Ein mit diesem in allen Details der Komposition identisches Stück, das auch aus der SCHUMACHERschen Grabung in Megiddo (ohne Angabe der genauen Fundstelle) stammt, wird ebenfalls in Berlin aufbewahrt (**Taf. 11,25**)[10].

---

10 Der Skarabäus ist sorgfältig geschnitten. Kopf, Pronotum, Flügeldecken und alle sechs Beine sind wohlproportioniert und sorgfältig angegeben, die

Eine exakte Parallele zu den Stücken aus Lachisch und Megiddo bietet auch MATOUK 1977: 402 Nr. 1681 (BIF M. 5782).[11] Auf einem Beleg vom Tell el-Farʿa Süd ist statt einer Maʿat über dem Gefangenen eine Sonnenscheibe angebracht (STARKEY/HARDING 1932: pl. 53,227). Auch bei dieser Variante haben wir zwei Elemente des ramessidischen Thronnamens *wsr-m3ʿt-rʿ*. Auf MATOUK 1977: 402 Nr. 1682 (BIF M. 5783) ist dieser vollständig beigeschrieben. Alle diese Belege unterscheiden sich von unserer Nr. 1 erstens dadurch, dass der Käfer sorgfältig geschnitten ist, vor allem stehen Pronotum und Elytren in einem einigermassen realistischen Verhältnis. Zweitens zeigen sie alle drei oder mindestens zwei Elemente des ramessidischen Thronnamens *wsr-m3ʿt-rʿ*. Und drittens ist die Gravur gleichmässig flächig und wohl proportioniert.

DATIERUNG: Angesichts der im Vergleich zu den eben angeführten ramessidischen Belegen schlechten Qualität des Käfers, der auf *wsr* reduzierten Schriftelemente und groben Gravur besonders des Gefangenen dürfte das Stück eher in der 20. als in der 19. Dyn., evtl. lokal hergestellt worden sein.

SAMMLUNG: Berlin, Staatliche Museen zu Berlin, Vorderasiatisches Museum, VA 15088a.

BIBLIOGRAPHIE: SCHUMACHER 1908: 86 Abb. 124 = **Taf. 1b** Nr.1; 89; Taf. XXVIIg = **Abb. 3**; M. PIEPER, in: WATZINGER 1929: 42; KEEL/UEHLINGER 1992: 136f Abb. 144a.

Nr. 2 (Taf. 6,2)

OBJEKT: Skarabäus, klein und gedrungen, wie man ihn bei der spätramessidischen Massenware findet (vgl. dazu KEEL/SHUVAL/UEHLINGER 1990: 337-354 und bes. TUBB 1988: 71 Fig. 51 Nr. 2 und 6). Für diese typisch ist die Gestaltung des Kopfes und des Kopfschilds in Form eines durch eine Linie unterteilten Trapezes und die Reduktion

---

Gravur ist flächig; beiger Enstatit; 14,7 x 11,2 x 7 mm; Staatliche Museen zu Berlin, Vorderasiatisches Museum, Inv. Nr. VA 15373a.

11 Bis auf einzelne kleine Details stellen auch die veröffentlichten Stücke MATOUK 1977: 402f Nr. 1682-1684 (BIF M. 5783, 5781, 5788) und die unveröffentlichten Stücke BIF M. 5784-5786 und 5789 Parallelen dar.

der Beine auf einen umlaufenden Wulst. Der Basisrand ist leicht bestossen; Gravur flächig und tief, aber bei ihrer summarischen Ausführung teilweise linear; gelblich-bräunlicher Enstatit; 17,2 x 12,8 x 8 mm. BASIS: Im Zentrum der Thronname Thutmosis' III. *mn-ḫpr-rʿ* in einem Oval, von dem rechts leicht aufwärts gerichtete Strichlein ausgehen, links abwärts gerichtete, die bis zur schwach erhaltenen Umrandungslinie reichen. Der *ḫpr*-Käfer hat nur vier Beine (vgl. unten Nr. 12). Skarabäen mit *mn-ḫpr-rʿ* sind in früheisenzeitlichen Fundzusammenhängen nicht ganz selten gefunden worden. Ein Stück aus einem früheisenzeitlichen Stratum vom Tell Ǧemme (zur Datierung vgl. DOTHAN 1982: 33 Anm. 79) zeigt in waagrechter Anordnung den Namen in einer Kartusche von je einer Maʿat-Feder und einem Uräus flankiert (PETRIE 1928: pl. 19,20; vgl. STARKEY/ HARDING 1932: pl. 53,221; TUFNELL 1953: pl. 43,3; 1958: pl. 38,283). Dieses Stück ist, wie die Parallelen zeigen, schon in der 19., evtl. gar schon in der 18. Dyn. entstanden. Das gilt wohl auch für den Beleg aus dem früheisenzeitlichen Grab Nr. 11 in Jericho, bei dem das Oval mit dem Namen von je einer S-Spirale und einem Dreieck (Blütenknospe?) flankiert wird (ROWE 1936: Nr. 477).

Auf ramessidischen Skarabäen wird der Name gelegentlich nicht in ein Oval geschrieben und von zwei deutlich schraffierten Maʿat-Federn flankiert, so auf einem Stück vom Tell el-Farʿa Süd (STARKEY/HARDING 1932: pl. 57,333 = ROWE 1936: Nr. 508). Auf drei Stücken aus den früheisenzeitlichen Gräbern 542, 615 und 903 vom Tell el-Farʿa Süd (zur Datierung vgl. DOTHAN 1982: 29-33) stammen drei vertikal angeordnete Skarabäen mit *mn-ḫpr-rʿ* ohne Oval. Bei zweien ist das *ḫpr*-Zeichen von je einer Maʿat-Feder flankiert (PETRIE 1930: pl. 22,183 und 184 = ROWE 1936: Nr. 494), beim dritten findet sich nur eine Feder rechts vom *ḫpr*-Zeichen (PETRIE 1930: pl. 31, 292). Der in einem Oval oder ohne Oval von Federn flankierte Name kommt aber als Vorbild für unseren Skarabäus doch nicht in Frage, weil die genannten Stücke alle waagrecht angeordnet sind und die Federn auch die verschiedene Richtung der kleinen Striche (rechts nach oben, links nach unten) nicht erklären. Das gilt auch von einem Skarabäus vom Typ der ramessidischen Massenware in Basel, bei dem - allerdings in waagrechter Anordnung- *mn-ḫpr-rʿ* von zwei zweigähnlichen Gebilden flankiert ist (HORNUNG/STAEHELIN 1976: Nr. 284).

Es kann sich auch nicht einfach um die "dekorierte" Variante eines spätramessidischen *mn-ḫpr-rˁ*-Typs handeln, der in Palästina in der Eisenzeit I ziemlich häufig angetroffen wird (PETRIE 1930: pl. 35,400; 43,539 Tell el-Farˁa Süd; ROWE 1940: pl. 36,2 Bet-Schean; KEEL/SHUVAL/UEHLINGER 1990: 204-206 und Taf. 7,11 Tell Keisan; Aschkelon Reg. MC # 21612, unveröffentlicht[12]), da bei diesem trotz der vertikalen Gesamtanordnung das *ḫpr*-Zeichen stets horizontal steht.
Am ehesten kommt als Vorbild eine Umrandung des Ovals in Frage, wie wir sie auf einem singulären Skarabäus aus Der el-Medine aus der Zeit Thutmosis III finden (BRUYÈRE 1937: 70 Fig. 34 = JAEGER 1982: § 439 ill. 236 = § 1018 ill. 311 = **Abb. 5**). Dieses Stück ist zeitlich und räumlich allerdings zu weit weg, als dass wir eine direkte Abhängigkeit ohne Zwischenglieder postulieren könnten. Solche dürften Stücke wie STARKEY/ HARDING 1932: pl. 55,262-263 und 57, 393-394 (Tell el-Farˁa Süd) darstellen, auf denen die Umrandung allerdings kein *mn-ḫpr-rˁ* sondern *jmn-rˁ*, Anra-Zeichen, ein *nfr* bzw. ein *j* umgibt.
Zur Lesung von *mn-ḫpr-rˁ* als Kryptogramm von Amun bzw. Amun-Reˁ vgl. den Kommentar zu Nr. 19.
DATIERUNG: Aufgrund der Form des Käfers kann seine Entstehung frühestens gegen Ende der 19. Dyn., wahrscheinlich aber im 12. oder frühen 11. Jh. angenommen werden.
SAMMLUNG: Berlin, Staatliche Museen zu Berlin, Vorderasiatisches Museum, VA 15067a.
BIBLIOGRAPHIE: SCHUMACHER 1908: 86 Abb. 124 = **Taf. 1b** Nr. 2; 89; Taf. XXVIII h = **Taf.2** Nr. 5.

Nr. 3 (Taf. 6,3)

OBJEKT: Skarabäus, sorgfältig gearbeitet, sehr kleiner, bogenförmiger Kopf, an den Enden der Pronotumlinie sind die Schulterbeulen als kleine, nach hinten gerichtete Dreieecke stilisiert angedeutet, alle sechs Beine sind sorgfältig weitgehend freigestellt gearbeitet; der Kopfschild ist weggebrochen oder war nur rudimentär vorhanden, der linke Rand der Basisplatte ist weggebrochen; die Gravur ist flächig, weniger tief

---

12 Ich danke dem Grabungsleiter, Prof. L.E. STAGER, der uns das Stück zur Publikation überlassen hat.

als bei den Nr. 1 und 2, etwas unklare Konturen der Oberfläche bei einzelnen Hieroglyphen dürfte durch sekundäre Veränderungen der Glasur entstanden sein; sie erschweren die Datierung mit Hilfe der Gravur (Dr. B. JAEGER); an den Bruchstellen ist grauer Enstatit sichtbar, sonst ein weisslich gelblicher Überzug; 16,2 x 12 x 7,2 mm.
BASIS: Rechts in einer Kartusche *Mn-ḫpr-rʿ*, der Thronname Thutmosis III., links davon die Zeichen *rʿ*, *z3* "Gans bzw. Sohn" oder *ḏḥwtj* "Ibis bzw. Thot", *ms(j)*"geboren (von)", *m3ʿt*, *nwb*. Zur Deutung vgl. die folgende Rubrik.
DATIERUNG: Dr. B. JAEGER, der weltweit bestinformierte Spezialist im Bereich der *Mn-ḫpr-rʿ*-Skarabäen im besonderen (vgl. JAEGER 1982) und der Skarabäen mit Königsnamen des Neuen Reiches im allgemeinen, teilte mir mit, dass es sich seines Wissens um ein Unikat handle, das entweder in die 18. oder in die 22. Dyn. zu datieren sei (Brief vom 14. 7. 1993):
"A) Datierung in die 18. Dyn. (ab Thutmosis III., d.h. zwischen 1479 und 1292): Dafür sprechen die Dimensionen des Stückes und seine Gravur. Hält man sich an diese Datierung, sollte man *Mn-ḫpr-rʿ z3 Rʿ msj m3ʿt* lesen, also mit dem Beinamen *msj m3ʿt* 'geboren von Maʿat', der vereinzelt auf Skarabäen von Thutmosis IV., Amenophis III. und Amenophis IV. vorkommt. Zu *Thutmosis IV.* siehe MATOUK 1971: 213 Nr. 491 (= BIF M. 1044); FIRTH/GUNN 1926: pl. 46A,41h (= Kairo JE 50870); Jerusalem, Israel Museum, Stern Collection 76.31.2107 (unveröffentlicht); zu *Amenophis III.* siehe PETRIE 1931: pl. 14,196 (von allen Belegen der einzige, bei dem *M3ʿt* auch mit der Feder und nicht mit der sitzenden Göttin geschrieben ist); PIER 1906/-1907: 91 pl. 8,1350 (Chicago, Art Institute); zu *Amenophis IV.* siehe Berlin, Museumsinsel, Ägyptisches Museum, Inv. Nr. 22019 (Ring, unveröffentlicht). Die zeitgenössischen *Mn-ḫpr-rʿ*-Skarabäen mit *z3 Rʿ* sind an und für sich nicht zahlreich; die mit einem weiteren Beinamen sind noch seltener; stammt das Stück aus der Zeit Thutmosis' III. ist es ein Unikat. Da der Beiname für die Zeit Thutmosis IV. usw. belegt ist, ist ein Vorläufer aus der Zeit Thutmosis' III. aber denkbar.
B) Datierung in die 22. Dynastie (945-722): Die Dimensionen sprechen nicht dafür aber auch nicht dagegen. Die Gravur ist in der 22. Dynastie oft archaisierend (vgl. JAEGER 1982: §§ 1506-1509) und man kann sich da leicht täuschen (vgl. z.B. VODOZ 1979: Nr. 23 mit einer ähnlichen Gravur; dieses Stück stammt aus der 22. Dyn., wie JAEGER 1982: § 1505 Nr. 2762 gezeigt hat). Diese archaisierende Gruppe wird

in JAEGER 1982 in den §§ 1492-1509, besonders in § 1499f beschrieben. In den Stücken dieser Gruppe wird der Thronname mit Titeln und Beinamen umgeben und das in einer oft ganz korrupten Schreibung. In den ersten drei Zeichen hätte man dann eine Verschreibung von *z3 Rʿ Ḏḥwtj-msw,* wobei die Gans gleichzeitig auch für den Ibis und die Maʿat-feder für *s* (komplementäres *s* zu *ms*). Das scheint gesucht, liegt aber durchaus im Bereich des Möglichen, wenn man die ähnliche Fälle in dieser Gruppe beachtet. Die etwas unordentlich wirkende Plazierung der einzelnen Hieroglyphen spricht für diese Interpretation. Bei einem singulären Beinamen Thutmosis III. würde man etwas mehr Sorgfalt erwarten und in ähnlichen Fällen ist diese Sorgfalt durchaus da. Ein sehr ähnlicher Fall ist HALL 1913: Nr. 609 mit *Mn-ḫpr-rʿ* einer Kartusche, die in gleicher Weise umgeben ist von *nṯr nfr nb <t3wj>, z3* (mit der Gans geschrieben) *Rʿ Ḏḥwtj* (nur die Standarte ist da und darauf eben die Gans!) *msw*. Die Absicht einer Doppellesung ist hier deutlich: *z3 Rʿ* (der Vogel ist tatsächlich eine Gans und Sonnenscheibe ist vorhanden) und *Ḏḥwtj-msw* (wegen der Standarte und *msw*, das sonst kaum Sinn hat. Bei unserem Stück Nr. 3 steht der Vogel (eigentlich ein Ibis: schräger Rumpf, langer Schnabel; allerdings zu kurze Beine) zwischen *Rʿ* (also *z3 Rʿ*) und *msw* (also *Ḏḥwtj -msw*). Im Katalog von HALL ist die Inschrift seitenverkehrt in Drucktypen wiedergegeben: so ist die Anordnung die gleiche wie bei unserer Nr. 3. Eine Autopsie des Stückes (1983) zeigte eine sehr scharf gestochene, jedoch wenig tiefe Gravur. Aus den oben erwähnten Gründen scheint mir eine Datierung in die 22. Dyn. naheliegend zu sein.
Endlich sollte eine Eigenheit des Käferrückens nicht unerwähnt bleiben: am Schnittpunk der Trennlinie zwischen den Flügeldecken und der zwischen Pronotum und Flügeldecken findet sich ein kleines Dreieck. Dieses kommt vorwiegend während der 22./23. Dyn. und der 25./26. Dyn. vor. Ob es exklusiv für diese Perioden charakteristisch ist, könnte nur eine grössere Untersuchung zeigen. Für die 22./23. Dyn. vgl. z.B. PETRIE 1917: Typ F69 (zwei Beispiele) und HORNUNG/STAEHELIN 1976: Nr. 442-444; für die 25./26. Dyn. vgl. PETRIE 1917: Typ J87 (zwei Beispiele), K72, 80, 94 (zwei Beispiele), L3, P40; HORNUNG/STAEHELIN 1976: Nr. 47, 199, 210, 458, 467, 487, 490, 577, 712)."

Entscheidet man sich für die erste Lösung haben wir es wie bei Nr. 4 mit einem Erbstück bzw. Findling zu tun. Gibt man der zweiten den

Vorzug, stellt sich das Problem des Fundzusammenhangs. Wir hätten es dann mit einer Intrusion zu tun. Eine solche ins Gefäss ist unwahrscheinlich. Es ist allerdings zu bemerken, dass die auf **Taf. 1b** gruppierten Skarabäen nicht notwendig alle aus dem Gefäss stammen (vgl. oben Abschnitt 5.1.). Zumindest Nr. 26 ist auch jünger als das 11. Jh.
SAMMLUNG: Berlin, Staatliche Museen zu Berlin, Vorderasiatisches Museum, VA 15067b.
BIBLIOGRAPHIE: SCHUMACHER 1908: 86 Abb. 124 = **Taf. 1b** Nr. 3; 89.

Nr. 4 (Taf. 6,4)

OBJEKT: Skarabäus, in der vor allem für mittelbronzezeitliche Skarabäen entwickelten Klassifizierung von O. TUFNELL haben wir einen Kopf vom Typ D7 (1984: 32 Fig. 12), einen Rücken vom Typ O (1984: 35 Fig. 13) und Seiten vom Typ d5 (1984: 37 Fig. 14). Während der Seitentyp kein Kriterium für die Datierung abgibt, sind der Kopf D7 und der Rücken O charakteristisch für die 15. Dyn. (ca. 1650-1550); das Stück ist am Rücken ziemlich beschädigt; die Gravur ist rein linear; grauer Enstatit, Spuren eines weissen Überzugs; 17,9 x 12,7 x 8,3 mm.
BASIS: Zwei übereinander angebrachte *nfr*-Zeichen, die von vier flachen, ineinandergreifenden, oben und unten miteinander verbundenen Spiralen flankiert werden (TUFNELL 1984: pl. 30 Nr. 2308-2321). Sechs der 14 von TUFNELL zusammengestellten Belege weisen ein *nfr*-Zeichen als Dekorationselement auf, aber keines zwei. Hingegen sind zwei andere schmale, übereinandergestellte Elemente nicht selten (vgl. ebd. die Nr. 2310 und 2311 aus Jericho). Ähnliche Kompositionen finden sich wieder auf ramessidischen Stücken, z.B. auf einem Menschengesicht-Skaraboid aus Fayence in Basel (HORNUNG/STAEHELIN 1976: Nr. 88; zur Datierung dieser Stücke vgl. JAEGER 1982: 330 Anm. 694).
DATIERUNG: Angesichts der Machart des Käfers und der für die Mittelbronzezeit typischen Basisgravur dürfte das Stück am Ende der Mittelbronzezeit IIB bzw. in der 15. Dyn. (ca. 1650-1550) entstanden sein. Ältere Stücke in jüngeren Fundzusammenhängen sind bei Siegelamuletten nicht allzu selten.
SAMMLUNG: Berlin, Staatliche Museen zu Berlin, Vorderasiatisches Museum, VA 15064a.

BIBLIOGRAPHIE: SCHUMACHER 1908: 86 Abb. 124 = **Taf. 1b** Nr. 4; 89; Taf. XXVIII oben = **Taf. 2** Nr. 22. Die Identität der beiden genannten Stücke auf den beiden Photos scheint auf den ersten Blick nicht einleuchtend. Es ist aber zu beachten, dass die beiden Aufnahmen das Stück aus einem je sehr verschiedenen Winkel zeigen.

Nr. 5 (Taf. 7,5)

OBJEKT: Konoid über wahrscheinlich ovaler Basis, der Mantel des Konoids ist in Felder eingeteilt wie bei einem Konoiden vom Tell el-Farʿa Süd, bei dem die Felder zusätzlich mit Figuren dekoriert sind (PETRIE 1930: pl. 29,256-257; vgl. auch ein Stück aus Byblos bei DUNAND 1937: pl. 197,7418). Diese Gruppe ist weiter verwandt mit den oben abgerundeten Pyramidenstümpfen über quadratischer Basis, von denen mehrere im Philistergebiet in Schichten der Eisenzeit I gefunden worden sind (HERZOG 1984: 55-56 und pl. 7c = SHUVAL 1990: 123f Nr. 2 vom Tell Ğeriše; HESTRIN 1970: Nr. 27-29 vom Tel Qasile; BUCHANAN/MOOREY 1988: Nr. 113 aus Ramle; vgl. auch KEEL-LEU 1991: Nr. 55-56). Das obere Ende des Stückes ist weggebrochen und die Basis ringsum stark bestossen; die Gravur ist grob flächig, ähnlich wie bei den Nr. 1 und 2; graue, weiche Kompositmasse mit einer Oberfläche, die ins Violette spielt; 14,7* x 11,6* x 12,8* mm.
BASIS: Nach rechts gerichtete menschliche Gestalt, mit Flügeln anstelle der Arme; sie steht mit breit gespreizten Beinen auf einem nach rechts schreitenden Löwen. Der geflügelte Gott auf einem Löwen ist auch auf einem Skarabäus vom Tell el-Jehudije im östlichen Nildelta zu sehen (PETRIE 1906: pl. 11,209 = PETRIE 1925: Nr. 1565). Dort trägt er eine hohe Mütze mit einer langen Troddel und zwei Hörnern. So ist er auch auf einem oben abgerundeten Pyramidenstumpf, der in der 1889 in der Nähe von Jafo gekauft wurde, zu sehen (BUCHANAN/MOOREY 1988: Nr. 113) Der Gott ist als Baʿal-Seth zu identifizieren (vgl. KEEL/SHUVAL/UEHLINGER 1990: 195-204, 304-321 und DUNAND 1937: pl. 128,3223; KEEL/UEHLINGER 1992: 129-131).
DATIERUNG: Die Form des Objekts und seine Ikonographie sind beide typisch für die Eisenzeit I.
SAMMLUNG: Berlin, Staatliche Museen zu Berlin, Vorderasiatisches Museum, VA 15088c.

BIBLIOGRAPHIE: SCHUMACHER 1908: 86 Abb. 124 = **Taf. 1b** Nr. 5; 89; Taf. XXVIII oben = **Taf. 2** wahrscheinlich Nr. 17; KEEL/UEHLINGER 1992: 129 und 131 Abb. 134a.

Nr. 6 (Taf. 7,6)

OBJEKT: Skarabäus, ein typischer Vertreter der spätramessidischen Massenware wie Nr. 2 (siehe dort); Gravur flächig und tief, aber bei ihrer summarischen Ausführung teilweise linear wie bei Nr. 2 und 5; gelblich-beiger Enstatit; 13,4 x 10,4 x 6,7 mm.
BASIS: Die Basisfläche ist vertikal durch einen Strich in zwei ungleiche Hälften geteilt. In der grösseren linken Hälfte steht eine menschliche Gestalt mit dem auf Skarabäen der spätramessidischen Massenware häufig zu findenden waagrecht liegenden ovalen Kopf (vgl. Nr. 5; WIESE 1990: Taf. XXII Nr. 5715-5716; Taf. XXII Nr. 5723 u.o.); die Arme hängen dem Körper entlang herunter. In der kleineren rechten Hälfte eine Schilfrispe, die als ägyptische Hieroglyphe gelesen den Konsonanten *j* ergibt. Keine Umrandungslinie. Ich kenne keine genaue Parallele zu dieser Komposition. Auf einem Skarabäus aus Grab 610 beim Tell el-Farʿa Süd (Eisenzeit I) ist eine Schilfrispe und ein Gott mit Hörnern vom Typ des Baʿal-Seth zu sehen (vgl. PETRIE 1930: pl. 35,398), auf einem andern vom gleichen Ort aus Grab 222 (Eisenzeit I) ist es eine Schilfrispe und ein falkenköpfiger (?) Gott mit einer Sonnenscheibe auf dem Kopf (PETRIE 1930: pl. 33,364; vgl. auch 35,392 und 394 und GIVEON 1988: Nr. 23 Achsib). Beide Stücke sind ebenfalls ohne Umrandungslinie.
Das *j* suggeriert, das Ganze als Amun-Kryptogramm zu lesen. Zum vertikalen Strich für *m* vgl. DRIOTON 1956: 39. Aber erstens ist der Strich etwas lang, und wie soll man zweitens von der menschlichen Gestalt zu *n* kommen? Die Schilfrispe *j* kann auch als Interjektion mit der Bedeutung "Oh!" verstanden werden (ERMAN/GRAPOW [2]1971: 25) und wäre zusammen mit dem Bild eines Gottes als eine Anrufung dieses Gottes zu verstehen. Aber die Gestalt auf unserem Skarabäus ist durch nichts als Gottheit charakterisiert, ganz abgesehen davon, dass zwischen dem *j* und ihr noch der vertikale Strich verläuft.
DATIERUNG: Käferform und "breitköpfige" Figur sind beide typisch für die ramessidische Massenware ganz vom Ende der Spätbronzezeit IIB bzw. aus der Eisenzeit I.

SAMMLUNG: Berlin, Staatliche Museen zu Berlin, Vorderasiatisches Museum, VA 15088d.
BIBLIOGRAPHIE: SCHUMACHER 1908: 86 Abb. 124 = **Taf. 1b** Nr. 6; 89; Taf. XXVIII oben = **Taf. 2** Nr. 8.

Nr. 7 (Taf. 7,7)

OBJEKT: Löwen-Skaraboid; auf einer ungefähr U-förmigen Platte liegende, gerade nach vorn gerichtete Löwen sind in Schichten der zweiten Hälfte der Eisenzeit I und der ersten Phase der Eisenzeit II, also aus der Zeit zwischen ca. 1100 und 900, in Palästina mehrfach gefunden worden. Nebst einem zweiten Exemplar aus unserem Hortfund (vgl. unten Nr. 12) stammt ein drittes, diesmal aus Kompositmaterial mit grünlich-blauer Glasur, ebenfalls aus Schumachers Schicht IV, aus der sogenannten Nordburg (SCHUMACHER 1908: 84, Taf. XXVI, o = **Taf. 11, 26**)[13]. Ein viertes Exemplar haben die amerikanischen Grabungen in Megiddo im Schacht des Wassersystems (Locus 925; ohne klaren stratigraphischen Kontext) zutage gefördert (LAMON 1935: pl. 8,5 = LAMON/SHIPTON 1939: pl. 69,59 und 71,59). Auch dieses Stück besteht aus Kompositmaterial mit grünlicher Glasur. Ein sehr ähnliches Stück, sowohl was die Basisgravur als auch was das Material betrifft, wurde in Achsib gefunden (GIVEON 1988: Nr. 28). Ein Stück aus Grab 879 in Achsib ist hingegen aus Enstatit (B. BRANDL). Ein siebter Beleg stammt aus dem Nordfriedhof von Bet-Schean aus einem Grab der Spätbronzezeit IIB (ca. 1300-1150). Es soll aus hellbraunem Enstatit gefertigt sein (OREN 1973: 125 Nr. 6 = ROWE 1936: Nr. S.54). Aus der Gegend von Bet-Schean kommt der achte Beleg. Es ist als Oberflächenfund auf einem kleinen Tell nordöstlich des Kibbuz Kefar Ruppin geborgen worden (GIVEON 1961: 249f, pl. 5,7 = ZORI 1962: 157). GIVEON gibt als Material "Elfenbein" an. Aber das ist sehr unwahrscheinlich, da Stempelsiegel so gut wie nie aus diesem Material gefertigt sind. Wahrscheinlicher ist Knochen oder noch wahrscheinlicher Steatit. Aus Enstatit ist jedenfalls der neunte Beleg, ein stark be-

---

[13] Die Gravur des Stückes ist flächig; sie scheint in waagrechter Anordnung vorne eine Gans und hinten einen Geier zu zeigen; zwischen den Hälsen beider Vögel ist ein undefinierbares, ungefähr waagrechtes Element zu sehen; 16,2 x 11,5 x 9,7 mm; Berlin, Staatliche Museen zu Berlin, Vorderasiatisches Museum, Inv. Nr. VA 15089a.

schädigter Löwen-Skaraboid aus Arad Stratum XII (1100-1000) (GIVEON 1988: Nr. 58). Der zehnte Beleg stammt aus dem mittelbronzezeitlichen Grab 218 in Lachisch, das gegen 900 wieder benutzt worden ist. Es ist aus Kompositmaterial mit grünlicher Glasur gefertigt (TUFNELL 1953: pl. 34,25). Nebst Palästina sind Löwen-Skaraboide dieser Art von Lefkandi auf Euböa in Griechenland (COLDSTREAM 1982: 264f und Taf. 25, c) bis Hasanlu im Iran (Stratum IVB, ca. 1100-800) gefunden worden (MARCUS 1992: 19f.235-237. 241-249), in Hasanlu nicht weniger als sieben Stück. Die Basis-Dekoration besteht meist aus Motiven der spätramessidischen Massenware. Der Schwerpunkt der Gruppe dürfte so zwischen 1150 und 1000 liegen; Gravur flächig und tief, aber bei ihrer summarischen Ausführung teilweise linear.

Das bräunliche Material dürfte Enstatit oder Knochen (?) sein. Bei den Hasanlu-Stücken, deren Material bei einer ersten Beschreibung im Feld mit "Knochen" angegeben wurde, hat die Analyse im Labor allerdings Kompositmaterial ergeben (MARCUS 1992: 241-249). Dass es in dieser Zeit aber auch Löwen-Skaraboide aus Enstatit gibt, scheint das Arad-Stück eindeutig zu zeigen (GIVEON 1988: Nr. 58). Die Konturen des Objekts und seiner Gravur sind auf unserem Stück klarer und schärfer als bei dem eindeutig aus Kompositmaterial gefertigten Stück von Taf. 11,26. Das deutet auf Enstatit oder eine Art von Kompositmaterial ohne Glasur hin; 16,4 x 7,8 x 10,1 mm.

BASIS: In waagrechter Anordnung nach rechts schreitender Löwe mit über dem Rücken nach vorn gestrecktem Schwanz. Vor ihm ist senkrechter Strich. Schreitende Löwen sind auf Skarabäen der ramessidischen Massenware recht häufig (vgl. unsere Nr. 8, 10, 13, 16, 20 usw.). Der senkrechte Strich findet sich auch auf dem bereits genannten Megiddo-Stück der amerikanischen Grabungen (LAMON 1935: pl. 8,5 = LAMON/ SHIPTON 1939: pl. 69,59 und 71,59). Er könnte ein degeneriertes *j* sein (vgl. dazu KEEL/UEHLINGER 1992: 125-128 und Abb. 130-133f und den Kommentar zu Nr. 19).

DATIERUNG: Form und Basisdekoration suggerieren eine Entstehung des Stücks in der Eisenzeit I zwischen 1150 und 1050.

SAMMLUNG: Istanbul, Archaeological Museums, Classical Department, Inv. Nr. 2516.

BIBLIOGRAPHIE: SCHUMACHER 1908: 86 Abb. 124 = **Taf. 1b** Nr. 7; 89; Taf. XXVIII oben = **Taf. 2** wahrscheinlich Nr. 23 (verkehrt) oder evtl. 6; KEEL/UEHLINGER 1992: 127f Abb. 133f.

Nr. 8 (Taf. 7,8)

OBJEKT: Das Stück auf **Taf. 1b** Nr. 8 ist sehr ähnlich wie die Nr. 19. Nr. 19 ist eindeutig mit Berlin VA 15088b identisch. In Berlin wird ein weiterer Skarabäus (VA 15088l) mit dem gleichen Motiv aufbewahrt (**Taf. 11,27**)[14]. Aber es kann sich, soweit das aufgrund eines schlechten Photos zu entscheiden ist, nicht um unsere Nr. 8 handeln. So laufen bei Nr. 8 die Hinterbeine fast parallel und sind deutlich voneinander geschieden. Beim Stück von Taf. 11,3 sind sie stark gespreizt und in der oberen Hälfte wie durch einen Schurz verbunden. Während bei Nr. 8 der Kopf fast waagrecht gehalten wird, ist er bei Taf. 11,3 stark nach unten geneigt, die Strichlein über dem Kopf sind bei Nr. 8 gerade nach oben gerichtet, bei Taf. 11,3 nach hinten geneigt usw.
Da ich das Original nicht gefunden habe, ist das Stück nicht zu beschreiben. Motiv und Stil der Basis legen nahe, dass es sich um einen Skarabäus vom Typ der spätramessidischen Massenware handelt; Gravur flächig und tief, aber bei ihrer summarischen Ausführung teilweise linear; das Material dürfte dementsprechend Enstatit sein. Aufgrund des Photos muss die Basis etwa 14 x 10 mm gross sein.
BASIS: Siehe Nr. 19.
DATIERUNG: 12./11. Jh.; evtl. etwas früher.
SAMMLUNG: Unbekannt.
BIBLIOGRAPHIE: SCHUMACHER 1908: 86 Abb. 124 = **Taf. 1b** Nr. 8; 89; Taf. XXVIII oben = **Taf. 2** Nr 2?

Nr. 9 (Taf. 7,9)

OBJEKT: Konoid, am unteren Rand des Mantels ringsum laufende Rille, ungefähr auf halber Höhe querdurchbohrt. Ein ähnliches Konoid wurde von SCHUMACHER in einer späten Phase von Schicht III der Nordburg (ca. 1200-1150) gefunden (1908: 73f Abb. 99 = **Taf. 11,**

14 Der Skarabäus ist ein typischer Vertreter der spätramessidischen Massenware: Trapezförmiger Kopf, Pronotum und Flügeldecken sind durch einfache Linie angegeben (nicht gut zu sehen, da Oberfläche aufgerauht, Brandspuren?), die Beine sind auf einen umlaufenden Wulst reduziert; Gravur flächig; Enstatit; 13,5 x 9,6 x 7,4 mm; die Fundstelle ist unbekannt; Berlin, Staatliche Museen zu Berlin, Vorderasiatisches Museum, Inv. Nr. VA 15088l.

28)[15], ein anderes auf dem Tell Abu Hawam in Stratum IV (11. Jh.; HAMILTON 1935: 34 fig. 212; zur Datierung der Schicht siehe BALENSI 1985: 68). Zu Konoiden generell: KEEL-LEU 1991: 49-55; die Gravur ist flächig und summarisch; das Material scheint ein Kompositmaterial zu sein; Durchmesser der Basis 14 mm, Höhe 14 mm.

A.T. REYES hat neulich eine Gruppe von Konoiden aus blauer Fritte bzw. Ägyptisch-Blau hauptsächlich aus Zypern von Fayence-Konoiden aus Vorderasien unterschieden ohne zu sagen, was er unter dem einen und dem anderen Material genau versteht (1993: 197f und 204). Er führt weder unser Stück Nr. 9 noch das von Taf. 11,28 an. Da er eine ganze Anzahl der Stücke, die er auflistet, nicht selber gesehen hat und ihr Material auch nicht in einem Labor auf seine Zusammensetzung hin überprüft worden ist, scheint es mir unmöglich, die Gruppe allein aufgrund des Materials zu definieren. REYES weist seine Gruppe der Periode Kypro-Geometrisch I-III (1050-750) zu. Ein Blick auf die Ikonographie seiner Belege zeigt enge Berührungspunkte mit unseren Nr. 9 und 23.

BASIS: Schematisch dargestellte, nach rechts schreitende menschliche Gestalt mit emporgehobenen Armen, die mit jeder Hand einen Skorpion am Schwanz hält. Eine recht genaue Paralle bieten zwei Konoide und zwei Skaraboide, von denen das eine Konoid ebenfalls in Megiddo als Oberflächenfund (LAMON/SHIPTON 1939: pl. 72,13), das andere Konoid und ein Skaraboid in Geser in der 4. semitischen Schicht (Eisenzeit II; MACALISTER 1912: II 295-297 Nr. 32 und 39 , Abb. 437,7 und III pl. 200,27) und das zweite Skaraboid auf dem Tell-Ǧemme als Oberflächenfund (PETRIE 1934: pl. 11,432 = GIVEON 1985: 58f Nr. 7) geborgen worden sind. Zwei Konoide mit einer menschlichen Gestalt mit hoher Kopfbedeckung, die zwei Skorpione an den Schwänzen hält, deren Köpfe aber im Gegensatz zu unserem Stück nach oben gerichtet sind, wurden in den Gräbern 11 und 201 in Amathus gefunden (FORGEAU 1986: 166 Nr. 74 und 152 Nr. 28 = REYES 1993: Nr. 4 und 5 = **Abb. 6** [Abdruck] und **7**). MACALISTER spricht mit Recht von einem "man between two scorpions", während LAMON/SHIPTON die

15 Die Gravur ist flächig und tief; das Material ist graublaues, hartes Kompositmaterial, falls es sich nicht um glasierten Ton handelt (vgl. KEEL-LEU 1991: Nr. 63-64); Durchmesser der Basis 15,5 mm, Höhe 16,4 mm; Basis-Dekoration: zwei einander gegenüberstehende Vögel; Berlin, Staatliche Museen zu Berlin, Vorderasiatisches Museum, Inv. Nr. VA 15068.

Dekoration zu Unrecht als "man or deity grasping ostrich in each hand" deuten (ebd. Legende zu pl. 72,13). Ein "Herr der Tiere", der mit jeder Hand einen Strauss hält, ist zwar besonders für die Eisenzeit II auf Skaraboiden wiederholt belegt (KEEL 1978: 103f Abb. 34-42 und Taf. III). Aber die beiden Darstellungen sind in der Regel klar zu unterscheiden. Zur Entwicklung des "Herrn der Skorpione" zu dem der Strausse vgl. KEEL/ UEHLINGER 1992: 157f und BUCHANAN/-MOOREY 1988: Nr. 108.

Wie so oft in Palästina/Israel kann auch das Motiv der menschlichen Gestalt mit den Skorpionen mindestens auf den ersten Blick von Asien und/ oder von Ägypten her gedeutet werden. In der Eisenzeit I ist der Skorpion recht häufig auf Stempelsiegeln anzutreffen und regelmässig mit Motiven der Fruchtbarkeit verbunden (vgl. KEEL/SCHROER 1985: 26-38; KEEL/SHUVAL/UEHLINGER 1990: 105-111). In diesem Falle muss man die Komposition der menschlichen Figur, die zwei Skorpione hält, als Ganze aber doch von Ägypten herleiten. Wie die auf der spätramessidischen Massenware belegte Gestalt mit den zwei Krokodilen (vgl. KEEL/SHUVAL/UEHLINGER 1990: 341f und 410f), dürfte auch der "Herr der Skorpione" auf den Horusknaben als Retter zurückgehen (vgl. KEEL 1978: 148f; vgl. den ramessidischen Skarabäus MATOUK 1977: 377 Nr. 174 = BIF M. 5931). Er erscheint im Palästina der Eisenzeit I aber nicht nur auf unägyptischen Bildträgern wie Konoid und Skaraboid, sondern die Figur ist auch aller typisch ägyptischen Attribute entkleidet.

DATIERUNG: Form und Ikonographie datieren das Stück eindeutig in die Eisenzeit I (12./11. Jh.).

SAMMLUNG: Istanbul, Archaeological Museums, Classical Department, Inv. Nr. 2515.

BIBLIOGRAPHIE: 1908: 86 Abb. 124 = **Taf. 1b** Nr. 9; 89; Taf. XXVIII oben = **Taf. 2** Nr. 15 oder 16; KEEL/UEHLINGER 1992: 132f Nr. 140b.

Nr. 10 (Taf. 8,10)

OBJEKT: Das Stück auf **Taf. 1b** Nr. 10 ist dem von **Taf. 11,29** sehr ähnlich. Der Skarabäus von **Taf. 11,29** wird in Berlin als Fund aus SCHUMACHERs Ausgrabung in Megiddo aufbewahrt (Inv. Nr.

15088h)[16], ohne dass eine genaue Fundstelle bekannt wäre. Identisch scheinen die beiden Stücke nicht zu sein. Nr. 10 hat eine Umrandungslinie wie sehr ähnliche Skarabäen mit einem Löwen von Bet-Schean (JAMES 1966: Fig. 113,6 = KEEL/UEHLINGER 1992: 127 Abb. 133d) und von Pella (POTTS et al. 1988: 148 pl. 24,1 = KEEL/UEHLINGER 1992: 127 Abb. 133c). Wie diese hat der Löwe von Nr. 10 vor der Vorderpfote einen schrägen Strich bzw. eine Schilfrispe = *j*. Umrandungslinie und "Schilfrispe" fehlen beim Skarabäus von **Taf. 11, 29.** Dafür finden wir dort eine Art Standlinie, wie wir sie ähnlich bei einem Skarabäus mit einem Löwen aus einer früheisenzeitlichen Schicht vom Tel Haror (OREN 1991: 12) und bei Skarabäen mit Löwen aus Bet-Schemesch, vom Tell Ǧeriše und vom Tell es-Saʿidijeh sehen (vgl. KEEL/SHUVAL/ UEHLINGER 1990: 349 Abb. 32-33 und 37; alle ohne Umrandungslinie).

Da ich das Original nicht gefunden habe, ist das Stück nicht zu beschreiben. Motiv und Stil der Basis legen nahe, dass es sich wie bei den zur Basisdekoration genannten Belegen um einen Skarabäus vom Typ der spätramessidischen Massenware handelt; Gravur flächig und tief, aber bei ihrer summarischen Ausführung teilweise linear; das Material dürfte Enstatit gewesen sein. Aufgrund des Photos muss die Basis etwa 13 x 10 mm gross sein.

BASIS: In waagrechter Anordnung nach rechts schreitender Löwe. Vor seiner Vorderpfote ein schräg nach rechts gerichtetes Strichlein. Zu Parallelen siehe unter OBJEKT. Zur Bedeutung siehe unten Nr. 19.

DATIERUNG: 12./11. Jh.

SAMMLUNG: Unbekannt.

BIBLIOGRAPHIE: SCHUMACHER 1908: 86 Abb. 124 = **Taf. 1b** Nr. 10; 89; Taf. XXVIII oben = **Taf. 2** Nr 14.

Nr. 11 (Taf. 8,11)

OBJEKT: Skarabäus, wie Nr. 2 und 6 (vgl. auch 8 und 10) ein Vertreter der spätramessidischen Massenware. Kopf und Kopfschild bilden ein Trapez, Pronotum und Elytren sind durch eine Doppellinie getrennt,

---

16 Auch dieser Skarabäus ist ein typischer Vertreter der spätramessidischen Massenware. Kopf und Kopfschild bilden ein Trapez. Pronotum und Elytren sind durch je eine Linie markiert. Die Beine sind auf eine Rille reduziert; Gravur flächig und summarisch; Enstatit; 10,3 x 8 x 5,3 mm.

Beine auf umlaufenden Wulst reduziert; Gravur noch summarischer als bei dieser Gruppe üblich (vgl. Taf. 11, 3 und 5), der Leib des oberen Löwen ist auf eine Linie reduziert; bräunlicher Enstatit; 16,4 x 11,7 x 7 mm.
BASIS: In waagrechter Anordnung übereinander zwei nach rechts schreitende Löwen mit über den Rücken nach vorn gestreckten Schwänzen. Beim unteren stehen die Vorderbeine parallel, als ob er eben stehen bleiben würde. Er scheint ein Beutetier gepackt zu haben (?). Löwen sind auf spätramessidischen Siegelamuletten sehr häufig (vgl. Nr. 5, 7-8, 10, 13-14, 16-17 usw. und die Löwen-Skaraboide). Zwei Löwen übereinander sind auch auf Nr. 13 zu sehen (dort auch Parallelen). Dort sind sie mit einem Gott kombiniert, der auf einem Tier mit Hörnern steht. Häufig sind sie – wie auf unserem Stück – mit einer nicht mehr eindeutig zu definierenden Grösse kombiniert. So degeneriert wie auf unserem Stück ist diese allerdings selten (vgl. unten Nr. 24).
DATIERUNG: 12./11. Jh.
SAMMLUNG: Istanbul, Archaeological Museums, Classical Department, Inv. Nr. 2508.
BIBLIOGRAPHIE: SCHUMACHER 1908: 86 Abb. 124 = **Taf. 1b** Nr. 11; 89.

Nr. 12 (Taf. 8,12)

OBJEKT: Löwen-Skaraboid (vgl. das oben zu Nr. 7 Gesagte); Gravur flächig und tief, aber bei ihrer summarischen Ausführung teilweise linear; bräunlicher Enstatit; 14,5 x 8,4 x 8,7 mm.
BASIS: Die Basisdekoration besteht aus einer Kolumne vertikal angeordneter breiter Hieroglyphen: Zwei Striche, die entweder als zwei *n* oder, da sie in der Mitte schwach verbunden zu sein scheinen, als *mrj* "geliebt" zu lesen sind, ein *mn*, nochmals zwei Striche, also *nn* und ein waagrecht gestellter, nur vierbeiniger Skarabäus (vgl. oben Nr. 2). Die beiden Zeichen *mn* und *ḫpr* erinnern an den Thronnamen Thutmosis' III. *mn-ḫpr-rꜥ*. Eine abgekürzte Form, die aus einem *mn*, dem doppelt geschriebenen phonetischen Komplement *n* und *ḫpr* besteht, ist auch sonst belegt (JAEGER 1982: § 52 No. 10), ebenso eine Form, die zusätzlich zur Sonnenscheibe (*rꜥ*), die hier allerdings fehlt, noch ein *n* schreibt (ebd. § 44 No. 65). Eine ähnliche Zeichenfolge wie auf unse-

rem Stück findet sich auf mehreren zeitgenössischen ovalen Platten mit gebündeltem Griff vom Tell Abu Hawam, vom Tell el-Far'a Süd und aus Timna Süd (KEEL/SHUVAL/ UEHLINGER 1990: 356f Abb. 52-55). Wie immer man die zusätzlichen *nn* interpretiert, ein Zusammenhang mit *mn-ḫpr-rʿ* ist wohl nicht von der Hand zu weisen. Zur Lesung von *mn-ḫpr-rʿ* als Kryptogramm von Amun bzw. Amun-Reʿ vgl. den Kommentar zu Nr. 19.
DATIERUNG: Form (Löwen-Skaraboid) und Basisdekoration datieren das Stück ins 12./11. Jh.
SAMMLUNG: Berlin, Staatliche Museen zu Berlin, Vorderasiatisches Museum, VA 15073b.
BIBLIOGRAPHIE: SCHUMACHER 1908: 86 Abb. 124 = **Taf. 1b** Nr. 12; 89; Taf. XXVIII oben = **Taf. 2** wahrscheinlich Nr. 6 oder evtl. Nr. 23.

Nr. 13 (Taf. 8,13)

OBJEKT: Skarabäus, typischer Vertreter der ramessidischen Massenware (vgl. Nr. 2, 6, 8, 10-11) mit trapezförmigem Kopf und Kopfschild und einfachen Linien, die Pronotum und Elytren trennen. Der Kopf ist aus der Mitte des Skarabäus etwas nach links verschoben, die Trennungslinie zwischen den Flügeldecken nach rechts. Die Beine sind nicht wie bei Nr. 2, 6 und 11 auf einen blossen Wulst reduziert, sondern durch zwei Rillen summarisch angedeutet; Gravur flächig und tief, aber bei ihrer summarischen Ausführung teilweise linear, doch noch nicht so wie bei Nr. 11; weisslicher Enstatit mit bräunlichen Stellen; 17,9 x 13,5 x 8,2 mm.
BASIS: Links wie bei Nr. 11 in waagrechter Anordnung übereinander zwei nach rechts schreitende Löwen. Der obere hat den Schwanz erhoben und über den Rücken nach vorn gestreckt, der andere gerade nach hinten. Rechts vor ihnen ein schreitender Vierbeiner mit Hörnern, auf dessen Rücken eine eine sehr summarisch ausgeführte anthropomorphe Gestalt mit hängenden Armen steht. Diese Gestalt ist aufgrund sorgfältiger ausgeführter Exemplare wohl als "Reschef auf Gazelle" zu deuten (vgl. KEEL/SHUVAL/UEHLINGER 1990: 195-204 und 302-304 mit zahlreichen Illustrationen). Genaue Parallelen zu unserem Stück sind: PETRIE 1930: pl. 39,439 Tell el-Far'a Süd; GJERSTAD et al. 1935:53 und pl. 14,143 Grab 8 in Amathus auf Zypern; DUNAND 1950: pl. 200,8474 Byblos; WARD 1902: pl. 14,165; NEWBERRY

1906: pl. 42,33; MATOUK 1977: 401 Nr. 1583-1585 = BIF M. 6045, 3196 und 3224.
DATIERUNG: Die Bearbeitung der Seiten (Andeutung von Beinen), die relativ sorgfältige Gravur und die Grösse, die noch in der Nähe der gut gearbeiteten Skarabäen der 19. Dyn. liegt, legen als Entstehungszeit die ausgehende 19. oder beginnende 20. Dyn. nahe, also Ende 13., Anfang 12. Jh.
SAMMLUNG: Berlin, Staatliche Museen zu Berlin, Vorderasiatisches Museum, VA 15089b.
BIBLIOGRAPHIE: SCHUMACHER 1908: 86 Abb. 124 = **Taf. 1b** Nr. 13; 89; Taf. XXVII, f = **Abb. 4** links.

Nr. 14 (Taf. 8,14)

OBJEKT: Skarabäus, typischer Vertreter der ramessidischen Massenware (vgl. Nr. 2, 6, 8, 10-11, 13) mit trapezförmigem Kopf und Kopfschild und einfachen Linien, die Pronotum und Elytren trennen. Die Beine sind durch zwei kurze, schräg nach hinten laufende Linien angedeutet; Gravur flächig und tief, aber bei ihrer summarischen Ausführung teilweise linear; bräunlicher Enstatit; 13 x 9 x 6,3 mm.
BASIS: In waagrechter Anordnung nach rechts schreitender Löwe mit erhobenem Schwanz, der über den Rücken nach vorn gestreckt ist; der Schwanz des Löwen ist wie abgesetzt vom Leib und könnte als sich aufbäumender Uräus verstanden werden; ein Uräus richtet sich vor dem Löwen auf; unter dem Löwen eine kurze dicke Linie, die wahrscheinlich als *n* gelesen werden muss. Es liegt nahe, das Ganze als verschlüsselte Schreibung des Gottesnamens *Jmn* "Amun" zu lesen: *j'rt* "Uräus" für *j*, *m3j* "Löwe" für *m* und die Linie unter dem Löwen als *m*. Zur Problematik der Amun-Kryptographie vgl. unten zu Nr. 19.
DATIERUNG: 12./11. Jh.
SAMMLUNG: Istanbul, Archaeological Museums, Classical Department, Inv. Nr. 2513.
BIBLIOGRAPHIE: SCHUMACHER 1908: 86 Abb. 124 = **Taf. 1b** Nr. 14; 89; KEEL/UEHLINGER 1992: 126f Abb. 133e.

Nr. 15 (Taf. 9,15)

OBJEKT: Runde Platte, um deren Seite eine Rille läuft, die gewölbte Oberseite ist durch sternförmig angeordnete Striche dekoriert. Die Form findet sich in der ausgehenden Mittelbronze- und frühen Spätbronzezeit (PETRIE 1930: pl. 10,98 Tell el-Farʿa Süd; GUY 1938: pl. 152,1 und LOUD 1948: pl. 155,46, beide Megiddo) sowie in der Eisenzeit I-IIA (PETRIE 1930: pl. 33,350 Tell el-Farʿa Süd; ZORI 1977: pl. 31,2 Tel Rekeš); Oberseite etwas beschädigt; Gravur flächig und tief, aber bei ihrer summarischen Ausführung teilweise linear; beige-bräunlicher Enstatit; 10,1 x 9,5 x 5,3 mm.
BASIS: *Mn-ḫpr*, die ersten beiden Elemente des Thronnamens Thutmosis' III. (vgl. JAEGER 1982: § 52 No. 1 und oben Nr. 12). Der Skarabäus ist mit nur vier Beinen dargestellt (vgl. Nr. 2 und Nr. 12). Zur Lesung von *mn-ḫpr-<rʿ>* als Kryptogramm von Amun bzw. Amun-Reʿ vgl. den Kommentar zu Nr. 19.
DATIERUNG: 12./11. Jh.
SAMMLUNG: Berlin, Staatliche Museen zu Berlin, Vorderasiatisches Museum, VA 15088e.
BIBLIOGRAPHIE: SCHUMACHER 1908: 86 Abb. 124 = **Taf. 1b** Nr. 15; 89; Taf. XXVIII oben = **Taf. 2 oben** Nr. 24.

Nr. 16 (Taf. 9,16)

OBJEKT: Skarabäus, sehr klein und gedrungen, wie man ihn bei der spätramessidischen Massenware (vgl. dazu oben Nr. 2) findet. Im Gegensatz zu Nr. 2 ist der Kopf weniger deutlich als Trapez gestaltet, die Seiten zeigen einigermassen deutlich die je drei Beine; Gravur flächig und tief, aber bei ihrer summarischen Ausführung teilweise linear; grau-beige-gelblicher Enstatit; 10,9 x 7,7 x 6,5 mm.
BASIS: In waagrechter Anordnung ein nach rechts schreitender Löwe mit erhobenem Schwanz, der über den Rücken nach vorn gestreckt ist, vor dem Löwen ein schräger Strich (vgl. Nr. 10), unter ihm liegt eine lang hingestreckte, auf dem Foto schwer erkennbare Grösse. Man ist geneigt, an einen Menschen zu denken (vgl. Nr. 23). Aber wie Nr. 23 und die dort angeführten Parallenen zeigen, liegt in diesen Fällen der Kopf des Menschen stets unter dem des Löwen. In unserem Falle wären es aber, wenn es sich um einen Menschen handeln würde, die Beine. Eine genaue Untersuchung des Originals zeigt, dass der Löwe über

ein *Krokodil* hinwegschreitet. Das Motiv ist schon in der Mittleren Bronzezeit IIB (ca. 1750-1550) mehrfach auf Skarabäen zu finden (PETRIE 1934: pl. 7, 259 und 11,453 Tell el-ʿAğğul; GOPHNA/SUSSMANN 1969: 10, fig, 10, 12 Barqai; MACALISTER 1912: III pl. 202a,9 Geser; ROWE 1936: Nr. 319 Jericho; WARD 1964: 51 und pl. 21f Amman; vgl. MATOUK 1977: 383 Nr. 526-528).
Das Motiv "Löwe über Krokodil" taucht in der 19. Dyn. wieder auf, so auf einem Skarabäus aus Bet-Schean (Stratum VII; ROWE 1936: Nr. 587 = ROWE 1940: 86 und pl. 36,21 [schlechte Zeichnung]). Der einzige Unterschied zu den mittelbronzezeitlichen Stücken ist, dass der Löwe mit der einen Vorderpfote nun eine Lanzenspitze (?) oder ein Messer (?) hält. Auf einer ovalen Platte Ramses' II., die auf einer Seite dieses Motiv zeigt, scheint es sich eher um die Schilfrispe *j* zu handeln (PETRIE 1917: pl. 40 Nr. 19.3.29). Bei anderen Stücken scheint es sich weniger um den Triumph des Löwen über das Krokodil als um eine Zusammenstellung apotropäischer Grössen zu handeln. So etwa auf einem in Istanbul aufbewahrten Skarabäus, der ebenfalls von SCHUMACHER in Megiddo gefunden worden sein soll (**Taf. 11,30**)[17]. Die genaue Fundstelle ist nicht bekannt. Der Löwe schreitet dort nicht, sondern hockt über (nicht auf) einem Krokodil. Vor ihm ist ein Falke (?), hinter ihm ein aufgerichteter Uräus. Auf MATOUK 1977: 384 Nr. 555 (= BIF M. 1593) ist ein schreitender Löwe über einem Krokodil zu sehen und vor dem Löwen das typisch apotropäische Symbol der Hand (vgl. SCHROER 1983). Im strengen Sinn über das Krokodil schreitend ist der Löwe auf MATOUK 1977: 394 Nr. 1094 (= BIF M. 2516) zu sehen, doch dürfte dieses Stück wesentlich jünger sein als unsere Nr. 16, wahrscheinlich 26. Dyn.
DATIERUNG: Ende 13. bis Anfang 11. Jh.
SAMMLUNG: Berlin, Staatliche Museen zu Berlin, Vorderasiatisches Museum, VA 15088f.
BIBLIOGRAPHIE: SCHUMACHER 1908: 86 Abb. 124 = **Taf. 1b** Nr. 16; 89.

---

17 Skarabäus, Gravur flächig, Enstatit; 15,9 x 11,8 x 7,6 mm; das Stück dürfte noch in der 19. Dyn. enstanden sein; Istanbul, Archaeological Museums, Classical Department, Inv. Nr. 2505.

Nr. 17 (Taf. 9,17)

OBJEKT: Skarabäus, bei vielen Stücken der spätramessidischen Massenware bilden Kopf und Kopfschild ein Trapez, dessen schmale Seite auf der Pronotumlinie aufruht (Nr. 2, 6, 11, 13), hier aber bildet der Kopf ein flaches Trapez, dessen breite Seite auf der Pronomtumlinie aufruht; der Kopfschild sitzt als schmales Rechteck darauf, das Pronotum ist durch eine einfache Linie von den Flügeldecken und diese sind durch eine Doppellinie voneinander abgegrenzt, die Beine sind auf einen umlaufenden Wulst reduziert; Gravur flächig und tief, aber bei ihrer summarischen Ausführung teilweise linear; Enstatit mit weisslich gelblichem Überzug; 13,9 x 10,3 x 6,5 mm.
BASIS: In waagrechter Anordnung nach rechts schreitender Capride, der den Kopf wendend nach einem Löwen über seinem Hinterteil zurückblickt. Der Schwanz des Löwen ist erhoben und über dem Rücken nach vorn gestreckt. Vor dem Kopf des Löwen eine Scheibe, hinter dem Capriden ein Gebilde, das einer schräg nach unten gewendeten Lotusblüte ähnlich sieht. Das Motiv des Löwen über einem Capriden ist wie das des Löwen über einem Krokodil (Nr. 16) oder das des Löwen über einem Menschen (Nr. 23) schon in der Mittleren Bronzezeit IIB bezeugt. Dabei wendet der Capride wie auf unserem Skarabäus den Kopf nach dem Angreifer zurück, so auf einem Stück vom Tell Abu Zureiq (GIVEON 1988: Nr. 1), auf dreien vom Tell el-ʿAğğul (PETRIE 1931: pl. 13,76; 1933: pl. 3,35 = GIVEON 1985: 84f Nr. 71; 1934: pl. 5,108), auf zweien vom Tell el-Farʿa Süd (PETRIE 1930: pl. 12,125; STARKEY/HARDING 1932: pl. 43,14) und auf je einem von Geser (GIVEON 1985: 118f Nr. 23), von Jericho (ROWE 1936: Nr. 69) und von Lachisch (TUFNELL 1958: pl. 39-40,345). Einzig auf einem unveröffentlichten Stück vom Tel Ḥarasim (Kefar Menaḥem, Schefela Museum) und einem aus Hazor (YADIN 1960: pl. 137,16 = 187,17) hält der Capride den Kopf geradeaus.
Auch auf früheisenzeitlichen Belegen finden sich beide Typen. Den Kopf nach rückwärts gewendet hält der Capride auf einem Skarabäus aus Akko (GIVEON/KERTESZ 1986: Nr. 101) und auf einem Konoiden aus Lachisch (TUFNELL 1953: pl. 45.141). Mit der Basisgravur unserer Nr. 17 praktisch identisch ist die eines Skarabäus aus Bet-Schemesch ohne stratigraphischen Kontext (ROWE 1936: Nr. 889 = KEEL/SHUVAL/ UEHLINGER 1990: 345 Abb. 20) und die eines solchen aus Grab 5 in Amathus auf Zypern (GJERSTAD et al. 1935: 25 und pl. 8,12)

Gerade nach vorn hält der Capride den Kopf auf einem Skarabäus vom Tel Masos (FRITZ/KEMPINSKI 1983: 105f und Taf. 107B und 170,3 = KEEL/SHUVAL/ UEHLINGER 1990: 345 Abb. 19). Auf einer rechtekkigen Platte vom Tell el-Farʿa Süd (STARKEY/HARDING 1932: pl. 61) stehen Löwe und Capride in einem rechten Winkel zueinander. Dabei befindet sich der Löwe nicht über dem Rücken des Capriden, sondern nähert sich von hinten. Das ist auch auf zwei Skarabäen aus Grab 86 in Palaepaphos/Skales und bei vielen weiteren Belegen der Fall, die G. CLERC als Parallelen zu diesen beiden Stücken gibt (1983: 384-387)[18].
DATIERUNG: Ende 13. bis frühes 11. Jh.
SAMMLUNG: Berlin, Staatliche Museen zu Berlin, Vorderasiatisches Museum, VA 15088g.
BIBLIOGRAPHIE: SCHUMACHER 1908: 86 Abb. 124 = **Taf. 1b** Nr. 17; 89; KEEL/UEHLINGER 1992: 136f Abb. 145a.

Nr. 18 (Taf. 9,18)

OBJEKT: Skarabäus, Gravur linear; Enstatit; 13,3 x 10 x 6,6 mm.
BASIS: Zentralkomposition bestehend aus zwei "Leitern", die sich im rechten Winkel kreuzen; in den Zwickeln je ein kleiner Winkel. O. TUFNELL hat diese Komposition der Mittleren Bronzezeit IIB zuweisen wollen (1984: pl. 1 Nr. 1018 = Petrie 1934: pl. 9,311 vom Tell el-ʿAğğul ohne stratigraphischen Kontext). Die Form des Käfers ist sowohl bei diesem wie bei einem Stück aus Akko typisch für die spätramessidische Massenware (KEEL/SHUVAL/UEHLINGER 1990: 353f Abb. 44 und 46). Ein Beleg vom Tell el-Farʿa Süd mit dieser Basisgravur stammt aus Grab 394C, das während der 19. und 20. Dyn. belegt war (STARKEY/HARDING 1932: pl. 73,26 = KEEL/SHUVAL/UEHLINGER 1990: 353f Abb. 45), ein weiterer Beleg aus dem gleichen Grab Nr. 86 in Palaepaphos/Skales, in dem die beiden Skarabäen mit

18 Leider sind viele der Parallelen, die sie gibt, nicht sehr genau. So ist z.B. die auf S. 384 in Anm. 73 genannte Parallele aus GJERSTAD et al. 1935: 25 und pl. 8,12 eine genaue Parallele zu unserer Nr. 17 aber nicht zu den Basisgravuren der beiden Skarabäen aus Palaepaphos/Skales. GJERSTAD et al. 1935: 53 und pl. 14,143 ist eine perfekte Parallele zu unserer Nr. 13, hat aber wenig zu tun mit den Basisgravuren der Stücke aus Palaepaphos/Skales usw.

einem Löwen gefunden worden sind, der sich an einen Capriden heranmacht (vgl. oben Nr. 17; CLERC 1983: 387f)[19].
DATIERUNG: 12./11. Jh.
SAMMLUNG: Istanbul, Archaeological Museums, Classical Department, Inv. Nr. 2510.
BIBLIOGRAPHIE: SCHUMACHER 1908: 86 Abb. 124 = **Taf. 1b** Nr. 18; 89.

Nr. 19 (Taf. 9,19)

OBJEKT: Skarabäus, spätramessidische Massenware, Kopf rechteckig, Kopfschild trapezförmig, Pronotum und Elytren durch einfache Linien markiert, Beine auf umlaufenden Wulst reduziert; von der Basis am einen Bohrlochende ein Stück weggebrochen; Gravur flächig und tief, aber bei ihrer summarischen Ausführung teilweise linear; beige-gelblicher Enstatit; 14,9 x 10,9 x 7,3 mm.
BASIS: In waagrechter Anordnung nach rechts schreitender Löwe mit erhobenem Schwanz, der über den Rücken nach vorn gestreckt ist. Über dem Rücken ist – wie bei Nr. 8 – ein *mn* zu sehen; der Abschluss des *mn* rechts ist aber etwas lang geraten. Vielleicht gehört er auch gar nicht zum *mn*, denn rechts davon befindet sich parallel dazu ein zweiter senkrechter Strich; das ist nicht nur bei Nr. 8 und 19, sondern auch bei dem Stück von Taf. 11 Nr.27 der Fall. Angesichts dreier Belege kann es sich kaum um einen Zufall handeln. Wenn unsere Deutung richtig ist, der Löwe (*m3j*) sei gleichzeitig als *m* im Gottesnamen *Jmn* "Amun" und als Metapher für den Gott zu lesen, sind die beiden Striche vielleicht als Hinweis auf die beiden hohen Federn zu verstehen, die das Attribut Amuns in seiner anthropomorphen Gestalt bilden. Auf zwei Striche reduziert erscheinen sie z.B. auf je einem Skarabäus vom Tell el-ʿAǧǧul und vom Tell el Farʿa Süd (vgl. KEEL/UEHLINGER 1992: 103 Abb. 114b und 105 Abb. 116b); vor dem Löwen ein Zweig; hinter ihm noch ein kleiner senkrechter Strich.

---

19 G. CLERC gibt auch in diesem Falle zahlreiche mehr oder weniger genaue Parallelen und übernimmt etwas kritiklos alte Datierungen. Sie kommt so zu keinem rechten Schluss puncto Alter dieser Komposition. Sie sieht aber klar die grosse stilistische Ähnlichkeit der drei Stücke aus Grab 86 in Palaepaphos/Skales (1983: 388).

Angesichts der zahlreichen Löwen auf Siegelamuletten der spätramessidischen Massenware, die mit einem *mn* oder *n* und einem senkrechten Strich bzw. *j* kombiniert sind, stellt sich die Frage, ob der Löwe (Ägyptisch *m3j*) nach dem konsonantischen Prinzip, das nur die "starken" Konsonanten liest, bzw. nach dem akrophonischen Prinzip, das nur den ersten Konsonanten berücksichtigt, als *m* und damit als Bestandteil des Gottesnamens *Jmn* "Amun" zu lesen sei (vgl. KEEL/SHUVAL/UEHLINGER 1990: 347-351 und 405-407; KEEL/UEHLINGER 1992: 124-128). Neben dem konsonantischen oder dem akrophonischen Prinzip spielen bei kryptographischen Lesungen auch die materiellen Varianten bzw. die Gruppenäquivalenz eine Rolle, aufgrund derer verwandte Zeichen wie die Straussenfeder, die Schilfrispe und der Zweig alle gleich, in diesem Falle als *j* gelesen werden können.
Die Idee, zahlreiche Zeichenkombinationen auf Skarabäen als kryptographische Schreibung des Namens Amun zu deuten, geht auf DRIOTON zurück (vgl. vor allem DRIOTON 1957) und wurde von manchen kritiklos (z.B. CHARLES 1964; 1964/1965), von anderen wie z.B. HORNUNG/STAEHELIN mit Vorsicht übernommen (1976: 173-180). Das Problem bei vielen dieser Deutungen ist, dass das Prinzip der Akrophonie, das sie voraussetzen vor der ptolemäischen oder gar römischen Zeit nicht gut bzw. überhaupt nicht (FAIRMAN 1943 und radikal 1945) belegt zu sein scheint (jetzt auch BEN-TOR 1993).[20]
Während FAIRMAN das "akrophonische Auge eingebüsst" hat (KURTH 1983: 288), haben es DRIOTON und seine Anhänger nicht nur behalten, sondern seine Möglichkeiten noch erweitert, indem sie bei zahlreichen Zeichen zuerst Bedeutungsäquivalenzen angenommen (z.B. Löwe als *nb* "Herrn" oder das "Lebenszeichen" als *jtn* "Scheibe [des Spiegels]" gelesen) und dann noch das akrophonische Prinzip zur Anwendung gebracht haben (vgl. JAEGER 1982: 294 Anm. 218). Mit diesen zwei Ins-

20 Ch. UEHLINGER weist mich allerdings darauf hin, daß der Schrifttransfer von ägyptischer Hieroglyphen- zu proto-sinaitischer bzw. proto-kanaanäischer Alphabetschrift das Prinzip der Akrophonie mindestens seitens der rezipierenden kanaanäischen Kultur schon im 2. Jt. voraussetzt. B. SASS (1991: 4-27) hat eine Vorstufe des nordwestsemitischen Alphabetismus' in der quasi-alphabetischen Transkription fremdsprachiger Namen im Mittleren Reich erkennen wollen. Trifft dies zu, dann wären die Thesen FAIRMANs jedenfalls in ihrer radikalen Form zweifellos zu relativieren.

trumenten gelang es, fast jede Zeichenkombination als Amunstrigramm zu lesen (HÖLBL 1979: 91).
Unproblematisch scheinen mir jene Fälle, wo – wie in unserem – zwei oder gar drei (wenn man den Zweig vor dem Löwen als materielle Variante für die Schilfrispe nimmt und *j* liest) Zeichen des Gottesnamens in mehr oder weniger normaler Schrift geschrieben sind und nur eines (*m3j* "Löwe") mit Hilfe des konsonantischen oder des akrophonischen Prinzips gelesen werden muss bzw. kann, da es sich eigentlich nur um eine Art phonetisches Komplement handelt. Gleichzeitig ist der Löwe eine Metapher für Amun (vgl. KEEL/SHUVAL/UEHLINGER 1990: 405-407).
Problematischer als bei unserer Nr. 19 oder 14 ist die Lesung als "Amun" dort, wo wir Kurzformen wie *<J>mn* (Nr. 8) oder *Jm<n>* (Nr. 7 und 10) annehmen müssen, wenn wir den Namen des Gottes lesen wollen. Die Kurzform *<J>mn* ist in der 19./20. Dyn. häufig belegt (vgl. z.B. STARKEY/HARDING 1932: pl. 57,389 Tell el-Farʿa Süd; GIVEON 1985: 130f Nr. 61 Geser). Die Kurzform *Jm<n>* (Nr. 7 und 10) ist schwieriger nachzuweisen. Man kann den Strich bzw. die Schilfrispe vor der Vorderpfote des Löwen vom Messer herleiten, das der "grosse Kater" hält, der nach dem 17. Kapitel des Totenbuches die Schlange neben dem Perseabaum in Heliopolis vernichtet (NAVILLE 1886: pl. 30; HORNUNG 1978: 68f; STÖRK 1980: 368). Der Kater hockt dabei auf den Hinterbeinen und die Schlange bildet einen integralen Bestandteil der Komposition. Auf den spätramessidischen Skarabäen ist die Schlange, soweit ich sehe, nie vorhanden und nur in seltenen Fällen hockt der Kater bzw. Löwe auf den Hinterbeinen (vgl. ANTHES 1965: 138 Nr. 356; R. GIVEON, in: FINKELSTEIN 1986: 104f = KEEL/-SHUVAL/UEHLINGER 1990: 349 Abb. 28). Der schreitende Löwe mit Messer bzw. Schilfrispe bzw. Strich und *mn* bzw. *n* ist wohl als *Jmn* "Amun" zu lesen.
Problematischer ist der Löwe, der nur mit einer Schilfrispe bzw. einem Strich kombiniert ist, denn die Kombination einer einzelnen Figur mit einem *j* findet sich auch sonst (vgl. oben zu Nr. 6).
Sehr verbreitet ist auch die Lesung von *mn-ḫpr-rʿ* als Amuntrigramm. Die normalerweise zuoberst geschriebene Sonnenscheibe (vgl. unsere Nr. 2 und 3) wird *jtn* gelesen und steht akrophonisch für *j*. *Mn* ist *mn*, und der Käfer wird als Bedeutungsäquivalent von *nṯrj* "der Göttliche" gelesen und steht dann akrophonisch als phonetisches Komplement für *n* (vgl. DRIOTON 1955: 64-66; HORNUNG/STAEHELIN 1976: 175; JAE-

GER 1982: § 415f). Der Käfer kann aber auch als Bedeutungsäquivalent für *Rʿ* gelesen werden (DRIOTON 1959: 24). Dann wäre *Jmn-rʿ* "Amun-Re" zu lesen.
Angesichts dieser Möglichkeit und der in der Ramessidenzeit üblichen Praxis, *Jmn* zu *<J>mn* zu verkürzen, scheint es mir denkbar, die Kombination *Mn-ḫpr* auf den Nr. 12 und 15 als Abkürzung von *Jmn-rʿ* zu lesen.
DATIERUNG: 12./11. Jh.
SAMMLUNG: Berlin, Staatliche Museen zu Berlin, Vorderasiatisches Museum, VA 15088b.
BIBLIOGRAPHIE: SCHUMACHER 1908: 86 Abb. 124 = **Taf. 1b** Nr. 19; 89.

Nr. 20-21

Der Aufbewahrungsort dieser zwei Stücke konnte nicht ausfindig gemacht werden. Das Foto bei SCHUMACHER 1908: 86 Abb. 124 (= **Taf. 1b**) gibt anders als bei Nr. 8 und 10 zu wenig her, um eine eindeutige Nachzeichnung vorlegen zu können.
Nr. 20 dürfte von Form und Grösse her ein spätramessidischer Skarabäus gewesen sein. Die Basisgravur dürfte aus einem senkrechten (rechts) und zwei waagrechten Elementen (links) bestanden haben (vgl. Nr. 11 und 13).
Nr. 21 ist ziemlich rätselhaft. Aufgrund des Fotos scheint es sich um ein Zwischending zwischen einem Konoiden und einem Skaraboiden zu handeln. Ist der dunkle Fleck links ein Bohrloch? Dann würde sich die Gravur, von der einzelne Linien zu sehen sind, die ich nicht deuten kann, auf dem Mantel des Konoids/Skaraboids befunden haben. Die Basisgravur, falls es eine solche überhaupt gegeben hat, wäre dann nicht zu sehen (vgl. SCHUMACHER 1908: Taf. 28 oben Nr. 1 = **Taf. 2** Nr. 1). Ist der dunkle Fleck links eine eingravierte Scheibe, dann handelt es sich um ein Objekt mit ovaler Basis, von der aber nur ein Teil erhalten ist.

Nr. 22 (Taf. 10,20)

OBJEKT: Da der Aufenthaltsort des Originals nicht bekannt ist, kann die Form des Objekts nicht mit Sicherheit beschrieben werden.

Aufgrund der runden Basis kann ein Konoid von der Form von Nr. 9 vermutet werden. Ein Konoid suggeriert auch die Tatsache, dass SCHUMACHER 1908: Taf. XVIII oben zeigt, dass u.a. zwei Konoide von fast identischer Form zum Hortfund gehört haben (**Taf. 2** Nr. 15 und 16), und endlich ist das Motiv der Basis-Dekoration häufig auf Konoiden zu finden (s. unten BASIS). Die Gravur ist teils flächig und summarisch; das Material könnte wie bei Nr. 9 ein Kompositmaterial oder vom Motiv her zu schliessen lokaler Kalkstein sein; Durchmesser der Basis ca. 14 mm.
BASIS: Das Foto ist deutlich genug, um das Hauptmotiv mit Sicherheit zu erkennen. Es ist eine nach links gerichtete Capride, die ein Junges säugt. Das Motiv ist auf Konoiden und Skaraboiden aus Schichten der Eisenzeit I und IIA in Israel und Juda recht häufig zu finden (Megiddo, Taanach, Tell el-Farʿa-Nord, Sichem, Tell en-Naṣbeh, Bet-Schemesch KEEL 1980a: 114-117 Abb. 89-94; vgl. zu weiteren Belegen KEEL/ SCHROER 1985: 34-38 Abb. 1-16; SHUVAL 1990: 105-110 und ill. 082-012 und Nr. 64-72; KEEL/UEHLINGER 1992: 141-143 Abb. 151a-152b und 160-162 Abb. 165a-166b). Dem Hauptmotiv unserer Nr. 22 am ähnlichsten ist die Basisgravur eines Skaraboids aus Megiddo, der vielleicht aus Stratum VII kommt (Loud 1948: pl. 152,192). Wie auf unserem Stück ist die Capride nach links gerichtet, hat einen übermässig langen Hals; Vorderbein, Hals und Kopf des Jungen bilden einen geraden Strich; vor dem säugenden Tier und über seinem Rücken ist je ein zusätzliches Element; beim Parallelstück aus Megiddo sind es eine Pflanze und ein Skorpion; auf unserem Stück ist es nicht klar; bei dem Element über dem Rücken scheint es sich um einen grossen Vogel mit gespreizten Schwingen zu handeln.
DATIERUNG: 12./11. Jh.
SAMMLUNG: Unbekannt.
BIBLIOGRAPHIE: SCHUMACHER 1908: 86 Abb. 124 = **Taf. 1b** Nr. 22; 89; Taf. XXVIII oben = **Taf. 2** Nr. 15 oder 16.

Nr. 23 (Taf. 10,21)

OBJEKT: Skarabäus, Gravur flächig und tief, aber bei ihrer summarischen Ausführung teilweise linear; Enstatit; 12,7 x 9,4 x 6,6 mm.
BASIS: In waagrechter Anordnung nach rechts schreitender Löwe; vor ihm ein nach aussen gebogenes Element, das als Uräus (vgl. Nr. 14) oder als Straussenfeder bzw. Schilfrispe (vgl. Nr. 10) gedeutet werden

kann (vgl. Nr. 19). Unter dem Löwen liegt hingestreckt ein Mensch, sein Kopf unter dem Kopf des Löwen. Wie der Löwe über dem Krokodil (Nr. 15) und der Löwe über einem Capriden (Nr. 16), so ist auch der Löwe über einem hingestreckten Menschen schon auf Skarabäen der Mittleren Bronzezeit zu finden (PETRIE 1931: pl. 14,164 Tell el-ʿAğğul; ROWE 1936: Nr. 66 Tell Beit Mirsim; KIRKBRIDE 1965: fig. 303,16 Jericho; BRANDL 1993: 211f Fig 8,9 Schilo; PETRIE 1906: pl. 9,152 Tell el-Jehudije; NICCACCI 1980: Nr 244). Auf einem weiteren Stück aus Jericho springt der Löwe auf einen Capriden, unter dem ein Mensch liegt (ROWE 1936: Nr. 69; vgl. weiter ROWE 1936: Nr 317 Jericho; TUFNELL 1958: pl. 32,215 Lachisch; PETRIE 1930: pl. 7,54 Tell el-Farʿa Süd und RÜHLMANN 1964).
Das Motiv wird in der Eisenzeit I wieder populär. Es findet sich z.B. auf einem Skarabäus von Megiddo Stratum VIIA (ca. 1250-1140; LOUD 1948: pl. 152,200), einem Skarabäus vom Tel Beerscheba (Stratum VII [1050-1000]), auf dem Abdruck eines rechteckigen Siegels vom Tell Keisan (Niveau 9a [1150-1000]), auf einer rechteckigen Platte aus Akko (Oberflächenfund; zu den drei zuletzt genannten Stücken vgl. KEEL/SHUVAL/UEHLINGER 1990: 246, 344 und 346 mit Abb. 21 und 22), auf einem weiteren Skarabäus, der als Oberflächenfund auf dem Tel Rekeš geborgen wurde (**Abb. 8**)[21], auf mindestens acht Konoiden der Periode Zyprisch-Geometrisch (1050-750) aus Amathus (vier Stück), Lapithos, Paphos, Sarepta und Tyrus (REYES 1993: Nr. 1-3,7,12-16) und auf zahlreichen Skarabäen aus dem Handel (vgl. z.B. MATOUK 1977: 384 Nr. 559; 386 Nr. 660-661). In all den genannten Belegen liegt der Kopf des Menschen unter dem des Löwen. Ausnahmen bilden nur ein Skarabäus aus dem spätbronze-/früheisenzeitlichen Grab 89 in Ṭabaqat Faḥl/Pella (RICHARDS 1988: 149 und pl. 24,4) und REYES (1993) Nr. 1-2,7 und 16 aus Zypern). Bei diesen Belegen liegt der Kopf des Hingestreckten zwischen den Hinterbeinen des Raubtiers.

21 Skarabäus, Kopf Kegelstumpf mit zwei vertikalen Linien, Pronotum und Elytren durch Doppellinie getrennt und die Elytren untereinander durch dreifache Linie, Beine auf umlaufenden Wulst reduziert; Gravur flächig, tief und summarisch, beiger Enstatit, 15 x 10,45 x 7,4 mm; das Stück wurde von Buqi David Idlin, Kibbuz Merchavia, auf dem Tel Rekeš gefunden und befindet sich in seinem Besitz. Da zuwenig gute Photos vorliegen, werden die Stücke von Abb. 8 und 9 in Umzeichnung wiedergegeben. Ihnen liegen etwas dunkle Photos und Abdrücke zugrunde.

DATIERUNG: 12./11. Jh.
SAMMLUNG: Istanbul, Archaeological Museums, Classical Department, Inv. Nr. 2511.
BIBLIOGRAPHIE: SCHUMACHER 1908: 86 Abb. 124 = **Taf. 1b** Nr. 23; 89.

Nr. 24 (Taf. 10,22)

OBJEKT: Skarabäus, typischer Vertreter der spätramessidischen Massenware, der Kopf hat die Form eines stumpfen Kegels mit vier parallelen, vertikalen Strichen, das Pronotum ist durch eine schräg nach links laufende, einfache Linie markiert, die Elytren sind durch eine dreifache Linie getrennt, die Beine auf einen rundum laufenden Wulst reduziert; Gravur flächig und tief, aber bei ihrer summarischen Ausführung teilweise linear; gelblich-bräunlicher Enstatit; 14.4 x 11,2 x 7 mm.
BASIS: In waagrechter Anordnung übereinander zwei nach rechts schreitende Löwen mit über den Rücken nach vorn gestreckten Schwänzen; vor den beiden Löwen ist ein nicht klar definierbares Gebilde zu sehen, vielleicht ein Greif oder ein etwas degenerierter Strauss (vgl. z.B. GIVEON/KERTESZ 1986: Nr. 96 Akko; PETRIE 1930: pl. 29,282 Tell el-Farʿa Süd; GIVEON 1985: 128f Nr. 58 Geser; ein Skarabäus vom Tel Rekeš (**Abb. 9**)[22]; vgl. auch HORNUNG/STAEHELIN 1976: Nr. B 83; MATOUK 1977: 384 Nr. 570; 386 Nr. 649f; 392f Nr. 1012f; WARD 1902: pl. 14,163). Zu einer noch degenerierteren Form vgl. oben Nr. 11.
DATIERUNG: 12./11. Jh.
SAMMLUNG: Berlin, Staatliche Museen zu Berlin, Vorderasiatisches Museum, VA 15088i.

---

22 Skarabäus, Kopf klein, ungefähr rechteckig, Pronotum und Flügeldekken durch je eine Linie markiert, die sechs Beine sind etwas summarisch aber deutlich herausgearbeitet; Gravur flächig, tief und summarisch, gelblich-bräunlicher Enstatit, 16,9 x 12,1 x 7,1 mm; das Stück wurde wie das von Abb. 8 von Buqi David Idlin, Kibbuz Merchavia, auf dem Tel Rekeš gefunden und befindet sich wie jenes in seinem Besitz. Ich danke dem Besitzer für die Publikationserlaubnis für beide Stücke.

BIBLIOGRAPHIE: SCHUMACHER 1908: 86 Abb. 124 = **Taf. 1b** Nr. 24; 89.

Nr. 25 (Taf. 10,23)

OBJEKT: Rechteckige Platte; Gravur flächig und tief, aber bei ihrer summarischen Ausführung teilweise linear; Enstatit; 11,6 x 8,5 x 5,5 mm.
BASIS: Kolumne aus vier bis fünf breiten schmalen Zeichen von denen das oberste ein *nb*, das zweite ein *mn* ist. Die andern sind nicht zu definieren.
DATIERUNG: Rechteckige Platten mit ägyptischer oder ägyptisierender Dekoration sind in Palästina in Ausgrabungen rund 80 gefunden worden. Von denen, die einen klaren stratigraphischen Kontext haben, stammen sechs aus Schichten der Spätbronzezeit I-IIA (1550-1300), 18 aus solchen der Spätbronzezeit IIB (1300-1150) und sieben aus solchen der Eisenzeit I und II. Die durchschnittliche Länge dieser Platten beträgt 16,5 mm. Unsere Platte ist ungefähr ein Drittel kleiner als der Durchschnitt. Solche kleinen Formen sind typisch für die Eisenzeit I.
SAMMLUNG: Istanbul, Archaeological Museums, Classical Department, Inv. Nr. 2504.
BIBLIOGRAPHIE: SCHUMACHER 1908: Taf. XXVIII oben = **Taf. 2** oben Nr. 27.

Nr. 26 (Taf. 10,24)

OBJEKT: Ungewöhnliche Form, eine Art ovale, beidseitig gravierte Platte mit einer Öse an einer der Längsseiten, die der Länge nach durchbohrt ist; Gravur aus Linien und Bohrlöchern; als Material gibt WATZINGER "Glaspaste" (1929: 40), jedenfalls handelt es sich um ein gelblich-grünes Kompositmaterial; 22 x 21 x 6 mm. Ein Objekt, das in puncto Form, Gravur, Material ("Paste") und Grösse (22 x 20 x 7,5 mm) unserer Nr. 26 sehr ähnlich ist, wurde in Assur (leider ohne eindeutigen stratigraphischen Kontext) gefunden (Berlin, Staatliche Museen zu Berlin, Vorderasiatisches Museum, VA Ass. 2452 - 5955 (JAKOB-ROST 1975: Nr. 354).
BASIS: Auf der einen Seite ist ein auffliegender Vogel, der an Kopf und Hals sechs aufgerichtete "Federn" trägt (vgl. JAKOB-ROST 1975;

Nr. 354); auf der anderen Seite ein siebenstrahliger Stern, dessen Zentrum ein Bohrloch bildet; die Strahlen sitzen einem Kreis auf und sind leicht schräg. Ein ähnlich konstruierter achtstrahliger Stern findet sich auf dem gewölbten Rücken eines Skaraboids, dessen Basis ein Verehrer in assyrischer Tracht zeigt (SCHUMACHER 1908: 60f und Abb. 72d = KEEL/UEHLINGER 1992: 337 Abb. 289 = **Abb. 10**). Dieser Skaraboid hat in puncto Form, Material und Gravur des gewölbten Rückens (sechsstrahliger Stern) eine sehr gute Parallele in einem in Chorsabad gefundenen Skaraboiden (LOUD/ALTMAN 1938: pl. 58,110). Zwischen den Strahlen des Sterns sieben kleinere Bohrlöcher.
DATIERUNG: Die in den Rubriken "Objekt" und "Basis" genannten Parallelen zeigen, dass wir es hier kaum mit einem Objekt aus dem 11. Jh., sondern einem aus erheblich späterer Zeit, wahrscheinlich vom Ende des 8. oder gar aus dem 7. Jh. zu tun haben. Damit stellt sich, wie bei Nr. 3, das Problem des Fundzusammenhangs. Obwohl SCHUMACHER 1908: 88f die Objekte auf Taf. XXVIII ausdrücklich als Inhalt des Hortgefässes deklariert, sagt er auf S. 90, dass das "Pasta-Amulett (Taf. XXVIII p [= **Taf. 3** Nr. 29]" "in unmittelbarer Nähe des vierhenkligen Topfes" gefunden worden sei; also nicht im Topf selber. Wir haben es bei diesem Stück also mit einer Intrusion vom Ende des 8. oder gar aus dem 7. Jh. zu tun.
SAMMLUNG: Berlin, Staatliche Museen zu Berlin, Vorderasiatisches Museum, VA 1513i.
BIBLIOGRAPHIE: SCHUMACHER 1908: 90 und Taf. XXVIII p = **Taf. 3** Nr. 29; WATZINGER 1929: 40.

7. SCHLUSS

Von den 26 im Katalog aufgelisteten Stücken sind zwei (Nr. 20-21) zu ungenügend dokumentiert, um ernsthaft in die Untersuchung einbezogen zu werden. Von den 24 verbleibenden handelt es sich bei einem Stück (Nr. 4) um einen "Findling" aus der 15. Dyn. (ca. 1650-1550), bei Nr. 3 evtl. ebenfalls um einen "Findling" und zwar aus der 18. Dyn. (1540-1292), wahrscheinlicher aber um eine Intrusion aus der 22. Dyn. (945-722) und bei Nr. 26 um eine solche aus dem Vorderasien des 8./7. Jh. Zählt man die zwei ungenügend dokumentierten Stücke und die drei "Findlinge" bzw. Intrusionen ab, bleiben 21 Stücke, die nicht nur aufgrund des Fundzusammenhangs, sondern aufgrund ihrer

Form, ihres Gravurstils und ihrer Ikonographie in die Eisenzeit I gehören.

Von den drei grossen Gruppen früheisenzeitlicher Glyptik in Palästina/Israel, den ägyptischen Siegelamuletten aus Steatit und Fayence, der nordsyrischen Hämatit- und Quarzgruppe, und den lokalen Siegelamuletten aus Kalkstein, die ich 1990 zu definieren versuchte, hat sich herausgestellt, dass der Import der zweiten, der nordsyrischen Hämatit- und Quarzgruppe in der Eisenzeit I erst spärlich eingesetzt hat und zur Hauptsache in die Eisenzeit IIA gehört (KEEL/ UEHLINGER 1992: 162-165). Zu den frühen Belegen aus der Eisenzeit I gehört ein Quarz-Konoid, das in Megiddo in Stratum VI (ca. 1140-1050) gefunden worden ist (LOUD 1948: pl. 163,15). Es zeigt ein gehörntes Tier (Rind oder Capride), das den Kopf rückwärts wendet als ob es ein Junges säugen würde, das auch angedeutet zu sein scheint. In unserem Hortfund ist diese Gruppe anscheinend nicht vertreten.

Die dritte Gruppe, die lokale aus Kalkstein, die sich hauptsächlich in den Hügel- und Berggebieten Palästinas findet, die dem internationalen Verkehr nur schwer zugänglich waren (vgl. KEEL 1990: 395), wird sehr wahrscheinlich durch unsere Nr. 22 (evtl. auch durch Nr. 21) repräsentiert.

Den Hauptteil des Fundes aber bilden die ägyptischen oder ägyptisierenden Stücke aus Enstatit oder Kompositmaterial. Hier sind verschiedene Formen vertreten:

Skarabäus: 12 Stück (Nr. 1-2, 6, 11, 13-14, 16-19, 23-24), wahrscheinlich sogar 14, wenn man die unauffindbaren Nr. 8 und 10 aufgrund ihrer Form und Basisdekoration dazuzählt.
Löwen-Skaraboid : 2 Stück (Nr. 7 und 12).
Runde Platte : 1 Stück (Nr. 15).
Rechteckige Platte : 1 Stück (Nr. 25).
Konoid aus Kompositmaterial (?) auf runder Basis : 1 Stück (Nr.9
Konoid aus Kompositmaterial auf ovaler Basis : 1 Stück (Nr. 5).

Der stark ägyptische Charakter des Hortfunds wird noch durch die zehn Udschat-Augen-Amulette und die vier Figuren ägyptischer Gottheiten verstärkt.

Die Ikonographie ist typisch für die spätramessidische Massenware. Bei ihr sind jene Motive, die exklusiv aus der ägyptischen Kultur abgeleitet und verstanden werden können, im allgemeinen und in unserem Hortfund im besonderen nicht dominant. Zu den nur aus der ägyptischen Kultur verständlichen Motiven gehört der Thronname Thutmosis III., der auf der Nr. 2 und in abgekürzter Form auf den Nr. 12 und 15 zu lesen und vielleicht als Kryptogramm für Amun aufzufassen ist (vgl. den Kommentar zu Nr. 19).

Typisch ägyptisch ist auch der Pharao beim Niederschlagen eines Feindes (Nr. 1). Er ist ein Relikt der klassischen ramessidischen Königsikonographie (vgl. KEEL 1990: 343-345 Abb. 17-18 vom Tel Masos und Tell el-Farʿa Süd). Häufiger als der Pharao in seiner menschlichen Gestalt ist er als Löwe. Der Löwe über einem Capriden (Nr. 17), über einem Menschen (Nr. 23) oder über einem Krokodil (Nr. 16) war schon in der Mittleren Bronzezeit in Palästina beliebt und taucht in der Eisenzeit – im Vergleich zur Spätbronzezeit – wieder oder jedenfalls wieder vermehrt auf (vgl. KEEL 1990: 344-346 für Löwe über Capride bzw. Mensch). Im Gegensatz zum Pharao in seiner menschlichen Gestalt lässt er sich als Löwe leicht generell als ein von der ägyptischen Königsideologie unabhängiges Triumphbild verstehen.
Die Häufigkeit des Löwen auf den Siegelamuletten des Hortfunds ist schon SCHUMACHER (1908: 89) und WATZINGER (1929: 42) aufgefallen. Von den 20 Stücken, die man der spätramessidischen Massenware zuzählen kann, sind zwei Löwen-Skaraboide (Nr. 7 und 12). Auf 12 der 20 Belege ist auf der Basis ein Löwe oder sind zwei Löwen zu sehen (einer auf Nr. 5, 7-8, 10, 14, 16-17, 19 und 23; zwei auf Nr. 11, 13 und 24). Vielleicht hat der Händler oder Sammler eine Vorliebe für das Löwenmotiv gehabt. Die Löwen hatten allerdings nicht alle die gleiche Bedeutung. Drei Belege gehören, wie schon gesagt, in den Bereich des triumphierenden Löwen (Nr. 16, 17 und 23).

Ein weiterer Löwe erscheint als Trägertier des Sturm- und Kampfgottes Baʿal-Seth (Nr. 5). Aus welchen Gründen und auf welchen Wegen er sein ursprüngliches Attribut- und Trägertier, den Stier (vgl. KEEL 1992: 169-193), mit dem Löwen vertauscht hat, ist nicht ganz klar. Vielleicht steht er auf dem Löwen als ein von ihm besiegtes Tier (vgl. dazu KEEL/SHUVAL/UEHLINGER 1990: 190-194; 199 Fig. 33; KEEL/-UEHLINGER 1992: 86-89 und 129f). Nicht selten erscheint in der Eisenzeit I der geflügelte Baʿal-Seth auf einem Löwen neben Reschef auf einer Gazelle (KEEL/UEHLINGER 1992: 130f Abb. 138a-b; SCHROER/-STAUBLI 1993: 66 rechts). Eine Variante dieses Motivs stellt Nr. 13 dar, bei der anstelle Baʿal-Seths auf dem Löwen über diesem ein zweiter Löwe erscheint. Die Nr. 24 und 11 sind stark degenerierte (bes. Nr. 11) Varianten dieses Motivs. Was die Ersetzung Baʿal-Seths durch einen zweiten Löwen bedeutet, ist schwer zu sagen. Vielleicht wollte man das in dieser Zeit offensichtlich hoch geschätzte Bild des Löwen verdoppeln und ihm so mehr Gewicht geben, vielleicht hat Ba'al-Seth die Gestalt des von ihm überwundenen Gegners angenommen, vielleicht stellen die beiden Löwen aber auch Metaphern zweier verschiedener Götter dar.

Bei den verbleibenden Einzel-Löwen auf Nr. 7-8, 10, 14 und 19 fällt auf, dass ihnen ausnahmslos Elemente beigegeben sind, die eine Lesung des Ganzen als Amun-Kryptogramm nahelegen (vgl. den Kommentar zu Nr. 19). Siegelamulette mit einem Löwen als kryptographischem Element des Gottesnamens Amun sind in der Eisenzeit I sehr beliebt und verbreitet (vgl. KEEL 1990: 405-410; KEEL/UEHLINGER 1992: 124-128).

Typisch für die Eisenzeit I sind auch der "Herr der Skorpione" bzw. der "Herr der Krokodile" (Nr. 9; vgl. KEEL 1990: 341f) und die Zentralkomposition der zwei gekreuzten "Leitern" (KEEL 1990: 353f).
Als Fazit ergibt sich, dass die Motive der ägyptischen Massenware des Hortfunds für die Eisenzeit I durchwegs typisch sind, ohne dass sie deswegen schon alle Facetten der ramessidischen Massenware im Palästina der Eisenzeit I repräsentieren. So fehlen z.B. als Form die ovalen Platten mit gebündeltem Griff (KEEL 1990: 355-360) und als ikonographische Motive der thronende und der kniende Pharao (KEEL 1990: 355-360 und 339f). Das Fehlen dieser typisch ägyptischen Form und der typisch ägyptischen Motive bedeutet wohl ein zunehmender Abbau, wenn auch durchaus kein Verschwinden, des ägyptischen Einflusses. Das gilt, ob es sich bei dieser spätramessidischen Massenware um eine lokale Produktion aus Südpalästina oder um eine ägyptische des östlichen Deltas, z.B. aus der Ramsesstadt handelt, von der es in einem ramessidischen Hymnus heisst: "Zwischen Palästina und Ägypten liegt sie" (GARDINER 1937: 12 Z. 8).

Schon W.M.F. PETRIE ist eine Gruppe von Skarabäen aufgefallen "cut rudely but deep" (1925: 26). Wie seine Belege von pl. 14, 961-968 zeigen, handelt es sich dabei um unsere spätramessidischen Massenware. PETRIE hat früher einige Hieroglyphen auf Stücken dieser Gruppe als Namen eines Königs der 25. Dyn.(712-664) gelesen (1917: pl. 53). Er datiert deshalb die ganze Gruppe in diese Zeit (1925: 26). Die Lesung dieser Hieroglyphen als Königsnamen ist aber falsch (vgl. HORNUNG/STAEHELIN 1976: Nr. 496; CLERC/KARAGEORGHIS/LA-

GARCE/LECLANT 1976: 104f Nr. 1073; KEEL 1990: 347f. Abb. 25-27). Im gleichen Werk redet PETRIE drei Seiten weiter hinten von "a coarse deep-cut work...which seems to belong to the whole Delta, but which is absent from Memphis and the south". Er bezeichnet es als typisch für die jüngeren Schichten von Tell el-Jehudije (vgl. z.B. PETRIE 1906: pl. 11,209-211,222,242) und datiert es in die 22. Dyn. (945-722). Er vergleicht es mit den flächig geschnittenen Skarabäen der 15. Dyn. und hält diese flächige Gravur als typisch für das Delta (1925: 29). Auch hier scheint PETRIE, wie die Stücke vom Tell el-Jehudije zeigen, an die ramessidische Massenware zu denken, datiert sie aber etwas früher. HORNUNG/STAEHELIN haben den in der spätramessidischen Massenware sehr häufigen Thronenden mit einem Verehrer der Zeit vor dem Neuen Reich zuweisen wollen (1976: 192 Anm. 3). KEEL hingegen wollte die ganze Gruppe, nicht nur Stücke mit diesem Motiv, aufgrund des Fundkontexts zahlreicher Belege aus Palästina/Israel in die Eisenzeit I-II (ca. 1150-900; ca. 20.-21. Dyn. 1190-944) datieren (1982: 458 und 509 Anm. 178-181 = in diesem Band unten p. 106 mit Anm. 178-181). WIESE, der sich allerdings wieder auf den Thronenden mit Verehrer beschränkt, hat die Entstehungszeit etwas hinaufrücken wollen. Nach ihm begann sie mit Ramses II. (1279-1213). "Es ist jedoch anzunehmen, dass bis in die 20. Dynastie hinein immer wieder Siegelamulette mit diesem Motiv dekoriert wurden" (1990: 93). Wie etwa ein Vergleich unserer Nr. 13 mit 24 bzw. mit 11 zeigt, lässt sich innerhalb des gleichen Motivs ein starker Qualitätsverlust feststellen, der ohne eine gewisse Verständnislosigkeit dem Motiv gegenüber fast nicht zu erklären ist. Auch von der Wahl der Motive her lässt sich eine Entwicklung vermuten. So sind die sechs Belege aus Grab 65 (Ende 13./Beginn 12. Jh.) auf dem Tell es-Saʿidije (TUBB 1988: 71 fig. 51) erheblich ägyptischer in ihren Motiven als die meisten Stücke aus dem Hortfund in Megiddo (11. Jh.). Wahrscheinlich ist es nicht ganz zufällig, dass der thronende und der kniende Pharao in unserem Hortfund fehlen. Ich möchte deshalb an meiner Auffassung festhalten, dass die Produktion der spätramessidischen Massenware zwar in der Zeit Ramses II. einsetzte, aber bis ins 11. Jh. fortdauerte, wobei die Entwicklung dieser Produktion stilistisch und motivlich erst in Grundzügen erahnt werden kann (KEEL 1990: 337-340).

Als Produktionszentrum bzw -zentren kommen, wie schon die Beobachtungen PETRIEs zur Verbreitung der Gruppe nahelegen, Orte bzw. ein Ort im Delta, evtl. auch in Südpalästina in Frage. Beachtet man den festen Platz, den Amun und Ba'al-Seth im Symbolsystem dieser Gruppe haben, ist vielleicht an den Amun-Tempel im Westen der Ramsesstadt und an den Seth-Tempel in ihrem Südteil zu denken, die während der 19. und 20. Dyn. florierten, als die Ramsesstadt Residenzstadt war (vgl. das Loblied auf die Stadt bei GARDINER 1937: 12 Z. 11f; BIETAK 1984). Allerdings sind dort auch Tempel der Uto und der Astarte genannt, vielleicht die Partnerinnen der beiden männlichen Gottheiten. Sie scheinen in der Glyptik nicht aufzutauchen. So stellt sich die Frage, ob in der Ramsesstadt vielleicht von Tempeln unabhängige Produktionsstätten existiert haben, die weniger im Hinblick auf die Propagandabedürfnisse eines bestimmten Kults und mehr im Hinblick auf einen bestimmten Markt und seine Bedürfnisse produziert haben.

Vielleicht ist angesichts der Verbreitung der spätramessidischen Massenware in Palästina und bis nach Transjordanien (PRITCHARD 1980: 60f fig. 23,8; TUBB 1988: 71 fig. 51 sechs Stück vom Tell es Sa'idije; RICHARDS 1988: 148 und pl. 24,1 und 4 zwei Stück aus Ṭabaqat Faḥl/Pella) auch an eine Produktion in Südpalästina, z.B. in Gaza zu denken (vgl. KEEL/UEHLINGER 1992: 124-126). Ihre Produkte könnten, sei es aus der Ramsesstadt, sei es aus Gaza über Megiddo und Bet-Schean nach Transjordanien (und übers Meer nach Zypern; REYES 1993) gelangt sein. Der Hortfund eines Händlers oder eines(r) SammlerIn aus Megiddo lässt den Weg deutlicher erkennen, über den solche Objekte nach Transjordanien (und an die libanesische Küste) gelangen konnten.

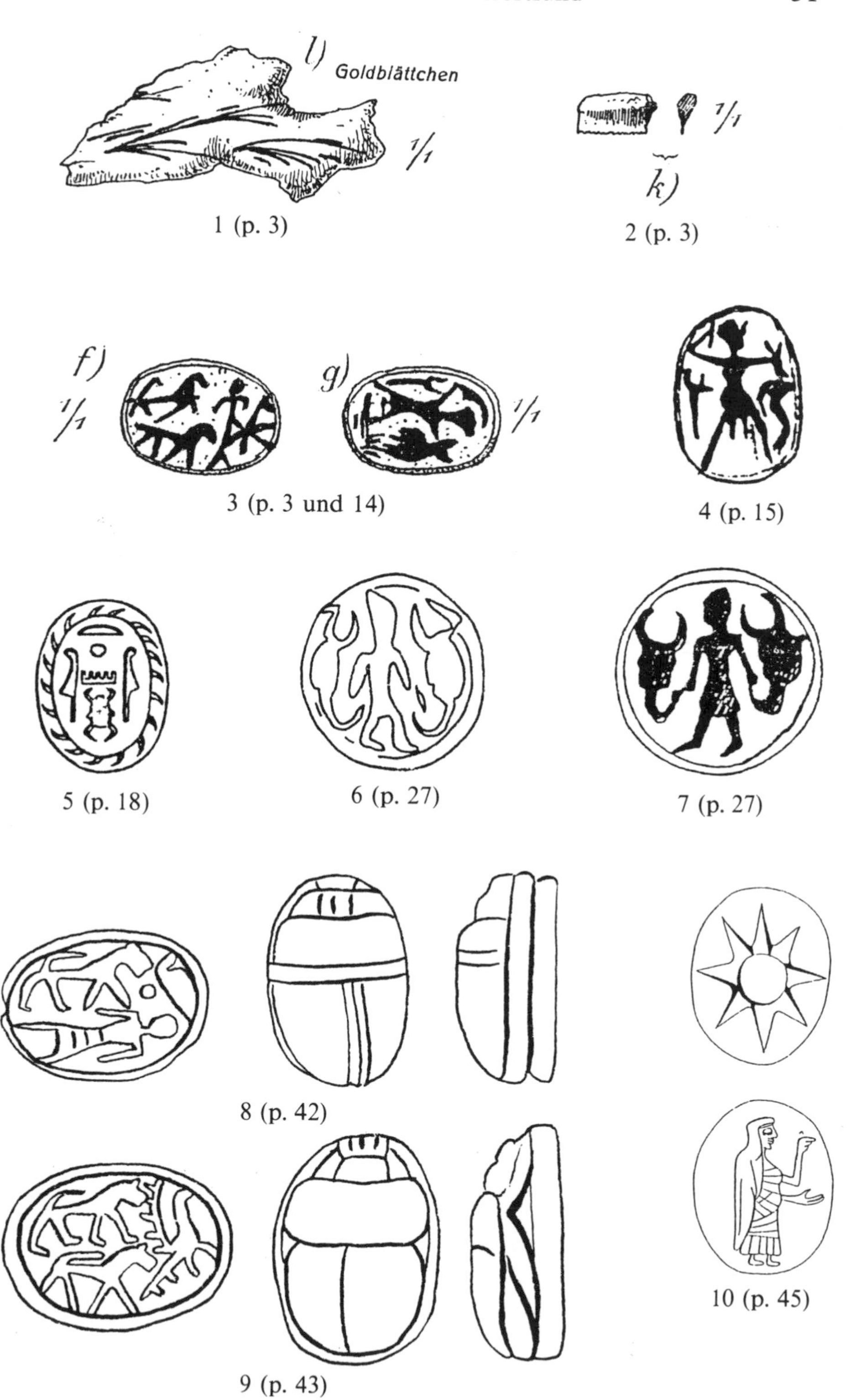

1 (p. 3)

2 (p. 3)

3 (p. 3 und 14)

4 (p. 15)

5 (p. 18)

6 (p. 27)

7 (p. 27)

8 (p. 42)

9 (p. 43)

10 (p. 45)

Nachtrag

Im Anschluß an den Vortrag (vgl. Kap 4), den ich im Rahmen des Symposions "Seals and Sealings in the Ancient World" am 2. Sept. 1992 am "Bible Lands Museum " in Jerusalem gehalten habe, machte Prof. AMIHAI MAZAR folgende Bemerkung zum Gefäss des Hortfund (vgl. oben Abschnitt 3), die er mir anschliessend freundlicherweise schriftlich zustellte:

"I don't find an exact parallel to the vessel, though the three legs made like handles recall similar legs on open bowls in the Iron Age I (see my Tell Qasile 2 (Qedem 20) Fig 40:2). But the important feature in this vessel is the strong red slip and the vertical hand burnish. To the best of my knowledge, at Megiddo and in northern part of Israel in general there are no examples of such red slip and burnish before the 10th century BC. Though both burnish and red slip appear at Tell Qasile already in the 11th century BC, they are not of this superb quality. I would claim that the slip and burnish as well as the decoration technique show that the vessel should be dated to the 10 th century BC."
Ich habe verschiedentlich und aus verschiedenen Gründen (vgl. oben S.11,49) festgehalten, dass der Inhalt des Hortfunds nicht vor die Mitte des 11. Jhs. datiert werden kann. Wenn der Inhalt aus der Zeit zwischen 1050 und 1000 stammt, wäre das Vergraben in einem Gefäß des 10 Jh. nicht allzu überraschend. Die Form des Gefässes ist allerdings, wie A. MAZAR auch sagt, typisch für die EZ I d.h. spätestens für das 11. Jh. Wie zwingend die Datierung ins 10. aufgrund der Oberflächenbearbeitung ist, kann ich nicht beurteilen.

DER PHARAO ALS SONNENGOTT

Eine Gruppe ägypto-palästinischer Siegelamulette des 10./9. Jahrhunderts*

INHALTSVERZEICHNIS

---

* Der Aufsatz ist unter dem Titel "Der Pharao als 'Vollkommene Sonne': Ein neuer ägypto-palästinischer Skarabäentyp" zuerst erschienen in: SARAH ISRAELIT-GROLL, ed., Egyptological Studies (Scripta Hierosolymitana. Publications of the Hebrew University, Jerusalem, Vol. 28) Jerusalem, The Magnes Press, 1982,. 406-529 + pls. III-VI. Er liegt hier in einer überarbeiteten und teilweise ergänzten Form vor. Um den Aufbau des ursprünglichen Aufsatzes nicht ganz durcheinanderzubringen, konnten Ergänzungen nicht immer dort eingebracht werden, wo sie sachlich hingehören, sondern mussten am Schluss angehängt werden, so z.B. die neu dazugekommenen Nr. des Katalogs.

Ich danke Frau B. SCHACHER, die den Text für diese zweite Ausgabe neu gesetzt hat.

Im Sommer 1975 bekam ich in der Jerusalemer Altstadt einen Skarabäus zu Gesicht (Nr. 1 = **Abb. 1 = Taf.12,1**), dessen Basis stark stilisiert einen von vier Flügelpaaren geschützten, nach rechts schauenden Thronenden zeigte. Gegen unten schloss die Darstellung ein Collier ab, gegen oben begrenzte sie ein (teilweise zerstörtes) Flügelpaar. Auffällig waren die fast waagrecht ausgestreckten Arme, die nur am Ende einen kleinen Winkel nach oben bildeten, und vor allem der Uräus, der, statt wie üblich von der Stirn, sich aus dem Munde des Thronenden hervor aufzubäumen schien. Besonders der letzte Umstand liess mich an einen Fälscher denken, der sein Vorbild nachlässig kopiert hatte.
Als ich dann aber wenig später im Israel-Museum unter dem Ausstellungsgut vom Tel Zeror einen noch unveröffentlichten Skarabäus mit der gleichen Zeichnung entdeckte (Nr. 4 = **Abb. 4 = Taf. 12,4**), wurden meine Zweifel etwas gedämpft. Wie beim erstgenannten Stück, trat der Uräus auch hier aus der Mundpartie hervor. Je ein Beleg aus den Grabungen von Achsib (Nr. 10 = **Abb. 10 = Taf. 13,10**) und von Megiddo (Nr. 17 = **Abb. 17 = Taf. 15,17**) und weitere Stücke aus dem Handel liessen alle Zweifel an der tatsächlichen Existenz und dem Alter der eingangs kurz beschriebenen Komposition und ihrem eigenartigsten Detail, dem aus dem Mund hervorgehenden Uräus, schwinden. Im folgenden wird zuerst ein Katalog der 19 Belege geboten, die mir 1982 bekannt waren. Im Anschluss daran werden die 13 weiteren beschrieben oder wenigstens erwähnt, die seither dazu gekommen sind. Von den 19 Belegen der Erstveröffentlichung waren nur 7 - und auch diese recht unzulänglich[1] - veröffentlicht.
Der folgende Katalog ist rein deskriptiv und beschränkt sich auch bei der Dekoration der Basis auf die Bestimmung der dargestellten Gegenstände (Sachsinn, Phänomensinn).[2]

1 Nur von Nr. 6 und 12 sind die Rücken, nur von einem einzigen Stück (Nr. 14) ist eine Seitenansicht publiziert. Die Qualität der veröffentlichten Abbildungen ist gelegentlich so schlecht (z.B. Nr. 12), dass das Bildmotiv nicht erkannt, höchstens wiedererkannt werden kann.

2 Zur Methode, zuerst den Sachsinn, dann die Bedeutung (oft mit Hilfe der zeitgenössischen Literatur) und zuletzt den Wesenssinn (Funktion im Rahmen einer Kultur, evtl. auch archetypisch) eines Bildes zu bestimmen, vgl. PANOFSKY 1962: 3-31. Zu den Problemen bei der Eruierung des Sachsinns vgl. KEEL 1975: 415f (Lit.) und zum bleibenden Wert aber auch zu den Schwächen dieses Methodenschemas vgl. jetzt KEEL 1992: 267-273.

1. KATALOG

Nr. 1 (Abb. 1; Taf. 12,1).[3]

OBJEKT: Der Länge nach durchbohrter Skarabäus, 18,5 x 13,5 x 8 mm; wahrscheinlich Enstatit; weisslicher Überzug.
OBERSEITE: Im Bereich des Pronotum und der Flügeldecken (Elytra) teilweise zerstört und mit braunroter Masse ungeschickt geflickt. Kopf, Kopfschild und Wangen sind zwar angegeben, aber so klein und schlecht ausgeführt, dass sie nur schwer zu erkennen sind. Vom Pronotum ist der Kopf durch einen schmalen Wulst geschieden. Auf der Trennungslinie zwischen Pronotum und Flügeldeckenpartie ist auf der erhaltenen Seite ein kleines, nach hinten weisendes Dreieck zu sehen. Die beiden Flügeldecken scheinen wie bei Nr. 2 durch eine dreifache Linie voneinander abgesetzt gewesen zu sein, doch ist diese nur in einem Ansatz erhalten, der zudem eigenartig schräg verläuft.[4]
SEITEN: Sie zeigen alle 6 Beine des Käfers. Ihre Behaarung ist bei dem vorderen Paar durch kleine schematische Querstriche angedeutet. Das mittlere Beinpaar ist sehr kurz geraten.
UNTERSEITE: Sie ist oben rechts am Rand etwas beschädigt. Das versenkte
Relief (bis 0,9 mm tief) zeigt einen nach rechts blickenden Thronenden, der von sechs Nebenmotiven umrahmt wird und vor dessen Oberkörper eine Scheibe angebracht ist.
Der Thron besteht aus einem Würfel mit relativ hoher Lehne. Auf der Seitenfläche ist in der Mitte unten ein hochgestelltes Rechteck eingetieft. Der klassische ägyptische Würfel- oder Blockthron, der seit dem Ende der 4. Dynastie belegt ist, hat eine sehr niedrige Lehne. In der linken unteren Ecke ist ein Quadrat ausgespart.[5] Dieses nimmt vom Ende des Alten Reiches an ungefähr ein Viertel der Seitenfläche ein.[6]

---

3 Für die Publikationserlaubnis für dieses Stück, wie auch für die der Nr. 13, 16 und 18 danke ich dem Besitzer.

4 Zu diesem Typ vergleiche ROWE 1936: pl. 33 Nr. 47.

5 Vgl. dazu METZGER 1985: §16, S. 51-58. Die ältesten Belege sind: PETRIE 1896, pl. 21, 3 (Cheops in Koptos); SMITH 1946: 168, Abb. 63 (Meresanch II in Giza).

6 METZGER 1985: 19. Das älteste Beispiel zeigt unten Abb. 53.

Nun ist bei unseren Nr. 2, 12, 15 und 16 das in der Mitte ausgesparte Rechteck durch einen äusserst schmalen horizontalen Strich mit dem hinteren Rand des Throns verbunden, und das Ganze erinnert so entfernt an das in der hinteren unteren Ecke ausgesparte Quadrat. Aber bei den Nr. 1, 3-5, 10-11, 13-14 und 17-18 fehlt die Horizontale ganz, und in diesen Fällen erinnert die Gestaltung des Würfels eher an einen schematisch gestalteten Palastfassadenthron[7], der seit Thutmosis III. belegt ist.[8] Bei diesem Typ des Würfelthrons bildet "die Mitte der Dekoration ein stehendes Rechteck, das auf der Grundlinie aufsitzt und etwa zwei Drittel der Gesamthöhe der Seitenfläche einnimmt[9] . Es stellt das Palasttor dar.[10] Dieses dürfte mit dem eingetieften Rechteck auf unseren Nr. 1, 3-5, 10, 13-14 und 17-18 gemeint sein. Eine halbhohe Lehne, wie etwa bei den Nr. 3-9, oder eine solche, die bis auf Schulterhöhe reicht, wie bei Nr. 1-2, 12, 15 und 17-18, sind bei Würfelthronen vom späteren Neuen Reich an (**Abb. 24**) besonders bei summarischen Darstellungen nicht selten (**Abb. 25-26**).[11]
Der Körper des Thronenden ist als Rechteck ausgespart und mit einem feinen Netzmuster überzogen. Die an das Rechteck angesetzten Beine und Füsse sind rein linear gezeichnet, ebenso die Arme, die waagrecht vom Körper weggehen. Dabei läuft die Rechte über die Rückenlehne nach hinten und bildet dann einen stumpfen Winkel, der den Eindruck eines viel zu kurz geratenen, nach oben gewendeten Unterarms erweckt. Die Linke verläuft ähnlich wie die Rechte, aber nach vorn und endet in zwei ebenfalls nach oben gewendeten parallelen Strichen. Der Hals und der ovale Kopf sind, wie der Körper, tief eingeschnitten.
Der Uräus ist ohne aufgeblasenen Kopfschild gezeichnet, wie es bei der Darstellung der Stirnschlange des Königs auf Skarabäen die Regel ist.[12] Beinahe ohne Parallele ausserhalb der hier behandelten Gruppe ist

---

7 METZGER 1985: §17, p. 58-67. Nur bei den sehr summarischen Stücken Nr. 6-9 fehlt jedes Detail am Würfel; vgl. KUHLMANN 1977: 60f und 84f. Die Ausführungen KUHLMANNS bestätigen die Ergebnisse von Metzger.

8 Die ältesten, bisher bekannten Belege befinden sich im Grab des Chons, Theben-West Nr. 31 (DAVIES/GARDINER 1948: pl. 14 und 18 = **Abb.23**).

9 METZGER 1985: 58.

10 Ebd., p. 60.

11 Vgl. auch MACALISTER 1912: II 331, fig. 456; CROWFOOT 1938: pl. 11, 1, SOTHEBY & CO. 1975: 15 Nr. 51,2.

12 STARKEY/HARDING 1932: pl. 52,133.137; pl. 57,365; ROWE 1936: Nr.

m.W. die Ansatzstelle des Uräus bei der Mund- statt der Stirnpartie.[13] Dabei handelt es sich nicht um einen Zufall. Wir finden diese ungewöhnliche Ansatzstelle bei 12 der 18 Belege (Nr. 1-4, 10-17), die hier gesammelt sind. Darunter sind alle besonders sorgfältig gearbeiteten Exemplare und drei (Nr. 4, 10, 17) der fünf Stücke (Nr. 4, 6, 7, 10, 17), die aus Ausgrabungen kommen. Bei vier Stücken fehlt der Uräus (Nr. 6-9). Es sind durchwegs solche, die sich auch sonst durch besonders summarische und ungeschickte Ausführung auszeichnen.[14] Bei einem einzigen Stück (Nr. 5) scheint der Uräus, wie üblich, von der Stirnpartie auszugehen und bei einem Exemplar (Nr. 18) ist unklar, ob es sich bei dem Gebilde auf Kopfhöhe um eine zusätzliche Scheibe oder das Rudiment eines Uräus handelt.
Eigenartig ist der Strich, der von der Gegend der Achselhöhle aus zur Rückenlehne läuft. Auch dieser ist so wenig ein Zufall oder eine blosse Nachlässigkeit wie der Uräus bei der Mundpartie, denn er findet sich bei den Nr. 1, 3-4, 6-11, 13, 15 und 16, also bei 12 der 18 Stücke, darunter drei Stücke aus regulären Grabungen. Um eine Nachlässigkeit scheint es sich — ähnlich wie beim Uräus — dort zu handeln, wo er fehlt. Ich habe zuerst gedacht, es könnte sich um ein Relikt der Troddel handeln, die bei Ptah hinten herabhängt[15], oder noch eher um ein solches der Stütze, die von der Kappe des Amun zur Rücklehne des

---

662, 701, 724 u.o.

13 Mir sind als einzige Parallelen bekannt: ein Skarabäus mit einem Bes, aus dessen Mund sich drei Schlangen aufbäumen und der in der Hand eine Kobra hält (MATOUK 1977: 38 Nr. APP III,7 und 374, Nr. 66 = BIF M. 1929); ein Bes und ein Anubis bei den Megiddo-Elfenbeinen, aus deren Mund eine Flamme oder eine Schlange aufzusteigen scheint (LOUD 1939: pl. 8, 24f). Das Fragment eines Skarabäus vom Tell el-Farʿa Süd aus der Zeit zwischen ca. 1250-1150 zeigt einen Pharao mit der Blauen Krone, der einem asiatischen Gott die Hand gibt. Der Uräus ist auf der Höhe des Mundes des Pharao angebracht. Die Zeichnung STARKEY/HARDING 1932: pl. 73,20 hat ihn nach oben, zum üblichen Anbringungsort an der Stirn, verschoben. Ein Blick auf das Original am Institute of Archaeology in London (E. VI. 7) erweist die Zeichnung als falsch. **Abb. 79** gibt die tatsächliche Position wieder.

14 So bei der Gestaltung des Thrones (vgl. oben Anm. 7) und bei der des Zeichens *nbw* unter dem Thron.

15 Vgl. etwa ANEP Abb. 549; 573, 23; KEEL [2]1977: Abb. 425.

Throns läuft[16].

Aber diese beiden Deutungsversuche vermögen weder formal noch inhaltlich zu befriedigen. URS WINTER und ich sind unabhängig voneinander zur Überzeugung gekommen, es handle sich um die stilisierten Nackenbänder der Blauen Krone. Diese erscheinen auf Skarabäen und ähnlichen Werken der Kleinkunst häufig als einzelner, dünner Strich, der nicht selten ohne direkten Zusammenhang mit der Blauen Krone bei der rechten Achselhöhle ansetzt (**Abb. 27-28**).[17] Diese Deutung wird durch die Kopfform, die eine gewisse Affinität zu den Umrissen der Blauen Krone zeigt, besonders bei den Nr. 1, 3, 10, 13 bestätigt. Da diese seit der 18. Dyn. belegte Krone nur vom König getragen wird[18], kann die Figur auf dem Thron als König gedeutet werden.

Bei den Nebenmotiven erinnert das Flügelpaar über dem Thronenden an die bekannte geflügelte Sonnenscheibe[19], die bei Nr. 5-9 tatsächlich an dieser Stelle zu sehen ist, wenn auch in einer sehr summarischen Form.[20] Die Nr. 1-4 zeigen Flügel mit stark betonten Schwungfedern. Die Scheibe fehlt ganz. Die starke Betonung der einzelnen Schwungfedern findet sich auf Skarabäen der ausgehenden Spätbronzezeit.[21] Das Zurücktreten der Scheibe und die Betonung der Uräen erscheint besonders in der 22. Dyn. ziemlich häufig.[22]

---

16 Vgl. etwa ANEP Abb. 551; 573,1; KEEL [2]1977: Abb. 375, 377, 417a.

17 Das unveröffentlichte Stück von **Abb. 28** befindet sich in der Sammlung MOSCHE DAYAN (Nr. 303). Der Steatitskarabäus (21,1 x 14,3 x 8,3 mm) stammt aus Deir el-Balaḥ. Ich danke dem Besitzer, das Stück im Rahmen dieses Aufsatzes heranziehen zu dürfen. Vgl. weiter HORNUNG/STAEHELIN 1976: Nr. 405 (?), 662B; STARKEY/HARDING: pl. 52,121 und 134; MATOUK 1977: 354 Nr. 1518 = 403 Nr. 1693 = BIF M. 5805.

18 STEINDORFF 1917: 59-74; dazu STRAUSS 1980: 814-816.

19 Vgl. dazu WILDUNG 1977: 277-279; WELTEN 1969: 19-30.

20 Vgl. HORNUNG/STAEHELIN 1976: Nr. 281. Zu den verschiedenen Formen der geflügelten Sonnenscheibe im 1. Jt. vgl. jetzt PARAYRE 1990 und 1993.

21 STARKEY/HARDING 1932: 25, pl. 55,284; ROWE 1936: Nr. 723; TUFNELL 1958: pl. 36, 206.

22 PRINZ 1915: Taf. 2 Nr. 4; Taf. 3 Nr. 2; PETRIE 1889: Nr. 1825; MATOUK 1971: 209 Nr. 272 (mit *Men-ḫeper-re*ʿ, aber aus späterer Zeit). In diese Zeit (1. Hälfte des 1. Jt. a.) gehören wahrscheinlich auch HALL 1913: Nr. 1295 und 1298, wo es sich wohl nicht um einen "conventionalised protecting hawk", sondern um eine Flügelsonne handelt.

Die vier Flügelpaare, die den Thronenden flankieren, dürften, wie besonders das Exemplar auf Nr. 2 links oben und das auf Nr. 4 rechts oben nahe legen, stilisierte Falken darstellen. Seit dem Beginn des Alten Reiches gehört der schützend über dem König schwebende Falke mit dem Ring oder dem Lebenszeichen in den Fängen zum Bestand der ägyptischen Ikonographie.[23] Ein Flügel ist nach vorn, einer nach hinten gerichtet, der Schwanz mehr oder weniger waagrecht (**Abb. 29**).

Seit den Anfängen des Neuen Reiches (Amenhotep I., Thutmosis I.) zeigen Skarabäen zwei solcher Falken, die über dem Königsnamen schweben (**Abb. 30-31**).[24] Man muss, wenn man die Falken in der richtigen Lage sehen will, den Skarabäus so drehen, dass der Name waagrecht vor einem liegt. Bei dem Stück mit dem Namen Amenhoteps I. (**Abb. 30**) sieht man noch deutlich die Fänge des Falken und den Ring (*šnw*), den sie halten. Bei **Abb. 31** (Thutmosis I.) fehlt beides. Bei manchen späteren Stücken sind aber noch der Ring (**Abb. 32** - Thutmosis III.) oder die Fänge zu erkennen (**Abb. 33** - Thutmosis IV.), aber nicht mehr beides zusammen. Der Name Thutmosis IV. ist anscheinend der jüngste Pharaonenname, der von zwei Falken flankiert erscheint. Derjenige Thutmosis III. (*Mn-ḫpr-rꜥ*) wurde allerdings Jahrhunderte lang über den Tod des Herrschers hinaus als machthaltiges Amulett verwendet. Die flankierenden Falken wurden dabei bis zur Unkenntlichkeit schematisiert (**Abb. 34**), der Name *Mn-ḫpr-rꜥ* gelegentlich auf ein einzelnes Element reduziert (**Abb. 35**). Das Stück von **Abb. 35** stammt aus einem eisenzeitlichen Kontext (9./8. Jh. a.) aus Lachisch. Ähnlich stilisierte Falken aus der Zeit der 22. Dyn. (945-722) finden sich auf einem Skarabäus vom Tell el-ꜥAǧǧul (PETRIE 1932: pl. 7,18 = ROWE 1936: Nr. 591 Photo), einem aus Aschdod

23 LANGE/HIRMER [4]1967: Taf. 15 (Djoser); GARDINER/PEET/ČERNY: 1952: pl. 2 Nr. 7; pl. 8 Nr. 16; pl. 21 Nr. 72.

24 Beim Finden von Belegmaterial hat mir Herr Dr. B. JAEGER, Basel, geholfen, dem ich dafür herzlich danke. Vgl. jetzt ders. 1982: § 315 und §§ 1166-1171 und weiter p. 441 unter "faucon". Die Abhängigkeit der Falken über der Kartusche vom Falken, der über dem König schwebt, erhellt sich unter anderem noch daraus, dass am Anfang des Aufkommens dieses Motivs neben dem Falken gelegentlich noch ein Geier erscheint (vgl. z.B. PETRIE 1917: pl. 25 Nr. 18.3.5 [Thutmosis I.]). Der Geier wird seit ältester Zeit über dem König schwebend gezeigt (CAPART 1905: 249 fig. 187, Narmer).

(DOTHAN/PORATH 1982: 48, 166f fig. 33,7 und pl. 27,6), einem aus Samaria (KEEL/UEHLINGER 1992: 291 Abb. 256) und einem aus Šeḫ Zuwejid (PETRIE 1937: pl. 6,33). Die Stilisierung der Falken erinnert sehr an die desjenigen oben rechts auf **Abb. 4 = Taf. 12,4**. Die kreisrunden Vertiefungen zwischen den Flügeln stellen den Ring dar, den der Falke über dem König stets in den Fängen hält (vgl. **Abb. 29**).
Die kreisrunde Vertiefung ist auch bei unserer Gruppe in den meisten Fällen noch erhalten. Der Tendenz zur summarischen Behandlung sind aber in einzelnen Fällen nicht nur Kopf und Beine des Falken, wie auf den **Abb. 34** und **35**, sondern auch der Schwanz zum Opfer gefallen (**Abb. 36**), so dass, wie bei den meisten Stücken unserer Gruppe, nur die Flügel übrigbleiben. Der Typ von **Abb. 36** mit drei übereinander gesetzten, von je zwei Falken flankierten Kartuschen ist mehrmals belegt.[25] Bei den Nr. 1-4 erscheint die Scheibe nur zwischen den Flügeln des unteren Falkenpaares. Beim oberen fehlt sie, wohl aus Platzgründen. Die Scheibe vor dem Oberkörper hat mit den Falken nichts zu tun, wie die Nr. 17 und 18 zeigen. Vier Falken flankieren ein Oval mit *Mn-ḫpr-rʿ* auf einem Skarabäus aus Megiddo (**Abb. 37**). Der Name wird von einem Federpaar bekrönt. Die Falken fliegen zu beiden Seiten des Namens Kopf gegen Kopf. Das Stück wurde in Stratum VA (ca. 1050-1000 a.) gefunden.[26] Aber nicht nur der Königsname, sondern auch der König in seiner menschlichen Gestalt kann von schützenden Falken flankiert werden, so auf einem Skarabäus aus der Zeit Thutmosis III (**Abb 37a**).
In die 22. Dyn. (945-722) oder noch spätere Zeit wird ein Rollsiegel aus Lachisch datiert, das einen Bes zeigt, der auf jeder Seite von je zwei Falken flankiert wird (**Abb. 38**).[27]
Gegen unten wird die Szene durch das Collier abgeschlossen, das hier

---

25 Mit *Men-ḫeper-reᶜ* in den Kartuschen bei FABRETTI/ROSSI/LANZONE 1888: Nr. 5485; nur mit *ḫeper-reᶜ* in den Kartuschen nebst Abb. 36: NEWBERRY 1907a: pl. 8 Nr. 41; DRIOTON 1957: 28 Nr. 101.

26 Bei MATOUK 1971: 211 Nr. 378 = BIF M. 419, ein Stück mit einer *Men-ḫeper-reᶜ*- Kartusche, die von einem Obelisken gekrönt und von je zwei in die gleiche Richtung fliegenden Falken flankiert ist.

27 Bes ist besonders im 1. Jt. zu einem Gott geworden, der alle apotropäischen Kräfte und deren Symbole in sich vereinigt hat (vgl. Anm. 13 und BONNET 1952: 105-107).

für *nbw*, 'Gold', stehen dürfte.[28]
Die Nebenmotive, die hier den Thronenden umgeben, umrahmen sonst gern, wie die Abb. 30-37 das für die Falken gezeigt haben, die Kartusche mit dem Königsnamen.[29] Die ganze Komposition umgibt eine dem Rand der Basis entlang laufende Linie.
FUNDORT: Im Sommer 1975 in der Jerusalemer Altstadt gekauft.
SAMMLUNG: Leihgabe im BIF Nr. SK 47.
BIBLIOGRAPHIE: Unveröffentlicht.

Nr. 2 (Abb. 2; Taf. 12,2).[30]

OBJEKT: Der Länge nach durchbohrter Skarabäus; 16 x 13 x 7,5 mm; wahrscheinlich Enstatit; weisslicher Überzug.
OBERSEITE: Kopf, Kopfschild und Wangen sind verhältnismässig klein, ähnlich wie bei Nr. 1, aber etwas besser ausgeführt. Die Trennungslinie zwischen Pronotum und Flügeldecken besteht aus zwei schmalen Streifen. Sonst entspricht die Oberseite der von Nr. 1.
SEITEN: Sie zeigen alle 6 Beine des Käfers. Ihre Behaarung ist bei dem vorderen Paar durch kleine schematische Querstriche angedeutet. Alle 6 Beine sind ungefähr gleich lang.
UNTERSEITE: Sie entspricht bis auf winzige Unterschiede der von Nr. 1. Zu diesen Unterschieden gehört u.a., dass beim Flügelpaar rechts oben Körper und Schwanz des Falken durch einen senkrechten Strich noch rudimentär angedeutet sind und dass der "vordere" Arm des Königs einfach ausläuft, während bei Nr. 1 der Unterarm aus zwei parallelen Strichen gebildet wird. Der Strich, der die Nackenbänder der Blauen Krone andeutet, fehlt. Im übrigen erstreckt sich die Übereinstimmung auch auf solche Details wie die Striche am Collier (fünf), die Anzahl der Zacken am linken Flügel der Flügelsonne (vier) usw.
FUNDORT: In der Jerusalemer Altstadt gekauft.

---

28 GARDINER ³1957: 505 Zeichen S12; HELCK 1977: 740.

29 Die beiden Falken *und* das Collier finden sich etwa bei: HORNUNG/-STAEHELIN 1976: Nr. 453, 260 (nur auf einer Seite ein Falke); MATOUK 1971: 193 Nr. 574; NEWBERRY 1907, pl. 4 Nr. 36204. Zu Bes, von Colliers und Falken flankiert, vgl. MATOUK 1977: 375 Nr. 78-80 = BIF M. 1924-1926.

30 Für die Publikationserlaubnis für dieses Stück danke ich dem Besitzer, Herrn N. Munster, Jerusalem.

SAMMLUNG: Sammlung Nathan MUNSTER, Jerusalem (Negativ 21338/9).
BIBLIOGRAPHIE: Unveröffentlicht.

Nr. 3 (Abb. 3; Taf. 12,3).[31]

OBJEKT: Der Länge nach durchbohrter Skarabäus; 18,7 x 12,6 x 7,7 mm; weisslich-gelblicher Enstatit mit rissigem Überzug.
OBERSEITE: Der Kopfschild ist weggebrochen. Kopf und Wangen sind voneinander abgesetzt. Kopfpartie und Pronotum trennt ein schmaler Wulst, Pronotum und Elytren eine einfache Linie, an deren beiden Enden je ein kleines, nach hinten gerichtetes Dreieck sitzt. Die beiden Flügeldecken sind durch drei Linien getrennt, die zwei schmale Wülste bilden.
SEITEN: Die sechs Beine sind deutlich herausgearbeitet und alle 6 etwa gleich lang.
UNTERSEITE: Die Basisplatte ist am oberen Teil auf beiden Seiten weggebrochen, so dass von den beiden Flügelpaaren, die den Thronenden dort flankieren, nur noch Spuren erhalten sind. Die Unterschiede zur Basisdekoration von Nr. 1 und 2 sind minimal. Die Flügel der "Flügelsonne" haben nur drei Zacken statt vier. Die Arme des Thronenden sind im Gegensatz zu 1 und 2 nicht beide nach oben gewinkelt, sondern nur der vordere ist erhoben; der hintere wird nach unten hängen gelassen, eine Armhaltung, die sonst für die Nr. 10-18 typisch ist. Im übrigen ist die Dekoration mit der der Nr. 1-2 identisch.
FUNDORT: Aus dem Handel.
SAMMLUNG: BIF M. 5753.
BIBLIOGRAPHIE: Die Basisplatte bei MATOUK 1977: 186 XD V. 4; 402 Nr. 1677.

---

31 Die Publikationserlaubnis für dieses Stück und die für die Nr. 5, 8-9 und 11 bekam ich 1975 vom damaligen Besitzer, Herrn F.S. MATOUK, Beirut, und Herrn M. SGUAITAMATTI, Zürich, der die Sammlung in jenen Jahren betreute. Im Januar 1983 ist die Sammlung Matouk vom Biblischen Institut Freiburg/Schweiz käuflich erworben worden.

Nr. 4 (Abb. 4; Taf. 12,4).[32]

OBJEKT: Der Länge nach durchbohrter Skarabäus; ca. 18 x 14 x 8 mm; hellbräunliche Fayence.[33]
OBERSEITE: Besonders an der Kopfpartie und im hinteren Teil stark zerstört. Die Kopfpartie scheint vom Pronotum durch einen schmalen Wulst, das Pronotum von den Flügeldecken durch eine einfache Linie getrennt zu sein, während zwischen den beiden Flügeldecken eine doppelte Linie zu verlaufen scheint.[34]
SEITEN: Die sechs Beine sind deutlich herausgearbeitet.
UNTERSEITE: Sie ist am Rand oben rechts an zwei Stellen leicht beschädigt. Die Unterschiede zu den Nr. 1-3 sind wiederum minimal. In puncto Stil fällt das Fehlen des Netzmusters, resp. der Riffelung bei den tiefer geschnittenen Teilen auf. Evtl. hängt das mit dem anderen Material (Fayence statt Enstatit) zusammen. Der hintere Arm ist wie bei Nr. 3 und im Gegensatz zu den Nr. 1-2 nach unten gerichtet. Im Gegensatz zu den Nr. 1-3 neigt sich auch der vordere Arm eher nach unten. Er zeigt, wie bei Nr. 1, eine Art "Daumen". Beim Flügelpaar rechts oben ist noch deutlicher als bei Nr. 2 der durch einen senkrechten Strich angedeutete Körper und Schwanz des Falken zu sehen. Was man bei flüchtigem Hinschauen für den Kopf des Falken halten könnte, ist die äusserste Spitze des rechten Flügels der Flügelsonne.
FUNDORT: Tel Zeror (ca. 10 km südöstlich von Caesarea Maritima; Koordinaten 147/203)[35], Grab III. Das Grab enthielt drei Schichten von Bestattungen aus der Eisenzeit.[36] Leider geht aus dem vorläufigen Grabungsbericht nicht hervor, welcher Schicht der Skarabäus ange-

---

32 Für die Publikationserlaubnis danke ich Herrn Prof. KIYOSHI OHATA, Tokio.

33 Die Mass- und Materialangaben verdanke ich Frau Dr. I. SHIRUN-GRUMACH, Jerusalem.

34 Die Beschreibung basiert auf dem Photo von **Taf. 12,4**, das nicht in allen Details eindeutig ist.

35 Y. AHARONI identifiziert den Tel Zeror mit Migdal, bzw. Migdal-yen ([2]1968: 381; vgl. weiter pp. 45f., 73, 149, 155.

36 Die Gräber wurden nach OHATA am Ende der Spätbronzezeit oder wahrscheinlich zu Beginn der Eisenzeit I angelegt und bis in den Anfang der Eisenzeit II wiederverwendet (vgl. OHATA 1967: 36-39, 41; pl. 7; 35; 41; zur Keramik vgl. pl. 10, 2.4-5.7.9-10.13-15).

hörte.[37] Der Grossteil der aus Grab III stammenden Keramik hat seine nächsten Parallelen in Stücken, die in Schichten des 10./9. Jh.a. gefunden wurden.[38] Registrierungsnr. 7190/1.
SAMMLUNG: Im Besitz der Israel Antiquities Authorities, Nr. 66-365; ausgestellt im Israel Museum, Jerusalem.
BIBLIOGRAPHIE: Unveröffentlicht; vgl. jetzt KEEL/UEHLINGER 1992: 155 Abb. 158a.

Nr. 5 (Abb. 5; Taf. 12,5).

OBJEKT: Der Länge nach durchbohrter Skarabäus; 20,7 x 16,4 x 7,9 mm; Enstatit.
OBERSEITE: Kopfschild und Kopf bilden zwei Dreiecke, die Spitze gegen Spitze stehen.[39] Dabei ist der Kopf ca. dreimal so gross wie der Kopfschild. Das verhältnismässig viel zu grosse Pronotum ist von der Kopfpartie durch eine einfache, von den Flügeldecken durch eine Doppellinie getrennt. Auf deren Enden sitzen nach hinten weisende Dreiecke. Die beiden Flügeldecken sind durch eine dreifache Linie getrennt.
SEITEN: Die Beine sind auf einen ringsum laufenden Wulst reduziert.
UNTERSEITE: Im Unterschied zu den Nr. 1-4, die deutlich eine eng zusammengehörende Gruppe bilden, sind nun hier einige Unterschiede festzustellen. Bei der Flügelsonne fehlen die beiden herabhängenden Bänder (Uräen), dafür ist die Scheibe zwischen den beiden Flügeln erkennbar. An den Flügeln fehlen die als Zacken stilisierten einzelnen Schwungfedern. Das Collier unter dem Thron ist deformiert, insofern, als statt des korrekten Kreissegments (Nr. 1-4) ein schmales Rechteck erscheint. Das Flügelpaar links oben "hält" im Gegensatz zu 1-4 eine Scheibe; dafür hat dasjenige rechts unten keine. Der Uräus sitzt an der Stirn, falls es sich überhaupt um einen Uräus handelt. Die bei den Nr. 1-4 deutlich erkennbare S-ähnliche Form ist hier nicht zu erkennen. Weiter trägt der Thronende einen Bart (?). Dafür fehlt das Nackenband

---

37 OHATA 1967: 39.

38 Vgl. OHATA 1967: pl. 10,5 mit AMIRAN 1969: pl. 86,12 (Megiddo V, ca. 1010-930); pl. 10,14 mit pl. 62,5 (Abu Hawwam III, ca. 950-750); pl. 10,2 mit pl. 97,8 (Beth Mirsim B, ca. 1200-925).

39 Vgl. ROWE 1936: pl. 32, 23.24.30.62.67.71. Zur Problematik solcher Typologien vgl. HORNUNG/STAEHELIN 1976: 32f.

der Blauen Krone. Die Armhaltung ist wie bei Nr. 3.
FUNDORT: Aus dem Handel.
SAMMLUNG: BIF M. 5752.
BIBLIOGRAPHIE: Die Basisplatte bei MATOUK 1977: 186 XD V. 3; 402 Nr. 1676.

Nr. 6 (Abb. 6; Taf. 13,6).[40]

OBJEKT:Skarabäus, ca. 17 x 12 x 10,3 mm; Enstatit?, blau-grüne Glasur.
OBERSEITE: Kopf und Kopfschild haben die Form zweier stumpfer, gegeneinander stehender Dreiecke, wobei der Kopf dreimal so gross ist wie der Kopfschild. Die Flächen links und rechts von Kopf und Kopfschild sind längs geriffelt.
SEITEN: Die Beine sind auf einen ringsum laufenden Wulst reduziert.
UNTERSEITE: Der Gesamteindruck ist der einer dürftigen Ausgabe der Nr. 1-5. Ansätze zu einem solchen Eindruck bot schon Nr. 5 im Vergleich mit den Nr. 1-4. Die Gemeinsamkeiten mit Nr. 5 sind denn auch besonders stark. Im Gegensatz zu Nr. 5 fehlt aber bei Nr. 6 das für den Palastfassadenthron typische Tor. Ein Uräus ist weder bei der Mund- noch bei der Stirnpartie des Thronenden zu entdecken, dessen Armhaltung die gleiche wie bei Nr. 3 und Nr. 5 ist. Die Scheibe zwischen den Flügeln findet sich nur beim Flügelpaar auf der rechten Seite unten, wo sie zudem zu einem vertikalen Strich degeneriert ist. Das Collier hat statt 5 nur 3 Striche.
FUNDORT: Tell el-Jehūdīje (Leontopolis), etwa 35 km nordöstlich von Kairo, von Fellachen gekauft (wahrscheinlich Raubgut aus der Grabung).
SAMMLUNG: University College, London, Inv. Nr. 8958.
BIBLIOGRAPHIE: PETRIE 1906: 15; pl. 11,212; PETRIE 1925: pl. 19,1560; Rücken pl. 29, T 83.

---

40 Ein weiteres Stück mit einer fast identischen Basis-Dekoration habe ich im Sommer 1975 beim Antiquitätenhändler MOMIJAN in der Altstadt von Jerusalem gesehen. Nur das obere Falkenpaar hatte je eine Scheibe zwischen den Flügeln, wobei die vordere mit dem vorderen Arm "zusammengeflossen" war. Das Collier hatte statt drei - wie bei Nr. 6 - nur zwei Strichlein.

Nr. 7 (Abb. 7; Taf. 13,7).

OBJEKT:Skarabäus; ca. 17 x 12 x 7,5 mm; Enstatit.
OBERSEITE: Kopf und Kopfschild haben die Form zweier stumpfer, gegeneinander stehender Dreiecke, wobei der Kopf dreimal so gross ist wie der Kopfschild.
SEITEN: Die Beine sind auf einen ringsum laufenden Wulst reduziert.
UNTERSEITE: Die Dekoration ist praktisch mit der von Nr. 6 identisch. Der einzige Unterschied besteht darin, dass hier auch die Scheibe zwischen dem Flügelpaar rechts unten fehlt.
FUNDORT: Tell el-ʿAğğul, ca. 6 km südwestlich von Gaza; Koordinaten 093/097, evt. identisch mit Šaruḥen.[41] Der Skarabäus wurde von der Oberfläche des Tells aufgelesen.[42]
SAMMLUNG: Das Stück wurde nach der Ausgrabung dem Museum von Reading (England) zugeteilt (s. Bibliographie). C.L. CRAM hat mir am 11. Febr. 1977 mitgeteilt, dass sich das Stück nicht in Reading befinde, sondern ins Britische Museum nach London ausgeliehen worden sei. Dort wird es im Western Asiatic Department als Deposit Nr. 2780 aufbewahrt.
BIBLIOGRAPHIE: PETRIE 1932: 9 und pl. 6 unterste Reihe, 5. von links (Photo); pl. 8,166 (Zeichnung); KEEL/UEHLINGER 1992: 155 Abb. 158c.

Nr. 8 (Abb.8; Taf. 13,8).

OBJEKT: Der Länge nach durchbohrter Skarabäus; 17,1 x 12,6 x 6,2 mm; Enstatit.
OBERSEITE: Kopfschild und Kopf bilden zwei Dreiecke, die Spitze gegen Spitze stehen; dabei ist der Kopf ca. zweimal so gross wie der Kopfschild. Der Rest der Oberseite ist glatt.
SEITEN: Die Beine sind auf einen ringsum laufenden Wulst reduziert.
UNTERSEITE: Die Dekoration ist mit der von Nr. 7 identisch.
FUNDORT: Aus dem Handel.
SAMMLUNG: BIF M. 5751.
BIBLIOGRAPHIE: Unveröffentlicht.

---

41 KEMPINSKI 1974: 145-152.

42 PETRIE 1932: 9.

Nr. 9 (Abb. 9; Taf. 13,9).

OBJEKT: Stark abgewetzter, der Länge nach durchbohrter Skarabäus; 18,9 x 13,4 x 7,6 mm; grauer Enstatit, weisslicher Überzug.
OBERSEITE: Kopfschild und Kopf bilden zwei Dreiecke, die Spitze gegen Spitze stehen. Das Pronotum ist durch eine einfache Linie von der Kopfpartie getrennt. Pronotum und Flügeldecken sind durch eine doppelte Linie voneinander geschieden, an deren beiden Enden je ein nach hinten gerichtetes Dreieck sitzt. Die beiden Flügeldecken trennt eine dreifache Linie.
SEITEN: Die Beine sind auf einen ringsum laufenden Wulst reduziert.
UNTERSEITE: Die Details sind zum Teil nicht mehr deutlich zu erkennen. Die Dekoration scheint derjenigen der Nr. 7-8 sehr ähnlich gewesen zu sein. Die Flügelsonne und das Collier scheinen aber der Form nach denen der Stücke 1-4 näher zu stehen als den unmittelbar vorangehenden Nr. 5-8.[43]
FUNDORT: Aus dem Handel.
SAMMLUNG: BIF M. 5750.
BIBLIOGRAPHIE: Unveröffentlicht.

Nr. 10 (Abb. 10; Taf. 13,10).[44]

OBJEKT: Der Länge nach durchbohrter Skarabäus; 15 x 10,5 x 7 mm; Kompositmaterial?
OBERSEITE: Die Kopfpartie ist sehr klein. Sie wird durch eine Doppellinie vom Pronotum getrennt. Die obere der Linien läuft rings um den Skarabäus. Pronotum und Flügeldecken sind durch eine einfache Linie voneinander geschieden. An ihren beiden Enden sitzt je ein kleines, nach hinten weisendes Dreieck. Die beiden Flügeldecken sind durch eine Doppellinie voneinander getrennt.
SEITEN: Die sechs Beine sind klar herausgearbeitet. Das mittlere ist auf einer Seite weitgehend weggebrochen. Ihre Behaarung ist bei dem vor-

---

43 Bei diesem Stück ist allerdings von einem Platz für die Sonnenscheibe oder gar den zwei Uräen, wie bei den Nr. 1-4, nichts zu entdecken.

44 Ich danke Frau RUTH HESTRIN, Israel-Museum, Jerusalem, für die Publikationserlaubnis. Ihr ist das von Dr. I. BEN-DOR im phönizischen Friedhof von Achsib ausgegrabene Material zur Publikation anvertraut.

deren Paar durch kleine schematische Querstriche angedeutet.
UNTERSEITE: Sie ist am rechten oberen Rand etwas abgebrochen. Thron und Thronender sind im wesentlichen gleich, wie auf den Nr. 1-4. So bäumt sich z.B., wie bei diesen, ein Uräus von der Mundpartie her auf. Hals und Kopf des Thronenden sind aus Platzgründen von der Mitte des Körpers nach rechts verschoben. Die Armhaltung entspricht derjenigen auf den Belegen Nr. 3, 5, 7-8. Dabei ist der vordere Arm deutlicher und höher erhoben als bei irgendeinem der vorangehenden Stücke. Ein kleiner Unterschied zu allen vorangehenden Stücken ist bei der Stuhllehne zu notieren. Beide Linien, die die Rücklehne bilden, ruhen auf dem Würfelthron auf, wobei die hintere Linie desselben, wie auch die der Lehne, mit derjenigen identisch ist, die ringsum dem Rand des Skarabäus entlang läuft. Diese hat also über eine gewisse Strecke eine doppelte Funktion.[45]
Statt der rahmenden Nebenmotive, die bei den Nr. 1-9 den Thronenden umgeben, haben wir hier ein Flügelpaar, das dem Thronenden kompositorisch fast gleichgewichtig gegenübersteht. Die beiden Flügel bilden beinahe eine Senkrechte. Die vertikale Riffelung des unteren und die beinahe horizontale des oberen Flügels dürften aber daran erinnern, dass der obere Flügel waagrecht, der untere senkrecht zu denken ist und sie so zusammen das übliche schützende Dreieck bilden. Die senkrechte Stellung des oberen Flügels dürfte wohl durch Platzmangel verursacht sein. Diese Annahme wird durch die Nr. 14-16 gestützt, bei denen die beiden Flügel tatsächlich das erwartete Dreieck bilden. Die senkrechte Linie rechts vom Flügelpaar, die ähnlich wie bei den Nr. 11-12 und 14-16 (bei 13 ist die Stelle beschädigt) zu sehen ist, dürfte den rudimentären Rest des Falkenleibes und -schwanzes darstellen.
Diese Annahme wird durch zahlreiche Skarabäen gestützt, die einzelne schützende Falken zeigen, deren Flügel ebenfalls stark geriffelt und deren Kopf und Leib auf Rudimente reduziert worden sind (**Abb. 39-40**).[46] Das völlige Verschwinden des Falkenkopfes bei unserer Gruppe hängt, wie die **Abb. 39-40** zeigen, mit der durch Platzmangel be-

---

45 Wir haben hier etwas Ähnliches wie das, was man in der Stilistik eine *ἀπο-κοινοῦ*-Konstruktion nennt. Einem Glied kommt im Rahmen zweier kompositorisch fest verbundenen Einheiten eine doppelte Funktion (double duty) zu. Vgl. dazu BÜHLMANN/SCHERER 1973: 52f. (Lit. zu Ellipse).

46 Vgl. weiter HALL 1913: Nr. 1288; HORNUNG/STAEHELIN 1976: Nr. 260; MATOUK 1971: 211 Nr. 375; 220 Nr. 818.

dingten vertikalen Stellung des oberen Flügels zusammen.
Zu erwähnen bleiben noch der die vertikale Riffelung nach oben abschliessende horizontale Strich beim unteren und die drei die horizontale Riffelung nach unten begrenzenden vertikalen Striche beim oberen Flügel. Sie dürften die Flügeldecken andeuten, die schematisiert im rechten Winkel zu den durch die Riffelung angedeuteten Schwungfedern verlaufen.[47]
Während der eine Falke, der auf zahlreichen Skarabäen eine Kartusche schützt[48], rechtsgerichtet ist, ist bei den Nr. 10-13 das Umgekehrte der Fall. Man ist versucht, das mit dem ägyptischen Brauch zu erklären, die Hauptfigur nach rechts blicken zu lassen.[49] Da die Kartusche keine Richtung hat, bleibt für den Falken diese Richtung frei. Bei unserer Gruppe schaut der König als Hauptfigur nach rechts. So, könnte man meinen, bleibt für den Falken nur die Richtung nach links. Aber wo wir sonst Gestalten mit eindeutiger Richtung haben, schwebt der schützende Falke hinter oder über dieser Gestalt, in die gleiche Richtung blickend wie diese (**Abb. 41**).[50] So kann bei den Nr. 10-13 die Richtung des Falken nach links wohl nur damit erklärt werden, dass die beiden Gestalten - jede mit dem Rücken zum Rand des Skarabäus - sich so besser in die Fläche fügen, als wenn der Falke hinter dem Thronenden schwebte.[51]

---

47 GIVEON (1967-1968: 63) deutet die Flügelpaare auf Nr. 14 als Maatfedern, d.h. Straussenfedern. Wenn man aber die für ikonographisches Arbeiten grundlegende Regel beachtet, kein Stück isoliert zu deuten, sondern stets im Rahmen der Gruppe, dann wird klar, dass es sich um Flügelpaare handelt, nicht um Maatfedern. Die verschiedene Länge der Flügel ist auch dort zu beachten, wo es sich ganz eindeutig um einen Falken handelt (vgl. z.B. HALL 1913: Nr. 1288, 1394).

48 So etwa auf den **Abb. 39-40**.

49 Vgl. SCHÄFER ^{4}1963: 308-310.

50 Vgl. z.B. NEWBERRY 1907: pl. 4 Nr. 36697; HORNUNG/STAEHELIN 1976: Nr. 318.

51 Einen Einfluss der Frauengestalt (Isis), die mit ihren Flügeln eine menschliche Gestalt (den König) schützt, kann m.E. nicht vorliegen, denn diese Gestalt ist, soweit ich sehe, ebenso wie der Falke in der Regel nach rechts gerichtet, ob die Gestalt, die sie schützt (nach rechts gerichtet) vor ihr hergeht oder (nach links gerichtet) auf sie zuschreitet (MATTHIAE SCANDONE 1975: Tav. 9 Nr. D13-D14; Tav. 10 Nr. D15-D20; Tav. 24 Nr. H2; VERCOUTTER 1945: Nr. 658f. und 695f.; HORNUNG/STAEHELIN

Als Nebenmotiv zwischen dem Thronenden und dem grossen Flügelpaar findet sich bei dieser Gruppe regelmässig ein länglicher Gegenstand, den PETRIE bei Nr. 11 als Zeichen *nfr*, 'schön, vollkommen'[52], GIVEON bei Nr. 14 als Djedpfeiler[53] deutet. Diese Deutung kommt, wenn man die übliche Form der Darstellung des Djedpfeilers auf Skarabäen berücksichtigt (**Abb. 42**),[54] kaum in Frage. Das Zeichen *nfr* hat auf Skarabäen ein oder zwei Querstriche, wobei dieses oder diese mit dem vertikalen Strich in der Regel ein Kreuz bilden (**Abb. 43a-b**).[55] Manchmal schliesst der obere der beiden Striche das Zeichen nach oben ab, manchmal ist nur dieser obere Abschlussstrich vorhanden, und manchmal fehlt jede Art von Querstrich (**Abb. 44a-c**).[56] Die erste Variante (Kreuz) scheint ziemlich deutlich bei unserer Nr. 14, die zweite (Abschlussstrich) bei Nr. 13 vorzukommen. Doch wenn man die Form des Zeichens auf Nr. 10 betrachtet, frage ich mich, ob bei allen Stücken nicht am ehesten das Zeichen *w3ḏ*, 'Papyrusstengel'[57] gemeint sei. Dieses zeigt einen nach unten sich allmählich verdickenden Stengel und bildet oben zuerst einen schmalen und abschliessend einen breiteren Wulst. Der Papyrusstengel war ein beliebtes Amulett (**Abb. 45**).[58] Da er aber auf Skarabäen in dieser klassischen Form anscheinend nicht vorkommt, sondern in diesem Zusammenhang als in der Mitte schwellender Stengel, der eine "Blüte" trägt,

---

1976: Nr. 305 (Maat); Nr. 672; DUNAND 1950-1957: pl. 201 Nr. 19200). Gelegentlich können übrigens diese geflügelten Gestalten (DUNAND, ebd. pl. 201, Nr. 16930) wie auch der Falke (MATOUK 1977: 385 Nr. 615) einmal nach links schauen.

52 1925: 26 zu Nr. 984.

53 Vgl. GIVEON 1967-1968: 63.

54 Vgl. auch ROWE 1936: Nr. 718, 779, 789, 810.

55 Zu *nfr*-Zeichen mit *einem* Querstrich siehe: weiter HORNUNG/STAEHELIN 1976: Nr.110, 141, 143f, 169, 183, 229, 385, 687f, 834; mit zwei Querstrichen: ebd. Nr. 71, 76, 78, 86, 111, 116, 124, 415.

56 Zu weiteren *nfr*-Zeichen vom Typ der **Abb. 44a** vgl. HORNUNG/-STAEHELIN 1976: Nr. 53, 498, 693, 863. Zu denen vom Typ **Abb. 44b**: ebd. Nr. 78.

57 Siehe GARDINER ^{3}1957: 480, Zeichen M13.

58 Vgl. PETRIE 1914: 12 Nr. 20 und pl. 2,20; MÜLLER-WINKLER 1987: 55f, 252-267.

stilisiert wird (**Abb. 46**),[59] ist vielleicht doch bei unserer ganzen Gruppe (Nr. 10-16) an das Zeichen *nfr* zu denken.
A. WIESE ist in seiner Untersuchung "Zum Bild des Königs auf ägyptischen Siegelamuletten" auch kurz auf unseren Siegeltyp eingegangen (1990: 104) Er meint, dass die Ikonographie unserer Gruppe von einem Motiv der ramessidischen Massenware (vgl. unten die Anm. 178-181) herzuleiten sei, das z.B. die Belege von **Taf. 15,19-20** zeigen. Das *nfr* auf unsern Stücken Nr. 10-16 deutet er als degenerierten Adoranten. Aber damit macht er sich die Sache entschieden zu einfach. Auf unserem Typ finden sich zu viele, durchaus sinnvolle und kohärente Elemente wie z.B. das Band der Blauen Krone, der Uräus usw., die bei unserer Gruppe vorhanden sind, beim Thronenden der ramssidischen Massenware aber ganz fehlen. Wo soll sie der Graveur, wenn er nichts als ein wenig verständiger Kopist der ramessidischen Massenware war, hergenommen haben? WIESE macht sich dazu keinerlei Gedanken. Das Goldzeichen (Collier) und die Sonnenbarke charakterisieren den Thronenden als Sonnengestalt. Ebenso haben der Falke bzw. die Falken, die sich auf den Stücken Nr. 1-16 finden keine Entsprechung bei der ramessidischen Komposition des Thronenden mit Verehrer. Auch darüber verliert WIESE kein Wort. Der einfache oder vervielfachte Falke signalisiert aber klar das Königtum. Es ist natürlich etwas beunruhigend, dass die Sonnenbarke oder auch der König als Himmelsträger (Rückseite der Nr. 13 und 13a) nach der 18. Dynastie nicht mehr auftauchen. Aber indem man das einfach übergeht, ist das Problem nicht gelöst. Wahrscheinlich haben wir bei einzelnen Kompositionen unserer Gruppe mit einer Renaissance von Themen der 18. Dynastie zu rechnen (vgl. dazu auch, was unten zur Form einzelner "Käfer" dieser Gruppe gesagt wird). Mit "Degeneration ramessidischer Massenware" ist hier jedenfalls nichts erklärt.
Links vom oberen Flügel ist eine kleine Scheibe zu sehen. Eine grössere ist, wie bei den Nr. 1-9 und 11-18, vor dem Oberkörper des Thronenden angebracht. PETRIE und GIVEON deuten sie mit Recht als Sonnenscheibe (*rꜥ*).[60]
Die ganze Komposition wird, wie bei den Nr. 1-9, nach unten durch das Collier abgeschlossen.

---

59 Vgl. weiter HORNUNG/STAEHELIN 1876: Nr. 76, 325, 845.

60 PETRIE 1925: 26 zu Nr. 984; GIVEON 1967-1968: 63.

FUNDORT: Achsib, phönizischer Friedhoh von Gešer Achsib (er-Ras), Grab 9, Nr. 33, 9-7. Jh. .[61]
SAMMLUNG: Im Besitz der Israel Antiquities Authority Nr. 48-236; zur Zeit in den Magazinen des Israel Museums, Jerusalem.
BIBLOGRAPHIE: Unveröffentlicht; vgl. jetzt KEEL/UEHLINGER 1992: 155 Abb. 159a.

Nr. 11 (Abb. 11; Taf. 14,11).

OBJEKT: Der Länge nach durchbohrter Skarabäus; 16,2 x 11,6 x 6,6 mm; Enstatit.
OBERSEITE: Kopfschild und Kopf sind deutlich unterschieden; ein kleiner Wulst trennt letzteren vom Pronotum, das seinerseits eine einfache Linie mit zwei nach hinten weisenden Dreiecken an den Enden von den Flügeldecken trennt. Diese sind ihrerseits durch eine dicke Linie voneinander getrennt.
SEITEN: Die 6 Beine sind deutlich herausgearbeitet.
UNTERSEITE: Sie ist oben etwas abgebrochen. Was erhalten ist, ist mit der Dekoration von Nr. 10 identisch. Die Falkenflügel sind noch besser als solche erkennbar als bei Nr. 11.
FUNDORT: Aus dem Handel.
SAMMLUNG: BIF M. 5754.

Nr. 12 (Abb. 12; Taf. 14,12).[62]

OBJEKT: Der Länge nach durchbohrter Skarabäus; 14 x 9 x 7,5 mm; Enstatit(?), braune Glasur.
OBERSEITE: Kopf mit Augen, Kopfschild und Wangen sind sorgfältig ausgeführt. Das Pronotum ist durch eine einfache Linie von den Flügeldecken getrennt, die ihrerseits durch eine dreifache Linie geschieden sind. An den beiden Enden der Pronotumslinie sitzen zwei spitze, nach hinten weisende Dreiecke. Ihr entlang läuft eine Linie, die mit nach in-

61 Ich verdanke die Angabe Frau M. DAYAGE - MENDELS, die die Funde für die Publikation bearbeitet.

62 Ich danke Mrs. BARBARA ADAMS, University College, London, ganz herzlich für den (ausnahmsweise) überlassenen Abdruck dieses Stückes, der dessen rechtzeitiges und fundiertes Studium gestattet hat.

nen gewendeten Schlaufen das Pronotum schmückt.
SEITEN: Die sechs Beine sind deutlich herausgearbeitet. Ihre Behaarung ist auf dem vorderen Paar durch kleine schematische Querstriche angedeutet.
UNTERSEITE: Die Dekoration ist weitestgehend identisch mit der der Nr. 10 und 11. Als Plus gegenüber den Nr. 10 und 11 ist einzig das Kreislein zwischen den beiden Flügeln mit dem Punkt im Zentrum zu vermerken, als Minus das Fehlen der stilisierten Nackenbänder der Blauen Krone. Gewisse Details sind etwas anders gestaltet. Der Uräus bei der Mundpartie wirkt wie ein Würmlein. Der Winkel zwischen den beiden Falkenflügeln ist noch etwas spitzer als bei Nr. 11. Der obere Flügel ist stark geschwungen.
FUNDORT: Unbekannt.
SAMMLUNG: University College, London, Inv. Nr. 8953.
BIBLIOGRAPHIE: PETRIE 1925: 26; pl. 15,984; pl. 29, Q 52.

Nr. 13 (Abb. 13; Taf. 14,13).[63]

OBJEKT: Der Länge nach durchbohrte, beidseitig gravierte rechteckige Plakette; 17 x 12 x 6 mm; Enstatit. Vertiefungen gelb-bräunlich (Erdreste?), nicht gravierte Teile der Plakette weisslich. Auf beiden Seiten Spuren blau-grüner Glasur.
VORDERSEITE. Der rechte äussere Rand ist etwas beschädigt. Die Iko-

---

63 Eine praktisch identische Plakette (**Abb. 13a**) wurde von der Jerusalemer Polizei aufgefunden. Prof. R. GIVEON erhielt einen Abdruck, um, falls es sich um Diebesbeute handeln sollte, beim Auffinden des Besitzers behilflich zu sein. Er hat mir den Abdruck freundlicherweise zum Studium überlassen. Die Plakette wird hier als Nr. 13a gezählt. Sie muss merklich grösser sein als Nr. 13: ca. 22 x 15 mm. Ikonographisch ist die Vorderseite (Thronender) identisch mit Nr. 13. Die Ecke rechts unten scheint abgesplittert zu sein. Das *nfr*-Zeichen zwischen dem Flügelpaar und dem Thronenden ist besser als solches zu erkennen als bei Nr. 13. Der vordere Oberarm des Thronenden ist verhältnismässig länger als bei Nr. 13. Beim "hinteren" Bein ist der Fuss nicht gezeichnet. Die Rückseite zeigt, wie bei Nr. 13, ebenfalls den schreitenden Mann mit ausgebreiteten Armen. Die beiden Strichlein über dem Kopf und das schwer zu deutende Zeichen zwischen den Beinen fehlen. Der Schreitende trägt einen schräg nach vorn geschnittenen Schurz. Die beiden Straussenfedern ruhen unmittelbar auf den ausgebreiteten Armen.

nographie stimmt mit der der Nr. 10-12 überein. Da der hintere Arm des Thronenden aber waagrecht vom Körper weggeht und die Linie, die dem Rand entlang geht, unterhalb des Punktes, an dem der Arm senkrecht auf sie trifft, kurz unterbrochen zu sein scheint, entsteht der Eindruck, dass der Thronende hier im Gegensatz zu den Nr. 10-12 beide Hände erhoben hat. Der "vordere" Arm ist aber erheblich dicker als der "hintere" und zeigt am Ende etwas wie einen Daumen, so dass der vermeintliche hintere Arm in Wirklichkeit nur ein Teil der Linie ist, die das Bild umrahmt. Die Scheibe, die bei den Nr. 10 und 12 (bei 11 weggebrochen) links vom oberen Flügel zu sehen ist, fehlt hier. Ebenso fehlt das Kreislein mit dem Punkt, das bei Nr. 12 zwischen den Falkenflügeln zu sehen ist. Das Collier ist hier etwas breiter als bei den Nr. 10-12 und hat statt 4 (Nr. 10, 12) resp. 5 (Nr. 11) 6 vertikale Striche.

RÜCKSEITE: Sie zeigt im Zentrum eine nach rechts schreitende Gestalt wie die auf der Vorderseite. Der als Rechteck schematisierte Körper und der Kopf sind ziemlich tief eingeschnitten, Arme und Beine nur mit Linien angedeutet. Beide Arme, der "vordere" und der "hintere", gehen waagrecht vom Körper weg. Die Unterarme sind wie bei Nr. 2 leicht nach oben gerichtet und bilden mit den Oberarmen einen stumpfen Winkel. Aus der Mundgegend bäumt sich ein Uräus auf. Über den Armen sind zwei Straussenfedern. Es fehlt zwar der Kiel. Aber die Straussenfeder mit sehr kurzem oder ohne Kiel findet sich auch sonst auf Skarabäen.[64] Die beiden "Strichlein" in der Mitte des oberen Randes wage ich nicht mit Bestimmtheit zu deuten. Es könnte sich um eine von Uräen flankierte Sonnenscheibe handeln. Das Zeichen zwischen den Beinen der Figur ist ebenfalls schwer zu interpretieren. Wenn man es auf den Kopf gestellt liest, präsentiert es sich als das Zeichen "Ständer einer Waage", das als Determinativ bei *ṯsi*, 'hochheben' und *wṯs,* 'hochheben, tragen' steht.[65] Dieses Zeichen passt gut zur Haltung des Mannes. Ob der Dreh, es auf den Kopf zu stellen, gestattet ist, bin ich mir nicht ganz sicher.[66] Vielleicht handelt es sich auch

---

64 Zu Straussenfeder mit sehr kurzem Kiel vgl. ROWE 1936: pl. 18 Nr. 721; pl. 27 Nr. S. 35; NEWBERRY 1907: pl. 16 Nr. 36881 und 36912; ohne Kiel: ebd. pl. 15 Nr. 37181; pl. 16 Nr. 36888.

65 GARDINER ^{3}1957: 521, Zeichen U39.

66 Skarabäendekorationen, die nicht ein eindeutiges Oben oder Unten haben, gibt es zwar. Vgl. dazu etwa die Falken, die die Kartusche schützen (Abb.

schlicht um den häufig nachlässig gezeichneten *ḫpr*-Käfer.[67]
Immerhin zeigen die Zeichen, die den Mann links und rechts flankieren, dass der Schöpfer der Plakette einen gewissen Hang, wenn nicht gerade zur Kryptographie, so doch zum Obskuren hatte.
Die hier behandelte Siegelgruppe gehört aus stilistischen, ikonographischen und, soweit es sich um Stücke aus regulären Grabungen handelt, aus stratigraphischen Gründen in die erste Hälfte des 1. Jt.v.Chr. Die Zeichengruppe *nr nr*, die den Mann beidseitig flankiert, ist aber typisch für die sogenannten Hyksosskarabäen aus dem zweiten Viertel des 2. Jt.[68] Die Verwendung dieser Zeichengruppe in dieser späten Zeit ist bei unserer Plakette nicht singulär[69], zeugt aber doch von einem gewissen Geschmack an Gesuchtem und Exotischem. Nach unten wird die Komposition durch das recht breit geratene Zeichen des geflochtenen Korbes *nb*, 'Herr, alles'[70] abgeschlossen. Zur Ikonographie vgl. weiter den Appendix am Schluss des Aufsatzes.
FUNDORT: In Israel gekauft. Der Verkäufer hatte das Stück auf dem Tel Taanach gefunden.

30-35, 37, 57). Zu einem umgekehrten Collier siehe HORNUNG/STAEHELIN 1976: Nr. 92 und unsere Anm. 71.

67 Zu sehr nachlässig geschnittenen Käfern siehe ebd. Nr. 315-316.

68 Vgl. dazu STOCK 1942: 23f: "Der *'nr'* -Typ - man könnte ihn auch gut *rnrn*- Typ oder ähnlich nennen -, eine letzte Entartungserscheinung der Neferzeichen, gleich farblos als Schrift und Bild, in primitiver Symmetrie und Schneidetechnik angelegt, könnte geradezu den Eindruck einer Fremdschrift erwecken". M.A. MURRAY (1949: 95-97) möchte die Zeichen lesen als *di-n rn Rꜥ* "The name of Reꜥ is given" oder *rdi-n Reꜥ* "Reꜥ has given" oder "the gift of Reꜥ". HORNUNG/STAEHELIN (1976:51f): "Die plausible Verbindung mit dem Namen des Sonnengottes (*rꜥ*) ist nur bei der vollen, unverkürzten *anra*-Form möglich, daneben bieten sich Assoziationen mit 'Name' (*rn*) und 'Schrecken' (*nr*) an, und es ist sogar denkbar, dass hier schon eines der 'Abrakadabra'-Zauberwörter vorliegt, wie sie in späteren ägyptischen Zaubertexten durchaus auftreten." Vielleicht ist die Zusammenstellung aber auch "primär nicht von lautlichen, sondern von graphischen Kriterien bestimmt; gern schiebt man weitere, flache, von der Form her passende Zeichen in die Gruppe ein, wie Neb, die Opfermatte *ḥtp* oder das Fremdlandzeichen".

69 Der Abdruck eines Siegels mit der Zeichengruppe *rnrn* findet sich auf zwei Dokumenten aus Elephantine, die vom 9./10. März, resp. 12. Dez. 402 v. Chr. datiert sind (COONEY 1953: 124).

70 GARDINER [3]1957: 525, Zeichen V30.

SAMMLUNG: Leihgabe im BIF SK 49.
BIBLIOGRAPHIE: Unveröffentlicht; vgl. jetzt KEEL/UEHLINGER 1992: 155 Abb. 159b.

Nr. 14 (Abb. 14; Taf. 14,14).

OBJEKT: Der Länge nach durchbohrter Skarabäus; 19 x 14 x 9 mm; Enstatit.
OBERSEITE: Kopf, Kopfschild und Wangen sind deutlich unterschieden und ähnlich wie bei Nr. 12 gestaltet. Pronotum und Elytren sind durch eine eingekerbte Linie getrennt, an deren Enden die üblichen Dreiecke sitzen. Die beiden Elytren sind, wie bei Nr. 12, durch drei dünne, zwei Wülste bildende Linien voneinander getrennt.
SEITEN: Die Seiten zeigen alle sechs Beine des Käfers. Die beiden vorderen und etwas weniger die hinteren sind im Vergleich zu den mittleren sehr lang. Die Behaarung der Beine ist auf dem vorderen Paar durch kleine schematische Striche angedeutet.
UNTERSEITE: Sie ist am oberen Rand rechts etwas beschädigt. Im Gegensatz zu den bisher behandelten Stücken wird die für das Bild zur Verfügung stehende Fläche hier nicht als Hoch-, sondern als "Querformat" benutzt. Im Zentrum steht auch hier der eckig stilisierte Thronende. Die Gestaltung des Thrones entspricht derjenigen auf den Nr. 1-5, 10-11, 13, die des Thronenden (Armhaltung, Uräus) der auf den Nr. 3, 10-13. Die stilisierten Nackenbänder der Blauen Krone fehlen. Unmittelbar vor dem Thronenden ist, wie bei den Nr. 1-13, die kleine Scheibe und, wie bei den Nr. 10-13, das Zeichen *nfr* zu sehen. Statt von einem Flügelpaar wird der Thronende von zwei symmetrisch angeordneten Flügelpaaren geschützt. Beim Flügelpaar links steht der obere Flügel fast waagrecht, der untere, doppelt so lange Flügel senkrecht. Der links vom Flügelpaar parallel dazu verlaufende Strick lässt im Flügelpaar, wie bei dem auf den Nr. 10-13, einen stilisierten Falken erkennen. Rechts vom Thronenden befindet sich ein ähnliches, etwas kleineres, schmaleres Flügelpaar, bei dem der eine Flügel schräg nach oben, der andere schräg nach unten läuft. Die Unterschiede zum Flügelpaar links dürften auf Raummangel zurückzuführen sein. Bei der senkrechten Linie rechts aussen (die ähnlich auch links aussen zu sehen ist) dürfte es sich um ein *Neb*-Zeichen handeln.[71]

---

[71] Besonders deutlich bei Nr. 16 links aussen. Zu Neb-Zeichen, die querfor-

Das interessanteste Detail ist das Schiff, auf das der Thron gestellt ist. Es hat das Querformat der Komposition veranlasst und schliesst diese nach unten ab. Die beiden Scheiben, die das Boot an Bug und Heck abschliessen, dürften auf die Köpfe der Götter oder des Königs zurückgehen, die diese bei Prozessionsbarken schmücken.[72]
FUNDORT: Aus dem Handel. Es soll in Israel gefunden worden sein.
SAMMLUNG: National Maritime Museum, Haifa, Israel.
BIBLIOGRAPHIE: GIVEON 1967/1968: 63 und pl. 15,2 (hebr.). = Ders. 1978: 106 Abb. 55.

Nr. 15 (Abb. 15; Taf. 14,15).[73]

OBJEKT: Der Länge nach durchbohrter Skarabäus; 17,5 x 13 x 8,5 mm; gelblicher Enstatit.
OBERSEITE: Kopf und Wangen sind deutlich getrennt. Der Kopfschild ist fast ganz weggebrochen. Pronotum und Flügeldecken sind sehr ähnlich wie bei Nr. 12, nur dass die beiden Zierbogen auf dem Pronotum fehlen[74] und das Pronotum und die Elytren durch eine einfache Linie voneinander getrennt sind.
SEITEN: Alle 6 Beine sind deutlich herausgearbeitet.
UNTERSEITE: Der obere Rand rechts und das rechte Ende wie auch der obere Rand links sind abgebrochen. Die Komposition entspricht bis auf einige kleine Details der von Nr. 14. Im Gegensatz zu Nr. 14 sind die stilisierten Nackenbänder der Blauen Krone hier angegeben, wenn auch etwas weit unten. Die Flügel der beiden flankierenden Falken, die sich hier in puncto Grösse und Ausführung viel ähnlicher sind als auf

---

matige Dekorationen seitlich abschliessen, vgl. ROWE 1936: Nr. 642; KENYON 1965: fig. 282,17; fig. 283,20.

72 Vgl. WOLF 1931: Szenen 1,2 u.o.; NELSON 1936: pl. 21; LANDSTRÖM 1974: 119-121, Abb. 369-371, und besonders die Skarabäen von **Abb. 62** und **63** und die in Anm. 172 genannten Stücke. Zu den Köpfen an der Barke vgl. jetzt WIESE 1990: 62-67. Auf den Siegelamuletten der 18. Dynastie sind es normalerweise Köpfe des kämpferischen Month. Sie identifizieren den Pharao in der Barke als Month-Reʿ, als den seine Feinde vernichtenden Sonnengott; vgl. dazu WERNER 1986.

73 Für die Publikationserlaubnis danke ich Herrn P.G. KLOETZLI, Terra Sancta, Jerusalem.

74 Vgl. ROWE 1936: pl. 33 Nr. 54.

Nr. 14, sind stark geriffelt.[75] auch das Schiff ist geriffelt.
FUNDORT: Es stammt aus dem Handel und ist in Jerusalem gekauft worden.
SAMMLUNG: Sammlung G. KLOETZLI, Terra Sancta, Jerusalem, Nr. 69.
BIBLIOGRAPHIE: Unveröffentlicht.

Nr. 16 (Abb. 16; Taf. 14,16).

OBJEKT: Der Länge nach durchbohrter Skarabäus; 18,4 x 13,4 x 8 mm; Enstatit mit winzigen schwarzen Einschlüssen auf der Oberseite.
OBERSEITE: Sie ist ziemlich abgeschliffen. Kopf, Kopfschild (weitgehend abgebrochen) und Wangen sind deutlich voneinander abgehoben. Pronotum und Flügeldecken sind wie bei Nr. 12 gestaltet, nur dass die beiden Zierbogen auf dem Pronotum fehlen.
SEITEN: Alle 6 Beine sind deutlich herausgearbeitet. Die weitere Gliederung der Beine ist auf dem vorderen Paar durch kleine schematische Querstriche angedeutet.
UNTERSEITE: Der Rand ist rechts oben und unten etwas abgebrochen. Die Komposition entspricht bis in alle Details derjenigen von Nr. 15. Der einzige Unterschied ist der, dass links aussen deutlich ein schwach geriffeltes *Neb*-Zeichen zu sehen ist. Ob rechts auch eines vorhanden war, lässt der Erhaltungszustand nicht deutlich erkennen.
FUNDORT: Es stammt aus dem Handel und ist in der Jerusalemer Altstadt gekauft worden.
SAMMLUNG: Leihgabe am BIF SK 48.
BIBLIOGRAPHIE: Unveröffentlicht.
Ein weiteres Exemplar dieses Typs (stilisierter König im Schiff) findet sich im Reichsmuseum in Leiden (Nr. AED 34, Lade XXVIII).

Nr. 17 (Abb. 17; Taf. 15,17).

OBJEKT: Der Länge nach durchbohrtes Prisma mit quadratischem Grundriss von 7 mm Seitenlänge. Höhe: 17,5 mm; Enstatit; auf allen 4 Seiten die gleiche Zeichnung.
ZEICHNUNG: Die Zeichnung ist nicht sehr eindeutig. Dem Rand des

75 Zur Richtung der Riffelung vgl. HALL 1913: Nr. 1288, 1393.

Rechtecks entlang läuft eine Linie. Wie schon bei den Nr. 10-13, ist das Verhältnis dieser Randlinie zum "hinteren" Arm und zur Thronlinie nicht klar. Wie bei der Vorderseite von Nr. 13, entsteht der wohl falsche Eindruck, die linke Randlinie stelle im oberem Teil gleichzeitig den erhobenen hinteren Arm dar. Von den Nebenmotiven erscheinen — wohl aus Platzmangel — nur die Scheibe vor dem Thronenden und das "Collier" unter dem Thron. Dieses hat eine wenig klassische Form, die am ehesten an diejenige auf den Nr. 6-8 erinnert.
FUNDORT: Megiddo, Feld L-7.[76] Locus 2162; Stratum VA, also salomonische Zeit, d.h. zwischen 975-925 v.Chr. oder Anfang der Eisenzeit II,[77] Registrierungsnr. a 718.
SAMMLUNG: Oriental Institute, Chicago, Nr. A 18473.
BIBLIOGRAPHIE: LOUD 1948: pl. 163,22.

Nr. 18 (Abb. 18; Taf. 15,18).

OBJEKT: Der Länge nach durchbohrtes Prisma mit rechteckigem Grundriss von 9,3 x 6,4 mm Seitenlänge. Höhe 17,7 mm; Enstatit mit weisslichem Überzug; auf den beiden Breitseiten des Prismas je eine fast identische Zeichnung.
ZEICHNUNG: Die Zeichnung ist mit derjenigen auf Nr. 17 weitestgehend identisch. Der Uräus ist nicht deutlich gezeichnet, aber wahrscheinlich als Relikt in dem Strich zu sehen, das vor dem Kopf angebracht ist.
FUNDORT: Es stammt aus dem Handel und ist in Jerusalem (West) gekauft worden.
SAMMLUNG: Leihgabe im BIF Nr. SK 50.
BIBLIOGRAPHIE: Unveröffentlicht.

Ergänzungen zum Katalog

Wie eingangs gesagt, sind seit 1982 zu den 18 hier veröffentlichten Belegen weitere hinzugekommen. Den grössten Zuwachs konnte die

---

76 LOUD 1948: 45f. und fig. 388.

77 Zu dieser Datierung von Stratum VA vgl. YADIN 1972: 150-161; YADIN 1974: 207-231.

schon bisher grösste Gruppe verzeichnen, die durch die Nr. 1-9 gebildet wird. Zu ihr kommen neu die Nr. 19-22.

Nr. 19 (Abb. 18a)

OBJEKT: Der Länge nach durchbohrter Skarabäus, 19 x 14 x 8 mm; Enstatit; Reste von Glasur.
OBERSEITE: Kopfschild und Kopf bilden zwei Dreiecke, die Spitze gegen Spitze stehen (vgl. Nr. 5-9 und 20-21). Das Pronotum ist durch eine einfache Linie von der Kopfpartie getrennt. Sonst ist der Rücken glatt wie bei den Nr. 6-8.
SEITEN: Die Beine sind wie bei den Nr. 5-9 und 20-21 auf einen ringsum laufenden Wulst reduziert.
UNTERSEITE: Sie ist am Rande oben und unten leicht beschädigt. Die Basisgravur steht der von Nr. 4 sehr nahe. Die Flügelsonne, soweit erhalten, der aus dem Mund hervortretende Uräus, das Band der Blauen Krone, der Palastfassadenthron sind praktisch identisch. Auch hier ist drei der vier Falken die Sonnescheibe beigegeben. Im Gegensatz zu Nr. 4 fehlt sie bei dem unten rechts und nicht bei dem oben links. Der deutlichste Unterschied ist das eckig und schlecht geschnittene *nbw*, das an die Belege Nr. 5-8 erinnert.
Das Stück nimmt so eine Mittelstellung ein. Rücken und Seiten und *nbw* sind summarisch wie bei den Nr. 5-9; die restliche Bsisgravur ist detailliert wie bei den Nr. 1-4.
FUNDORT: Tell Taʿjinat in der ʿAmuq-Ebene nahe der türkisch-syrischen Grenze aus der Grabung von R.J. und L.S. BRAIDWOOD von 1937; Feld T-2. Feldregisternr. T-2826. J.-W. MEYER, Saarbrücken, dem ich diese Informationen verdanke und der dieses Siegel mit dem anderen glyptischen Material aus den ʿAmuq-Grabungen veröffentlichen wird, datiert die Fundschicht in die Zeit zwischen 900 und 850 oder etwas früher.
SAMMLUNG: Wahrscheinlich Chicago, Oriental Institute.
BIBLIOGRAPHIE: Unveröffentlicht.

Nr. 20 (Abb. 18b)

OBJEKT: Der Länge nach durchbohrter Skarabäus; 18,6 x 13,2 x 7,5 mm; weisslich-gelblicher Enstatit.

OBERSEITE: Kopfschild und Kopf bilden zwei Dreiecke, die Spitze gegen Spitze stehen (vgl. Nr. 5-9 und 19 und 21). Das Pronotum ist durch eine einfache Linie von der Kopfpartie getrennt. Zwei Kerben deuten wie bei Nr. 8 und 21 die Trennungslinie zwischen Pronotum und Elytren an. Sonst ist der Rücken glatt wie bei den Nr. 6-8, 19 und 21.
SEITEN: Die Beine sind wie bei den Nr. 5-9, 19 und 21 auf einen ringsum laufenden Wulst reduziert.
UNTERSEITE: Die Dekoration ist derjenigen der Nr. 5-9 sehr ähnlich. Nur zeigt die Flügelsonne wie bei Nr. 9 noch einzelne Federn bzw. die Uräen. Der Thron ist mit dem von Nr. 6 und 9 identisch.
FUNDORT: Amathus an der Südküste Zyperns, Westlicher Friedhof, Grab 142 Feld-Registernr. T 142/110. Der Grabinhalt datiert die Grabbelegung in die Zeit zwischen 800 und 750.
SAMMLUNG: Archäologisches Museum Limmasol, Inv. Nr, 1550/110.
BIBLIOGRAPHIE: KARAGEORGHIS/LECLANT 1973: 618 fig. 39a; CLERC 1991: 8f Nr. T.142/110.

Nr. 21 (Abb. 18c)

OBJEKT: Der Länge nach durchbohrter Skarabäus; 19 x 14 x 8 mm; Enstatit, weisslicher Überzug.
OBERSEITE: Kopfschild und Kopf bilden zwei Dreiecke, die Spitze gegen Spitze stehen (vgl. Nr. 5-9 und Nr. 19-20). Das Pronotum ist durch eine einfache Linie von der Kopfpartie getrennt. Zwei Kerben deuten wie bei Nr. 8 und 20 die Trennungslinie zwischen Pronotum und Elytren an. Sonst ist der Rücken glatt wie bei den Nr. 6-8 und 19-20.
SEITEN: Die Beine sind wie bei den Nr. 5-9 und 19-20 auf einen ringsum laufenden Wulst reduziert.
UNTERSEITE: Die Dekoration ist derjenigen der Nr. 5-9 sehr ähnlich. Die Flügelsonne zeigt wie bei den Nr. 5-8 keine einzelnen Federn und keine Uräen. Der Uräus im Mund des Pharao fehlt wie bei den Nr. 5-9 und 19-20. Die Falkenflügel sind wie bei den Nr. 5 und 7-9 geriffelt; der Thron ist mit dem von Nr. 9 identisch. Das *nbw* ist eckig und summarisch wie bei den Nr. 7-8 und 19.
FUNDORT: Geser, Oberflächenfund.
AUFBEWAHRUNGSORT: London, British Museum Inv. Nr. 104921.

LITERATUR: GIVEON 1985: 126f Nr. 53; KEEL/UEHLINGER 1992: 155 Abb. 158b.

Nr. 22 (Abb. 18d)

Sie wurde bereits in Anm. 40 erwähnt. Ein Abdruck des Stücks befindet sich am BIF. Die Basis misst ca. 16,5 x 13 mm. Weitere Einzelheiten sind nicht bekannt.

Zur Gruppe, die statt der vier Falken, die den Thronenden flankieren, nur einen grossen Falken zeigt, und die die Nr. 10-12 umfasst, ist nur ein weiterer Beleg dazugekommen (Nr. 23).

Nr. 23 (Abb. 18e)

Aus dem Auktionskatalog CHRISTIE'S 1992: 86 Lot 224, 87 Photo zweitoberste Reihe, zweites Stück von links. Oberseite und Seiten sind nicht bekannt. Das Material ist Enstatit. Das Stück ist mit einer Goldfassung versehen. Die Basisdekoration ist mit der der Nr. 10 aus Achsib bis in Details wie die Gestaltung der Thronlehne und die Zahl der senkrechten Striche am *nbw*-Collier identisch. Fundort und Sammlung sind unbekannt.

Eine Parallele zur rechteckigen Platte Nr. 13 bildet die
Nr. 24 (Abb. 13a)
Alles, was davon bekannt ist, wurde bereits in Anm. 63 mitgeteilt.

Eine Parallele zum Thronenden im Boot, der die Nr. 14-16 umfasst, bildet die

Nr. 25 (Abb. 18f; Taf 16,1)

Sie ist im Anschluss an Nr. 16 erwähnt worden.

SAMMLUNG: Leiden, Rijksmuseum van Oudheden, Nr. AED 34, Lade XXVIII.

Nr. 26-32

G. CLERC (1991: 9) verweist als Parallelen zu Nr. 20 auf sieben Stükke der ehemaligen Sammlung Fuad I. im Museum in Kairo hin (Journal d'Entrée Nr. 76828-76834). Photographien der Stücke finden sich im "Album E. Drioton" dieser Sammlung, das in der Bibliothèque Nationale et Universitaire de Strasbourg aufbewahrt wird (pl. 43D). Nach CLERC sind die Rücken von fünf Stücken (76828-76830 und 76833-76834) identisch mit dem von Nr. 20.

2. KLASSIFIZIERUNG DER ELEMENTE DES KATALOGS

Die folgenden Ausführungen bleiben auf die 18 Nr. des ursprünglichen Katalogs beschränkt, da die neu bekannt gewordenen Stücke keine neuen Details der Gestaltung des Käfers oder der Ikonographie bringen.

2.1. Ikonographie und Bildträger

Was die Gruppe als Einheit etabliert, ist der in einem ganz bestimmten Stil,[78] in einer ganz bestimmten Haltung und Umgebung dargestellte Thronende.

Der Thron scheint auf den Nr. 1-5 und 10-18, also bei 14 der 18 Stücke, der Palastfassadenthron zu sein. Er besitzt, wie bei den restlichen vier Belegen (Nr. 6-9), wo es ein gewöhnlicher Würfelthron ist[79], eine ungewöhnlich hohe Rückenlehne. Sie reicht bei den Nr. 3-9 und 14 bis zur Mitte des Rückens, beim Rest bis auf Schulterhöhe. Die am häufigsten vertretene Armhaltung zeigt den vorderen der beiden vom

---

78 Er wird unten im Abschnitt 2.2 genauer beschrieben.

79 Gelegentlich stiegen mir Zweifel auf, ob das, was hier als Palastfassadenthron gedeutet wird, nicht einfach ein Thron mit vier (davon zwei dargestellten) Beinen sei. Die Bodenlinie, die ja, wie gerade die besten Stücke zeigen, nicht einfach die Standlinie für Thron und Thronenden darstellt, wäre dann aber unverständlich (vgl. **Abb. 51**).

Körper waagrecht abgehenden Arme nach oben, den hinteren nach unten abgewinkelt (Nr. 3, 5-12, 14-28). Bei den Nr. 1-2, 13 und 16 scheinen beide Arme erhoben zu sein, doch ist das bei den Nr. 13 und 16 wohl eine Täuschung. Bei Nr. 4 ist der vordere Arm wohl nur aus Versehen nicht nach oben abgewinkelt.

Der Thronende ist sehr summarisch dargestellt, ohne deutlich sichtbare Kronen oder Szepter. Immerhin gestatten die auf einen Strich reduzierten Nackenbänder (bei Nr. 1, 3-4, 6-11, 13, 15, 16), an die Blaue Krone und damit beim Dargestellten an den König zu denken. Darauf weist auch der Uräus hin, der sich bei den Nr. 1-4, 10-17 eigenartigerweise aus dem Mund des Thronenden aufbäumt. Bei Nr. 5 scheint er sich, wie üblich, an der Stirn aufzurichten. Bei den auch sonst sehr summarischen Nr. 6-9 fehlt er ganz. Bei Nr. 18 ist die Sache nicht klar.

Das einzige Nebenmotiv, das bei allen Belegen zu finden ist, ist die kleine Scheibe vor dem Oberkörper des Thronenden. Das Collier als Abschluss nach unten fehlt nur bei den Nr. 14-16, wo es durch das Schiff verdrängt wurde.

Auch sonst weisen die einzelnen Skarabäen in der Dekoration mancherlei Varianten auf, aber sie sind doch nicht so bedeutend, dass sie die Einheitlichkeit der Gruppe in Frage stellen würden. Sie lassen sich weitgehend aus den Beschränkungen, die der für die Dekoration vorhandene Platz anbot, erklären. Bei den Nr. 1-9 (Durchschnittslänge ca. 18 mm) schützen vier (Falken)Flügelpaare den Thronenden. Bei den Nr. 10-13 (Durchschnittslänge ca. 16 mm) ist es nur ein Flügelpaar, und bei den sehr schmalen Prismen Nr. 17-18 ist gar keines vorhanden. Die Stücke mit einem Flügelpaar und die mit zwei Flügelpaaren haben zwischen der Vorderseite des Königs und dem Flügelpaar neben der Scheibe noch das Zeichen *nfr*. Nach oben wird die Komposition bei den Nr. 1-9 von der geflügelten Scheibe abgeschlossen, die bei den Nr. 10-16 fehlt.

Innerhalb der vier Hauptgruppen (Nr. 1-9, 10-13, 14-16 und 17-18) treten wieder Verschiedenheiten bei der Gestaltung der einzelnen Teile (Vorhandensein oder Fehlen der Scheibe zwischen den Flügeln, Gestaltung des Colliers etc.) auf. Einzelne Stücke sträuben sich gegen eine fugenlose Einordnung in eine der vier genannten Gruppen (Nr. 5, 18). Letztlich scheint jeder Skarabäus eine Einzelanfertigung gewesen zu sein[80], wenn man sich bei seiner Herstellung auch eines geläufigen De-

80 Wir dürfen selbst "bei den Skarabäen mit Königsnamen nicht mit der 'Prä-

koratonsschemas bedient hat.

Was den Zusammenhang zwischen der Gestaltung des Skarabäus, d.h. des Käfers als solchem, und der Dekoration der Basisplatte betrifft, so scheint bei unserer Gruppe eine Tendenz zu bestehen, für die einzelnen Varianten der Dekoration bestimmte Typen von Skarabäen zu benutzen. So zeigen die oberen Seiten der von der Dekoration her eng zusammengehörigen Nr. 1-4 alle eine kleine Kopfpartie, einen Wulst zwischen dieser und dem Pronotum, je ein kleines Dreieck an den Enden der Prothoraxlinie. Bei allen trennt eine doppelte oder dreifache Linie die Flügeldecken. Bei allen sind die 6 Beine herausgearbeitet, und ihre Länge liegt zwischen 16 und 18 mm.

Die von der Dekoration her ebenfalls stark zusammengehörigen Nr. 5-9 zeigen, soweit bekannt[81], durchwegs eine grosse, durch zwei gegeneinander stehende Dreiecke resp. Kegel charakterisierte Kopfpartie. Die Beine sind auf einen rundum laufenden Wulst reduziert.

Die Skarabäen der aus den Nr. 10-12 bestehenden Gruppe zeichnen sich ihrerseits wieder, wie schon die erste Gruppe, durch eine sehr kleine Kopfpartie, durch die deutlich herausgearbeiteten Beine und durch das kleine Format (14 - 16 mm Länge) aus.

Dass die Verbindung zwischen der Dekoration der Basisplatte und der Gestaltung des Skarabäus aber nicht unaufhebbar ist, zeigt Nr. 13, bei der das genau gleiche Motiv wie auf den Skarabäen Nr. 10-12, auf einer rechteckigen Platte, also einem ganz anders gestalteten Bildträger, vorkommt.

Was nun die Zuordnung zu bekannten Käfertypen und zu andern Formen von Bildträgern betrifft, so erinnert die – etwa im Vergleich mit den Köpfen der spätramessidischen Massenware, die durch **Taf. 15,19-20** illustriert werden –verhältnismässig kleine Kopfpartie bei den Nr. 1-4, 10-12 und 14-16 an die Käfergestaltung der 18. Dyn. Bei den Nr. 14-16 (König im Boot) deckt sich das mit dem Anschluss an die Ikonographie dieser Epoche.

Die aus zwei Dreiecken, die Spitze gegen Spitze stehen, gebildete

---

gung' ganzer Serien von identischen Einzelstücken rechnen" (HORNUNG/-STAEHELIN 1976: 32).

81 Die Gestaltung der Oberseite von Nr. 7 war mir beim Abschluss der ersten Fassung noch nicht bekannt. Die inzwischen vom Britischen Museum zur Verfügung gestellten Photos zeigen, dass Rücken und Seiten die bekannten Merkmale der Gruppe aufweisen.

Kopfpartie und die auf einen umlaufenden Wulst reduzierten Beine der Nr. 5-9 (vgl. Nr. 19-21) finden sich häufig auf Skarabäen der Mittelbronzezeit IIB (1750-1550), besonders auf solchen ihrer zweiten Hälfte, der 15. Dyn., der Hyksoszeit (vgl. TUFNELL 1984: 32 fig. 12 Kopftyp D8; 37 fig. 14 Seitentyp e11). Dazu passt auch der glatte Rücken der Nr. 6-8 und 19-21. In diesem Punkt machen nur die Nr. 5 und 9 eine Ausnahme. Ihre kurzen, durch eine dreifache Linie abgeteilten Flügeldecken sind bei der spätramessidischen Massenware (vgl. **Taf. 10,22**; TUBB 1988: 71 fig. 51) aber nicht bei Hyksosskarabäen zu finden (TUFNELL 1984: 35 fig. 13), zumal nicht in Kombination mit den als Dreiecken stilisierten Schulterbeulen.

Die rechteckige Platte (Nr. 13; vgl. Nr. 26) ist als Form typisch für die 18. und 19. Dyn.

Die Form des Prismas (Nr. 17-18) ist sehr selten. Sie ist von der Spätbronzezeit I (15550-1400) bis ins 10. Jh. belegt (TUFNELL 1958: pl. 37/38,295 Lachisch; GIVEON 1985: 124f Nr. 44 Geser).

Die Gruppe benützt als Bildträger also archaisierend ältere, aber auch zeitgenössische Formen.

2.2. *Stil, Datierung und Herkunft*[82]

Die Darstellungsweise ist schematisch. Ein ungeübtes Auge erkennt nicht viel mehr als eine menschliche Figur auf einem Thron. Um die weiteren Elemente, etwa das Collier, die Falken oder das Zeichen *nfr* zu erkennen, braucht man, wie die Diskussionen im Katalog, besonders zu den Nr. 1 und 10, gezeigt haben, schon einige Kenntnisse der auf Skarabäen verwendeten Motive und der Art, sie darzustellen. Die kleinen Füllsel sind auch dann noch gelegentlich zu summarisch dargestellt, um mit letzter Sicherheit gedeutet werden zu können.

Stilistisch am auffälligsten ist die Darstellung des Thronenden selbst. Der Körper ist rechteckig, manchmal leicht trapezförmig dargestellt. Eine spezielle Kleidung ist nicht zu erkennen. Als kleines, rundliches, mit dem Kugelbohrer produziertes Loch fügt sich der Kopf an, durch einen kurzen Hals mit dem Körper verbunden. Die dünnen Gliedmassen sind geradlinig an den Körper angefügt, in den Knien, den Ellbogen und an den Fersen meist rechtwinklig abgebogen. So ergibt die

82 Dieser Abschnitt stammt weitgehend von URS WINTER.

Thronkante zusammen mit den parallel verlaufenden, übereinander im Profil dargestellten Beinen des Königs ein auffälliges Muster. Es findet sich bei allen 18 Siegeln. Schliesslich sind die Füsse des Thronenden überall relativ lang ausgefallen. Trotz der starken Stilisierung werden gewisse Details aber doch genau wiedergegeben. Zum Beispiel behält der Uräus dort, wo er vorkommt, ausser bei Nr. 5, immer seine typische S-Form.

Was die Technik anbelangt, so wird mit einem nicht allzu tiefen,[83] aber doch markanten und kantigen Kerbschnitt gearbeitet. Die Umrisse der Figuren werden deshalb im Abdruck scharf abgehoben. Die Flächen (Körper des Königs, Falkenflügel) sind vertieft und meist mit Schrägstrichen oder mit einer vertikal und horizontal gestreiften Dekoration verziert.[84]

Siegeldekorationen, deren Stil mit dem hier skizzierten identisch ist, sind kaum zu finden. Besonders bei den Skarabäen ägyptischer Herkunft gibt es kaum Ähnlichkeiten.

Thronende Figuren werden dort im Profil praktisch immer mit einem Bein oder mit einem langen Kleid angetan, unter dem dann beide Füsse zu sehen sind, dargestellt.[85] Natürlich waren auch die Darstellungen der ägyptischen Skarabäen oft stark stilisiert. Dabei wurden die Glieder auch nur mit einem einfachen Kerbschnitt wiedergegeben. Doch sind sie in den Gelenken nie annähernd rechtwinklig abgebogen wie in

---

83 Die Tiefe des Schnitts lässt sich feststellen, indem man gebackene Fimo-Abdrücke entzweischneidet und dann das Profil misst. Er ist bei unserer Gruppe sehr verschieden tief. Während er bei Nr. 1 ca. 0,9 mm erreicht, erreicht er bei Nr. 12 höchstens 0,3 mm.

84 Der für die Mittlere Bronzezeit IIB eigentlich charakteristische Stil ist rein linear. Die Eintiefung von Flächen (auf unseren Stücken etwa des Oberkörpers des Thronenden, der Flügel, der Barke) wird anscheinend erst ganz am Ende der Hyksos-Zeit gebräuchlich. DUMORTIER erwägt die Möglichkeit, er hätte gar erst zu Beginn der 18. Dyn. eingesetzt (1974: 3). Hingegen wird die Füllung einer Fläche mit schrägen Strichen (ohne dass die Fläche als Ganzes eingetieft ist) jedenfalls schon vor und während der Hyksos-Zeit praktiziert (vgl. ROWE 1936: Nr. 280, 282, 296). Auch die vertikal und horizontal gestreifte Verzierung ("cross hatching") kommt schon da vor (ROWE 1936: Nr. 223, 284). Eine leider unveröffentlichte Untersuchung dieser Thematik bietet WILLIAMS 1970.

85 Vgl. unsere **Abb. 25-26**, **58-62**, **70** und **Taf. 15,19-22** und PETRIE 1930: pl. 33,355.

unserer Gruppe.[86] Die meisten göttlichen bzw. menschlichen Figuren werden in einem knielangen Kleid dargestellt, was auch bei starker Stilisierung noch daran erkenntlich ist, dass der ganze Körper dann "sanduhrförmig" dargestellt wird. In unserer Gruppe sind die Oberschenkel deutlich herausgehoben, und es ist von da her nicht klar, ob die Figur nackt oder bekleidet abgebildet ist. Nur denkt man sie sich als Thronende selbstverständlich bekleidet.

In *Palästina* (Tell Beit Mirsim, Schicht C = Spätbronzezeit) sind zwei Siegel gefunden worden, deren eckig stilisierte Figuren an unseren Skarabäentyp erinnern (**Abb. 47**). **Abb. 47** links zeigt den Bügel eines Kalksteinrings, **Abb. 47** rechts die Abrollung eines Rollsiegels. Zu den Strichmännchen auf diesen Siegeln gibt es eine ganze Reihe von Parallenen aus Schichten der Spätbronzezeit IIB und der Eisenzeit I (ca. 1250-1000) aus Aschdod, Bet-Schemesch, Geser und Saḥab in Transjordanien (KEEL 1990: 384-386 Abb. 91-92, 94, 96-99). Auf einem Stempel — und auf einem Rollsiegel aus dem Aschdod des 11. Jh. a. werden Thronenden mit ungefähr der gleichen Beinhaltung dargestellt (**Abb. 48a** und **b**)[87] wie auf unseren Siegeln. Doch wirkt, abgesehen vom Umstand einer ganz anderen Siegelgattung und ganz anderer Materialien, der Stil dieser Siegel viel gröber als bei unserer Gruppe (Der Körper der Figur z.B. ist nur ein Strich, während er bei unseren Skarabäen als Rechteck oder Trapez gestaltet ist.

In Zypern gibt es Thronende auf Rollsiegeln.[88] Wie auf den ägyptischen Darstellungen tragen sie entweder ein langes Kleid und zeigen dann beide Füsse[89] oder sie sind grob stilisiert und zeigen im Profil nur ein Bein (**Abb. 49**).[90] Auf den ersten Blick erinnern diese letzteren

---

86 Vgl. ebd. pl. 12,162-166.

87 Das Siegel von **Abb. 48a** wurde zwar in einer Schicht der Eisenzeit II gefunden, doch dürfte es aus stilistischen Gründen ins 11. Jh.. gehören (vgl. auch M. DOTHAN, in: AVI-YONAH 1975: 111).

88 Aufschlussreich wären vielleicht Skarabäen, die zu Anfang der Eisenzeit in Zypern sehr populär gewesen sein müssen (vgl. SCHAEFFER 1952: 90). Doch waren sie mir nicht zugänglich.

89 WARD 1910: 348, Nr. 1183 = PORADA 1948a: 192 Nr. 42.

90 Vgl. z.B. PORADA 1948: Nr. 1076 = PORADA 1948a: Nr. 54; VOLLENWEIDER 1967: Nr. 178 (dort weitere Parallelen). Das Siegel von **Abb. 49** gehört zu Poradas Gruppe XII (Ebd. 194 und pl. 11,50-54). PORADA datiert sie ins 13./12. Jh. Der Gravurstil und die Ikonographie dieser Gruppe haben

Siegel stark an unsere Gruppe, aber bei näherem Zusehen haben sie doch nur gerade die eckige Anordnung von Thronkante und parallel dazu verlaufendem Bein sowie die steife Sitzhaltung des Thronenden mit unseren Skarabäen gemeinsam. Die Darstellung des Thrones selbst sowie die Details der sitzenden Figur weichen stark ab. PORADA datiert diese Siegel ins 14.-12. Jh.v.Chr.[91]

In stilistischer Hinsicht kommt unserer Gruppe eine Anzahl von Rollsiegeln aus Byblos am nächsten (**Abb. 50a-d**). Die schematische Darstellung des Körpers[92] und die parallele Führung der dünnen Beine des Thronenden[93] sind hier deutlich. Auch die für unsere Gruppe typische Armhaltung ist hier gelegentlich zu finden (**Abb. 50d**). Leider sind die Siegel stratigraphisch nicht eingeordnet. Sie wurden fast alle beim Abräumen der obersten Schicht gefunden.[94] Die anderen stilistischen Parallelen (Tell Bet Mirsim, Aschdod) weisen in die ausgehende Spätbronze- bzw. die frühe Eisenzeit.

E. PORADA hat 1956 unter dem Titel "A Lyre Player from Tarsus and his Relations" eine Gruppe von Siegeln bearbeitet, deren Stil sie wie folgt beschrieben hat: "The engraving of the seal(s) is characterized

---

auffällige Parallelen auf drei "cubical stamps" (vgl. dazu GUBEL 1987a, der die frühere Literatur [BIELINSKI 1974, CULICAN 1977] zum Thema aufnimmt). Thronende zeigen GUBEL 1987a: 198 fig. 2; 200 fig. 4 und 201 fig. 5). Trotz der Nähe zu PORADA's Gruppe XII werden sie (als archaisierend ?) ins 7. Jh. a. datiert (Ebd. 200 und 224). Nicht zum Stil der Gravur, aber zur Ikonographie von PORADA's Gruppe XII vgl. auch den Bügel eines spätbronzezeitlichen Siegelrings aus Hala Sultan Tekké Grab 8 (KENNA 1971: 28 Nr. 70, pl. 17,70). Besonders die Haltung des Thronenden kommt der auf unserer Gruppe sehr nahe. Vgl. auch ein von W. CULICAN publiziertes Siegel aus der Cesnola Sammlung (1977: 165 und pl. 18 A). Wenn CULICANS Datierung dieses Siegels ins 7. Jh. zutrifft, dann sind vielleicht auch die Byblos Siegel von **Abb. 50a-d** in diese Zeit zu datieren und nicht als Vor-, sondern als Nachfahren unserer Gruppe anzusprechen. Rollsiegel sind im 7. Jh. allerdings selten.

91 1948a: 193f.

92 Der Körper ist bei diesen Stücken nicht rechteckig, sondern eher sanduhrförmig stilisiert.

93 Bei **Abb. 50c** sind die Füsse allerdings als kleine Dreiecke dargestellt und nicht nur als Strich.

94 Siehe DUNAND 1954: 15, Nr. 6836; 69, Nr. 7129; 74, Nr. 7169; nur bei **Abb. 49**, ebd. S. 604, Nr. 13459, ist das nicht der Fall.

by the use of spidery thin lines, often forming right angles. The effect of texture and patterns is created by the frequent hatching which is mostly vertical but also marks divergence by running in different directions...Pin-point size hollows are used sparingly to indicate prominent features such as the large and small point for the head of the musician. The field is evenly filled, with the figures touching in several places the bordering line which thus becomes part of the design rather than merely framing it. Despite the even distribution in which the alternation of hatched and plain are as produces a pleasant variation, there is a noticeable vertical and horizontal accent in the composition."[95]

Die stilistischeBeziehung dieser (vgl. **Abb. 51a-b**) zu unserer Gruppe springen ins Auge. Ikonographisch ist die Verwandtschaft mit dem Stück aus Aschdod (**Abb. 48a**) frappant. Hier wird allerdings auch deutlich, dass die von PORADA bearbeitete Gruppe viel feiner ausgearbeitet ist als alles, was die **Abb. 47-50** zeigen. Der Körper des Thronenden ist nicht nur ein Strich, sondern deutlich bekleidet dargestellt. Der Saum des Kleides ist eigens herausgehoben.

Durch solche Details unterscheidet sich PORADAs Gruppe auch von unserer, die stilistisch zwischen den spätbronze- und früheisenzeitlichen Stücken von **Abb. 47-50** einerseits und denen von **Abb. 51a-b** andererseits zu plazieren sein dürfte. Die Entstehung der letzteren datiert PORADA aufgrund der Fundschichten ins 9./8. Jh.; eine neuere Untersuchung macht aufgrund neuer Funde die Datierung der ganzen Lyre-Player Gruppe in die 2. Hälfte des 8. Jhs. wahrscheinlich.[96]

Zu dieser Zwischenstellung zwischen den beiden genannten Gruppen passt der stratigraphische Kontext unserer Stücke, soweit er bekannt ist, ganz gut. Nr. 4 wurde zusammen mit Keramik aus der Eisenzeit IB (1100-1000) und den ersten Phasen der Eisenzeit II (1000-800) ge-

---

95 1956: 186.

96 BOARDMAN 1990:9; PORADA (1957: 186 und 195-197) möchte die Gruppe auf einen aus dem Osten eingewanderten Siegelschneider in Rhodos zurückführen. BOARDMAN/BUCHNER (1966: 1-62, besonders 59-62) haben einen Katalog von 162 Stükken des Lyre Player Typs zusammengestellt und sind zu dem Schluss gekommen, dass das Ursprungsgebiet die nord-östliche Ecke des Mittelmeers, besonders die Gegend von Tarsus sein dürfte. Thematik und Stil sind stärker nordsyrisch (assyro-aramäisch) als phönizisch (BOARDMAN 1990:10f). Die von PORADA gemachte Unterscheidung zwischen einem älteren (elaborate style) und einem jüngeren Stil lehnen BOARDMAN/BUCHER ab.

funden. Der phönizische Friedhof, aus dem Nr. 10 stammt, wurde hauptsächlich im 8. Jh. benutzt. Seine Geschichte begann aber schon im 10. Jh. Nr. 16 stammt aus der Schicht VA in Megiddo, die heute ins 10. Jh. a. datiert wird. Unserer Gruppe dürfte zeitlich also ins 10.-9. Jh. gehören. Das wird durch das Stück vom Tell Ta'jinat (Nr. 19) bestätigt, das aus einer Schicht kommt, die aus der Zeit zwischen 900-850 stammt oder noch etwas älter ist. Der Beleg aus Amathus auf Zypern (Nr. 20) aus einem Grab, das zwischen 800 und 750 belegt wurde, widerspricht diesem Ansatz auch nicht, da das Stück vielleicht von mehreren Lebenden getragen wurde, bis es ins Grab gelangte.

Was die räumliche Verteilung betrifft, so stammen jene Stücke, deren Herkunft gesichert ist, aus Städten des südlichen Teils der östlichen Mittelmeerküste, wie Achsib (Nr. 10), Tel Zeror (Nr. 4), Tell el-ʿAǧǧul (Nr. 7), resp. aus Orten, die von diesen aus leicht zugänglich waren, wie Megiddo (Nr. 17) und Taanach (Nr. 13) und neu Geser (Nr. 21). Ein Stück stammt aus dem östlichen Nildelta, nämlich vom Tell el-Jehudije (Nr. 6). Die fünf Stücke aus der MATOUK-Sammlung (Nr. 3, 5, 8-9 und 11) und die sieben aus der Sammlung Fuad I. (Nr. 26-32) dürften ebenfalls aus Ägypten, wahrscheinlich aus dem Delta (MATOUK) stammen. Ein Gegengewicht dazu bilden die sieben Belege, die im Jerusalemer Handel aufgetaucht sind (Nr. 1-2, 13, 15-16, 18 und 24) und sehr wahrscheinlich in Palästina/Israel gefunden worden sind. Die neu dazu gekommenen Belege erweitern den Radius nach Westen (Amathus, Zypern Nr. 20) und nach Norden (Tell Ta'jinat, Nr. 19). Als geographische Zentrum dieses Bereichs kommen das östliche Nildelta oder die südliche Levante in Frage. Aufgrund dieses Befunds stellt sich die Frage, ob der merkwürdig unägyptische Stil unserer Siegel nicht in Zusammenhang mit dem stark geometrischen Stil der sogenannten Philisterkeramik zu sehen ist, einem Stil, der als lokaler Ableger der spätmykenischen Kultur zu verstehen ist.

Eine genauere Untersuchung der Geschichte und Bedeutung des Motivs wird die Herkunft aus dem philistäischen Raum des 10. und frühen 9. Jh. wahrscheinlich machen.

3. ZUR BEDEUTUNG DER EINZELNEN ELEMENTE DER KOMPOSITION

Die summarische Form der Darstellung lässt die Frage aufkommen, ob es überhaupt berechtigt sei, nach dem Sinn der Komposition oder gar nach dem einzelner Details zu fragen. Handelt es sich nicht um ein Dekorationsschema, das die Kunsthandwerker hundertfach auf Siegel übertragen haben, ohne sich um den Sinn zu kümmern?[97] Von der summarischen Form als solcher ausgehend, ist die Frage jedenfalls nicht ohne weiteres negativ zu beantworten. Ein Text, der in demotischer Kursive auf Papyrus gepinselt ist, braucht nicht weniger sinnbeladen zu sein als ein in monumentalen Hieroglyphen in Stein gehauener. Bei aller summarischen Behandlung ist die Ausführung mindestens bei den Stücken Nr. 1-4 und 10-16 sehr sorgfältig. Und selbst wenn wir es mit einer nachlässigen Ausführung zu tun haben, bleibt immer noch die Frage, was die Bedeutung der Vorlage gewesen ist.

Ein weiterer Einwand mag lauten: Diese Siegelamulette wurden wahrscheinlich gar nicht von Ägyptern geschnitten, sondern von philistäischen oder phönizischen Kunsthandwerkern. Konnten sie das ägyptische Dekorationsschema, das sie benutzten, überhaupt verstehen? Die Frage ist letztlich nicht zu beantworten. Aber die Benutzung eines fast rein ägyptischen Schemas zeugt jedenfalls vom grossen Prestige, das die ägyptische Hochkultur vom Neuen Reich her in der Levante im 11.-9. Jh. noch besessen hat. Davon ausgehend kann man annehmen, die Leute, die das Schema benutzten, hätten auch eine Ahnung von seiner Bedeutung gehabt haben (vgl. zu diesem Problem weiter KEEL 1990: 398-400). Die Modifikationen, die sie anbrachten, sind jedenfalls, wie wir sehen werden, nicht ohne Verstand gemacht worden . So sei denn, von klassischen ägyptischen Vorstellungen ausgehend und die wenigen Modifikationen, die vorgenommen wurden, berücksichtigend, eine Deutung zuerst der einzelnen Elemente und dann der Gesamtkomposition versucht.

3.1. Palastfassadenthron

"Beim Palastfassadenthron sind zwei Exponenten königlicher Macht,

---

97 Vgl. dazu LANDSBERGER 1948: bes. 87-97, und da wiederum bes. 95, wo er betont, dass irgendwelche Gestalten apotropäische oder Glücksbringerfunktion hätten bekommen können, ohne dass man sich über ihr Wesen viel Gedanken gemacht hätte. B. LANDSBERGER trägt seine Auffassung allerdings ähnlich ungeschützt vor, wie sein Hauptgegner A. MOORGAT die seine.

der Thron und der Palast, miteinander vereinigt."[98] Die Bedeutung des Thrones bzw. des Palastes beim Werden des Königs soll hier nicht weiter ausgeführt werden, da sie ein ausserordentlich weit verbreitetes und bekanntes Phänomen darstellt.[99]

In Ägypten wird der König, "der Horus im Palast", seit der 1. Dyn. dadurch symbolisiert, dass der Name des Königs einem hochgestellten Rechteck (*srẖ*) einbeschrieben wird, auf dem (d.h. in dem) der Horusfalke = König steht. Dabei ist der untere Teil des Rechtecks als Palastfassade gestaltet. In der ersten Dynastie ist diese Fassade in der Regel zweitorig[100], im Mittleren Reich und später eintorig (**Abb. 52**)[101] Der durch seinen Namen und den Horusfalken dargestellte König wird durch diese Komposition als "Horus im Palast" als Vertreter des Himmelsgottes auf Erden prädiziert (vgl. dazu von BECKERATH 1984: 7-13).

Eine enge Verbindung zwischen Horusnamen und Thron schafft schon eine Statuette Pepis I. (6. Dyn. **Abb. 53**). "Auf dem Rückenpfeiler der Statuette, die den König auf einem Würfelthron mit ausgegrenztem Quadrat darstellt, sind die Palastfassade und der Horusname des Königs eingeritzt. Der vollplastisch herausgearbeitete Falke sitzt auf dem Rückenpfeiler, und zwar nicht, wie etwa bei einem Sitzbild Chefrens, in Blickrichtung auf den König und mit ausgebreiteten Flügeln,[102] sondern mit geschlossenen Flügeln und mit dem Blick zur Seite."[103] Hier wurde die Darstellung des Falken im Profil, die beim

---

98 METZGER 1985 [1971]: 74. Zum Palastfassadenthron in Palästina-Syrien vgl. ebd. 318f. KUHLMANN behandelt diesen Throntyp unter dem Namen "*srẖ*- Blockthron" (1977: 60f und 84f); vgl. auch RÜHLMANN 1977: 377-389.

99 Zum Thron vgl. KEEL 1977: 33f. Ich bin mir allerdings nicht mehr so sicher, ob man den Namen "Isis" als Thron deuten kann. Vgl. die dagegen vorgebrachten Argumente bei BERGMAN 1968: 123-131; zum Palast vgl. etwa die Bedeutung des Palastbaus für das Königtum Baʿals in Ugarit (dazu GESE 1970: 67-70). Zum Thron auch Anm. 5.

100 LANGE/HIRMER ^{4}1967: Taf. 6; KEEL ^{2}1977: Abb. 19.

101 Ebd., Abb. 351.

102 LANGE/HIRMER ^{4}1967: Taf. 30-31 und Farbtaf. IV = ANEP Abb. 377; KEEL ^{2}1977: Abb. 260; DAVIES 1943: pl. 13; weitere Beispiele bei BRUNNER-TRAUT 1971: 23-25, Abb. 3-4, 5-7, 9.

103 So METZGER 1985: 75.

Flachbild die einzig mögliche war, in die Plastik übernommen. Die Folge ist eine gewisse Beziehungslosigkeit zwischen dem König und dem Falken.[104]

Deren Ursache liegt in der verschiedenen Herkunft (aus der Rund- bzw. Flachbildnerei) der beiden Elemente. Ihre Zusammenstellung soll die enge Verbindung des thronenden Königs mit dem Gott Horus zum Ausdruck bringen. "Aus dem Falken, der mit geschlossenen Flügeln auf dem Palast sitzt, ist bei den Palastfassadenthronen der Falke mit geöffneten, den König umfangenden Flügeln geworden, ähnlich wie der Falke auf dem Rükkenpfeiler des Sitzbildes Chefrens[105] mit seinen geöffneten Flügeln den Kopf des Königs von hinten umfängt. Durch den Falken ist der auf dem Palastfassadenthron sitzende König als Verkörperung der Präsenz des Himmelsgottes Horus gekennzeichnet.[106] Verschiedene Königsgötter, wie Amun, bzw. Amun-Re [107] oder Osiris[108] erscheinen auf dem Palastfassadenthron. Aber nur der König wird mit dem (Horus-)Falken zusammen und von diesem beschützt darauf sitzend dargestellt (**Abb. 54**).[109]

3.2. Die schützenden Falkenflügel

Von der engen Verbindung zwischen Palastfassadenthron, Horuskönig und Horusfalke fällt Licht auf die Bedeutung der Falkenflügel auf unserer Siegelgruppe.

Seit dem Alten Reich ist der Falke (mit dem *Šn*-Ring in den Fängen) häufig über dem König schwebend dargestellt (vgl. **Abb. 29**).[110] In der Kleinkunst schützen ein oder zwei Falken mit ausgebreiteten Flügeln den Königsnamen[111] oder schweben über dem Königs-

---

104 WESTENDORF 1968: 58.

105 Vgl. Anm. 102.

106 METZGER spricht gar von Identität (1985: 76).

107 NELSON et al. 1932: pl. 78, 84, 119b; Ders. 1957: pl. 295, 322, 326, 363.

108 DAVIES/GARDINER 1948: pl. 14, 18, 23.

109 CALVERLEY/BROOME/GARDINER 1935: pl. 32; SÄVE-SÖDERBERGH 1957: pl. 31.

110 Vgl. die Belege in Anm. 23, **Abb. 41**, und NEWBERRY 1906: pl. 29,39; HORNUNG/ STAEHELIN 1976: Nr. 318.

111 HALL 1913: Nr. 550, 818, 823, 825-826, 1391, 1993; NEWBERRY 1907: pl.

Sphinx.[112] Im Gegensatz zum Uräus, der alle möglichen numinosen Objekte schützt, ist der Falke eng mit dem König verbunden,[113] der ihn auf Erden repräsentiert. Er wird nie zu einem allgemeinen apotropäischen Symbol. Ob der Falke beim Horusnamen auf dem *Sereḫ* steht, ob er über ihm schwebt oder im Nacken oder Rücken des Königs erscheint,[114] ob er beim Palastfassadenthron mit ihm zusammen auf dem Thron sitzt oder paarweise den Namen des Königs schützt, immer wird durch diese Komposition der enge Zusammenhang zwischen dem himmlischen Horus und dem König zum Ausdruck gebracht. Dabei wird es kaum von Bedeutung sein, ob vier (Nr. 1-9), zwei (Nr. 14-16) oder nur ein Falke (Nr. 10-13) den Thronenden schützen. Es ist hier wohl "das typisch ägyptische Bestreben am Werk, durch Vervielfältigung einer Form ihre Wirkung zu erhöhen."[115]

2, 36080, 36088; pl. 3,36116; Ders. 1906: pl. 30,32; TUFNELL 1958: pl. 37 und 38,288; PETRIE 1932: pl. 7,63, Ders. 1934: pl. 10 und 11,452; LAMON/SHIPTON 1939: pl. 67,33; Loud 1948: pl. 153,230.

112 STARKEY/HARDING 1932: pl. 52,142; NEWBERRY 1907: pl. 4,36697; HALL 1913: Nr. 1055, 2094.

113 Zum Uräus als Wächter bei allen möglichen numinosen Grössen vgl. KEEL 1977: Abb. 38-83. HORNUNG/STAEHELIN vertreten zwar die Ansicht, der Falke werde "als Schutzwesen zu Motiven verschiedenster Art hinzugefügt" (1976: 136). Die drei Beispiele, die sie aber als Beleg anführen, zeigen den Falken, wie er eine Kartusche mit einem Königsnamen (Nr. 261) und wie er einen König mit der unterägyptischen Krone schützt (Nr. 318). Der dritte Beleg zeigt einen Falken allein (Nr. 649). Der Falke schützt zwar gelegentlich andere Grössen als den König und seine Symbole, vor allem Götter, so einen Krokodilgott (HAYES 1959: 36, oberste Reihe, 2. von links), Bes (unsere **Abb. 38** und MATOUK 1977: 375 Nr. 79f.) oder Ptah (ebd. 378 Nr. 245). Aber im Vergleich mit dem Uräus ist sein Wirkungskreis sehr beschränkt, und wo er ausserhalb der Königsikonographie vorkommt, geschieht es entweder in Analogie zum Uräus oder wenn es darum geht einen Gott als König der Götter oder als Allgott zu prädizieren. Ersteres dürfte bei Ptah der Fall sein, wenn er von Falken und Falkenköpfigen flankiert wird (KEEL/KEEL-LEU/SCHROER 1989: 292-294, letzteres bei Bes [**Abb. 38**]).

114 Vgl. Anm. 102.

115 HORNUNG/STAEHELIN 1976: 33.

3.3 Collier

Bei allen Belegen, bei denen der Thron nicht in der Barke (Nr. 14-16) steht, ist unter dem Palastfassadenthron das Collier zu sehen, das *nbw* oder *nbj* bedeutet.[116] Dieses Zeichen mit einem Falken darüber erscheint seit der 4. Dynastie regelmässig als Element in den Namen der Könige und vom Mittleren Reich an als einer der fünf Titel, die den fünf Namen des ägyptischen Königs vorangehen (**Abb. 55**).[117] Bei der Deutung der Komposition wies K. SETHE darauf hin, dass der Horus über dem Collier im Rosettastein mit ἀντιπάλων ὑπέρτερος, "den Gegnern überlegen", wiedergegeben wird. Das Wort "überlegen" war für ihn im "Falken", resp. seiner Stellung, der Begriff "Gegner" im Collier zu finden. SETHE las das Collier *nwb.tj* und übersetzte es als "der von Ombos (*nwb*)", d.h. Seth, dessen Hauptkultort der oberägyptische Goldort (Ombos) war. Die Stellung des Falken über dem Collier drückt nach SETHE also den Sieg des Horus über Seth aus.[118] Gegen diese Deutung hat H. SCHÄFER wenige Jahre später geltend gemacht, dass im Alten Reich über dem Collier nicht nur der Falke, sondern auch die Sonnenscheibe oder drei *sḫm*-Szepter erscheinen können. Gelegentlich stehe das Collier sogar ganz allein, so auf einem Rollsiegel des Djoser. Es müsse aus sich selbst erklärt werden. Sonne, Falke, *sḫm*-Szepter seien Grössen, denen zukomme, was durch das Collier ausgedrückt wird. Eine solche Grösse könne aber auch der König sein.[119] Der Name wird bei Amenemhet III., was schon SETHE bemerkt, aber als Verblassen der ursprünglichen Bedeutung erklärt hatte, auch ausdrücklich als Colliername (*rn.f n nb*) bezeichnet.[120] Die Frage ist also, was das Collier ausdrückt. Seit SCHÄFER wird es im Hinblick auf die häufigen Vergleiche des Königs mit der Sonne und ihrer "goldenen Erscheinung" als *nbw*, 'Gold', gedeutet. Wo es, wie das seit dem Mittleren Reich regelmässig der Fall ist, mit einem Falken darüber steht, wird es als Goldfalke resp. Gold-Horus verstanden. Diese Deutung scheint eine Bestätigung durch einen Text Thutmosis III. zu

---

116 Vgl. Anm. 28.

117 Vgl. zum folgenden HELCK 1977: 740; BARTA 1969: 80-88, bes. 87.

118 SETHE 1930: §129.

119 SCHÄFER 1933: 1-17, bes. S. 12-14.

120 SETHE 1913: 268.

erfahren, in dem der König sagt, Amun-Reʿ hätte ihn als "Falken aus Gold" (*bjk n nbw*) erschaffen.[121] Was ist damit gemeint? "Primär dürfte mit diesen Namen der König als Horusfalke mit der Sonne gleichgesetzt worden sein."[122] In einem ramessidischen Grab (No. 218) in Theben West wird folglich auch der Sonnengott Reʿ als "schöner Falke von Gold" angesprochen.[123] Gold ist in den Hymnen des Neuen Reiches auf vielerlei Art mit dem Sonnengott verbunden. "Preis dir, der aufgeht in Gold",[124] "die Erde zu erleuchten mit Gold".[125] "Du erhellst die beiden Länder mit Weissgold."[126] "Der die beiden Länder mit Weissgold bestreut."[127] "Weissgold, es kommt deinem Glanz nicht gleich."[128] "Du bist ein Ptah, du giesst deinen Leib aus Gold."[129] "Gold der Menschen",[130] "Gold der Sterne",[131] "Gold der Götter",[132] "Weissgold der Götter".[133] Mit diesem Sonnengott wird der König in den Königseulogien des Neuen Reiches oft verglichen bzw. identifiziert.[134]

Wenn aber das Collier nichts anderes bedeutet als die Gleichsetzung des Horusfalken mit dem Sonnengott, wie kommt dann der Rosettastein zu seiner Übersetzung: "Den Gegnern überlegen"? W. BARTA hat darauf hingewiesen, dass beim Rosettastein und im 1. Philae-Dekret Ptolemaios V. der Collier-Falken-Name nicht mit "seinem (sing.) Feind überlegen", sondern "seinen Feinden (plur.) überlegen" wiedergegeben wird. Selbst hier könne also die Deutung SETHEs nicht richtig

---

121 SETHE ²1961; I 161,2.

122 HELCK 1977: 740.

123 ASSMANN 1975: 183, Nr. 70, Z. 21.

124 Ebd. 143, Nr. 58, Z. 1.

125 Ebd. 274, Nr. 127 A, Z. 11.

126 Ebd. 138, Nr. 33, Z. 11.

127 Ebd. 167, Nr. 58, Z. 32.

128 Ebd. 141, Nr. 36, Z. 8; S. 210, Nr. 89, Z. 8.

129 Ebd. 210, Nr. 89, Z. 9.

130 Ebd. 105, Nr. 7A, Z. 7.

131 Ebd. 109, Nr. 10, Z. 6.

132 Ebd. 240, Nr. 103, Z. 21.

133 Ebd. 105, Nr. 7A, 8; S. 261, Nr. 120, Z. 9.

134 Ebd. 484, Nr. 232, Z. 81-86; 492, Nr. 236, Z. 2.12; 493f., Nr. 237, Z. 1.22; 495, Nr. 238, Z. 2; 497, Nr. 240, Z. 3-4 u.o.

sein. Zur Bedeutung des Falken über dem Collier können wir so zunächst nur feststellen, dass der Falke, und damit letzten Endes der König, als Träger des Colliernamens "durch das *nb* einen wie auch immer gearteteten Machtzuwachs erhält, der ihn seinen Gegnern überlegen sein lässt."[135] Auf der Suche nach einer genaueren Charakterisierung dieses Machtzuwachses ist BARTA auf ein Verbum und ein Substantivum mit dem Lautwert *nbj*, das "brennen", in "Brand sein", bzw. "Flamme oder Feuersglut" bedeutet, gestossen.[136]. In den Pyramidentexten erscheint diese Feuersglut als Göttin personifiziert. Im Pyramidenspruch 326 (par. 534a) wird der Sonnengott "als Vogel, genauer als Falke gedacht, der zusammen mit der Flammengöttin, die aus seiner Vorderseite oder aus seinem Halse herauslodert, über den Himmel fliegt."[137] An einer anderen Pyramidentextstelle, im Pyramidenspruch 627 (par. 1779b) heisst es deshalb, auch"sein Hals (nämlich der Hals des toten Königs) sei wie der der Herrin der Flamme."[138] Von dieser Interpretation des *nbw* als "Flamme, Gluthauch" lassen sich die ältesten "Colliernamen" erklären. "Sehr leicht lässt sich das bei den Goldnamen des Den und des Djoser, der Schlange bzw. der Sonnenscheibe über dem *nb*, bewerkstelligen; denn sie wären ohne weiteres als Gluthauch der Kobra bzw. als Gluthauch der Sonne verständlich."[139] Aber auch die *interpretatio graeca* kann so erklärt werden, insofern der Falke als Besitzer des gewaltigen Feueratems (*nbj*) allen seinen Feinden überlegen ist.

Auf unsere Skarabäengruppe angewandt, prädiziert das Collier unter dem Thronenden diesen als ein Wesen, das mit dem Sonnengott, dem "Gold der Götter und Menschen" vergleichbar und als Besitzer des verzehrenden Gluthauchs allen Wesen überlegen ist.

J. von BECKERATH übernimmt die Deutung BARTAs, möchte aber noch einen Schritt weiter gehen "und in *nbw* geradezu eine Bezeichnung des Himmels selbst sehen, nämlich des sonnendurchglühten ägyptischen Tageshimmels. Auch die Himmelsgöttin Hathor erscheint

---

135 BARTA 1969: 83.

136 Ebd. 85; ERMAN/GRAPOW [2]1971: II 244,2-9.

137 Der Text von Pyramidenspruch § 534a lautet *nbj.t mrj.t.t Ḥr km.t ḥ3.t jrj.t bʿn.t Rʿ* (zitiert nach BARTA 1969: 86).

138 *jw bʿn.t.f m nb.t nbj* (ebd.).

139 Ebd.

ja als 'Himmel' bereits im Alten Reich unter dem Namen *nbw* 'Gold'. Da das Wort Maskulinum ist, kann es nicht, wie gewöhnlich geschieht, mit 'die Goldene' übersetzt werden, sondern es bedeutet eben einfach 'Himmel'" (1984: 21-26, besonders 24).

Wenn die Bedeutung "Gluthauch" bzw. "glühender Himmel", "Taghimmel" für das "Collier" – besonders gelehrten Kreisen – durch die ganze Zeit ägyptischer Geschichte bewusst geblieben sein mag, so wird bei der ägyptischen Freude an Vieldeutigkeit und bei der Häufigkeit des Colliers als Determinativ für "Gold" diese Bedeutung mindestens sehr oft mitgehört worden sein und gelegentlich sogar dominiert haben.

3.4. Uräus aus dem Mund

Thron, Falke und Goldzeichen sind geläufige Motive, und auch ihre Zusammenstellung, wie sie auf unserem Skarabäus erscheint, bietet nichts Aussergewöhnliches, insofern Falke und Collier nicht allzu selten die Kartusche mit dem Königsnamen einrahmen (**Abb. 56-57**),[140] die die anthropomorphe Erscheinung des Königs vertreten kann, der – wie noch zu zeigen sein wird – mit unserem Thronenden gemeint sein dürfte.

Anders verhält es sich mit dem Uräus, der sich aus der Mundpartie aufbäumt. Uräusschlangen sind in Ägypten zwar sehr häufig, aber nicht im Mund von Göttern und Königen. Wenn man dem Wesen des Uräus, wie es die Ägypter verstanden haben, etwas auf den Grund geht, ist das allerdings auch nicht mehr so erstaunlich, wie es auf den ersten Blick erscheint.

Seit Saꜣḥureꜥ (5. Dynastie) wird die Sonnenscheibe mit einem Uräenpaar ausgestattet.[141] Es nimmt "auf den König bezogen, den Dualis-

---

140 Vgl. Anm. 29. Zur Austauschbarkeit von Königsfigur und -name vgl. HORNUNG/ STAEHELIN 1976: 192 Anm. 5.

141 Die ganzen frühen Belege jetzt bei JOHNSON 1990. Vgl. besonders p. 122 Catalog 60a und b. Seit Djoser (3. Dynastie) wird die Sonnenscheibe zwischen zwei Flügel gesetzt (FIRTH/QUIBELL 1936: pl. 17). Von Niuserreꜥ an erscheint sie mit Flügeln *und* Uräen ausgestattet (GARDINER/PEET/-ČERNÝ 1952: pl. 6 Nr. 10); weiter PETRIE 1903: pl. 19 = WERBROUK 1941: 168 und unten Anm. 216.

mus der Landeshälften wieder auf."[142] Schon von der 3. Dynastie an erscheint der Uräus an der Stirn des Königs.[143] Früh schützt er auch andere numinose Grössen.[144] Die Aussagen über das Wesen und das Wirken der Schlangen sind dabei weithin die gleichen. Sie leuchtet und vernichtet mit dem Gluthauch ihres Feueratems die Feinde ihres Trägers.[145] Die Vorstellung von der feuerspeienden Schlange beruht auf der Tatsache, dass die Kobra ihr Gift nicht nur beim Beissen appliziert, sondern auch ausspeit.[146] Das wird auf manchen Bildern dargestellt[147] und in manchen Texten ausgesprochen.[148] Dieses Gift wird als "Feuer" interpretiert. In einem Hymnus auf den Sonnengott heisst es:

> "Gegrüsst seien jene deine Uräusschlangen...
> die dir deine Feinde verbrennen
> mit der grossen Flamme,
> die aus ihren Mäulern kommt."[149]

Auf der sogenannten "Poetischen Stele" Thutmosis III. spricht Amun-Reʿ zum König: "Meine 'Lichtschlange' an deinem Haupt verbrennt sie (scil. die Feinde des Königs). Sie verbrennt die auf ihren Inseln wohnen mit ihrer Flamme."[150]

Das Gift- resp. Feuerspeien wird von der Kobra auch auf andere Schlangen übertragen. Im Pfortenbuch sagt Horus zu einer vielfach gewundenen Riesenschlange:

> "O 'Feuriger' mit grosser Glut...
> Öffne dein Maul und klappe deine beiden Kiefer auf,

---

142 WILDUNG 1977: 278. Auf einem Relief Neuserr^{c}'s vom Sinai wird die Flügelsonne mit den beiden Uräen von der Inschrift flankiert: *nṯr nfr nb t3wj* "der vollkommene Gott, der Herr der beiden Länder" (GARDINER/-PEET/ČERNÝ: 1952: pl. 6, Nr. 10).

143 Ebd. pl. 1, Nr. 2; vgl. pl. 8, Nr. 14; vgl. JOHNSON 1990: 212.

144 Vgl. KEEL 1977: Abb. 38-83.

145 BONNET 1952: 845.

146 MURRAY 1948: 117f.

147 Keel 1977: Abb. 37a.

148 Vgl. z.B. ROEDER 1915: 154.

149 ASSMANN 1975: 109; vgl. 184 und 220.

150 Ebd. 487; de BUCK 1970: 54, Z. 7f. (*3ḫt.i imjt tp.k sswn.s st... 3m.s imjw nbw.sn m nswt.s*).

damit du Feuer speist in die Feinde meines Vaters!
Mögest du ihre Leichname in Flammen setzen
und ihre Bau kochen durch jenen Gluthauch deines Maules,
durch die Feuerglut, die in deinem Leibe ist!"[151]

Manche Texte reden nicht von der Flamme, die aus dem Maul des Uräus kommt, sondern bezeichnen diesen selber als Flamme, so wenn es von der Stirnschlange des Reʿ heisst: "Die grosse 'Mächtige', die an deinem Kopf ist, sie hat den Frevler, den Bösartigen, bestraft und seinen Wirbel gelöst:

die Flamme *(nsr.t)* hat ihn zerkaut,
das Feuer (*wnmj.t*) hat ihn gefressen."[152]

Oder wenn Amun-Reʿ als "Herr der Flamme (d.h. des Uräus) gegen seine Feinde" gepriesen wird.[153]

Eng miteinander verbunden erscheinen "Strahlen", "Gluthauch", "Flamme" und "Zauberkraft" in einem Sonnenhymnus aus der 21. Dyn. (1092-945 a.).[154] Dabei dürfte mindestens mit "Gluthauch" und "Flamme" der Uräus gemeint sein. Die grosse Inschrift Schoschenks I. (945-924 v.Chr.; vgl. 1. Kön. 14,25-28) am Bubastidenportal in Karnak feiert die Siegesmacht des Pharao wie folgt: "Deine Feuersglut (*hh.k*) wütete als Flamme (*m sd̲t)* gegen deine Angreifer...deine Lichtschlange (*3ḫ.t.k*) war mächtig unter ihnen."[155] Mit dem "Gluthauch"

---

151 HORNUNG 1972: 272. Eine Schlange "naturalistically rendered with 'fire tongues' bursting from its mouth," umringelt einen der Vorratskrüge aus dem frühbronzezeitlichen Arad (AMIRAN 1972: 237 und pl. 53A. Diesen Hinweis verdanke ich URS. WINTER. Der Kopf der Schlange ist jetzt besser zu sehen bei AMIRAN/ILAN 1992: 91f Abb. 89.

152 ASSMANN 1975: 150, Nr. 43, Z. 31-34 = NAVILLE [2]1971: pl. 17, Kap. 15 A.IV, col. 14f.; zum fressenden Feuer vgl. auch ASSMANN 1975: 302, Nr. 130, Z. 63. Dass das Feuer frisst, ja die Bezeichnung des Feuers als "Fresser(in)" zeigt, dass das "fressende Feuer" nicht nur im Alten Testament und seiner semitischen Umwelt ein Symbol des (göttlichen) unwiderstehlichen Triumphes war. Eine reich dokumentierte Darstellung des letzteren bei HEINTZ 1973: 63-78. M. GÖRG glaubt, dass das hebräische *nzr* "Diadem" vom ägyptischen *nsr.t* "Flamme" bzw. *nzr.t* "(Stirn) Schlangengöttin" abzuleiten sei (1977: 7f).

153 ASSMANN 1975: 309 Nr. 131, Z. 38; vgl. auch ebd. 101 passim.

154 Ebd. 156 Nr. 48 passim. Ebd. 302 Nr. 130, Z. 53 wird der Uräus des Sonnengottes als Gluthauch bezeichnet.

155 HUGHES 1954: pl. 4, col. 18f; BREASTED [2]1962: IV 357 § 721.

dürfte ebenso wie mit *3ḫ.t* der Uräus gemeint sein.[156] Da *hh* aber eigentlich den "Hauch des Mundes" meint,[157] wird die Uräusschlange, die auf unseren Skarabäen aus dem Mund des Thronenden kommt, diese Glut darstellen, bzw. da der Uräus den *hh* darstellt, ist sein Platz beim Mund gar nicht verwunderlich.

Gelegentlich wirkt auch der Ruf des Königs wie das Feuer der Stirnschlange in den Leibern seiner Feinde.[158] Auch diese Metapher kann die Stellung am Mund verständlich machen.

Das Feuer aus dem Mund erscheint auch in der Bibel. Eine besonders interessante Stelle findet sich im Buche Jesaja, in dem in einer anderen Vision Jahwe von Serafim (= Uräen) begleitet gesehen wird.[159]

> "Siehe, Jahwe[160] kommt von ferne...
> Seine Lippen (sind)voll Verwünschung.
> Seine Zunge (ist) wie fressendes Feuer."
>
> (Jes. 30,27)[161]

Sein Erscheinen richtet sich gegen die tyrannische Macht Assurs: "Ja, von der Stimme Jahwes wird Assur zerschlagen..." (30,31). Die Assyrer werden von ihr wie Opfertiere hingeschlachtet. Dabei ist die Gleichung: Opfer = getöteter Feind; getöteter Feind = Opfer, typisch ägyptisch.[162] Vom Holzstoss, auf dem die toten Gegner aufgeschichtet sind, wird gesagt:

---

156 ERMAN/GRAPOW ²1971: II 501f.; I 16f.

157 Ebd. II 502.

158 ASSMANN 1975: 492 Nr. 235, Z. 30f.

159 Vgl. dazu KEEL 1977: 46-124.

160 Im hebräischen Text steht "Name Jahwes". Seit der deuteronomistischen Theologie (7./6. Jh. a.) hat man oft "Jahwe" durch "Namen Jahwes" ersetzt. Während in älteren Texten (8. Jh.a.) ohne weiteres vom Wohnen Jahwes auf dem Zion geredet wird (Jes 8,18), ist nach deuteronomistischer Diktion dort nur noch sein Name anwesend (1 Kön 8,16f).

161 Ob der Text von Jesaja stammt, ist zweifelhaft. Positiv äussert sich FOHRER (1962: 106f), negativ KAISER 1976: 243f.

162 JUNKER 1910: 67-77. Ders. 1941: 109-117; KEES 1942: 71-88; JUNKER 1955: 162-175; LECLANT 1956: 128-145; HORNUNG 1966: 16f und 56, Anm. 23-25 (Lit.); FISCHER 1973: 224-226. Zum Bild des Opferfestes für das Gericht über die Feinde im Alten Testament vgl. Jes 34,2ff.; Jer 12,3; 46,10; 48,15; 50,27; Ez 21,9f; 39,17ff.; Dan 7,11; Offb 19,17ff.; FOHRER 1962: 107 Anm. 135.

"Der Atem Jahwes ist wie ein Schwefelbach, der ihn in
Brand steckt"

(Jes 30,33).[163]

Im Munde des Propheten Jeremia, der bei seiner Berufung mit königlichen Vollmachten ausgestattet wird (Jer 1,9f), ist das Gotteswort wie Feuer (Jer 5,14; vgl. 23,29). In Ps 21,9f wird dem König versichert, seine Hand werde alle seine Widersacher packen, "und sein Feuer wird sie fressen."[164] Der künftige Heilskönig in Jes 11,4 tötet den Verbrecher mit dem Hauch seiner Lippen.[165] Vielleicht steht hinter *rūaḥ* hier das ägyptische *hh* "Gluthauch".[166]

Das Motiv wird von der prophetischen in die apokalyptische Literatur übernommen. Kaum ist die messianische Rettergestalt im IV. Esra auf Erden aufgetaucht, wird sie von Völkern aus allen Himmelsrichtungen angefeindet. "Als er (scil der Mensch = Retter) aber den Ansturm des Heeres, das auf ihn loskam, sah, da erhob er keine Hand, noch führte er ein Schwert oder eine andere Waffe, sondern ich sah nur, wie er von seinem Munde etwas wie einen feurigen Strom ausliess, von seinen Lippen einen flammenden Hauch, und von seiner Zunge liess er hervorgehen stürmende Funken; alle diese aber vermischten sich ineinander: der feurige Strom, der flammende Hauch und der gewaltige Sturm. Das fiel über das anstürmende Heer, das zum Kampfe bereit war, und entzündete sie alle, so dass im selben Augenblick von dem unzählbaren Heer nichts anderes zu sehen war ausser dem Staube der Asche und dem Dunst des Rauchs."[167]

---

163 Während die Vss. 27 und 33 in Jes 30 an unsere Skarabäengruppe und damit ägyptische Vorstellungen erinnern, erinnert der V. 30 (vgl. auch Ps 18,9 = 2 Sam 22,9) in diesem Kapitel eher an den Blitz, bzw. den Drachen des Unwetters, der Feuer speit (vgl. KEEL ²1977: Abb. 44). Feuer fährt auch aus dem Maul des Leviathan in Ijob 41,11 und dem der Drachenrosse Offb 9,17.

164 Zum Text vgl. KRAUS ²1961: 168. Evtl. ist "sein Feuer" zu verstehen; vgl. DAHOOD 1966: 133f zu Vs. 10.

165 Vgl. dazu WILDBERGER 1972: 168.

166 Vgl. dazu Jes 33,11; "Meine *ruaḥ* ist wie Feuer, das euch verbrennt". Die Übersetzung folgt dem Targum. Vom tödlichen Atem Jahwes ist auch in Ijob 4,9 die Rede. Es erforderte eine eigene Studie festzustellen, woher im einzelnen Falle das Motiv vom Feuer aus dem Munde Jahwes bzw. des Königs stammt. HEINTZ (1973) geht nicht darauf ein.

167 KAUTZSCH ²1962: 395. Der Text stammt vom Ende des 1. Jh. p. — Das

Das Motiv findet sich auch in der christlichen Apokalypse des Johannes (um 95 n.Chr.). Hier sind es wieder zwei prophetische Gestalten, die beiden Zeugen, von denen es heisst: "Wenn einer ihnen schaden will, fährt Feuer aus ihrem Mund hervor und frisst ihre Feinde" (Offb 11,5).

Wie in Ägypten vor allem der Sonnengott resp. sein Vertreter auf Erden durch die tötende Flamme, den Uräus, ausgezeichnet ist, so sind es in der Bibel Gott bzw. seine Stellvertreter auf Erden: der König und die Propheten. Die Übernahme von Götterrollen durch Menschen lässt sich in der hebräischen Bibel immer wieder beobachten (vgl. dazu KEEL 1974; zusätzlich zu den dort genannten Stellen vgl. noch 2 Makk 15,15f, wo statt eines Gottes der Prophet Jeremia im Traum Judas Makkabäus das goldene Siegesschwert überreicht).

3.5 Haltung des Thronenden und Barke (Nr. 14-16)

Nebst dem Stil (vgl. Abschnitt 2.2) und dem Uräus aus dem Mund zeichnet unsere Skarabäengruppe als Drittes die Haltung des Thronenden aus. Die ägyptischen Götter, die nebst dem König noch gelegentlich auf dem Palastfassadenthron erscheinen, halten das Lebenszeichen und das Uas-Szepter (so Amon)[168] oder Krummstab und Geissel gekreuzt vor der Brust (so Osiris).[169] In dieser letzteren Haltung erscheint auch der König sehr häufig, sei es auf Wandmalereien des Neuen Reiches,[170] sei es auf Skarabäen. Der erste König, der in dieser Haltung auf einem Siegelamulett (ovale Platte) dargestellt ist, ist Ahmose, der Gründer der 18. Dyn. (zum thronenden König auf Siegelamuletten vgl. jetzt WIESE 1990: 27-33). Die Platte ist allerdings oben und unten abgebrochen, und so ist nicht klar, was er in Händen hielt.[171]

Motiv des Feuers aus dem Mund scheint auch in Mesopotamien bekannt gewesen zu sein. Nur zufällig bin ich auf den folgenden Beleg gestossen, wo es von Ischtar heisst: "Das Geheiss ihrer Lippen ist der angezündete Feuergott" (von SODEN 1977: 47).

168 Amon erscheint auf Hunderten von Tempelreliefs in dieser Haltung. Vgl. z.B. KEEL ^{2}1977: Abb. 332, 375, 376, vgl. auch Taf. XXV.

169 CALVERLEY/BROOME/GARDINER 1933: pl. 4, 5, 6 usw.; KEEL ^{2}1977: Abb. 374.

170 VANDIER 1964: fig. 297, 299, 300, 302, 304, 306-307.

171 NEWBERRY 1906: pl. 26 Nr. 17; HORNUNG/STAEHELIN 1976: 55f und 80

Sein Nachfolger Amenhotep I. trägt aber thronend deutlich Krummstab (*ḥq3*) und "Geissel" (*nḫḫ*) und auf dem Kopf die Blaue Krone (*ḫprš*).[172] Mit diesen Attributen ausgestattete Könige finden sich in der Folgezeit immer wieder auf Skarabäen (**Abb. 58**), und zwar bis ans Ende des 8. Jh.[173]

Die vor der Brust getragenen Königsinsignien sind auch bei einem recht häufigen,[174] sehr summarisch ausgeführten, tief eingeschnittenen Dekorationsschema zu sehen (Taf. 15,20).[175] Die sorgfältiger aus-

---

Anm. 8.

172 Er thront im Schiff: MATOUK 1971: 183 Nr. 268 = 208 Nr. 211; das gleiche Motiv mit Amenhotep I. findet sich bei JÉQUIER 1940: 45, Fig. 36, 3. von links; zwei Belege zeigen Amenhotep II. in der gleichen Pose: HORNUNG/STAEHELIN 1976: Nr. 337 und unsere Abb. 61; sie stellt allerdings evtl. Thutmosis IV. dar; vier Belege mit dem gleichen Motiv tragen die Kartusche *Mn-ḫpr-rʿ* unsere Abb. 62; HALL 1913: Nr. 1096 und 1097; HAYES ^{2}1968: 125 fig. 66, 3. Reihe, 4. von links; ein Beleg (evtl. zwei, s.o.) gehört Thutmosis IV.; HALL 1913: Nr. 1712; zum Ganzen vgl. jetzt mit zahlreichen weiteren Belegen: WIESE 1990: 59-69.

173 PETRIE 1889: Nr. 1115 (Amenhotep II.); Nr. 1528 (Ramses II.); Nr. 1647 (Ramses III.); SOTHEBY & CO. 1975: 15 Nr. 51,2 (Thutmosis III.); HALL 1913: Nr. 1090 und 1091 (Thutmosis III.); Nr. 2219 (Ramses II.); MATOUK 1971: 198 Nr. 775 (Scheschonq V.). Vgl. auch die Belege unten in Anm. 192.

174 In der Sammlung MATOUK allein sind davon über 40 Stück, nämlich die Nummern XD I 1-12; II 1-12; III 1-12; IV 1--3; V 1 = BIF M. 5696-5746; jetzt alle veröffentlicht bei WIESE 1990: 89-103 und Taf. 18-27. Vgl. weiter: PETRIE 1934: pl. 7, 238; PETRIE 1906: pl. 11,210 und 211; PETRIE 1925: Pl. 14,961; pl. 15,987; ROWE 1936: Nr. 632.

175 Der Länge nach durchbohrter Skarabäus; 15 x 12 x 8 mm; Steatit mit weisslichem Überzug; Oberseite: Kopf, Kopfschild und Wangen sind deutlich voneinander abgehoben, Pronotum und Elytren durch einfache Linien voneinander getrennt; Seiten: ein hinteres Bein ist deutlich herausgearbeitet; das zweite hintere und das vordere Bein bilden zusammen einen Block; Unterseite: oben links etwas abgebrochen. Sehr summarisches und tief eingeschnittenes (bis 1,1 mm) Relief. Der Thron scheint vom Palastfassadenthron her zu verstehen zu sein. Die vor die Brust gehaltenen Arme des Thronenden tragen Heqa und Nechech. Der Thronende trägt ein langes Kleid. Die Gebärde der kleinen Gestalt vor dem Thronenden ist nicht eindeutig zu bestimmen. Das Stück befindet sich in einer Schweizer Privatsammlung. Es wurde in der Jerusalemer Altstadt gekauft; vgl. jetzt WIESE 1990: 191 Nr. A3 und Taf. 30 Nr. A3.

geführten Stücke, wie z.B. eines aus der Sammlung MATOUK (Taf. 15,19),[176] lassen erkennen, dass der Thron als Palastfassadenthron und die Figur vor dem König als Verehrer gedacht ist. Obgleich einzelne dieser Stücke den Namen *Mn-ḫpr-rꜥ* tragen,[177] ist die Gruppe ans Ende des 2. oder den Anfang des 1. Jt. (d.h. die 20./21. Dyn.) zu datieren.[178] Schon PETRIE hat sie mit ähnlich summarisch ausgeführten und tief eingeschnittenen Skarabäen zusammengestellt, die u.a. Jagdszenen[179] und Götter zeigen, die auf Tieren stehen[180], und diese Stücke stammen, soweit sie in datierbarem Kontext gefunden wurden, aus der Eisenzeit I oder dem Beginn der Eisenzeit II.[181]

Auf manchen Skarabäen der Spätbronzezeit resp. der 18./19. Dyn. trägt der thronende König nicht beide Insignien (Krummstab und

---

176 Die Basis des Stücks ist veröffentlicht bei MATOUK 1977: 402, Nr. 1667. Ähnlich schöne Stücke dieses Typs finden sich bei NEWBERRY 1907: pl. 9,37104; HORNUNG/STAEHELIN 1976: Nr. 319. Einen Vorläufer dieses Typs kann man in PETRIE 1928: Pl. 19,36 sehen.

177 HALL 1913: Nr. 1093; MATOUK 1971: 210 Nr. 315.

178 Dafür, dass die Stücke schon vor dem Neuen Reich anzusetzen sind, gibt es nicht den geringsten Hinweis, weder stilistisch noch ikonographisch, noch vom Fundkontext her (gegen HORNUNG/STAEHELIN 1976: 192 Anm. 3).

179 1925: 26; Jagdszenen: PETRIE 1930: pl. 29,272; pl. 31,324; pl. 33,353; pl. 43,529 und 537 (Tell el-Farꜥa Süd); PETRIE 1928: pl. 19,46-47; MACALISTER 1912: III pl. 208,51 (Geser); PETRIE 1925: pl. 14,963-965; pl. 19,1483. Zu ihrer Geschichte vgl. KEEL 1977: 141-148 = KEEL/SHUVAL/UEHLINGER 190: 29-36.

180 PETRIE 1930: pl. 39,439; pl. 43,513 und 534 (Tell el-Farꜥa Süd); ROWE 1936: Nr. 575 (Lachisch); Mc COWN 1947: pl. 54,34 (Tell en-Naṣbeh); LOUD 1948: pl. 163,26 (Megiddo); JAMES 1966: fig. 100,13 (Bet-Schean). Zwei Stück dieses Typs wurden bei den Ausgrabungen der Ecole Biblique et Archéologique auf dem Tell Keisan in einer Schicht gefunden, die eindeutig der Eisenzeit I angehört (K 6280 und 6377; vgl. jetzt KEEL 1980: Nr. 10 und 31.

181 Vgl. die in den Anm. 179 und 180 gegebenen Belege. PETRIE hat die Fundumstände nicht beachtet, als er, weil er auf einigen Stücken fälschlicherweise einen Königsnamen der 25. Dyn. gelesen hat (vgl. PETRIE 1917: pl. 53), die ganze Gruppe – wenn auch etwas zögernd – der 25. Dyn. (712-664) zuwies (1925: 26). Zur Datierung der spätramessidischen Massenware vgl. jetzt oben in diesem Band p. 48f.

Geissel), sondern nur den Krummstab (*Ḥeqa'*) (**Abb. 59**).[182] Ich möchte bei dieser Gelegenheit zwei interessante, bis anhin unveröffentlichte Stücke mit dieser Eigenheit vorstellen. Eines davon wurde 1954 im Wadi Timnaʿ (25 km nördlich von Elat) als Oberflächenfund geborgen (**Taf. 15, 21**).[183] Die Basis zeigt vor dem thronenden König liegend eine rechts angeschnittene Kartusche mit *Mn-ḫpr-rʿ*. Die Zeichen über und unter der Kartusche sind schwer zu deuten.[184]

---

182 GUY 1938: Pl. 131,5 (Megiddo); HALL 1913: Nr. 1096, 1561, 2305; PETRIE 1917: pl. 37 Nr. 18.6.45; pl. 40 Nr. 19.3.30; pl. 42 Nr. 19.3.136; MATOUK 1971: 183 Nr. 272; 196 Nr. 687. Nur den Krummstab (und gelegentlich das Lebenszeichen) trägt in der Regel auch der schreitende König so, z.B. PETRIE 1930: pl. 10,75 (Tell el-Farʿa Süd; STARKEY/HARDING 1932: pl. 48,22; pl. 50,46; pl. 57,367 und 369; HALL 1913: Nr.1058, 1063, 1065.1066, 1068, 1071, 1074-1076, 1079-1080, 1287, 1655-1656, 1710,, 1723, 1864-1966, 2220, 2223-2320.

183 Er wurde von Z. LUZ aus Degania B gefunden und dem Israel Department of Antiquities übergeben, mit dessen freundlicher Erlaubnis das Stück hier publiziert wird. Es trägt die Nr. 54-192 (früher R 1155). Die Oberseite ist weggebrochen. Die Masse der Basis sind 21,5 x 16,5 x 7 mm. Das Material ist weisser Steatit mit blauer Glasur.

184 Über der Kartusche scheint das Zeichen *wʿb* zu stehen (vgl. GARDINER ³1957: 442 Nr. A 6; ERMAN/GRAPOW ²1971: I 280f). Vielleicht handelt es sich um einen Totenpriester Thutmosis III. oder einen Amonspriester, wenn *Mn-ḫpr-rʿ* als Amon-Trigramm zu lesen ist (vgl. dazu HORNUNG/-STAEHELIN 1976: 175f). Die beiden Zeichen unter der Kartusche könnten dann den Eigennamen dieses Priesters wiedergeben, z.B. *mn-t3* (vgl. RANKE 1935: 150 Nr. 23). Prof. R. GIVEON hat das Stück 1957 in einer kleinen Studie, die nie veröffentlicht worden ist, etwas anders gedeutet. Seine Deutung wird mit seiner freundlichen Erlaubnis hier abgedruckt: "On the top of the Cartouche there appears a group of hieroglyphs consisting of a human being (or a god) and a vase from which water flows. This could form the group *wʿb* priest. Underneath the cartouche there is another group of signs, of which only the upper one can be clearly seen: *mn*. Another oblong sign follows which joins the *mn* at one end, the other end can not be seen. This sign may be *mrj* "beloved" and the group may reprsent the name of the priest: Merj-Amon, beloved of Amon. This personal name is frequent in the New Kingdom (RANKE 1935: 155 Nr. 21). However if this is a private seal of a priest of the lower order, then the figure of the king and the cartouche are hard to explain. If however we consider the upper group as consisting of a god (or rather a godess, Maʿat) and the sign in front of it as a variation of the hieroglyphs *wsr* bent backwards because of lack of space on the scarab, then we would have *Wsr-m3ʿt- rʿ mrj-jmn*,

Das andere Stück wurde vor einigen Jahren in der Jerusalemer Altstadt gekauft (**Taf. 15,22**).[185] Am oberen Ende der Basisplatte steht: *Wsr-m3ʿt-rʿ* der *nsw-bitj*-Name Ramses II. Interessant ist die Gestalt, die vor dem thronenden König steht. Normalerweise sind an dieser Stelle menschlichen Verehrer anzutreffen.[186] Hier handelt es sich, wie der Falkenkopf zeigt, um einen Gott, der segnend und verehrend vor dem thronenden König steht. Das *rʿ* von *Wsr-m3ʿt-rʿ* scheint absichtlich über seinen Kopf gesetzt worden zu sein.[187] Es würde sich dann um Reʿ-Harachti handeln. Ein grüssend-segnender Reʿ-Harachti, nicht vor dem thronenden Ramses II., aber vor der Kartusche mit seinem Namen, findet sich auf einem Skarabäus vom Tell Farʿa-Süd.[188] Harachti mit erhobener Hand vor dem stehenden König zeigt ein Stück im Kairener Museum.[189] Stehende Gottheiten vor thronenden Königen

---

which is a name of Ramses II. The name of Ramses II. occurs elsewhere with that of Thutmosis III. (HALL 1913: Nr. 2091). If this is the correct interpretation of the signs or not, the style of the representation is typical for the time of Ramses II. (HALL 1913: Nr. 1091)". Die Zeichen über und unter der Kartusche sind wahrscheinlich ganz einfach als Kurzform des Thronnamens Ramses II. *Wsr-m3ʿt* (oben) und als Kurzform von Amun *<J>mn* (*mn* und *n*) zu lesen (WIESE 1990: 28). Zur Kombination der Thronnamen Ramses II. und Thutmosis III. vgl. JAEGER 1982: § 1277.

185 Es befindet sich als Leihgabe am BIF Nr. SK 1975:5. Das rechte Elytron und der rechte Teil des Pronotums, wie auch der Rand sind weitgehend weggebrochen, doch ist das auf der Basis eingravierte Bild praktisch unbeschädigt. Masse 20 x 14,5 x 9 mm. Das Material ist dunkelgrauer Steatit mit einem weissen Überzug. Das Stück ist jetzt auch bei WIESE veröffentlicht (1990: 190 Nr. A1 und Taf. 30 Nr A1).

186 Vgl. oben **Taf. 15,19** und **20** und NEWBERRY 1907: pl. 9,37104; WIESE 1990: 89-103.

187 Zu einem ähnlichen Prozedere vgl. EL ALFI 1972: 178f. Die *m3ʿt* in *Wsr-m3ʿt-rʿ* erscheint als Göttin. Das *rʿ* in *Wsr-m3ʿt-rʿ* erscheint auch in der Nische über dem Haupteingang des Grossen Tempels von Abu Simbel als Reʿ-Harachti (vgl. HABACHI 1969: 9 fig. 8; pl. 5a.).

188 STARKEY/HARDING 1932: pl. 50,962. Hier schaut allerdings Reʿ-Harachti nach rechts, d.h. in der Hauptrichtung. Das ist aber nicht verwunderlich, da diese ja nicht durch die Kartusche besetzt ist. Zur Austauschbarkeit von Königsfigur und Kartusche vgl. Anm. 140. WIESE 1990: 98 Anm. 28 macht auf einen weiteren Beleg mit Reʿ Harachti aufmerksam, der die Kartusche mit dem Königsnamen segnet: NEWBERRY 1907a: pl. 11,4.

189 NEWBERRY 1907: pl. 9,37110.

sind ausserordentlich selten[190] und drücken in jedem Fall einen hohen Grad der Vergöttlichung aus.[191]

Eine Tendenz zur Vergöttlichung steckt wohl auch in den üblichen Vorgehen, den Thron mit dem König, der Krummstab und Geissel hält, von Göttern oder Menschen - wie ein Gottesbild bei der Prozession - tragen und wie Reʿ bzw. einen Gott erscheinen zu lassen (**Abb. 60**).[192]

In der 1. Hälfte der 18. Dynastie (von Amenhotep I. bis Thutmosis IV.) hat man das gleiche Ziel angestrebt, indem man den *thronenden König,* der Krummstab und Geissel hält und die Blaue Krone trägt, *in einer Barke* dargestellt hat.[193] Dieses Motiv ist insofern besonders interessant, als bei den Nr. 14-16 unserer Gruppe der Thron ebenfalls in einer Barke steht. Wir müssen deshalb auf dieses Motiv etwas näher eingehen. Bug und Heck von Barken, die Götter oder den König tragen, sind in der Regel mit dem Kopf resp. dem Emblem der betreffenden Gestalt geschmückt.[194] Von daher betrachtet überrascht es, Bug und Heck der Barken, in denen die Könige der 1. Hälfte der 18. Dyn. thronen, fast ausschliesslich mit dem Emblem des kriegerischen Month versehen zu finden.[195] Ein Falkenkopf, darüber die Sonnen-

---

190 Vgl. GARDINER/PEET/ČERNÝ: 1952: I pl. 36 Nr. 116; 1955: II 119-121 fig. 8 (Hathor vor Amenemhet III.); JÉQUIER 1938: pl. 54; ders. 1940: pl. 19.

191 Zur Vergöttlichung Ramses II. vgl. HABACHI 1969 und WILDUNG 1972: 33-44; zu der Merenptahs: RADWAN 1976: 187-189.

192 Vgl. MATOUK 1977: 359 Nr. 1654 = MATOUK 1971: 184 Nr. 333 = 210 Nr. 316 = BIF M. 787; MATOUK 1977: 359 Nr. 1655 = HALL 1913: Nr. 2218; MATOUK 1977: 359 Nr. 1656 = HALL 1913: Nr. 1099; MATOUK 1977: 359 Nr. 1657 = PETRIE 1917: pl. 33 Nr. 18.9.59; MATOUK 1977: 359 Nr. 1658 = PETRIE 1889: Nr. 1533; PETRIE 1906: pl. 37,22; LAMON/SHIPTON 1939: pl. 66,3 (Rollsiegel!). Zu weiteren Belegen vgl. HORNUNG/STAEHELIN 1976: 188 und 192 Anm. 7 und 8; zum Ganzen jetzt WIESE 1990: 71-79. Dort (p. 75 und 78) finden sich die Belege zum gottähnlichen Erscheinen..

193 Vgl. oben Anm. 172 und HORNUNG/STAEHELIN 1976: 180; WIESE 1990: 59-69.

194 Vgl. dazu Anm. 72.

195 Es handelt sich um alle in Anm. 172 genannten Belege ausser den beiden im folgenden genannten Ausnahmen und den beiden Stücken mit dem Namen Amenhoteps I., bei denen Bug und Heck des Bootes die Form einer Papyrusdolde haben.

scheibe mit Uräus und zwei hohe Federn (**Abb. 61**). Bei einem öfter abgebildeten Stück aus dem Britischen Museum (Thutmosis III.) sind Bug und Heck mit einem Menschenkopf und einer Sonnenscheibe mit Uräus darüber geschmückt[196], also mit dem Bild Reᶜ-Harachtis.[197] Eine Kombination von Reᶜ-Harachti und Month-Symbol (Menschenkopf mit Sonnenscheibe und Uräus und zwei hohen Federn) zeigt die Barke auf einem Skarabäus vom Tell el-ᶜAğğul (südlich von Gaza), in der ebenfalls Thutmosis III. sitzt (**Abb. 62**). Da das Schiff in fünf Fällen als das des Month, einmal als das Reᶜ-Harachtis und einmal als das Month-Reᶜ-Harachtis gekennzeichnet ist, dürfte es sich bei dieser ganzen Gruppe um die Darstellung des Pharao als Kultbild des kämpferischen Himmels- und Ordnungsgottes handeln (WIESE 1990: 62). Bei dem Stück mit dem Boot, dessen Bug und Heck mit dem Kopf Reᶜ-Harachtis geschmückt sind, steht neben dem Königsnamen denn auch: "Reᶜ (als) ein Schutz."

Die enge Verbindung zwischen dem Pharao und Reᶜ-Harachti demonstriert auch die Dekoration einer ovalen Platte im Maritime Museum in Haifa. Sie zeigt in einem vorn und hinten je mit einem Monthkopf dekorierten Boot den Pharao mit der Blauen Krone, Hand in Hand mit Harachti (**Abb. 63**).[198] Auch dieses Stück, das auf der Rückseite den Namen Amenhoteps II. trägt, stammt noch aus dem 15. Jh.

Der Topos des Königs, der im Schiff thront, bestätigt die schon durch die Blaue Krone (vgl. Anm. 17) gegebene Identität unseres Thronenden mit dem König, der ja auf den Nr. 14-16 auch in einem Boot thront.

Eigenartig ist das (vorläufige?) Fehlen von Zwischengliedern zwischen den Stücken mit dem im Boot thronenden Pharao aus dem 15. Jh. und den ins 10./9. Jh. gehörenden Nr. 14-16.

Die verschiedenen hier vorgeführten Typen des thronenden Pharao (schlicht thronend, auf den Schultern getragen thronend, im Boot thro-

---

196 HALL 1913: Nr. 1096; PETRIE 1889: Nr. 1008 = Ders. 1917: pl. 27 Nr. 18.6.43.

197 Zu einem Reᶜ-Harachti mit Menschenkopf und Sonnenscheibe mit Uräus s. CALVERLEY/BROOME/ GARDINER 1935: pl. 13-15, 19.

198 Vgl. dazu NAVILLE 1901: pl. 115. WIESE weist allerdings zu Recht darauf hin, dass es beim Beleg aus Deir el-Bahri um eine Szene aus der Unterweltsfahrt der Sonne und um Regeneration geht. Das Thema von **Abb. 63** sei aber die Übertragung der Weltherrschaft (1990: 67f).

nend) haben den Zug gemeinsam, dass der thronende König stets die Blaue Krone, den Krummstab (und die Geissel) trägt.

Auf unserer Skarabäengruppe trägt er wohl die Blaue Krone,[199] aber nichts in den Händen. In der Regel hält er die vordere Hand erhoben, die hintere nach unten gesenkt. Dieser Gestus lässt sich bei ägyptischen Darstellungen des thronenden Königs als eigenständiger Gestus, soweit ich sehe, nicht nachweisen.[200] Die eine Hand segnend-schützend erhoben[201] haben einzig thronende Göttinnen, die, hinter einem Gott sitzend, diesen schützen.[202] Wenn der thronende König einmal nicht so wie üblich seine Insignien hält, dann grüsst er mit abwärts geneigter, leicht gewinkelter, ausgestreckter Hand (**Abb. 64**).[203]

Anders ist das bei Monumenten, bei denen sich vorderasiatische Einflüsse geltend machen, wie bei den sogenannten Hyksosskarabäen. Auf einem solchen aus Lachisch sitzt ein Mann in kanaanäischer Tracht auf einem Thron mit hoher Lehne und erhebt segnend oder grüssend die rechte Hand (**Abb. 65**). Auf einem anderen aus Tell Farʿa Süd liegt unterhalb des Thrones noch ein hingestreckter Feind, und vor dem Herrscher steht eine Person, die ebenfalls grüssend die Hand erhoben hat.[204] Auf einem Stück aus Geser erhebt der Thronende die Rechte; die Linke liegt auf dem Oberschenkel (**Abb. 66**). Ebenfalls in die Hyksoszeit[205] dürfte ein Skarabäus vom Tell el-ʿAğğul gehören, bei dem der König nicht - wie sonst üblich - nach rechts, sondern nach links schaut (**Abb. 67**), die Hand ähnlich wie auf **Abb. 65** erhoben. Der Thronende mit grüssend erhobener Hand auf den Hyksosskara-

---

199 Vgl. dazu oben Anm. 18.

200 Unsere **Abb. 24** stellt keine Ausnahme dar, insofern die erhobene Hand hier keinen eigenständigen Gestus darstellt, sondern nur ausgestreckt ist, um etwas in Empfang zu nehmen. Vgl. dazu den Kontext im Katalog zur Londoner Tutanch-amun-Ausstellung: Treasures of Tutankh-amun, London 1972, Nr. 25.

201 Zum Gestus vgl. KEEL 1974: 95-103.

202 Vgl. NELSON 1934: pl. 172; Ders. 1957: pl. 295.

203 Die Haltung ist typisch für die Amarnakunst. Vgl. DAVIES 1905: pl. 37 = KEEL [2]1977: 284 Abb. 410; DAVIES 1908: pl. 17.

204 PETRIE 1930: 9 und pl. 22,235.

205 PETRIE 1933: 4, datiert aufgrund der Dekoration in die 10. oder 11. Dynastie, was mir aber nicht zwingend zu sein scheint.

bäen dürfte auf syrische Vorlagen auf Rollsiegeln zurückgehen (**Abb. 68**).[206] Eine genauere Entsprechung zur Armhaltung unserer Gruppe als die angeführten Hyksosskarabäen bietet das ziemlich stark beschädigte Stück von **Abb. 69**, das aus einem früheisenzeitlichen Kontext vom Tell el-Far'a Süd stammt.[207] Der Arm ist hier wie auf den Nr. 10-18 abgewinkelt. Nicht nur den erhobenen "vorderen" Arm, sondern auch den nach unten abgewinkelten hinteren Arm findet man auf einem Skarabäus in Kairo (**Abb. 70**).[208] NEWBERRY datiert ihn in die 19. Dynastie.[209] Aber die schreitende geflügelte Gestalt und der Stil, in dem sie ausgeführt ist, sind typisch für phönizische[210] Skarabäen der Perserzeit.[211]

Die erhobene Hand dürfte in diesem Kontext im philistäisch-phönizischen Raum, ähnlich wie in Ägypten,[212] Schutz und Segen bedeuten. Auf einem phönizischen Elfenbein aus Nimrud flankieren zwei thronende Gestalten eine Kartusche (**Abb. 71**), die den mit ägyptischen Hieroglyphen geschriebenen Namen eines syrischen Fürsten zu enthalten scheint.[213] Auf phönizisch-punischen Siegelamuletten des 5./4. Jh. a. sieht man Isis in dieser Haltung (**Abb. 72**).[214] Schon früher wird sie auf Siegeln aus dem gleichen Raum von verschiedenen männlichen

---

206 Vgl. FRANKFORT 1939: pl., 45e; BUCHANAN 1966: pl. 55 Nr. 862. Zum Ganzen vgl. jetzt S. SCHROER in: KEEL/SCHROER 1985: 84f und 88f und einen dort übersehenen, mit dem aus Geser (**Abb. 66**) fast identischen Beleg bei PIEPER 1930: 196 Nr. 3 und Taf. 9.

207 Zwischen diesem Stück und den Hyksosskarabäen von **Abb. 65**, **66**, **67**(?) besteht ein ähnlicher zeitlicher Abstand wie zwischen den Skarabäen mit dem Thronenden in der Barke auf den **Abb. 61-62** und den Nr. 14-16.

208 Ein sehr ähnliches Stück bei HORNUNG/STAEHELIN 1976: Nr. 672. Dort wird auch auf ein weiteres Stück aufmerksam gemacht, das in einem phönizischen Kontext in Ibiza (Spanien) gefunden wurde (GAMER-WALLERT 1978: 172 Nr. B 15, 265f Nr. B 15 und Taf. 52a-b).

209 1907: 348 zu Nr. 37388.

210 Vgl. die in Anm. 51 genannten Belege.

211 Zur Datierung in die späte Eisenzeit vgl. MATTHIAE SCANDONE 1975: 44f. Dort werden auch weitere Belege erwähnt. Die Begründung für die noch spätere Datierung dieser ganzen Gruppe bei KEEL-LEU 1991: 92-98.

212 Vgl. Anm. 201.

213 BARNETT 1957: 177.

214 VERCOUTTER 1945: Nr. 559, 565, 566.

Gottheiten eingenommen.[215]

3.6. Flügelsonne über dem König

Als Vorläufer der Flügelsonne scheint das Flügelpaar auf dem Kamm des Horus Djet anzusprechen zu sein, das den Himmel darstellen dürfte. Seit Djoser (3. Dyn.) wird in seine Mitte die Sonnenscheibe gesetzt.[216] Diese Komposition drückt wohl eine Verbindung des falkengestaltigen Horus von Behedet mit einem solaren Element aus.[217]

"Über der Figur des Königs erscheint die Sonnenscheibe im Relief seit Amenophis III. [218] und ist sicher zunächst ein Bild der schützenden Macht des Horus von Behedet, dessen Name oft zwischen den Uräen der Sonnenscheibe steht. In der 19. Dyn. rückt die Sonnenscheibe mehr und mehr an die Krone oder Perücke des Königs heran (**Abb. 73**), um sich schliesslich unter Ramses II. fast auf ihr niederzulassen; im Flachbild bleibt jedoch stets ein kleiner Zwischenraum zwischen Kopfputz/Krone und Sonnenscheibe."[219] In den nubischen Tempeln wird dann aus einem Schutzsymbol über der Königsfigur ein Bestandteil der königlichen Insignien.[220] "Generell kann die Sonnenscheibe... als dicht über dem König schwebendes Emblem als sicheres ikonographisches Indiz für eine dogmatische Sonderstellung des abgebildeten Königs gelten."[221] Sprachlich wird diese in den Königshymnen in einer Reihe von Titeln gestaltet, die etwa lauten "Der grosse Reʿ Ägyptens..., die Sonne Ägyptens, die am Himmel ist";[222] "Aufgehende Sonne, die die beiden Länder mit ihrer Schönheit

---

215 GALLING 1941: Nr. 13 und 101; CULICAN 1960/1961: 41-54 fig. 1d und f.

216 Zur Deutung der Darstellung auf dem Kamm des Djet im genannten Sinne vgl. zuletzt: WILDUNG 1977: 277; das Bild in: KEEL ^{2}1977: 22 Abb. 19. Beleg aus der Zeit des Djoser bei FIRTH/QUIBELLE 1935: pl. 17.

217 WILDUNG 1977: 277f.

218 LEPSIUS o.J.: VI Bl. 121a (Haremhab), 124d Sethos I. =**Abb. 73**), 126a-b Ramses II., 127a (Ramses II.), 130a-b (Ramses II.).

219 D. WILDUNG 1972: 37f. Belege zur Sonnenscheibe über Ramses II. bei HABACHI 1969: pl. 3, pl. 4a und b.

220 D. WILDUNG 1972: 38.

221 Ebd.

222 NELSON 1930: pl. 27 col. 1 und 16 (zitiert bei D. WILDUNG 1972: 40).

erleuchtet, Sonnenglanz der Menschen, der die Finsternis von Ägypten vertreibt."[223] Als "Sonne der Fremdländer" erscheint der König seit dem Mittleren Reich, als "Sonne Ägyptens" seit Ramses II. in Königshymnen, und seit Ramses III. wird diese Formel auch in die königliche Titulatur aufgenommen.[224] Die Ramessiden dürften die Verehrung dieser neuen "Gottheit(en)" durch das Aufstellen entsprechender Kolossalstatuen gefördert haben. Der Kult dieser König-Sonnengottheit ist vor allem für das östliche Delta bezeugt.[225]

Die Flügelsonne, die auf unseren Skarabäen Nr. 5-9 unmittelbar über dem thronenden König schwebt, dürfte diesen als solare Grösse qualifizieren. Vielleicht ist von daher auch ein eigenartiges Detail auf den Nr. 1-4 zu verstehen. Auf diesen Stücken fehlt ja deutlich die Scheibe und ist über dem Thronenden nur das Flügelpaar zu sehen. Vielleicht soll dadurch zum Ausdruck gebracht werden, dass der Thronende die Rolle der Sonnenscheibe innehat. Wir haben schon wiederholt gesehen, dass der Königsname und die Gestalt des Königs austauschbar sind.[226] Für die Ersetzung der Sonnenscheibe durch den Königsnamen hat A. RADWAN eine Anzahl von Belegen geliefert (**Abb. 74**).[227] Die Ersetzung der Sonnenscheibe durch die Gestalt des thronenden Königs scheint von daher nicht so unmöglich, wie man auf den ersten Blick glauben möchte.

---

223 Papyrus Anastasi II, 5.7 = IV.5.7. (zitiert bei WILDUNG 1972: 40).

224 Ebd. 40.

225 Ebd. 41.

226 Vgl. Anm. 140.

227 RADWAN 1975: 213-234.

3.7. Die Sonnenscheibe vor dem Thronenden

Ein letztes Bildelement, das einzige, das ausser dem Thronenden selber auf allen 18 Belegen erscheint, nämlich die Scheibe vor dem Thronenden, bestätigt, was bis dahin zu den einzelnen Bildelementen gesagt wurde. Es qualifiziert den Thronenden als Sonne. Vielleicht ist das *nfr*, 'gut, schön, vollkommen', das auf den Nr. 10-16 neben *rʿ*, 'Sonne', steht, mit diesem zu verbinden und analog zu *nṯr nfr*, 'vollkommener Gott', zu verstehen, einem seit dem Alten Reich sehr häufigen Beiwort des Königs.[228] Der Thronende würde in diesem Fall als *rʿ nfr*, als "vollkommene Sonne" prädiziert, ein Prädikat, das der Gesamtkomposition bestens entsprechen würde.[229]

4. Zur Bedeutung der Gesamtkomposition, ihres Platzes in der Geschichte und ihrer Funktion

Die Interpretation jedes einzelnen Elementes führte zum Themenkreis Horus - Sonnengott - König. So spielt es keine Rolle, ob auf den Nr. 14-16 das Collier fehlt und durch die Barke ersetzt ist oder auf den Nr. 17-18 aus Raumgründen die Falkenflügel wegfallen. Es bleiben stets Elemente genug, die deutlich machen, dass der Thronende der König ist, der Horus bzw. den Sonnengott auf Erden vergegenwärtigt. Der Palastfassadenthron ist typisch für den König als Horus, als irdische Gestalt des falkenköpfigen Himmelsgottes. Auf die Identität des Thronenden mit dieser himmlischen Ordnungsmacht verweisen auch der Falke (Nr. 10-13) bzw. die Falken (Nr. 1-9, 14-16), die den Thronenden mit ihren Flügeln schützen. Als Himmelsmacht ist Horus früh und häufig eine enge Verbindung mit der Sonne eingegangen und kraft dieser Herr des vernichtenden Glanzes (Collier) geworden. Der Uräus, der die Glut darstellt, die die Feinde des Königs vernichtet, kommt hier

---

228 Die gewöhnliche Reihenfolge der Gruppe *nṯr nfr* bei einer nach rechts blikkenden Figur ist: *nṯr* rechts, *nfr* links (vgl. **Abb. 29**, **59**, **76**). Aber die umgekehrte Reihenfolge ist auch belegt (vgl. die **Abb. 27** und **58**)

229 *rʿ nfr* (*rʿ* links und *nfr* rechts) findet sich neben dem Pharao, der auf einen Löwen schiesst, auf einem Skarabäus, der in Lachisch in einer Schicht der Spätbronzezeit II B (1300-1200 a.) gefunden wurde (GIVEON 1988: 82f Nr. 94).

aus dem Mund und symbolisiert in diesem Zusammenhang wohl den Gluthauch, der in Texten des 10. Jh. bald dem Sonnengott und bald dem König zugeschrieben wird. Explizit qualifiziert die Flügelsonne über dem Thronenden bzw. die Sonnenscheibe vor ihm diesen als Verkörperung der Sonne. Vielleicht ist das Fehlen der Sonnenscheibe zwischen den Himmelsflügeln auf den Nr. 1-4 dahin zu verstehen, dass der Thronende (bzw. sein Kopf) selber die Sonne darstellt. Angesichts dieser engen Verbindung des Thronenden mit der Sonne ist es zu verstehen, wenn dieser gelegentlich in der Himmelsbarke dargestellt wird (Nr. 14-16).

CH. UEHLINGER hat die Meinung vertreten, die Figur sollte besser "als Sonnengott denn als mit diesem identifizierten König" verstanden werden. Ich war geneigt, dieser Meinung zuzustimmen (KEEL/UEHLINGER 1992: 154). Bei nochmaligem Überdenken scheinen mir aber doch eine ganze Reihe von schwer widerlegbaren Gründen dagegen zu sprechen. Der Sonnengott wird in der 21. und 22. Dyn. (1075-944 und 945-722) äusserst selten rein anthropomorph dargestellt. In den 30 Totenbuchpapyri aus der 21. Dyn., die PIANKOFF/RAMBOVA ediert haben (1957: vgl. etwa Nr. 19), erscheint der Sonnengott in der Himmelsbarke 9 mal anthropomorph falkenköpfig, 8 mal als Skarabäus, 7 mal anthropomorph widderköpfig, 3 mal rein anthropomorph, 2 mal als Käfer mit Widderkopf und 2 mal als Sonnenscheibe , 1 mal anthropomorph mit Flügeln und Sonnenscheibe als Kopf, 1 mal rein falkengestaltig , 1 mal als Udschatauge und 1 mal als Naos und unter noch anderen Gestalten. Die Papyri Nr. 9 und 22 zeigen den anthropomorphen Sonnengott hockend, einmal mit, einmal ohne Sonnenscheibe auf dem Kopf. Ein einziges mal ist er auf dem Papyrus Nr. 11 (**Abb. 80**) anthropomorph thronend dargestellt. Die fast totale Absenz des rein anthropomorphen Sonnengottes während der 21. und 22. Dyn. gilt auch für andere Denkmälergattungen als die Totenpapyri (vgl. z.B. YOYOTTE 1987: 181 Nr. 49, 219 Nr. 68, 239 Nr. 78, 241 Nr 79). Vor allem aber trägt nie ein Sonnengott die Blaue Krone und nie wird ein Sonnengott, soweit ich sehe, von einem oder gar mehreren Falken geschützt und/oder flankiert. Man kann natürlich annehmen, in einer vorderasiatischen Werkstatt sei ein einheimischer Sonnengott in Gestalt des ägyptischen Pharao dargestellt worden. Aber dafür sehe ich kein Indiz.

Die Varianten der Gesamtkomposition (Nr. 1-9, 10-13, 14-16, 17-18) zeigen, dass nicht unbedingt jeder Kopist, aber der oder die Schöpfer der Komposition mit ägyptischer Symbolik vertraut waren und über die Bedeutung der einzelnen Element wie auch ihre Zusammenhänge untereinander Bescheid wussten. Andererseits bilden der Stil und der Gestus der segnend erhobenen Hand eine deutlich vorderasiatische Komponente. Was lassen sich aus diesen Feststellungen für Schlüsse zum Problem der Herkunft dieser Stücke ziehen? Da der Stil für den Entstehungsort entscheidend sein dürfte, möchte ich annehmen, dass die Stücke irgendwo im Bereich der östlichen Mittelmeerküste entstanden sind. Dort findet man die stilistisch nächsten Verwandten unserer Gruppe (vgl. **Abb. 43-47**). Von dort kommen auch 6 der 9 Stücke, deren Herkunftsort bekannt ist (Tell ʿAğğul, Geser, Tell Zeror, Megiddo, Taanach, Achsib). Die Fundorte Tell el-Jehudije, Amathus und Tell Taʿjinat gruppieren sich um diesen Raum.

Das zentrale Thema "der ägyptische Sonnenkönig" wie auch die genaue Kenntnis ägyptischer Symbolik verlangen als Entstehungszeit eine Zeit, in der der ägyptische Einfluss wenigstens in der südlichen Levante von Gewicht war.[230] Stil und Fundzusammenhänge lassen eine Entstehung unserer Gruppe in der Blütezeit des ägyptischen Imperiums in Vorderasien (1550 - ca. 1150) nicht zu. Die letzte Periode, in der sich in dieser Gegend ein bedeutender ägyptischer Einfluss geltend gemacht hat, war der Anfang der 22., der sogenannten libyschen Dynastie (945 - ca. 875).[231] Mit seinem Asienfeldzug von 926 hat Scheschonq I., der Gründer dieser Dynastie, seit Ramses III. (1182-1151) zum ersten Mal wieder eine überzeugende Präsenz ägyptischer Militärmacht, wenigstens in der südlichen Levante, realisiert.[232] In diese Zeit weisen gewisse Eigentümlichkeiten in der Darstellung von Nebenmotiven auf unserer Skarabäengruppe.[233] In diese Zeit gehören die

---

230 Im Gegensatz zu manchen phönizischen Elfenbeinen und Metallschalen des 8./7. Jh.s a. scheinen die ägyptischen Motive bei unserem Typ weder phönizisch interpretiert noch missverstanden oder verzerrt.

231 Vgl. dazu LECLANT 1968: 11-13.; KITCHEN 1973: 287-312.

232 Zum Feldzug Scheschonqs nach Palästina vgl. 1 Kön 14,25f.; zur Liste der eroberten Orte am Bubastiden Tor in Karnak s. HUGHES 1954: bes. pl. 2-4 und dazu SIMONS 1937: 90-101, 178-186; NOTH1938: 277-304;; AHARONI ^{2}1968: 283-290; HERRMANN 1964: 55-79.

233 Vgl. Anm. 22 und oben p. 60.

fünf Stücke (Nr. 4 Tel Zeror, 10 Achsib, 17 Megiddo, 19 Tell Ta'jinat und 20 Amathus), deren Fundschicht bekannt ist, und in diese Zeit weist auch, wie oben gezeigt, der Stil.

Aufgrund des Interesses der 22. Dynastie an Palästina-Syrien hat das östliche und östlichste Delta unter ihr wieder an Bedetuung gewonnen.[234] Das östliche Delta war aber unter den Ramessiden das Hauptverbreitungsgebiet des Kults des vergöttlichten, mit der Sonne identifizierten Königs gewesen.[235] Von hier dürfte letztlich die Anregung für die Ikonographie unserer Siegelgruppe ausgegangen sein.

Was nun abschliessend die Funktion dieser Ikonographie betrifft, so ist davon auszugehen, dass Skarabäen noch stärker als Siegel- Amulettcharakter hatten.[236] Die Funktion eines Amuletts ist generell, zum Nutzen des Trägers heilvolle Mächte zu beschwören und unheilvolle abzuwehren. Die Rolle der Sonne bzw. des Sonnengottes im alten Orient als Macht, die Heil und Leben bringt und alles Böse vertreibt, ist bekannt.[237] Spätestens seit den glanzvollen Tagen des Neuen Reiches ist die Figur des Pharao in Vorderasien immer wieder einmal als Heilsgestalt verstanden[238], und so von den Propheten Israels entmythisiert worden. So ruft der Prophet Jesaja noch kurz vor 700 über jene das Wehe Jahwes,

"die nach Ägypten hinabgehen
aber meinen Mund nicht befragen,
um sich Kraft der Stärke Pharaos stark zu fühlen
und sich im Schatten Ägyptens zu bergen.
Die Stärke des Pharao wird für euch eine Enttäuschung werden

---

234 In Tanis wurden eine Anzahl Gräber von Pharaonen der 22. Dynastie gefunden (P. MONTET, *La nécropole royale de Tanis* I-III, Paris 1947-1960; es handelt sich um die Gräber Schoschenq's II., Osorkon's II. und Schoschenq's III.).

235 Vgl. WILDUNG 1972: 37.

236 HORNUNG/STAEHELIN 1976: 16f; KEEL 1977:119 Anm. 162.

237 Vgl. aus der umfangreichen Literatur etwa SCHOLLMEYER 1912; ASSMANN 1975: 97-346. Von den 242 in diesem Band veröffentlichten Hymnen und Gebeten sind weit über die Hälfte solche an den Sonnen- oder den mit diesem verwandten Schöpfer- oder Weltgott. Im Alten Testament s. etwa Mal 3,20 und Ps 84,12; STÄHLI 1985; JANOWSKI 1989.

238 Vgl. CROWFOOT 1938: pl. 14 Nr. 1; BARNETT 1957: pl. 135 Nr. Suppl. 22 und 28; KEEL 1974: 177 Abb. 31 und 32.

und das Zufluchtsuchen im Schatten Ägyptens zur Schande."
(Jes 30,2f)

Man kann sich vorstellen, dass Leute, die in der Stärke des Pharao ihr Heil suchten, als Träger unserer oder ähnlicher Siegelamulette in Frage kamen. Jedes schwache Aufflammen der alternden Macht am Nil und jeder Versuch, die verlorene Vorherrschaft über Palästina-Syrien wieder aufzurichten,[239] weckten in Vorderasien - rückblickend stark überdimensionierte - Hoffnungen und Befürchtungen. So werden im Buche Ez (Kap. 29-32) noch im 6. Jh. dem Pharao eine Reihe pathetischer Gerichtsdrohungen entgegengeschleudert. In Kap. 31 wird er im vorderasiatischen Symbol des Weltenbaumes dargestellt,

"in dessen Geäst alle Vögel des Himmels nisten,
unter dessen Gezweig alle Tiere des Feldes (ihre Jungen) werfen
und in dessen Schatten all die vielen Völker wohnen.
(Ez 31,6)

Die Verbindung dieser beiden Heilsbringer, des Sonnengottes und des Pharao, hat in Vorderasien ebenfalls eine Tradition, die mindestens ins 14. Jh. zurückreicht. In den Amarnabriefen wird der Pharao angesprochen als "Sonne der Tausende" (*ilu šamaš li-mi-ma*) (205,6), "Sonne der Länder" (*ilu šamaš mâtāti*) 84,30f.), "ewige Sonne" (*ilu šamaš da-ri-tum)* (155,6,47, vgl. 146,6), "Sonne vom Himmel" (*ilu šamaš ištu ša-me-e*) (366,8 vgl. 378,2f.), "meine Sonne" (*ilu šamši-ia*) (74,7, 76,6, 78,6 u.a.). Dabei ist *šamaš* stets mit dem Determinativ *ilu* "Gott" versehen.[240]

Man pflegt diese Titel oft als Ausdruck politisch bedingter Unterwürfigkeit und Heuchelei abzutun. Das mag, muss aber nicht sein. Der Pharao kann schon im 14. Jh. ähnlich wie später für die Schöpfer phönizischer Elfenbeine oder Silberschalen oder wie für jene Leute, über die Jesaja und Ezechiel ihr Wehe rufen, eine "Amulettgrösse" gewesen sein, d.h. eine Gestalt, die den Sieg des Guten und den Untergang des

239 So unter Scheschonq I. (vgl. oben Anm. 231), unter Taharqa (2 Kön 19,9) und Necho (2 Kön 23,29-35).

240 Für die Nrn. 1-358 s. KNUDTZON ²1964, bes. II 1511 s.v. *šamšú* für die Nrn. 359-379 s. RAINEY 1970.

Bösen garantiert. Der Amulettcharakter des Königs wird bei unserer Siegelgruppe dadurch unterstrichen, dass die Nebenmotive (von den Nr. 17-18 abgesehen) gehäuft vorkommen und dem Bild des Thronenden nicht der Name eines bestimmten Königs beigegeben ist (vgl. zu dieser Eigentümlichkeit [KEEL/KEEL-LEU/SCHRÖER 1989: 307 f]).

APPENDIX: ZUM MOTIV "DER PHARAO ALS HIMMELSTRÄGER" (NR. 13)

Die Haltung der Figur auf der Rückseite von Nr. 13 ist typisch für den Gott Schu.[241] Die Hauptfunktion des Schu (Leere, Luftraum) ist die des Himmelsträgers. Diese Rolle teilt er gelegentlich mit Heh, dem Gott der Unendlichkeit. Aber dieser "wird doch dem Schu untergeordnet. So bleibt Schu allezeit Himmelsträger katexochen."[242] Mit dem Gott Schu eng verbunden ist die Straussenfeder als Symbol der Luft, des Windes und des Lichts.[243] Aber während Schu in der Regel eine einzelne Straussenfeder auf dem Kopf trägt, flankieren sie, über den ausgestreckten Armen unserer Gestalt angebracht, den Kopf derselben.

Die beiden Federn erscheinen in der gleichen Position im Zusammenhang mit dem Gott Heh (**Abb. 75**). Aber während Heh kniend dargestellt wird[244], schreitet unsere Gestalt. Ihrer Haltung am nächsten kommen Darstellungen des Königs, der auf einer Anzahl Skarabäen als Himmelsträger erscheint (**Abb. 76-78**). Ein vierter Beleg ist bei PIER 1906 pl. 18,110 zu finden (JAEGER 1982: 164 ill. 466). Nach JAEGER gehören alle Stücke mit diesem Motiv in die 18. Dyn. (1982: §§ 1185-1193, besonders § 1193).

Auf zwei Belegen (**Abb. 76-77**) ist der Himmelsträger durch die Beischrift *nṯr nfr* eindeutig als König identifiziert, und da es sich bei der Dekoration um ein festes Schema handelt (Gestalt in tragender Haltung, die das Zeichen "Himmel" *p.t* trägt; darüber ein liegender Sphinx mit der Beischrift *Mn-ḫpr-rᶜ*, die hier evtl. als Kryptogramm

---

241 KEEL ²1977: Abb. 32; vgl. Abb. 26-29; SCHÄFER 1928: Abb. 28; ANEP Abb. 542, 546; PETRIE 1914: pl. 30, 167.

242 BONNET 1952: 686.

243 GRUMACH-SHIRUN 1977: 143.

244 GARDINER ³1957: 449 Nr. C11.

für Amun-(Reʿ) zu lesen ist)[245], wird auch die Gestalt auf dem dritten Stück (**Abb. 78**)[246] als König zu interpretieren sein. In seiner Studie über die *tw3 p.t* - Szenen kommt D. KURTH zu dem Schluss: "Der Tempel ist als Himmel gedacht, das Hochheben und Stützen des Himmels steht symbolisch für die Errichtung und Erhaltung des Tempels."[247] Indem der König dem Gott einen Tempel verschafft, schafft er die Voraussetzungen dafür, dass der Gott (im Falle der Abb. **76-78** wohl Amun-Reʿ) den Kosmos erhält. Das ist der Grund, warum Errichtung und Unterhalt der Heiligtümer in dieses kosmische Bild gefasst werden. Diese kosmische Relevanz des Königtums ist den Bildmotiven "König als Himmelsträger" und "König als Sonnengott" gemeinsam, und sie eignen sich so vorzüglich dafür, auf den beiden Seiten einer Platte zu stehen.

245 HORNUNG/STAEHELIN 1975: 175f und 179 Anm. 28.

246 Das unveröffentlichte Stück befindet sich in der Sammlung R. BROWN, Jerusalem. Ich danke dem Besitzer für die Erlaubnis, es im Rahmen dieses Aufsatzes heranziehen zu dürfen.

247 KURTH 1975: 141; vgl. ergänzend KEEL [2]1977: 333f = Nachtrag zu 22.

QUELLENNACHWEIS ZU DEN ABBILDUNGEN

1. Photo B. FÄH, Fribourg. BIF Leihgabe SK 47.*
2. Photo Z. RADOVAN, Jerusalem.*
3. Photo S. HERTIG. Archäologisches Institut der Universität Zürich.* Vgl. MATOUK 1977: 402 Nr. 1677 = BIF M. 5753.
4. Photo J. AGAM, Jerusalem. By the courtesy of the Israel Antiquities Authority.*
5. Photo S. HERTIG. Archäologisches Institut der Universität Zürich. Vgl. MATOUK 1977: 402 Nr 1676 = BIF M. 5752.*
6. Photo University College, London. Vgl. PETRIE 1925: pl. 19,1560; Ders. 1906: pl. 11, 212.*
7. PETRIE 1932: pl. 6, unterste Reihe, 5. Skarabäus von links; pl. 7,166.
8. Photo S. HERTIG, Archäologisches Institut der Universität Zürich. BIF M. 5751.*
9. Dieselbe. BIF M. 5750.*
10. Photo J. AGAM. By the courtesy of the Israel Antiquities Authority.*
11. Photo S. HERTIG, Archäologisches Institut der Universität Zürich. BIF M. 5754.*
12. Photo University College, London. PETRIE 1925: pl. 15,984; pl. 29, Q 52.*
13. Photo B. FÄH, Fribourg. BIF Leihgabe SK 49*

13.a Zeichnung nach Abdruck. Siehe Anm. 63.*

14. Photo National Maritime Museum, Haifa.* Vgl. GIVEON 1967/1968: 62 und pl. 15,2 = GIVEON 1978: 106 und Abb. 55a-c.

15 Photo Z. RADOVAN, Jerusalem.*

16 Photo B. FÄH, Fribourg. BIF Leihgabe SK 48.*

17 Photo Oriental Institute, Chicago. Vgl. LOUD 1948: pl. 163, 22.*

18 Photo B. FÄH, Fribourg.BIF Leihgabe SK 50.*

18a Nach Photos der Grabungsexpedition.*

18b CLERC 1991: 8f.*

18c GIVEON 1985: 126f Nr. 53.

18d Zeichnung nach Abdruck am BIF.*

18e CHRISTIE'S 1992: 86 Lot 224.*

18f Zeichnung nach Photo des Rijksmuseum van Oudheden, Leiden.*
19 Photo S. HERTIG, Archäologisches Institut der Universität Zürich. Vgl. MATOUK 1977: 402 Nr. 1667 = BIF M. 5703.
20 Photo B. FÄH, Fribourg. BIF Leihgabe SK 46.
21 Photo Israel Antiquities Authority.
22 Photo Z. RADOVAN, Jerusalem.
23 DAVIES/GARDINER 1948: Pl.18.
24 Great Museums of the World: Egyptian Museum: Cairo, London-New York 1970, vis-à-vis von S. 124.*
25 HALL 1913: Nr. 1091.*
26 PETRIE 1925: pl. 15,982.*
27 HORNUNG/STAEHELIN 1976: Nr. 345.
28 KEEL/KEEL-LEU/SCHROER 1989: 306 Abb. 89 und 322.
29 GARDINER/PEET/ČERNÝ 1952: pl. Nr. 16.
30 NEWBERRY 1907: pl. 2,36080.
31 Ebd. pl. 2,36088.
32 Ebd. pl. 2,36116.
33 TUFNELL 1958: pl. 37/38,288.
34 NEWBERRY 1907: pl. 3,36160.
35 TUFNELL 1953: pl. 43/43A,44.
36 MATOUK 1971: 198 Nr. 781 und 220 Nr. 819.
37 LOUD 1948: pl. 153,230.
37a FIRTH 1915: pl. 41,13 = WIESE 1990: 30f Abb. 53.
38 TUFNELL 1953: 366 und pl. 45,152.*
39 HALL 1913: Nr. 1393.*
40 Ebd. Nr. 1394.*
41 MATOUK 1971: 210 Nr. 312.*
42 HORNUNG/STAEHELIN 1976: Nr. 86, 87, 94, 506, 642, 739, 751.
43 Ebd. Nr. 82, 87, 90, 91, 100, 101, 151, 168, 340.
44 Ebd. Nr. 89, 91, 97, 170, 452, 506, 651.
45 ROWE 1936: pl. 31 Nr. A55.*
46 HORNUNG/STAEHELIN 1976: Nr. 77, 80, 290.
47 ALBRIGHT 1938: pl. 33 Nr. 1-3.
48a. DOTHAN 1971: pl. 69 Nr. 7.*
48b HESTRIN 1970: fig. 8.*
49 WARD 1910: 348 Nr. 1191.

50a DUNAND 1950: 15 und pl. 192 Nr. 6836; DIGARD 1975: Nr. 617.*
50b DUNAND 1950: 604 pl. 192 Nr. 7169; DIGARD 1975: Nr. 621.*
51a PORADA 1956: 199 fig. 1.
51b Ebd. 199 und pl. 17 fig. 5.*
52 KEEL [2]1977: 238 Abb. 351.
53 ALDRED 1968: Abb. 63.*
54 RÜHLMANN 1977: 378 Abb. 2;
vgl. CALVERLEY/BROOME/GARDINER 1935: pl. 35.
55 LACAU/CHEVRIER 1969: pl. 10,12.
56 PRITCHARD 1963: fig. 70 Nr. 12.
57 NEWBERRY 1907: pl. 4,36204.
58 HAYES 1959: 125 fig. 66, 2. Reihe von oben, 4. von links.*
59 PETRIE 1917: pl. 27 Nr. 18.6.45.*
60 MATOUK 1971: 194 Nr. 623.
61 Ebd. 186 Nr. 413 und 213 Nr. 494; Ders. 1977: 366 Nr. 2086.
62 PETRIE 1925: pl. 7, 23; ROWE 1936: Nr. 480; MATOUK 1977: 366 r. 2096.*
63. GIVEON 1967/1968: 62 pL. 15,1 = Giveon 1978: 105 Abb. 5 4a-b.*
64 MATOUK 1971: 194 Nr. 634; PETRIE 1889: Nr. 1535.
65 TUFNELL 1958: 95 und 115 und pl. 30,64.
66 MACALISTER 1912: pl. 202 A,7; PIEPER 1930:196 Nr.3.
67 PETRIE 1933: pl. 4,157.
68 COLLON 1975: pl. 21 Nr. 204.
69 PETRIE 1930: pl. 43,518.
70 NEWBERRY 1907: 348 und pl. 17,37388.
71 BARNETT 1957: pl. 8 Nr. C 48.*
72 VERCOUTTER 1945: pl. 16, 565.*
73 LEPSIUS [2]1972: VI, Abteilung III, Bl. 124d.
74 TOSI/ROCCATI 1972: 35f Nr. 50004.*
75 NEWBERRY 1907: pl. 3 Nr. 36118.
76 HALL 1913: Nr. 1057.
77 NEWBERRY 1907: pl. 3,36119.
78 Sammlung R. BROWN, Jerusalem, unveröffentlicht.*
79 STARKEY/HARDING 1932: pl. 73,20. Zeichnung nach Photo der Institute of Archaeology, London.*
80 PIANKOFF/RAMBOVA 1957. 65 fig. 53.

2 : 1

1 (p. 54-61)
2 (p. 61 f)
3 (p. 62)
4 (p. 63 f)
5 (p. 64 f)
6 (p. 65)
7 (p. 66)
8 (p. 66)
9 (p. 67)
10 (p. 67-72)
11 (p. 72)
12 (p. 72 f)
13 (p. 73-76)
13a (p. 73 Anm. 63)

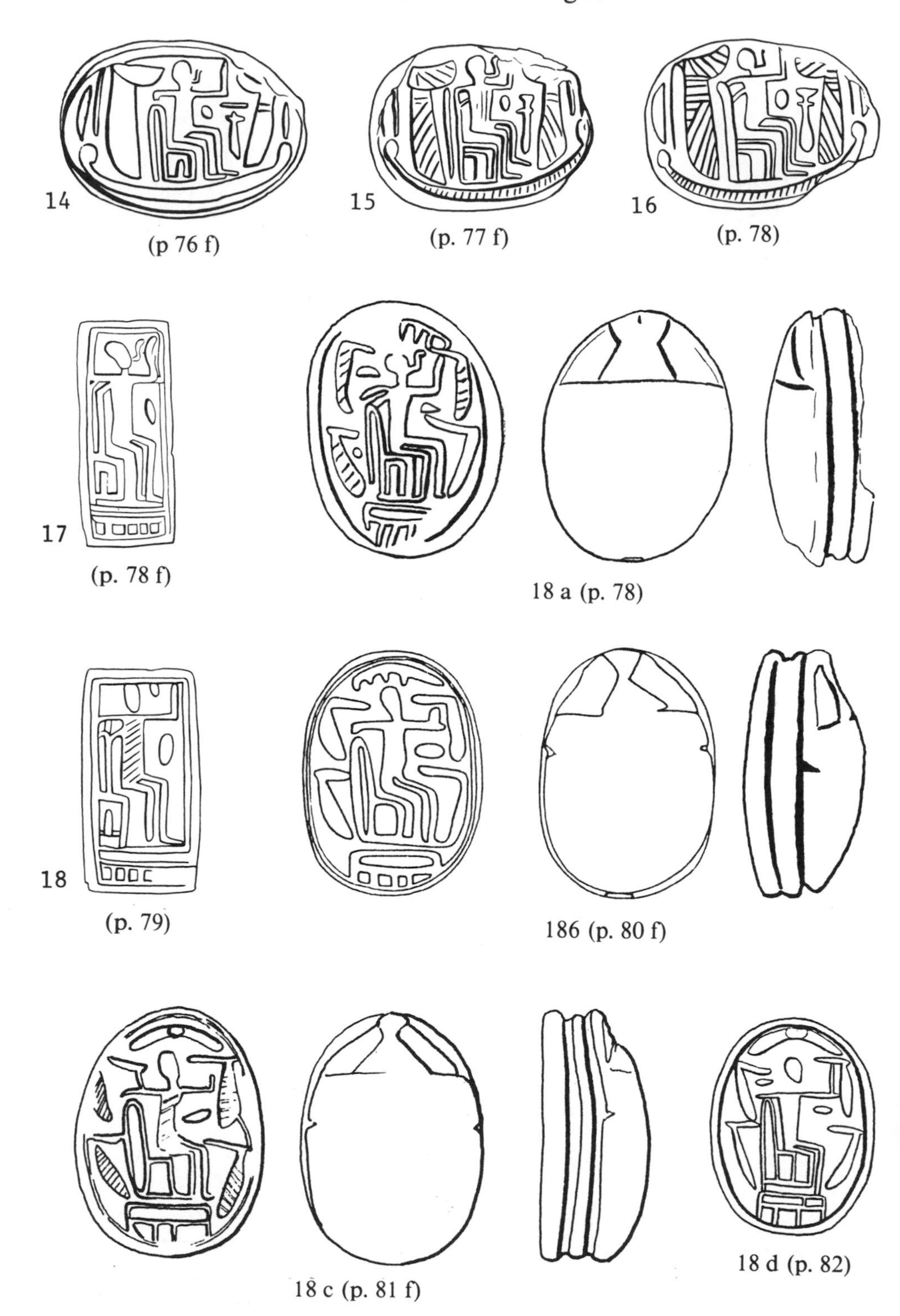
14
(p 76 f)
15
(p. 77 f)
16
(p. 78)
17
(p. 78 f)
18 a (p. 78)
18
(p. 79)
186 (p. 80 f)
18 c (p. 81 f)
18 d (p. 82)

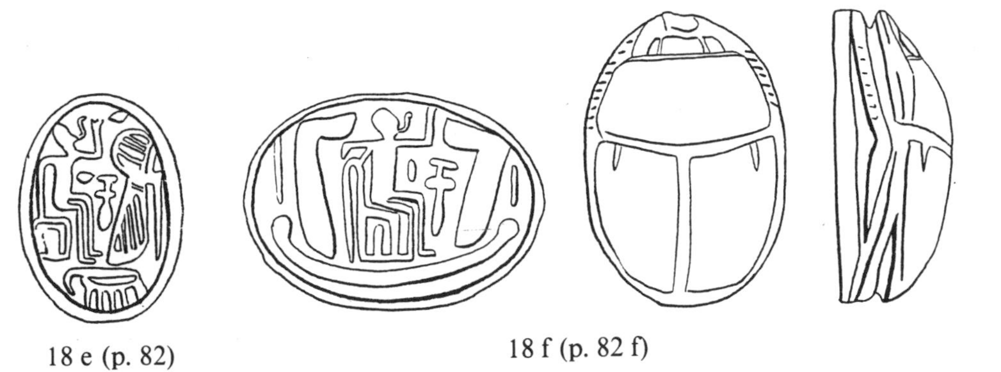

18 e (p. 82) 18 f (p. 82 f)

Abb. 19-22 s. Taf. 15

23 (p. 56 Anm. 8)

24 (p. 56, 111 Anm. 200)

25 (p. 56)

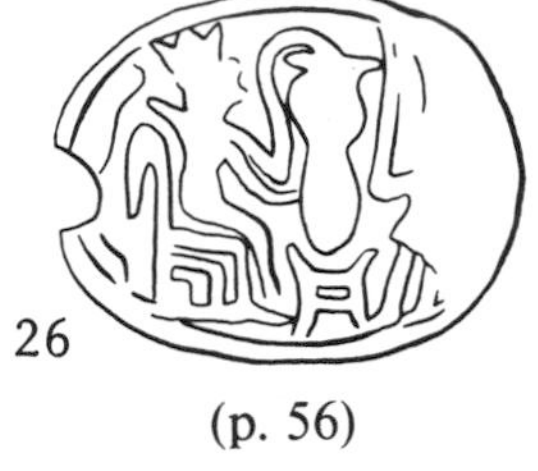

26 (p. 56)

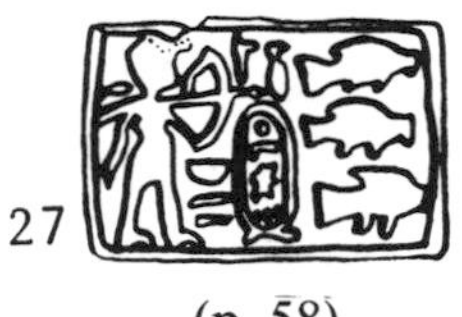

27 (p. 58)

28 (p. 58)

29 (p. 59 f, 94)

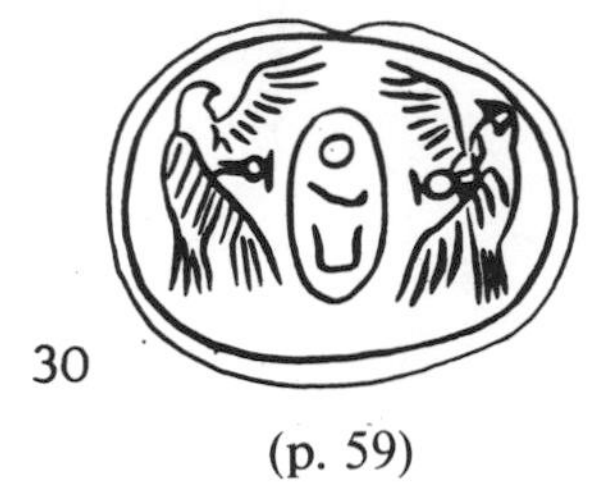

30 (p. 59)

31 (p. 59)

32 (p. 59)

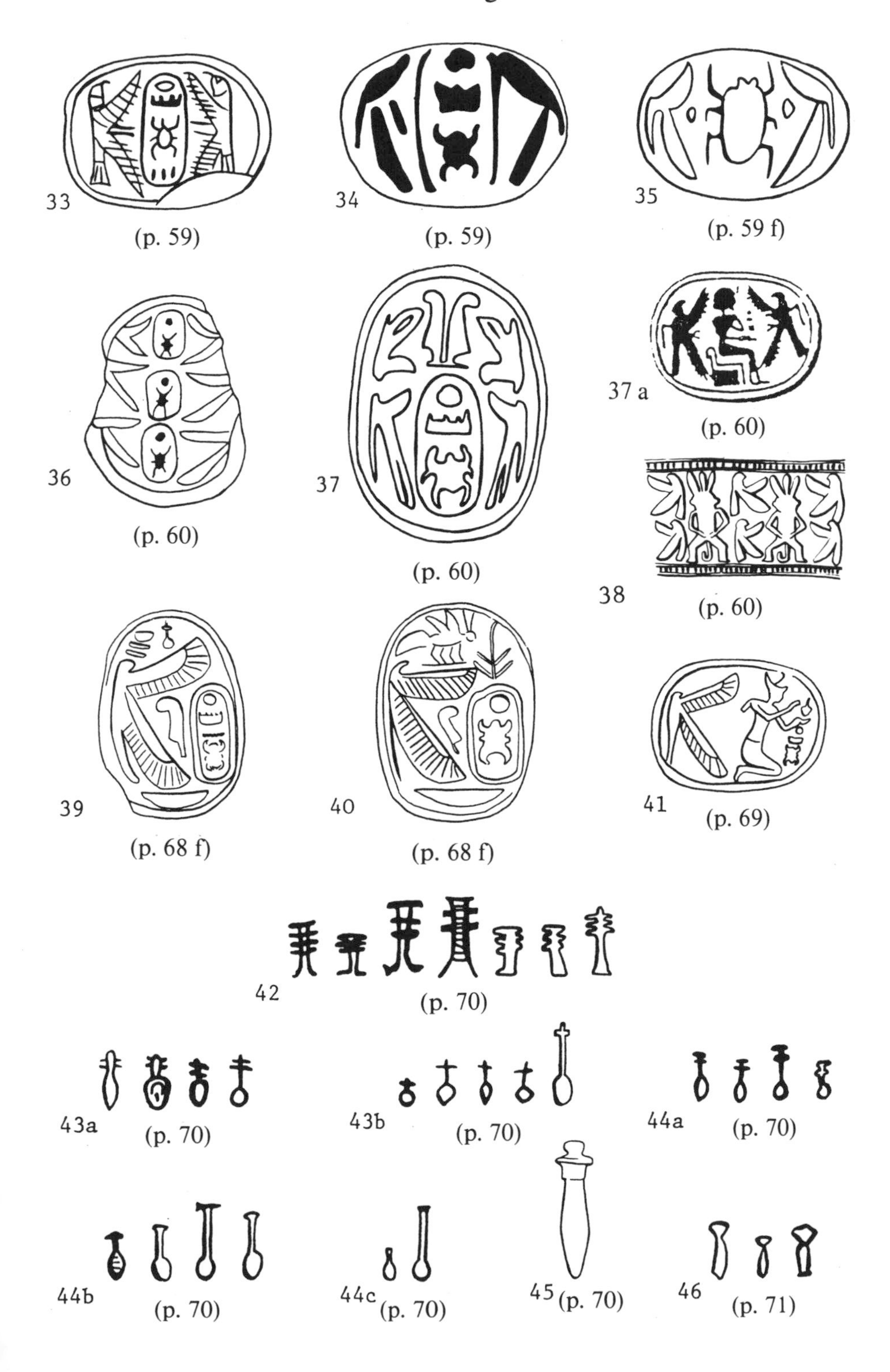
33
(p. 59)
34
(p. 59)
35
(p. 59 f)
36
(p. 60)
37
(p. 60)
37 a
(p. 60)
38
(p. 60)
39
(p. 68 f)
40
(p. 68 f)
41
(p. 69)
42
(p. 70)
43a
(p. 70)
43b
(p. 70)
44a
(p. 70)
44b
(p. 70)
44c
(p. 70)
45
(p. 70)
46
(p. 71)

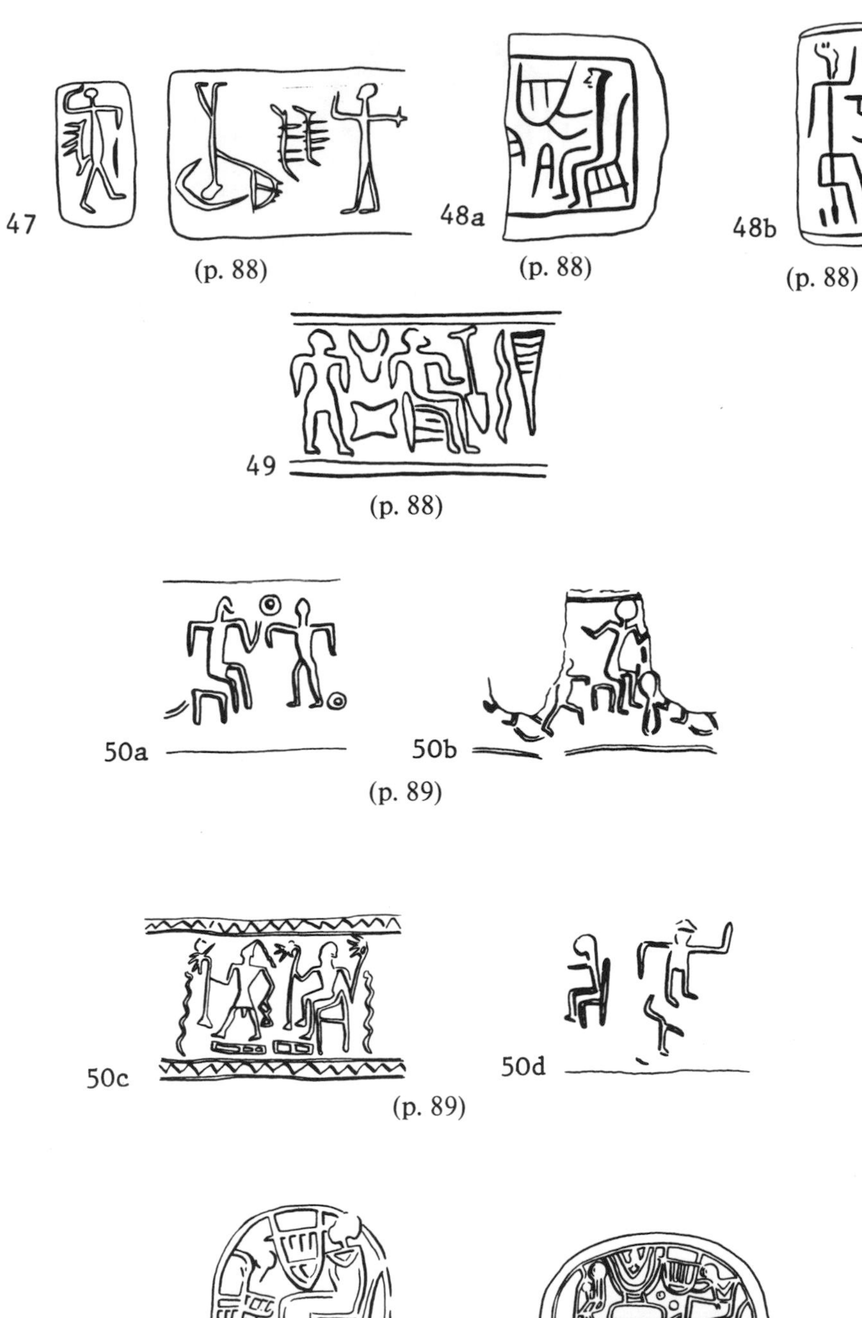

47 (p. 88)

48a (p. 88)

48b (p. 88)

49 (p. 88)

50a 50b (p. 89)

50c 50d (p. 89)

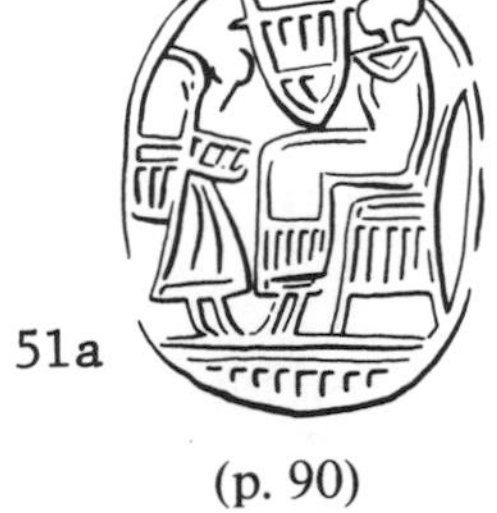

51a (p. 90)

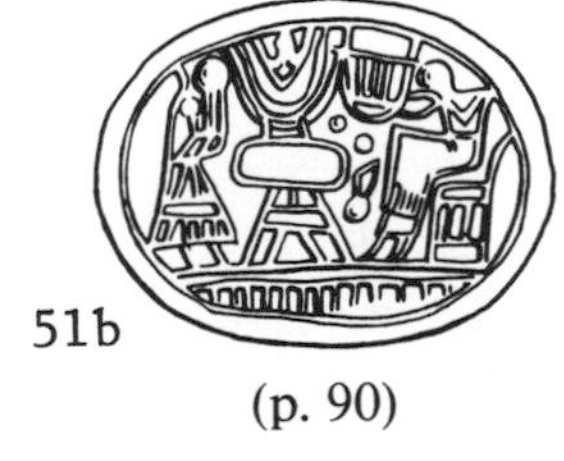

51b (p. 90)

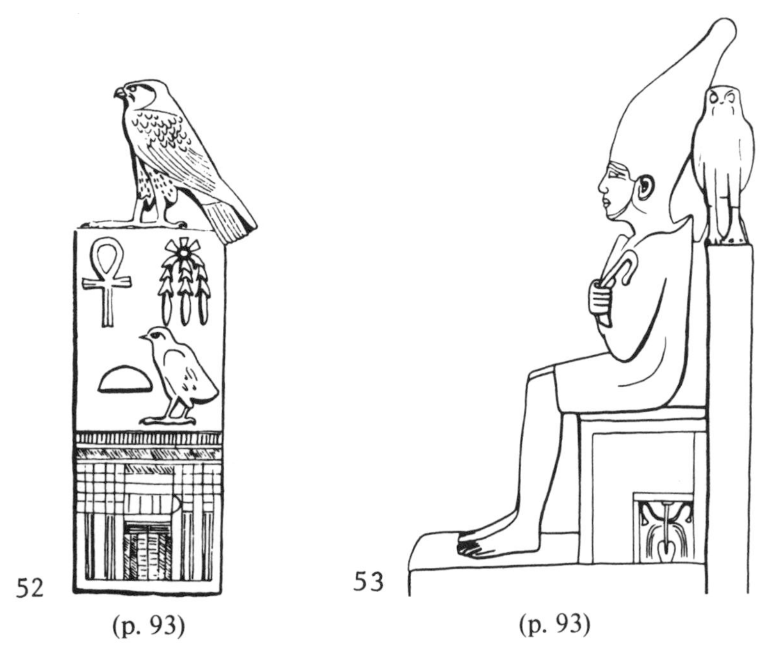

52 (p. 93)

53 (p. 93)

54 (p. 94)

55
(p. 96)
56
(p. 99)
57
(p. 99)
58
(p. 105)
59
(p. 107)
60
(p. 109)
61
(p. 110)
62
(p. 110)
63
(p. 110)
64
(p. 111)
65
(p. 111)
66
(p. 111)
67
(p. 111)
68
(p. 112)
69
(p. 112)
70
(p. 112)
71
(p. 112)
72
(p. 112)

73 (p. 113)

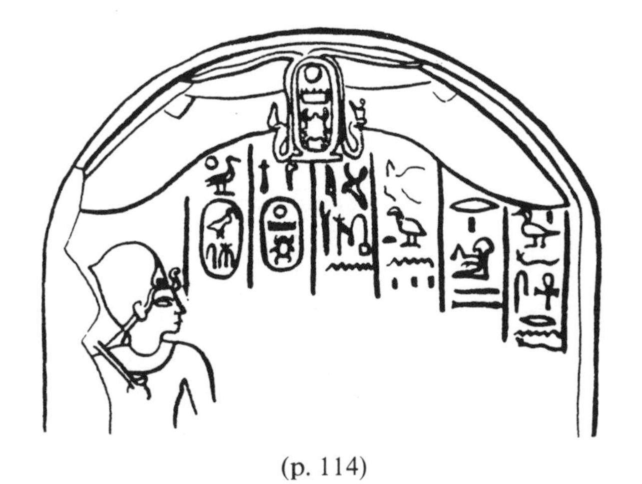

74 (p. 114)

75
(p. 120)

79
(p. 57 Anm. 13)

76
(p. 120 f)

77
(p. 120 f)

78
(p. 120 f)

80
(p. 116)

DAS MONDEMBLEM VON HARRAN AUF STELEN UND SIEGELAMULETTEN

und der Kult der nächtlichen Gestirne bei den Aramäern*

INHALTSVERZEICHNIS

---

* Der Inhalt dieses Beitrags wurde zuerst unter dem Titel "L'iconographie d'inspiration araméenne retrouvée en Palestine et Transjordanie" anlässlich der Feierlichkeiten zum 100jährigen Bestehen der Ecole Biblique et Archéologique Française de Jerusalem am 21. 11. 1990 in Lyon im Rahmen der Sektion "L'Ancien Testament et les Araméens" vorgetragen. Ich danke Frau INES HASELBACH für die Zeichnungen der Abb. 3-6 und 10, Frau HILDI KEEL-LEU für die Strichzeichnungen aller anderen Abbildungen, die in den angegebenen Quellen nur in Form von Photos veröffentlicht sind, und CH. UEHLINGER für eine sorgfältige Durchsicht des Manuskripts und eine Reihe wertvoller Hinweise.

1. DIE ARAMÄER UND DER WETTERGOTT

Aufgrund der literarischen Überlieferung (Inschriften, biblische Texte) scheint der Hauptgott der Aramäer von Samʾal im Norden bis Damaskus im Süden in der ersten Hälfte des 1. Jts. ein Wettergott gewesen zu sein. Meist wird dieser Gott mit dem seit der Akkadzeit bekannten Namen Hadad bezeichnet; aber auch andere Namen wie Ilumer/Iluwer, Ramman/Rimmon, Rakibʾel oder *bʿl ṣmd* tauchen auf (GESE 1970: 216-218.220-222; GREENFIELD 1976; GREENFIELD 1987: 67-70). J.C. GREENFIELD wirft A. VANEL vor, er hätte in seinem Werk "L'iconographie du Dieu de l'orage dans le Proche-Orient ancien jusqu'au VIIe siècle avant J.C." diese verschiedenen Wettergötter nicht unterschieden (1987: 75 Anm. 6). Nun ist es aber eine bekannte Tatsache, dass zwar die Sprachen in ihrer Artifizialität verschiedene Bezeichnungen für identische oder mindestens sehr ähnliche Phänomene haben, dass aber die Ikonographie, die in der Regel näher an den Phänomenen bleibt, weniger variantenreich ist. Eine einzelne Kultur weist deshalb durchwegs viel mehr Götternamen als Götterbildtypen auf. Aus Götterlisten, Ritualvorschriften und Mythen aus Ugarit sind etwa 200 Namen von Gottheiten bekannt (WEIPPERT 1988: 294); die ugaritische Ikonographie aber konfrontiert uns nur mit etwa einem halben Dutzend Bildtypen (CAQUOT/SZNYCER 1980). Ähnliches gilt für die akkadisch-altbabylonische Kultur. Die altbabylonische Götterliste a n – *Anum* enthält gegen 2000 Götternamen (LANDSBERGER/-VON SODEN 1965: 52f; LAMBERT 1971: 475f); das Repertoire der akkadischen und altbabylonischen Glyptik umfasst hingegen nicht mehr als etwa 30 Göttertypen (BOEHMER 1965; AMIET 1977; COLLON 1986: 22-31). Sobald sich die Anwälte der literarischen Überlieferung nicht mit blossen Namen begnügen, schrumpft die Vielzahl der Götter rapid. GREENFIELD beklagt, dass die aramäischen Inschriften Hadad zwar nennen, sonst aber kaum Informationen über ihn liefern. "We must turn to the Ugaritic texts, both mythological and epic, and to some references with literary overtones in the Amarna letters to learn about Baʿlu-Haddu, who plays a prime role in the Canaanite pantheon" (1987: 68). Hadad-Rimmon in Sach 12,11 sei nur von den ugaritischen Mythen her zu verstehen (ebd. 75 Anm. 7). GREENFIELD praktiziert also selber nicht, was er von VANEL verlangt. Sobald er über die blossen Namen hinaus ein gewisses anschauliches 'Bild' gewinnen will, benutzt er undifferenziert Baʿal-, Hadad-, Rimmon- und andere Wettergott-Überlieferungen.

Das Image des Wettergottes hat sich von der Mittelbronze- zur Eisenzeit II jedoch stark gewandelt, insofern er sich vom Ermöglicher der Vegetation zu einem vorwiegend kämpferisch-kriegerischen und schliesslich zum 'Höchsten Gott' und Wahrer des Rechts entwickelt hat (GESE 1970: 216-218.220-222; KEEL 1989: 259-266; KEEL 1990: 309-321.411f). Diese Entwicklung lässt sich nur beschränkt am Wandel der Namen ablesen. Abgesehen davon war der Wettergott, wie aus dem Gesagten deutlich wird, weder ein speziell aramäischer Gott, noch hat er im aramäischen Bereich eine besondere Ausgestaltung erfahren. Da in dieser Studie von aramäischen Beiträgen an die Ikonographie Palästina/Israels die Rede sein soll, können wir nicht von einer allgemein syrischen Erscheinung wie dem Wettergott ausgehen, sondern müssen ein Phänomen finden, das mit einer gewissen Berechtigung den Anspruch erheben kann, typisch aramäisch zu sein.

2. DIE ARAMÄER, DAS MONDHEILIGTUM VON HARRAN UND SEIN EMBLEM IN DER GROSSKUNST

Die Urheimat, das eigentliche Land der Aramäer (*māt Arimi*) scheint das "Gebirge der Diener" (*Ṭur ʿAbdin*) in der Gegend des heutigen Mardin gewesen zu sein. Aber schon um 1100 wird der Ǧebel Bišri westlich des Euphrat als ein von Aramäern kontrolliertes Gebiet erwähnt. Zu Beginn des 1. Jts. wird der Bereich des grossen Euphratknies von ihnen bevölkert (LIPIŃSKI 1988: 147; vgl. REINHOLD 1989: 23-28).
Eine der Hauptkultstätten der Aramäer in diesem Bereich ist das "Haus der Freude", der Mondtempel von Harran (*Ḫarrānu*). Dieser Tempel wird zwar schon im 18. Jh., zur Zeit Zimrilims von Mari, erwähnt (POSTGATE 1975: 123f). Zu grösserer Bedeutung scheint er aber erst unter Salmanassar III. im 9. Jh. gekommen zu sein (LAROCHE 1955: 8; GEORGE 1993: 99 Nr. 470). Aus der Zeit zwischen dem ausgehenden 9. und dem ausgehenden 7. Jh. sind eine Reihe von 1-2 m hohen Steinstelen bekannt geworden, die den Sichelmond auf einer Stange zeigen. An der Berührungsstelle von Mond und Stange oder in der Nähe dieser Stelle sind zwei Troddeln (Quasten) befestigt. Im folgenden nenne ich dieses (und *nur* dieses!) Gebilde *Mondemblem von Harran* oder kurz *Mondemblem*, wogegen ich den Sichelmond ohne

Troddeln als *Sichelmond auf Stange* oder (Sichel) *Mondstandarte* und den ohne Stange schlicht als *Sichelmond* bezeichne.

2.1. Das Mondemblem allein

Ein erster Typ von Stelen zeigt das Mondemblem ganz allein. Für diesen Typ sind heute sechs Belege bekannt. Drei sind im Gebiet der heutigen Türkei, drei auf dem Syriens gefunden worden.

Nr. 1 = **Abb. 1** wurde in Açaği Yarimca ca. 6 km nw von Harran gefunden und steht heute im Lapidarium des Archäologischen Museums in Ankara. Die Basaltstele misst 188 x 49 x 35 cm. Die Stange mit dem Sichelmond steht auf einem zweistufigen Sockel. Die sich nach unten stark verbreiternden Troddeln liegen der Stange an. Die Hörner des Sichelmonds enden fast senkrecht. Der Stein war beschriftet (zur Inschrift siehe *Appendix* zu diesem Kapitel) und scheint aus der Zeit Sanheribs (705-691) zu stammen. (GADD 1951: 80, 108-110 Pl. 10,3; SPYCKET 1973: 389f. 393 Fig. 15; BÖRKER-KLÄHN 1982: Nr. 206 [Lit.]; KOHLMEYER 1992: 97).

Nr. 2 = **Abb. 2** stammt aus Sultantepe ca. 25 km nnw von Harran und zwar aus dem Areal M (Tempel) aus Raum 5. Ihr heutiger Aufenthaltsort ist unbekannt. Die Stein (welcher Art ?)-Stele ist in zwei Teile zerbrochen und unvollständig. Das untere Fragment misst 48 x 36 cm, das obere 43 x 36. Die Stange steht auf einem zweistufigen Sockel. Die Darstellung der Mondsichel ist der auf Nr. 1 sehr ähnlich. Sie öffnet sich aber breiter als bei Nr. 1. Die Stele wird aufgrund des Fundkontexts in die Zeit zwischen 648 und 610 datiert (LLOYD/-GÖKÇE 1953: 60 Fig. 6 und Pl 4,1; SPYCKET 1973: 389f. 393 Fig. 16; BÖRKER-KLÄHN 1982: Nr. 230; KOHLMEYER 1992: 97).

Nr. 3 = **Abb. 3** wurde in Kizkapanli in der Nähe des Weilers Gözlügöl bei Kahramanmaraç (Maraç) ca. 130 km nw von Harran gefunden, als der Pacarzik Damm gebaut wurde. Die Stele steht heute im Museum von Kahramanmaraç. Die Basalt (?)-Stele misst 140 x 44 x 16,5 cm. Es ist die einzige der hier aufgelisteten Stelen, auf der der Sichelmond auf Stange ohne Sockel und Troddeln ist. Sie gehört streng genommen also nicht in diesen Katalog (vgl. aber unten). Die Mondsichel schliesst sich fast zum Kreis und umrahmt eine Scheibe, die wahrscheinlich den

Vollmond darstellt. Die Stele ist beschriftet (zur Inschrift siehe *Appendix* zu diesem Kapitel) und stammt aus der Zeit Adadniraris III. (811-781), genau aus dem Jahre 805. Die Inschrift nennt als Zweck der Stele eine Grenzmarkierung, die von Salmanassar IV. 773 bestätigt wurde. Da in Z. 23 der Inschrift der Mondgott Sin von Harran als Garant der Grenzziehung ganz speziell genannt wird (DONBAZ 1990: 9), dürfte der Sichelmond auf Stange auch ohne die zwei charakteristischen Elemente den Mondgott von Harran darstellen (BÖRKER-KLÄHN 1982: Nr. 166; DONBAZ 1990: 5. 9f und 15-24 Fig.7-24; KOHLMEYER 1992: 97f mit Anm. 37. Lit!).

Nr. 4 = **Abb. 4** wurde in einen Brunnen verbaut im Weiler Qaruz 14 km sö von Arslan Taç ca 50 km wsw von Harran gefunden. Die Stele wird im Archäologischen Museum von Raqqa aufbewahrt. Die Basaltstele misst 137 x 55 x 24 cm. Die Stange des Sichelmonds steht auf einem dreifach getreppten Sockel, die Troddeln liegen eng an der Stange an und bilden ein etwa rechteckiges Feld. Der Sichelmond ist wie bei Nr. 2 breit offen. Die Stele ist beschriftet, aber die Inschrift stark zerstört (vgl. dazu den *Appendix* am Ende dieses Kapitels). Eine genaue Datierung ist nicht möglich, 8./7. Jh. (KOHLMEYER 1992: 96 und Taf. 39,5).

Nr. 5 = **Abb. 5** wurde auf einem Feld bei Zaraqotaq gefunden, wohin sie wahrscheinlich vom Tell Aḥmar (Til Barsip) 70 km wsw von Harran verschleppt worden ist; heute im Foyer des Nationalmuseums in Aleppo. Die Basaltstele misst 162 x 62 x ? cm. Die Stange steht auf einem doppelt getreppten Sockel. Sie endet scheibenförmig. An dieser Scheibe hängen zwei glockenförmige Troddeln. Die Mondsichel ist fast geschlossen und trägt zwei Ösen. Die Stele wird aufgrund stilistischer Kriterien ins 8. Jh. datiert (KOHLMEYER 1992: 94f und Taf. 39,3).

Nr. 6 = **Abb. 6** wurde in ein Heiligengrab verbaut in ʿAran (Bit Agusi) 19 km sö von Aleppo nahe des Ǧabbul-Sees, etwa 160 km wsw von Harran gefunden. Sie befindet sich noch dort. Da die Basaltstele in den Boden eingelassen ist, ist nur die obere Hälfte sichtbar, die 75 x 59 x ? cm misst. Die Gestaltung der Troddeln und der Mondsichel sind ähnlich wie bei Nr. 1. Sie kann nicht genauer datiert werden als 8./7. Jh. (KOHLMEYER 1992: 91-94 und Taf. 38,1).

2.2. Das Mondemblem von zwei Männern flankiert

Neben dem Stelentyp, der einzig das Mondemblem von Harran zeigt, existierte ein zweiter Typ, von dem heute zwei Belege bekannt sind. Er zeigt das Mondemblem von zwei Männergestalten flankiert.

Nr. 7 = **Abb. 7** wurde in Tavale Köyü nahe am Orontes auf halbem Weg zwischen Antakya und Samandag, ca. 250 km wsw von Harran gefunden. Die Stele ist heute im Archäologischen Museum von Antakya Inventar Nr. 11 832. Der obere Teil der Basalt(?)-Stele ist weggebrochen. Die Dimensionen sind, soweit erhalten, 127 x 52 x 31 cm. Auf einem dreistufigen Sockel erhebt sich die Stange, auf der direkt die Mondsichel aufruhte. Die Troddeln scheinen direkt an ihr befestigt gewesen zu sein. "Beidseits der Symbolstandarte... jeweils eine Gestalt mit Grussgestus: zumindest die rechte ist bärtig, beide tragen ein Schalgewand (HROUDA 1965: 38f Nr. 3)" (KOHLMEYER 1992: 98). DONBAZ spricht von "royal figures" (1990: 5). Falls er mit "royal figures" assyrische Könige meint, ist das eher unwahrscheinlich. Ein Blick auf Monumente des 9. Jhs., etwa auf den Schwarzen Obelisken Salmanassars III., zeigt, dass die Tracht der Personen auf Abb. 7 eher der hoher Beamter oder lokaler Fürsten als der des Grosskönigs entspricht (ANEP Nr. 352, die zwei obersten und das unterste Register; Nr. 355 oberstes Register). Die Inschrift (zu dieser vgl. den *Appendix* am Ende dieses Kapitels) datiert die Stele in die Zeit Adadniraris III. (811-781). (BÖRKER-KLÄHN 1982; Nr. 167; DONBAZ 1990: 5-9 und 11-14; KOHLMEYER 1992: 98).

Nr. 8 = **Abb. 8** wurde in Göktaçköyü etwa 120 km wnw von Harran gefunden. Sie steht heute im Garten des Archäologischen Museums von Gaziantep. Die Basaltstele misst 125 x 33-36 x 20-22 cm. Sie ist in zwei Teile zerbrochen. Die Stange des Mondemblems erhebt sich über einem dreifach getreppten Sockel. Die Troddeln sind an der Mondsichel befestigt, deren Enden sich fast zum Kreis runden. Die beiden Gestalten, die frei in den Raum gesetzt sind, tragen ein langes Gewand und haben je eine Hand grüssend/verehrend erhoben. Die rechts trägt einen Stab, die links nicht. Es handelt sich also kaum um die rein kompositorische Verdoppelung ein und derselben Gestalt. Die Stele kann nur grob ins 8./7. Jh. datiert werden. (BÖRKER-KLÄHN 1982: Nr. 244; KOHLMEYER 1992: 98f).

2.3. Das Mondemblem und der anthropomorphe Mondgott

Auf zwei weiteren Monumenten der Grosskunst, einer Stele und einer Reliefplatte, ist das Mondemblem nicht das einzige oder wenigstens zentrale Motiv, sondern erscheint als Nebenmotiv neben einer anthropomorphen Göttergestalt, die in einem Falle wahrscheinlich, im anderen sicher den Mondgott darstellt.

Nr. 9 = **Abb. 9** stammt aus Ali Gör bei Sürüç gut 50 km wnw von Harran. Sie befindet sich jetzt im Lapidarium des Archäologischen Museums in Ankara. Die Basaltstele misst 162 x 67 x 19 cm. Auf einem liegenden geflügelten Tier steht ein nach rechts gerichteter anthropomorpher Gott. Das Tier wird von J. BÖRKER-KLÄHN als Flügelstier (1982: 221), von R.D. BARNETT aber mit besseren Gründen als gehörnter Löwendrache identifiziert (1986: 26f; KOHLMEYER 1992: 98). Auf einem Löwendrachen steht der Mondgott auch auf einem neuassyrischen Rollsiegel im Britischen Museum (COLLON 1992: 37 Abb. 22). Der Gott trägt einen Federpolos (HROUDA 1965: Taf. 4, 12-16.18-21) mit stark abgenutzten Federn und aufsitzender Scheibe "in der Art der Gottheiten von Maltai (BÖRKER-KLÄHN 1982: Nr. 207-210), rechts glaubt man noch die Hörner zu erkennen. Haar- und Barttracht scheinen dem Üblichen entsprochen zu haben; unter dem Schopf hängt ein langer, unten verdickter Zopf auf den Rücken, wie er bereits auf den Wandmalereien von Til Barsib zu beobachten ist. Die Ausstattung besteht in Bogen, Knaufszepter, Schwert mit Knauf und in einem gebogenen Gegenstand in der herabhängenden Rechten. Dieser endet in einem Tierkopf (Vogel?) und ist wohl trotz des fehlenden Quersteges den Instrumenten auf der Zinçirli-Stele (BÖRKER-KLÄHN Nr. 219; 1. Symbolfigur), den Maltai-Reliefs (Ebd. Nr. 207-210; 3. Götterfigur auf Flügelstier)" (BÖRKER-KLÄHN 1982: 221) und einem "Bildhauermodell" Sanheribs (?) im Berliner Museum (VA 6726) gleich, dem der Gott auf unserer Stele auch sonst recht nahe steht (HROUDA 1965: Taf. 58,6). "Rechts neben dem Federpolos erscheint eine Flügelsonne, aber das Schwergewicht liegt auf einem anderen Symbol. Zwischen Rand und Figur ist – in einer Weise, die das Gleichgewicht der Komposition empfindlich stört – ein Stab eingefügt, der oberhalb einer kreisförmigen Verdickung von einem Halbmond besetzt ist. In dem flachen, trapezförmigen Teil hinter dem Schaft sind die beiden Troddeln der Harranstele (unsere Abb. 1) und des Aleppo-Reliefs (unsere

Abb. 10) nur noch schwer zu erkennen. Der Knauf unter dem Halbmond wiederholt sich auf der Sultantepe-Stele (unsere Abb. 2; vgl. auch Abb. 5)...Die Stele ist und war nicht beschriftet" (BÖRKER-KLÄHN 1982: 221 Nr. 240, Abb. 240a-b; KOHLMEYER 1992: 97f).

Nr. 10 = **Abb. 10** stammt vom Tell Aḥmar (Til Barsip) 70 km wsw von Harran. Die Reliefplatte ist in zwei Teile zerbrochen. Die Herkunft des oberen Teils im Nationalmuseum von Aleppo (Inventar Nr. M. 4526) war unbekannt, als er 1963 von A.M. BISI publiziert wurde. 1992 hat K. KOHLMEYER gezeigt, dass das Relieffragment in Aleppo eindeutig zu einem anderen Fragment gehört, das auf dem Tell Aḥmar gefunden und 1936 von F. THUREAU-DANGIN und M. DUNAND publiziert worden ist (Pl. 14, 5a-b) und sich heute mit der Inventar Nr. AO 26 555 im Louvre in Paris befindet. Die gleiche Entdeckung wie KOHLMEYER hat U. SEIDL gemacht (1993: 72). Die aus den zwei Fragmenten zusammengesetzte Reliefplatte aus Kalkstein ist ca. 55 x 38-39 x 6,5-7 cm.gross. Sie ist beidseitig bearbeitet. Auf der einen Seite ist ein turmflankierter Torbau zu sehen. "Gemeint sein dürfte der Tempel des Mondgottes von Ḫarran" (Kohlmeyer 1992: 100). Auf den Zinnen des Tores steht nach rechts gerichtet ein Gott. Er trägt das assyrische Schlitzgewand und auf dem Kopf einen Feder (?)-Polos mit nur einem Horn. Der Polos wird von der Mondsichel gekrönt. In einer Mondsichel endet auch der kurze Stab, den der Gott in der einen Hand hält und drei Mondsicheln sind an der Schwertscheide zu sehen, die nach hinten herausragt. Das Bauwerk, auf dem der Gott steht, wird von zwei hohen Stangen flankiert, die das Bauwerk weit überragen. "Die Schäfte...sind durch paarweise Querkerben in 14 bzw. 15 Abschnitte geteilt; könnte die Summe, also 29, für die Länge eines Monats stehen ?" (SEIDL 1993: 72). Die Stangen werden von Mondsicheln bekrönt. Dort, wo die Mondsichel auf der Stange aufruht, sind je zwei Troddeln zu sehen, die sehr ähnlich wie auf Abb. 6 gestaltet sind. Der Gott, der auf dem Tempel steht, dürfte den Mondgott von Harran in anthropomorpher Erscheinung darstellen.
Die andere Seite der reliefierten Platte zeigt einen schreitenden vierflügligen Genius im Schlitzgewand und mit einem Eimer in der einen Hand. Die Platte ist erheblich kleiner als die Stelen der Nr. 1-9. "BÖRKER-KLÄHN erwägt daher die Möglichkeit, dass es sich um ein Kultbild handelt. Das ist nicht auszuschliessen, doch könnte auch daran gedacht werden, dass die Platte eine Weihgabe für Sin war...Für ein

Bildhauermodell wirkt sie jedenfalls zu gross. In der Datierung kann das Stück nicht von den Fresken (von Til Barsip) des späten 8. Jahrhunderts v. Chr. getrennt werden, auch wenn sich damit ein unlösbarer Widerspruch zur publizierten Fundlage ergibt" (KOHLMEYER 1992: 100). (THUREAU-DANGIN/DUNAND 1936: 159 No. 9 und Pl. 14,5a-b; BISI 1963: 215-222 und Pl. 40; SPYCKET 1973: 388f fig. 21; BÖRKER-KLÄHN 1982: 222 Nr. N 240; KOHLMEYER 1992: 99f und Taf. 40 (Mondgott) und 41 (vierflügliger Genius); SEIDL 1993: 72).

Obwohl die Inschriften der Stelen, so weit sie solche tragen, assyrisch sind, ist bisher keine im assyrischen Kernland gefunden worden. Die Assyrer haben sich im Westen offensichtlich den Kult eines Heiligtums der Aramäer zu eigen gemacht. In spätneuassyrischer Zeit unter den Sargoniden gewann der Mondgott von Harran dann eine solche Bedeutung, dass er in den Inschriften Sargons, Sanheribs, Esarhaddons und besonders Assurbanipals häufig unmittelbar nach Assur an zweiter Stelle erwähnt wird (LEWY 1945-1946: 453-489).

2.4. Das Mondemblem als beigefügtes Zeichen und als Kultrequisit

Vom Ende des 9. bis zum 6. Jh. scheint die Bedeutung der Kultstätte von Harran auch im Westen stark zugenommen zu haben. Um 730 lässt sich Barrakib, der aramäische Herrscher von Sam'al (Zinçirli), das immerhin gut 200 km wnw von Harran liegt, mit dem für diesen Kultort typischen Emblem abbilden (**Abb. 11** = KEEL 1984a: 223 Abb. 331 = ANEP Nr. 460 = ORTHMANN 1971: 545 Nr. F/1 = GENGE 1979: 121.145f; Abb. 55). In der Beischrift zum Emblem erklärt er: *mr'y b'l ḥrn* "Mein Herr ist der Besitzer von Harran".

Der Kult des Mondgottes von Harran ist wenig später, im 7. Jh., nicht nur 200 km weit nach Westen, sondern noch viel weiter, nämlich gut 700 km nach Südwesten, ins südliche Palästina vorgedrungen. Einen ersten Hinweis gibt eine Mondsichel aus Bronze, die maximal 17 cm breit und mit der Tülle 21 cm hoch ist (**Abb. 12** = OREN 1993: 1333f; vgl. WEIPPERT 1978: 52; WEIPPERT 1988: 627f mit Abb. 4.66 [6]). Sie ist auf dem zwischen Gaza und Beerscheba gelegenen Tell eš-Šeriʿa im Areal D auf dem Ziegelfussboden der Festung von Stratum V (7. Jh.) zusammen mit einer kleinen Bronzeglocke gefunden worden. Ein aramäisches Ostrakon, assyrische Palastware und andere Kleinfunde beweisen, dass die Besatzung der Festung assyrisch-aramäisch war (OREN 1993: 1333).[1] Auch hier, nicht nur bei der Verbreitung nach Westen (LAROCHE 1955: 9), dürften Aramäer die treibende Kraft gewesen sein. Die beiden Ösen am oberen, zu einem Knauf ausgeweiteten Ende der Tülle dienten wohl der Befestigung der beiden berühmten Troddeln, die auf dem Orthostaten des Barrakib besonders schön zu sehen sind (vgl. Abb. 11). Der so geschmückte Sichelmond krönte wohl eine Standarte, der kultische Ehre erwiesen wurde, wie dies ein Relief Sanheribs aus Ninive zeigt (z.B. LAYARD 1853: Pl. 24; PATERSON 1917: Pl. 76; KEEL 1984a: 214 Abb. 322; vgl. BLEIBTREU 1983).

H. WEIPPERT hat dem Stück von Abb. 12 zwei weitere ähnliche Sichelmonde aus Bronze an die Seite gestellt (1978: 52f; 1988: 628 mit Anm. 54). Der eine, 15,5 cm breit, wurde – wie der Barrakib-Orthostat – in Zinçirli gefunden (**Abb. 13** = VON LUSCHAN/ANDRAE 1943: 105.168; Taf. 48z), der andere, etwas grössere, nämlich 25 cm breite, stammt vom Tell Halaf, knapp 100 km östlich von Harran (**Abb. 14** = HROUDA 1962: 54; Taf. 34,1; vgl. auch VAN BUREN 1945: 67 zu Mondsicheln aus Kupfer- bzw. Goldblech und rosarotem Marmor aus Ur). Im Gegensatz zum Beleg vom Tell eš-Šeriʿa ist bei diesen beiden Stücken allerdings keinerlei Vorrichtung zur Befestigung der charakteristischen Troddeln zu erkennen. Sie könnten von Szeptern stammen, wie der Gott auf Abb. 10 eines in der Hand hält.

2.5. Zusammenfassung und Deutung

Die Stelen, die einzig mit dem Mondemblem von Harran versehen sind, zeigen zwar die weite Verbreitung dieses Emblems in der Gegend von Harran und westlich davon. Darüber, unter welchem Aspekt der Mondgott wichtig war, sagen sie allerdings kaum etwas aus. Da

---

[1] A. SPYCKET hat als Beleg für eine Sichelmondstandarte aus Palästina eine Bronze aus Bet-Schean angeführt (1973: 387ff und Fig. 12). Aber T. DOTHAN hat gezeigt, dass es sich in diesem Fall um den Abschluss eines Szepters oder einer Lanze, einen sogenannten Lanzenschuh, gehandelt haben muss (1976: 20-34, besonders 23f mit Anm. 16 und Pl. 4G; vgl. auch WEIPPERT 1978: 53 Anm. 35). DOTHAN macht zwar darauf aufmerksam, dass das Stück aus Bet-Schean auch nicht ganz zu den Lanzenschuhen passt und somit eine gewisse Unsicherheit bleibt. Aber der spätbronzezeitliche Fundkontext in Bet-Schean lässt eine Gruppierung mit den Stücken des 8./7.Jhs. wenig geraten erscheinen.

das Hauptgewicht auf der Mondsichel liegt und nur in einzelnen Fällen der volle Mond in die Sichel einbeschlossen scheint (z.B. Abb. 3), dürfte es sich um den Neu- oder Jungmond handeln, der eine Zeit bedrängender Dunkelheit ablöst und dessen Erscheinen nicht nur im alten Israel (1 Sam 20,5; 2 Kön 4,23; Hos 2,13; Jes 1,13f; Ps 81,4; Num 10,10; Jes 66,23), sondern im ganzen alten Orient festlich begangen worden sein dürfte (DALMAN 1928: 10ff, 18, 441, 451, 598, 604, 606). Welche Assoziationen mit der Dunkelheit, die er durch sein Erscheinen aufhebt, speziell verbunden waren, ist schwer zu sagen. In den beiden Fällen, in denen der Mondgott anthropomorph dargestellt ist, ist er mit dem Schwert gegürtet (Abb. 9-10) und im Falle von Abb. 9 noch mit zusätzlichen Waffen ausgestattet (vgl. auch den schwer bewaffneten Mondgott auf einem neuassyrischen Rollsiegel aus Boğazköy bei BOEHMER/GÜTERBOCK 1987: Nr. 318 = COLLON 1992: 37 Fig. 19). Bei Abb. 10 gibt ihm sein Standort auf dem turmflankierten Torbau eine wehrhafte Note. Die Überwindung der Dunkelheit bedurfte offensichtlich eines gewaltsamen Einsatzes. Die Seltenheit (ein Fünftel der Belege) anthropomorpher Darstellungen des Mondgottes ist schon D. COLLON aufgefallen (1992: 19-31, bes. 28). Ein Grund, den die dem 2. Jh. n. Chr. angehörige, Lukian zugeschriebene Schrift *De Dea Syria* zur Erklärung dieses Sachverhalts nennt, mag schon früher wirksam gewesen sein. Sie erzählt vom grossen Tempel in Membiğ (Hierapolis): "Im Tempel selbst, auf der Linken derer, die eintreten, dort ist zuerst der Thron des Sonnengottes hingestellt, aber sein Bild ist nicht auf ihm. Nur vom Sonnengott (Helios) und der Mondgöttin (Selene) haben sie keine Statuen...Sie sagen, es sei richtig, für die andern Gottheiten Bilder zu machen, denn ihre Gestalt sei nicht jedermann sichtbar, aber Helios und Selene seien allen ganz und gar sichtbar" (Abschnitt 34; ATTRIDGE/ODEN 1976: 44-47). Diese letzte Feststellung hätte im Falle des Mondemblems von Harran nicht zur Kultbildlosigkeit, aber – wie auf vielen neuassyrischen Stelen (vgl. BÖRKER-KLÄHN 1982: Nr. 137, 148, 152 A 1-2, 161, 183, 164 usw.) – dazu geführt, die Gestirnsgottheiten in ihrer natürlichen Erscheinungsform bzw. was man dafür hielt und nicht anthropomorph darzustellen. Auf den Abb. 7-8 ist das Mondemblem von zwei Männern flankiert. Da im Falle von Abb. 8, der eine einen Stock hält, der andere nicht, handelt es sich kaum, wie bereits vermerkt, um die symmetrische Verdoppelung der gleichen Gestalt. Der Stock in der Hand der Gestalt rechts legt nahe, dass es sich um eine Autoritätsperson handelt. Sin von Harran bzw. sein Emblem könnte in diesen Fällen Zeuge und Garant irgendeiner Abmachung oder eines Vertrags sein, den die beiden Männer geschlossen haben.

Von den vier Stelen mit Inschriften (Abb. 1, 3, 4 und 7) sind diese nur auf zweien (Abb. 3 und 7) so erhalten, dass sich ein zusammenhängender Text ergibt (siehe *Appendix* zu diesem Kapitel). Auf den anderen lässt sich nicht viel mehr als "Sin" und "Harran" mit Sicherheit lesen. Bei der Stele von Abb. 7 aus der Zeit Adadniraris III. zeigt die Inschrift, dass das Monument der Sanktionierung einer Grenze diente. Sie trennte das Gebiet Zakurs von Hamat von dem des Ataršumki, dem Sohn des Adramu, und im Vertrag, den die Stele vergegenwärtigt, wird auch die Nutzung der Wasser des Orontes geregelt. Obwohl die Inschrift einmal sechs und einmal vier Gottheiten nennt, Assur, Adad, Ber und Sin, der in Harran wohnt bzw. dessen Name in Harran wohnt, ist nur das Emblem Sins abgebildet. Er galt in Harran und westlich davon offensichtlich als der Vertragsschützer par excellence.
Auf der zweiten Stele (Abb. 3), deren Inschrift erhalten ist, wird in Z. 1 und Z. 16 der Stein geradezu als "Grenze" bzw. "Grenzstein" (*taḫūmu*) bezeichnet. Aufgestellt wurde er von Adadnirari III. und bestätigt von Salmanassar IV. als Grenzstein zwischen Ušpilulume, dem König von Kummuḫ und Qalparuda, dem König von Gurgum. Als Garanten des Vertrags werden zweimal genannt Assur, Marduk, Adad, Sin und Schamasch und zweimal "Assur, mein Gott und Sin, der in Harran wohnt". Auch auf dieser Stele ist nur das Emblem Sins abgebildet.
Die Funktion als Grenzstelen erklärt, warum die meisten dieser Stelen von Bauern irgendwo auf dem Feld entdeckt worden sind. Aber auch wenn sie, wie die von Abb. 1, in einem Tempel gefunden wurden, konnten sie dort als Urkunde zur Sicherung einer Grenze aufgestellt worden sein.
An einen Grenzstein in Form einer beschrifteten Stele dürfte in Jes 19,19 gedacht sein. Die Grenzstele (*mṣbh*) in Gen 31,45 ist offensichtlich unbeschriftet gedacht.

3. Das Mondemblem von Harran in der Miniaturkunst

A. Spycket hat auf die weite Verbreitung des Mondemblems mit den Troddeln im ganzen Bereich des Fruchtbaren Halbmonds hingewiesen. Sie hat auch schon gesehen, dass Harran das Zentrum war (1973: 94f). Aber sie scheint die Bedeutung dieses Zentrums doch etwas unterschätzt zu haben, wenn sie sich über die schwache Präsenz des Emblems in Ur wundert (ebd. 391). Seit dem Erscheinen ihres Beitrags sind zahlreiche Monumente neu gefunden bzw. neu oder wenigstens besser veröffentlicht worden. So waren Spycket nur zwei der sechs grossen Steinstelen mit dem Mondemblem bekannt (Açaği Yarimca, Sultantepe = Abb. 1-2). Sie kannte keine der Stelen, auf denen das Emblem wie auf den Abb. 7 und 8 von zwei Verehrern flankiert wird. Das machte es für sie schwierig, wenn nicht unmöglich, den Zusammenhang zwischen Gross- und Kleinkunst deutlich zu erkennen und zu sehen, dass die letztere sehr wahrscheinlich von der Grosskunst des Raumes von Harran abhängig ist, und dass es sich bei der Kleinkunst nicht um Zeugnisse irgendeines Mondkultes handelt, sondern ihre Produkte als eine Art Devotionalien zu verstehen sind, wie sie von grossen Kultzentren häufig produziert wurden (vgl. dazu Keel 1989: 281-323; Keel 1990: 396-410). Durch Harran läuft dann auch die Trennungslinie zwischen zwei Typen, die sich aufgrund der verschiedenen Elemente der Komposition (Mondemblem allein, von Verehrern flankiert, von Bäumen flankiert etc.) und aufgrund der Gestaltung einzelner Elemente (z.B. des Gestells, auf dem das Mondemblem steht, oder der Bäume, die ähren- oder zypressenförmig sein können) bestimmen lassen.

3.1. Die östliche oder assyro-babylonische Gruppe

3.1.1. Das Mondemblem auf Rollsiegeln

Das neuassyrische Rollsiegel von **Abb. 15** (= Keel 1977: 291-293 Nr. 15; 295 Abb. 221; Taf. Vb) dürfte – im klassisch linearen Stil geschnitten – noch dem 8. Jh. zuzuweisen sein. Es ist auf dem Tell Dotan in Mittelpalästina gefunden worden und wurde vielleicht zur Zeit Tiglatpilesers III. ins Land gebracht. Das Mondemblem wird von den Symbolen der Götter Marduk (links) und Nabu flankiert. Die Embleme der wichtigsten Gottheiten der wichtigsten Nachbarvölker der Assyrer, Aramäer und Babylonier, die beide auf die assyrische Kultur eine grosse Faszination und einen entsprechend grossen Einfluss ausgeübt haben[2], sind mit einer Kultszene kombiniert, die ebenso klassisch neuassyrisch ist wie der Gravurstil des Siegelamuletts (vgl. LLOYD 1954: 108 Fig. 8,1; LOUD/ALTMAN 1938: Pl. 57,85; 58,91; zahlreiche weitere Parallelen bei KEEL 1977: 291-293). Das Mondemblem steht wie das des Marduk und das des Nabu einfach auf der Standlinie, wird aber durch seine zentrale Position und Grösse als wichtigstes Götterssymbol ausgewiesen.

Auf neuassyrischen Rollsiegeln des ausgehenden 8. und solchen des 7. Jhs. steht das Mondemblem häufig im Zentrum und wird von *zwei Verehrern* flankiert. Als Szenen-Trenner findet sich ein ährenförmig stilisierter *Baum* mit einem Stern oder sonst einem zusätzlichen Motiv darüber (**Abb. 16** = MOORTGAT 1940: Nr. 679 = KEEL 1977: 289f Nr. 6 mit Abb. 212; vgl. auch DELAPORTE 1910: Nr. 341; MOORTGAT-CORRENS 1968: Nr. 115). Das Mondemblem steht auf einem Gestell, das durch eine breite waagrechte Linie dargestellt ist, die auf zahlreichen kurzen senkrechten Linien ruht (vgl. auch LOUD/ALTMAN 1938: Pl. 57,88 = KEEL 1990: 240f Fig. 59). Bei den vom Gebrauch des Kugelbohrers geprägten neuassyrischen Rollsiegeln des 7. und 6. Jhs. besteht das Gestell in der Regel aus waagrechten Rechtecken, die einen gestuften Sockel bilden (vgl. **Abb. 17** = PORADA 1948: Nr. 706; GORDON 1953: Pl. 69,37 = KEEL 1990: 240f Fig. 58), wie wir ihn von den Stelen kennen (vgl. Abb. 1-2.4-5.7-8).

Auf einem Rollsiegel des 7. Jhs. aus Kiš ist nur ein *einzelner Verehrer* zu sehen; dessen 'Pendant' bildet ein stilisierter *Baum* (**Abb. 18** = BUCHANAN 1966: Nr. 609). Da das Stück beschädigt ist, lässt sich die Form des Gestells, wenn überhaupt eines vorhanden war, nicht erkennen. Nebst dem Baum können verschiedene andere Motive als 'Gegengewicht' zum einen Verehrer eingesetzt werden (vgl. VON DER OSTEN 1934: Nr. 439 Flügelsonne, Rhomboid und Fisch; PORADA 1948: Nr. 711 Lebenszeichen, Rhomboid und "Waage").

---

2 Zum ambivalenten Verhältnis neuassyrischer Königsideologie und Staatstheologie zu Babylon vgl. etwa MACHINIST 1984/85; zur Aramaisierung der neuassyrischen Reichsverwaltung vgl. GARELLI 1982; TADMOR 1982; MILLARD 1983 (zusammenfassend UEHLINGER 1990b: 485-487).

3.1.2. Das Mondemblem auf Stempelsiegeln

Auf Stempelsiegeln mit ihrem beschränkten Platz (vgl. KEEL 1989: 230) fehlt häufig jede Art von 'Gegengewicht'. Auf einer rechteckigen Platte, die M. MALLOWAN im Chaburtal gekauft hat und die im assyrischen Stil der Zeit um 700 graviert ist (vgl. Abb. 16 und 20), ist neben dem Emblem des Mondgottes von Harran ebenfalls nur *ein* Verehrer zu sehen (**Abb. 19** = BUCHANAN/MOOREY 1988: Nr. 315). Das Mondemblem *zwischen zwei Bäumen* findet sich auf einem Konoiden, der auf dem Tell Keisan nordöstlich von Haifa in einer Schicht gefunden worden ist, die von den Ausgräbern um 700 datiert wird (**Abb. 20** = KEEL 1990: Taf. IX,24; vgl. LAMBERT 1966: Nr. 68). Die Gestaltung ist in allen Details assyrisch, wie auch die der übrigen Dekorationen auf diesem Konoiden (vgl. KEEL 1990: 238-242). Stilistisch besonders signifikant ist das 'gestrichelte' Gestell (vgl. oben Abb. 16 und 19). Ikonographisch findet sich hier, wie auf dem Stück von Abb. 15, eine Kombination des Mondemblems mit den Emblemen des Marduk und des Nabu. Während die beiden Mantelgravuren das aramäische Emblem von Harran und die beiden babylonischen Göttersymbole getrennt darstellen, fasst die Basisgravur letztere mit einigen Astralsymbolen (Mondsichel, Venusstern und Siebengestirn) mit einem Verehrer zu einer Gruppe zusammen. Das erinnert an das Rollsiegel von Abb. 15.

Wie auf den Stelen der Abb. 1-6 erscheint das Mondemblem von Harran auch in der assyrischen Miniaturkunst nicht selten ohne alle Nebenmotive in *splendid isolation*. Dabei kann man Siegelamulette unterscheiden, die nur auf einer Seite graviert sind, und solche, die mehrere mit Bildern gravierte Seiten aufweisen.
Beispiele für einseitig gravierte Siegel der ersten Gruppe stammen aus Assur (JAKOB-ROST 1975: Nr. 416-418, 419 [= **Abb. 21**], 420-423), Nimrud (PARKER 1955: 107 mit Pl. 18,1) und Babylon (JAKOB-ROST 1975: Nr. 414-415). Die meisten dieser Stücke gehören aufgrund des Fundkontexts in die neubabylonische oder gar persische Zeit.

Zur zweiten Gruppe gehören ein auf beiden Seiten gravierter Skaraboid aus Assur (**Abb. 22** = HALLER 1954: 92 mit Taf. 19g = JAKOB-ROST 1975 Nr. 368) und ein unten und oben dekorierter Pyramidenstumpf aus Nimrud (PARKER 1955: 108 mit Pl. 18,5). Bei beiden

Stücken ist auf der Basis ein Muttertier mit Jungem zu sehen. Beide gehören ins 7. Jh. Auch wenn man Beziehungen zwischen den Motiven auf verschiedenen Seiten eines Objekts nur mit Vorsicht herstellen soll, so dürften die Muttertiere in diesem Fall – wie die Bäume bei den Belegen von Abb. 16, 20, 27-29 – den vom Neumond geschenkten Segen symbolisieren. Ebenfalls zur zweiten Gruppe gehören rechteckige Platten, die nicht nur beidseitig, sondern auch auf den Schmalseiten dekoriert sind (vgl. zu solchen BUCHANAN/MOOREY 1988: Nr. 354-355). Bei drei Stücken zeigt die eine Schmalseite einen ährenförmigen Baum, die andere das Mondemblem. Eines dieser Stücke ist in Bet-Zur in einer hellenistischen Schicht gefunden worden (**Abb. 23** = SELLERS 1933: 59 Fig. 50,5; 61). Die stilistische Nähe des Mondemblems und des 'Hügels', auf dem der Baum steht, zur Darstellung von Abb. 22 legt es nahe, auch dieses Stück trotz des späteren Fundkontexts ins 7. Jh. zu datieren. Ein weiteres kommt vom anderen Ende des Fruchtbaren Halbmonds aus Susa (**Abb. 24** = AMIET 1972: Nr. 2311; vgl. auch DELAPORTE 1920/1923: Nr. A. 1149). Es wird von SPYCKET aufgrund des Kostüms des Verehrers in die Perserzeit datiert (1973: 391 Anm. 37).

3.2. Die Zwischengruppe aus der Gegend von Harran

Die linear gravierte Mondsichel von Abb. 20 (vgl. auch DELAPORTE 1910: Nr. 341; LOUD/ALTMAN 1938: Pl. 57,88) und die mit dem Kugelbohrer gebohrten Enden der Troddel auf den assyrischen Siegeln von Abb. 22 und 23 finden sich auch auf einem Kalkstein-Skaraboiden, der in Megiddo als Oberflächenfund geborgen worden ist (**Abb. 25** = LAMON/SHIPTON 1939: Pl. 67, 8; 68,8). Das rechteckige Gestell, auf dem die Stange ruht, erinnert an die jüngsten der neuassyrischen Belege, die die Arbeit mit dem Kugelbohrer charakterisiert, und bei denen die beiden Rechtecke keine Treppe bilden, sondern ungefähr (PORADA 1948: Nr. 711) oder genau gleich lang sind (**Taf. 16,2**). Hier steht das Mondemblem zwischen dem anthropomorph thronenden Mondgott (?) und einem Verehrer.[3] Bei Abb. 25 flankieren statt zweier Bäume zwei Bohrloch-Sterne das Mondemblem. Ein Chalzedon-

3 Das Siegel ist kürzlich vom BIF erworben worden (Inventar Nr. VR 1991.58; weisslicher Stein mit teilweise beiger und rosa Tönung, Spuren einer Bronzefassung; 33,3 x 15,7 mm).

siegel mit einer sehr ähnlichen Ikonographie stammt aus Str. VI (spätes 8./7. Jh.) des Sultantepe (**Abb. 26** = LLOYD 1954: 108.110 Fig. 8,6). Es zeigt das Mondemblem ebenfalls auf einem Gestell aus zwei gleich breiten Rechtecken. Es ist nur von einem einzelnen Stern begleitet. Auf einem rechteckigen Kalksteinsiegel vom Sultantepe Str. V (7. Jh.) sind es ein ährenförmiger Baum und Bohrloch-Sterne, die das Emblem einrahmen (**Abb. 27** = LLOYD 1954: 108.110 Fig. 8,10). Der ährenförmige Baum ist zwar eher assyrisch. Er kommt aber im Westen bis Zinçirli vor (**Abb. 28** = VON LUSCHAN/ANDRAE 1943: 159f; Taf. 38f = KEEL 1977: 287f Nr. 3 mit Abb. 210). Die ährenförmigen Bäume sind typisch für die östliche und die Zwischengruppe (vgl. Abb. 16, 18, 20, 23f, 27, 29f und LAMBERT 1966: Nr. 68). Die Troddeln, die bei Abb. 28 direkt an der Mondsichel hängen, scheinen für das Original-Emblem von Harran typisch zu sein (vgl. vor allem Abb. 11). Bei den assyrischen Stücken hängen sie meistens an einer kleinen Querleiste der Stange (Abb. 15, 16, 19; vgl. auch LAMBERT 1966: Nr. 68). Das Stück vom Tell Keisan (Abb. 20) kombiniert beide Formen.

Weder Abb. 27 noch 28 weisen typisch und ausschliesslich assyrische Züge auf; sie nehmen so eine Mittelstellung zwischen der östlichen und der westlichen Gruppe ein. Dies gilt auch von zwei tief eingeritzte Tonscherben, die in einer Auffüllung mit Material der Eisenzeit II auf dem Tell Keisan gefunden worden sind (**Abb. 29-30** = PUECH 1980: 297f; Pl. 90,36-37). Die Darstellung ist derjenigen auf dem Kalksteinsiegel vom Sultantepe (Abb. 27) sehr ähnlich, nur dass der stilisierte Baum links statt rechts vom Emblem steht, was vielleicht auf die Tatsache zurückzuführen ist, dass der Graveur den Abdruck eines Siegels vom 'Sultantepe-Typ' kopiert hat. Typisch für diese ganze Gruppe ist der in seinen Konturen schlicht rechteckige oder fast quadratische Sockel. Bei Abb. 28 fehlt er ganz.

Ein Rollsiegel aus Geser zeigt eine Prozession von drei Verehrern, die sich auf ein Mondemblem zubewegt (**Abb. 31** = PARKER 1949: Nr. 190). Dem Sichelmond ist wie auf Abb. 11 (Zinçirli) die volle Mondscheibe einbeschrieben. Die lang herabhängenden, aus Bohrlöchern zusammengesetzten Troddeln finden sich am ehesten bei der durch Abb. 17 repräsentierten Gruppe (vgl. noch PORADA 1948: Nr. 712). Der Kubus, auf dem das Emblem steht, erinnert an zwei Belege vom Sultantepe (Abb. 26-27). Die Verehrer haben keine ganz genaue aber doch die nächste Parallele in Abb. 33. Weder PARKER noch SPYCKET (1973: 388 Fig. 5) noch WEIPPERT (1978: 54 Nr. 12) machen einen Datierungsvorschlag. Da nicht nur die Gestaltung der Troddeln, sondern auch die Haartracht und die Kleider mit den Fransen an neuassyrische Siegel des "late drilled style" erinnern (PORADA 1948: Nr. 711), andere Details (Mondscheibe, Kubusgestell) aber nicht zu dieser Grupe passen, haben wir es wohl mit einem in Nordsyrien hergestellten, stark unter assyrischem Einfluss stehenden Produkt des späten 8. oder 7. Jhs. zu tun, das der Zwischengruppe aus Harran am nächsten steht.

3.3. Die westliche oder nordsyrisch-phönizisch-palästinische Gruppe

3.3.1. Rollsiegel

Von der Ikonographie der klassischen neuassyrischen Rollsiegel (Abb. 15-18) weicht ein Rollsiegel in einem bezeichnenden Detail ab, das 1975 vom Museum von Adana erworben worden ist (**Abb. 32** = TUNCA 1979: Nr. 73). Auf dem Stück, das in dem für die Sargonidenzeit typischen, von BUCHANAN (1966: 106) als "debased linear style" bezeichneten Stil geschnitten ist, ist das Gestell, das das Mondemblem trägt weder gestrichelt (Abb. 16) noch getreppt (Abb. 17), sondern als ein Rechteck dargestellt, das auf zwei kurzen Füssen steht. Eine ähnliche Anomalie findet sich auf einem neuassyrischen Rollsiegeln, das auf Zypern gefunden worden ist (**Abb. 33** = OHNEFALSCH-RICHTER 1893: Pl. 30,11). Bei diesem ist das rechteckige Gestell ohne Füsse, aber mit einem Gittermuster überzogen.

Auf einem mit Füssen versehenen Gestell mit Gittermuster, das zudem unten in der Mitte 'durchgeknickt' ist, steht das Mondemblem auch auf einem Rollsiegel aus feinem Kalkstein, das in einem Grab auf dem Berg Nebo im Ostjordanland gefunden worden ist (**Abb. 34** = UEHLINGER 1990a: 329f mit Fig. 109). Fundzusammenhang und stilistische Erwägungen zwingen, das Stück ins 8./7. Jh. zu datieren. Hier ist nicht nur das Gestell, auf dem das Mondemblem steht, unassyrisch. Unassyrisch sind auch der Doppelpfeifen- und der Leierspieler, die von links auf das Emblem zuschreiten, und der zypressenförmige Baum, der rechts davon steht. Vor jedem der beiden Musikanten steht ein eckig stilisiertes Lebenszeichen. Astralsymbole umgeben das Emblem. Die Ikonographie ist nahezu identisch mit den vier Seiten eines

Prismas aus der Sammlung DAYAN (UEHLINGER 1990a: 329f mit Fig. 108). Bäume, die als stilisierte Zypressen gestaltet sind, finden sich auf zahlreichen phönizischen Metallschalen (MARKOE 1985: 244f Nr. Cy 2; 256f Nr. Cy 8; 290f Nr. E5; 292f Nr. E6; 296f Nr. E8; 308f Nr. E13; 348f Nr. U7). Im Vergleich zu diesen Darstellungen fallen bei Abb. 34 und verwandten Stücken die zwei Striche beim Berührungspunkt von Stamm und Krone auf. Sie sind vielleicht vom Sichelmondemblem auf die Bäume übertragen worden. Die Bäume könnten aber auch auf eine missverstandene bzw. adaptierte Marduk-Hacke zurückgehen (vgl. Abb. 39 mit Abb. 15, 20 und 32), wie die eckig stilisierten Lebenszeichen einer Variante des Nabu-Griffels nicht unähnlich sind (vgl. Abb. 34 mit Abb.20 und 33). Fast ebenso häufig wie stilisierte Zypressen sind Reihen von Musikanten oder Musikantinnen, meistens eine Leier-, eine Doppelpfeifen- und eine Tamburinspielerin, auf Produkten des phönizischen Kunsthandwerks zu sehen (MARKOE 1985: 246f Nr. C3; 252f Nr. Cy6; 316f Nr. G3; BARNETT 1975: Pl. XVIf Nr. S3). Auf den phönizischen Metallschalen handelt es sich durchwegs um Musikantinnen; auf dem Nimrud-Elfenbein ist das Geschlecht der Spielenden nicht eindeutig. Im phönizisch-aramäischen Grenzbereich, auf den Orthostaten von Karatepe, und im aramäischen Einflussbereich, in Zinçirli, sind es Musikanten (ORTHMANN 1971: 394f; Taf. 18c; 63f,g-h) wie auf dem Rollsiegel von Abb. 34.

3.3.2. Stempelsiegel

Viel häufiger als auf Rollsiegeln findet sich das Mondemblem im Westen auf Stempelsiegeln und Verwandtem.

3.3.2.1. Das Mondemblem allein

Sehr ähnlich wie auf dem Rollsiegel von Abb. 32 ist das Gestell des Mondemblems auf drei Abdrücken auf einer Keilschrifttafel aus Geser gestaltet (**Abb. 35** = MACALISTER 1912: I Frontispiz Fig. 3 mit 27-29; II 297 Nr. 38; vgl. BECKING 1983: 86-89; REICH/BRANDL 1985: 41f [mit Lit.], 48 Nr. 3). Der von der Tafel dokumentierte Landverkauf fand im Jahre 649 statt, wie die Nennung des Eponymats von "Aḫi-ilāya, Gouverneur von Kargamiš" zeigt. Der Text beginnt mit:"Siegel des Natanyahu, des Besitzers des Feldes, das verkauft wird...". Dann folgen untereinander die drei Abdrücke des gleichen Siegels, die das Mondemblem und einen Stern zeigen. Der Besitzer und Verkäufer war, wie sein Name verrät, ein Judäer; das Siegel mit dem Mondemblem gehörte offensichtlich ihm. Der Käufer wird nicht genannt. Von den vier erhaltenen Namen der Zeugen der Transaktion ist einer ägyptisch oder aramäisch, zwei sind akkadisch und einer ist nicht deutbar. Auf einer zweiten in Geser gefundenen Tafel aus dieser Zeit begegnen ein ägyptischer sowie mehrere aramäische und akkadische Namen (BECKING 1983: 88; ZADOK 1985: 568f). Die Tafel liefert so einen weiteren (vgl. oben Abb. 12) interessanten Hinweis auf das Milieu, in dem das Mondemblem von Harran in Palästina Verbreitung fand. In einer Mischbevölkerung, in der das aramäische Element grosses Gewicht hatte, konnte das Mondemblem offensichtlich auch in judäische Kreise Eingang finden. Dieser Befund wird durch zwei vor wenigen Jahren gefundene Bullen bestätigt. Die eine (**Abb. 36** = CITY OF DAVID 1989: Nr. 9 = KEEL/UEHLINGER 1992: 343 Abb. 297a) stammt aus einem Jerusalemer Archiv des 7. Jhs. aus der sogenannten Davidstadt. Die ikonographische Gestaltung des Emblems ist singulär und könnte einer lokalen Werkstätte zuzuschreiben sein. Anstelle der Standartenstange setzte sie einen dicken, schraffierten Pfeiler, der entfernt an die zeitgenössischen Darstellungen eines Pfeilers mit Volutenkapitell erinnert (KEEL/UEHLINGER 1992: 415 Abb. 353a; SASS/UEHLINGER 1993: 275 Abb. 10; vgl. KEEL-LEU 1991: Nr. 132). Die beiden schrägen Strichlein an der Berührungsstelle von Sichel und Pfeiler, die auf die Troddeln des Emblems von Harran zurückgehen, zeigen, dass wir es mit einer Adaption dieses Emblems zu tun haben. Etwa in die gleiche Zeit datiert eine ebenfalls anepigraphische Bulle mit Darstellung des Mondemblems aus der damals judäischen Ḥorvat ʿUza im nordöstlichen Negev, 6,5 km südwestlich von Arad (**Abb. 37** = BECK 1986: 40f). Das Gestell ist dem auf den Abb. 32 und 35 ähnlich. Die durch Doppelstriche wiedergegebene Stange und die ebenso gestalteten Troddeln erinnern an Abb. 39.

Die auf dem Rollsiegel von Abb. 33 angetroffene Form des Gestells des Mondemblems findet sich auch auf einem einzigartigen Stempelsiegel der Bibliothèque Nationale in Paris (**Abb. 38** = BORDREUIL 1986: 21f Nr. 4). Die Inschrift auf einer Seite des Prismas, *pʿr ḥmn*, bedeutet wahrscheinlich, dass das Siegel der Stadt Paʿar am Amanus, nicht weit von Zinçirli, gehörte. Es diente vermutlich der Beglaubigung der Echtheit der in dieser Stadt produzierten Metalle. Aufgrund der Paläographie dürfte es in die zweite Hälfte des 8. Jhs. zu datieren sein. Es beweist wie der Barrakib-Orthostat (Abb. 11), dass die Verehrung des Mondgottes von Harran in der 2. Hälfte des 8. Jhs. sich schon weit nach Westen ausgebreitet hatte. Das Mondemblem ist auf Abb. 38 auf der rechten Seite von vier Kugelsternen und auf der linken von einem Kugelstern und einem Strahlengestirn flankiert. Auf einem Oberflächenfund von Naḥšonim, ca. 4 km südöstlich von Petaḥ Tiqwah, der leider nur von einem Abdruck her bekannt ist (**Abb. 39** = KEEL 1977: 294f Nr. 17 mit Abb. 223), wird das Mondemblem von zwei Sternen und einem Rhomboiden flankiert (nicht von einem Baum, wie ich früher sagte, KEEL 1977: 294). Ein Rhomboid erscheint in dieser Zeit häufig zusammen mit Astralsymbolen (UEHLINGER 1990a: 325 Fig. 99-101, vgl. 328). Das gegitterte Gestell des Mondemblems ist wie auf Abb. 34 durchgeknickt. Die Gestaltung des Emblems selbst ist in allen Details identisch mit der auf einem Skaraboiden vom Tell Ǧemme (vgl. unten Abb. 43).

3.3.2.2. Das Mondemblem mit einem Verehrer

Eine ganze Reihe von Stempelsiegeln der westlichen Gruppe zeigt einen einzelnen Verehrer vor dem Mondemblem. Auf ein solches Stempelsiegel geht der Abdruck auf einer Keilschrifttafel aus Kargamiš zurück, die um 700 zu datieren ist (**Abb. 40** = THOMPSON 1921: 135-142; Fig. 54; Pl. 26a). Die Tafel erwähnt 16 Aramäer aus dem Gebiet von Harran und einen ortsansässigen Assyrer. Leider ist der Abdruck nur flüchtig gemacht worden, so dass das Gestell nicht zu erkennen und auch nicht sicher ist, ob Troddeln vorhanden waren, was zu erwarten wäre. Einen Skaraboiden mit der gleichen Komposition hat G.J. CHESTER 1889 in Tartus erworben (**Abb. 41** = BUCHANAN/MOOREY 1988: Nr. 316). Das Gestell ist hier, wie im Westen üblich, als Rechteck auf zwei Füssen aber nicht mit Gittermuster, sondern mit senkrechten Rillen (Einfluss der östlichen Gruppe?) stilisiert.
Ein Skaraboid aus Šiqmona bei Haifa aus einer Schicht, die der Ausgräber etwas grosszügig vom 9. bis ins 7. Jh laufen lässt, zeigt ebenfalls die Variante mit einem Verehrer (**Abb. 42** = SPYCKET 1974: 258f; Pl. 15,2-3 = KEEL 1977: 295f Nr. 21 mit Abb. 227). Die Gestaltung von Emblem und Gestell steht den Stücken der Zwischengruppe

nahe (Abb. 26-27, 29-31). Wie auf dem Original von Abb. 40 und auf Abb. 41 steht der Verehrer auch hier rechts vom Emblem. Nur auf einem nicht stratifizierten Skaraboiden vom Tell Ǧemme befindet sich der Verehrer auf dem Original links davon (**Abb. 43** = PETRIE 1928: 10; Pl. 17,49 = KEEL 1977: 295f Nr. 20 mit Abb. 226).

3.3.2.3. Das Mondemblem zwischen zwei Verehrern oder Verehrer und Baum

Den Stücken von Naḥšonim (Abb. 39) und Tell Ǧemme (Abb. 43) steht stilistisch ein Skaraboid unbekannter Herkunft in der Bibliothèque Nationale in Paris sehr nahe (**Abb. 44** = DELAPORTE 1910: Nr. 648 = KEEL 1977: 291 Nr. 14; 295 Abb. 220). Er zeigt statt des auf Skaraboiden öfter belegten einen nun zwei Verehrer, wie das auf den Stelen (Abb. 7-8) und besonders den Rollsiegeln häufig der Fall ist (vgl. Abb. 16-17, 32-33). Auf einem weiteren Kalkstein-Skaraboiden aus Šiqmona, der aus der gleichen Schicht wie der von Abb. 42 stammt, flankieren nebst einem strahlen- und zwei kugelförmigen Sternen (vgl. Abb. 27) ein Verehrer und ein zypressenförmiger Baum das Mondemblem (**Abb. 45** = SPYCKET 1974: 258; Pl. 15,1 = KEEL 1977: 291f Nr. 13 mit Abb. 219). Mit Abb. 34 hat Abb. 45 nebst den Gestirnen auch den zypressenförmigen Baum gemeinsam. Die Ähnlichkeit ist generell so gross, dass die Annahme nicht ganz abwegig ist, die gleiche Werkstatt habe Rollsiegel und Skaraboide produziert. Eine solche Werkstatt ist in dieser Zeit am ehesten in Nordsyrien zu vermuten. Verehrer und Baum als flankierende Grössen finden sich auch auf einem neuassyrischen Rollsiegel (vgl. Abb. 18). Zum Rhomboiden rechts aussen vgl. Abb. 39.

Auf eine Gruppe von Darstellungen des Mondemblems, bei denen dieses mit ägyptischen Motiven kombiniert ist, soll hier nicht weiter eingegangen werden.[4]

---

4 Ein Rollsiegel aus Kompositmaterial vom Tell Ǧemme zeigt das Mondemblem ohne Gestell von einem zypressenförmigen Baum und einer Uräusschlange flankiert (PETRIE 1928: Pl. 19,27 = KEEL 1977: 293; 295 Abb. 222). Auf einem ähnlichen, ebenfalls aus Kompositmaterial gearbeiteten Stück aus Nimrud ist anstelle des Baumes eine Maʿatfeder zu sehen (PARKER 1955: 106; Pl. 17,3). Ein drittes Stück dieser Art wurde in Gözlu-Kul/Tarsus gefunden (TUNCA 1979: 21; Pl. 9,87). Alle drei datieren ins 7.

3.3.2.4. Das Mondemblem bzw. der Mondgott zwischen zwei Bäumen

Nicht nur in der östlichen (vgl. Abb. 20), sondern auch in der Zwischengruppe (Abb. 28) und in der westlichen Tradition erscheint das Mondemblem gelegentlich von *zwei* Bäumen flankiert, nur sind es hier natürlich nicht die ähren-, sondern die zypressenförmigen Bäume. Ein Beispiel ist vielleicht ein Skaraboid aus Trench III in Tawilan im südlichen Transjordanien, der aufgrund des Fundzusammenhangs von der Ausgräberin ins 8., evtl. gar 9. Jh. datiert wird (**Abb. 46** = BENNETT 1984: 3f; Pl. VI = KEEL 1977: 286 Nr. 2; 288 Abb. 209). In der Sichel erscheint hier zusätzlich ein achtstrahliger Stern. Die Bäume sind schematischer als auf den Abb. 34 und 45. Es ist sogar zu fragen, ob der Baum links mit drei Querstrichen nicht einen etwas provinziell gestalteten Marduk-Spaten darstellen soll. Vielleicht sind die botanisch sinnlosen Querstrichlein zwischen Stamm und Krone überhaupt nur vom Einfluss des Mardukspatens her zu verstehen (vgl. Abb. 15, 20 Mitte, 33; KEEL/UEHLINGER 1992: 342). Bei zwei weiteren Stücken, einem schlecht erhaltenen vom Tell en-Naṣbe (**Abb. 47** = MCCOWN 1947: 296 Nr. 51; Pl. 54,51 = KEEL 1977: 289 Nr. 9; 292 Abb. 215) bzw. einem gut erhaltenen vom Tell Keisan (**Abb. 48** = KEEL 1990: 219-222; Taf. VII,16) sind es auf den ersten Blick schlicht zwei Rhomboide, die das Mondemblem flankieren (vgl. Abb. 39 und 45); die unter diesen hinzugefügten Striche sollten sie aber wohl in Bäume verwandeln. Beide Stücke, das vom Tell en-Naṣbe und das vom Tell Keisan, sind ohne klaren stratigraphischen Kontext.

Eine interessante ikonographische Variante zum Mondemblem zwischen den Bäumen, wie es auf Abb. 47-48 und evt. 46 erscheint, liefert

---

Jh. Das BIF hat kürzlich zwei weitere Rollsiegel dieses Typs erworben. Auf dem einen (**Taf. 16,3**) sind rechts vom Mondemblem das Siebengestirn und ein sich aufbäumender Uräus mit der unterägyptischen Roten Krone zu sehen, links davon ein Opfertisch und darüber ein achtstrahliger Stern (Inventar Nr. VR 1991.68; hellgrünes Kompositmaterial; 27,4 x 12,2 mm). Auf dem andern (**Taf. 16,4**) befindet sich links vom Mondemblem ein rudimentärer Baum (?), rechts eine geflügelte Scheibe über einem Gegenstand, der leider weitgehend zerstört ist (Inventar Nr. VR 1992.3; hellgrünes Kompositmaterial; 24,8 x 10,9 mm). Auf einem Skaraboiden aus Geser ist das Mondemblem mit einem Lebenszeichen zusammengestellt (MACALISTER 1912: II 324 Nr. 266; III Pl. 207,48 = WEIPPERT 1978: 55f Nr. 14 = REICH/BRANDL 1985: 48 Nr. 5).

ein Skaraboid aus Sichem (**Abb. 49** = HORN 1962: 12 Nr. 33; Fig. 2,33; Pl. 1,33 = KEEL 1977: 286f Anm. 47; 308 Abb. 238c). Anstelle des Mondemblems findet sich eine thronende, menschliche Gestalt mit segnend erhobener Hand. Wir haben es hier wohl mit dem anthropomorphen Mondgott zu tun, der in der östlichen und vielleicht auch in der westlichen Tradition gelegentlich im Mondboot erscheint (KEEL/-UEHLINGER 1992: 349-352 mit den Abb. 305a = **Abb. 49a**, 305b-307; zum Ursprung des Mondgottes im Boot siehe unten Abschnitt 6.2. und zu weiteren Belegen aus Palästina ebenda Anm. 8).

3.3.3. Zur Chronologie der Stempelsiegel der westlichen Gruppe

Wenn wir die Stücke von Abb. 32-49 aufgrund stilistischer Eigenheiten und der Fundzusammenhänge chronologisch einordnen, ergibt sich eine Laufzeit von gut 100 Jahren, die sich von ca.730-630 erstreckt. Zwei Stücke (Abb. 42 und 45) stammen aus einer Schicht, der der Ausgräber eine Laufzeit vom 9.-7. Jh. zuspricht. Das Stück aus Tawilan (Abb. 46) stammt aus einer Schicht des 8., evt. sogar des späten 9. Jh. Die präziser datierten Belege stammen alle aus dem ausgehenden 8. und besonders dem 7. Jh. (Abb. 34, 36-37, 40). Der Beleg von Abb. 35 ist ins Jahr 649 datiert. Die durch diese Stücke abgesteckte Periode deckt sich ungefähr mit der Zeit der intensivsten assyrisch-aramäischen Präsenz in Palästina, die mit Tiglatpileser III. beginnt und mit Assurbanipal endet.

Dieser grossen Gruppe geht eine kleine ältere Gruppe mit dem Mondemblem voraus. Dazu gehört sehr wahrscheinlich ein Skaraboid, der als Oberflächenfund auf dem Tell el-Farʿa (Süd) geborgen worden ist (**Abb. 50** = PETRIE 1930: 9; Pl. 22,236 = KEEL 1990: 371; Taf. XX,3). Das Stück ist aus Hämatit gefertigt und dürfte zu einer Gruppe von Siegeln aus diesem Material gehören, die aus Nordsyrien nach Palästina importiert worden sind und deren Schwerpunkt im 10. Jh. liegen dürfte (Keel 1990: 367-377, bes. 376f; KEEL/UEHLINGER 1992: 160-162). Wie auf dem Skaraboiden von Zinçirli (Abb. 28) ist das Emblem auch beim Hämatitstück ohne Gestell und die Troddeln hängen direkt an der Mondsichel.

Ebenfalls vom Anfang der Eisenzeit II, also aus dem 10. Jh. oder evtl. sogar vom Ende der Eisenzeit I, aus dem 11. Jh., stammen zwei

Abdrücke auf Krughenkeln. In beiden Fällen lässt die Deutlichkeit des Bildes leider zu wünschen übrig. Beim einen Beleg handelt es sich um den Abdruck eines kreisrunden Stempelsiegels auf einem Gefässhenkel aus Hazor Str. X (**Abb. 51** = YADIN 1960: Pl. 76,8; 162,4 = KEEL 1977: 286 Nr. 1; 288 Abb. 208 = KEEL/UEHLINGER 1992: 165 und 167 Abb. 171a). Zusätzlich zu den Verehrern flankieren das Mondemblem noch zwei als Ähren stilisierte Bäume, wie wir sie von Abb. 20 und 28 her kennen. Beim andern sind es einzig zwei Verehrer (**Abb. 52** = CHAMBON 1984: 114; Pl. 80,7 = KEEL/UEHLINGER 1992: 165 und 167 Abb. 171b). Dieser zweite Abdruck wurde auf dem Tell el-Farʿa (Nord) in Str. VIIb gefunden, das ans Ende der Eisenzeit I bzw. in die Eisenzeit II A datiert wird. Auf allen frühen Belegen aus Palästina (Abb. 50-52) ist das Mondemblem ohne Gestell. Bei Abb. 52 sind keine Troddeln zu erkennen; vielleicht waren sie tatsächlich nicht vorhanden.[5] Diese frühe Gruppe aus dem ausgehenden 11. und dem 10. Jh. zeigt, dass schon in dieser Zeit Kontakte zwischen Palästina und der Gegend von Harran bestanden haben, die dann im 8./7. Jh. durch Aramäer im assyrischen Heer und in der assyrischen Verwaltung neu belebt worden sind.

3.3.4. Zusammenfassung und Deutung

Wie Abdrücke auf Keilschrifttafeln mit Vertragstexten (Abb. 35; vgl. Abb. 40) und Bullen mit dem Mondemblem (Abb. 36 und 37) nahe legen, konnte das Mondemblem auch auf Werken der Miniaturkunst den Mondgott primär als Hüter von Verträgen vergegenwärtigen. Eine rechtliche Funktion mag auch beim Siegel von Abb. 38 im Vordergrund gestanden haben. Abdrücke sind im Vergleich zu erhaltenen Siegeln mit dem Mondemblem aber eher selten. Bei den Siegeln selber, besonders bei den Stempelsiegeln, dürfte ihr Amulettaspekt im Vordergrund gestanden haben. Die zwei Vertragspartner, die auf den Stelen von Abb. 7-8 zu sehen sind, sind auf einem einzigen Stempelsiegel belegt (Abb. 44). Auf Rollsiegeln sind sie hingegen häufig zu finden (Abb. 16-17, 32-33 und die zu diesen Stücken angegebenen

---

5 Ein Siegel mit Mondsichelemblem vom Tell Beit Mirsim Str. C (1500-1230), das WEIPPERT anführt (1978: 55 Nr. 18), hat, wie eine gute Vergrösserung zeigt, nichts mit einem solchen zu tun (vgl. KEEL 1990: 386 Nr. 28, 388 Fig. 96).

Parallelen). Man kann sich allerdings fragen, ob die menschlichen Gestalten, die auf den Rollsiegeln das Mondemblem flankieren, in jedem Fall oder überhaupt je als Vertragspartner zu verstehen sind. Bei Abb. 31, wo drei Verehrer sich von links dem Mondemblem nähern, und bei Abb. 34, wo es zwei sind, die mit Doppelpfeife und Leier, vor dem Mondemblem aufspielen, geht es jedenfalls primär um Verehrung. Selbstverständlich kann auch ein einzelner Verehrer vor dem Mondemblem dieses als Verkörperung des himmlischen Vertragsgaranten verehren (Abb. 40-43) und sich so dort, wo das Siegelamulett tatsächlich zum Siegeln dient, als treuen Anhänger des Vertragsgottes darstellen. Aber dort, wo neben dem Mondemblem statt eines zweiten Verehreres ein Baum zu sehen ist (Abb. 18, 45; vgl. auch Abb. 34) und in jenen zahlreichen Fällen, wo ausschliesslich ein Baum (Abb. 23, 27, 29-30) oder zwei Bäume (Abb. 20 rechts, 28, 47-49) neben dem Mondemblem zu sehen sind, dürfte nicht ein juristischer Aspekt, sondern die Potenz des Mondgottes im Vordergrund stehen, die Vegetation hervorsprossen und gedeihen zu lassen.

Auf den Rollsiegeln wie dem von Abb. 16 erscheint der Baum nur doppelt, wenn man ihn doppelt abrollt (vgl. KEEL 1977: 290, Abb. 212-214). Graviert ist er nur einmal; er ist ursprünglich wohl ein Szenen-Trenner (vgl. bes. Abb. 15 und 18). Auf den Stempelsiegeln mit flankierenden Bäumen ist die Symmetrie dagegen absichtlich. SPYCKET (1973; 1974) und WEIPPERT (1978) wollten in diesen Bäumen ein Freilichtheiligtum angedeutet sehen (SPYCKET:"bosquet"; WEIPPERT:"Höhenheiligtum"), wo das Mondemblem aufgestellt gewesen sei. Ich möchte sie – der Tradition der altorientaischen und ägyptischen Ikonographie entsprechend – eher als Hinweis auf das Himmelstor deuten, aus dem der Neumond hervorgeht, und das als Ort intensivsten Segens galt (KEEL 1977: 296-303; KEEL 1978). So interpretiert habe ich die Komposition mit dem Leuchter zwischen den Bäumen bzw. zwischen den zwei Gesalbten in Sach 4 in Beziehung gesetzt. Die symbolische Deutung schliesst eine reale Grundlage nicht aus; doch hätten als Vorbilder dann eher als irgendein Wäldchen künstlich hergestellte Bäume zu gelten, die vielleicht das Emblem im Mondheiligtum von Harran und in seinen Filialheiligtümern flankierten (vgl. dazu KEEL/UEHLINGER 1992: 342-344).

Ob die zwei Bäume das Himmelstor vergegenwärtigen oder nicht, sie vergegenwärtigen jedenfalls den Segen des Jungmondes, der alles ve-

getative, aber, wie wir noch sehen werden, auch alles animalische Leben besser gedeihen lässt. Dieser Aspekt des Fruchtbarkeitsspenders, der in der bekannten Grosskunst ganz fehlt, ist in der Miniaturkunst sehr präsent. Das hängt natürlich mit dem Sitz im Leben und der Funktion der beiden Denkmälergattungen (Gross- und Kleinkunst) eng zusammen.
Die im 7. Jh. wieder häufigere Darstellung des Mondgottes in anthropomorpher Form in der palästinischen Kleinkunst (Abb. 49 und 49a und KEEL/UEHLINGER 1992: Abb. 305b-307 Mondgott im Boot) mag einerseits auf der Angleichung des Mondgottes an El und Els an den Mondgott beruhen, andererseits auf aramäo-assyrisch-babylonischen Darstellungen des Mondgottes, der anthropomorph in der Mondsichel als Barke steht (vgl. unten Abb. 80-84). Dabei ist im phönizisch-palästinischen Raum die Mondsichelbarke unter phönizischem Einfluss durch ein richtiges Schiff ersetzt worden (KEEL/-UEHLINGER 1992: 349-361).

4. ZUR HERKUNFT DES MONDEMBLEMS BZW. DES SICHELMONDS AUF DER STANGE

Die bis anhin diskutierten Belege reichen bis ins 10./11. Jh. zurück. Sie zeigen – von Abb. 52 abgesehen – das Mondemblem mit den für Harran typischen Troddeln und können so mit diesem berühmten Heiligtum in Beziehung gebracht werden.

4.1. Sichelmond bzw. Sichel- und Vollmond auf Stange in Palästina-Syrien im 2. Jt.

Aus Megiddo Str. V (11./10. Jh.) stammt ein Rollsiegel aus Hämatit, das den Sichelmond auf Stange in einem ganz andern Kontext und ohne Troddeln zeigt (**Abb. 53** = LAMON/SHIPTON 1939: Pl. 66,3 = PARKER 1949: 12 Nr. 29). In einer Prozession tragen fünf bis sechs rein menschliche Wesen den ägyptischen König auf einem Thron. Unter bzw. neben ihm knien zwei weitere verehrende Gestalten; hinter ihm werden zwei Fächer, vor ihm zwei Wedel auf langen Stangen getragen. In der Grosskunst werden dem König bei dieser Gelegenheit häufig in langer Reihe die Standarten der sogenannten Horusgefolgsgötter bzw. des Horusgeleits vorangetragen (VON BISSING/KEES 1922: 24-59). Dazu gehört auf Abb. 53 die Schakalstandarte. Die Stange mit Sichelmond und Vollmond ist in diesem Zusammenhang, soweit ich sehe, singulär. Der Ägyptologe A. WIESE redet wohl daher von einer "nicht näher identifizierbare(n) Standarte" (1990: 74). H. WEIPPERT hat sie m.E. korrekt den Sichelmondstandarten zugeordnet (1978: 54 und 56 Nr. 6).[6] Da auf Skarabäen rein menschengestaltige Träger nur in der 18. Dynastie auftreten, während sie in der 19. und 20. durchwegs tier-, besonders falkenköpfig sind, möchte WIESE (1990: 71-79) das Hämatitsiegel aus Megiddo ins 15./14. Jh. zu datieren. Da mit der Mondstandarte aber ein offensichtlich unägyptisches Element vorliegt, ist zu fragen, ob die Menschen- anstelle der Tierköpfe nicht dem gleichen Einfluss zuzuschreiben sind.

Ganz singulär ist die Sichelmondstandarte auf einem ägyptischen Produkt nicht. Aus dem 13./12. Jh. stammt ein Babuin-Skaraboid mit einer Sichelmondstandarte auf der Basis. Ein Baum und ein Mensch mit hängenden Armen flankieren sie (**Abb. 54** = KEEL 1978: 46; 55 Abb. 1). Die Datierung ist sowohl durch die Form des Skaraboids (JAEGER 1982: §§ 519; 1384-1387; STOOF 1992: 194-200) wie durch den für die ramessidische Massenware charakteristischen Stil der Basisgravur gesichert (vgl. dazu KEEL 1990: 337-354).

Wie das Rollsiegel von Abb. 53 dürfte auch das Hämatit-Rollsiegel von **Abb. 55** (= PETRIE 1928: 11; Pl. 19,30 = NOUGAYROL 1939: Pl. XI TG 2 Nr. C) älter sein als der Fundkontext. PETRIE fand es auf dem Tell Ǧemme in einer Schicht des 10. Jhs. Aufgrund des Stils und der Ikonographie ist es in die Nähe der Mitanni-Glyptik zu stellen. Auf Siegeln im Mitannistil des 15./14. Jhs. finden sich Scheibe und Sichelmond zwar verschiedentlich je einzeln auf einer Stange (DELAPORTE 1920/1923: Pl. 97,16 Nr. A.943; MATTHEWS 1990: Nr. 621). Gelegentlich halten aber auch zwei Männer die Standarte mit Sichel- und

6 Schon auf den ältesten Darstellungen der Standarten findet sich ein Zeichen, das heute als Thronkissen gedeutet wird. Vielleicht geht die für die ptolemäische Zeit belegte Deutung dieses Zeichens auf den Gott Chons (VON BISSING/KEES 1922: 37) weiter als in diese Zeit zurück. Da Chons als Mondgott vom Neuen Reich an stärker hervortritt (BRUNNER 1975: 960f), wäre die 'Übersetzung' des alten, schwer verständlichen Zeichens in das besser verständliche der Mondsichel mit Mondscheibe begreiflich.

Vollmond, so auf einem Stück aus Assur (**Abb. 55a** = MOORTGAT 1940: Nr. 565 = SALJE 1990: Taf. 9,210).
Zwei göttliche oder menschliche Gestalten, die gemeinsam einen Baum oder eine Blüte halten, sind in der altsyrischen Rollsiegel-Glyptik vom 19.-17. Jh. sehr häufig (KEEL 1989: 252-259). Auf einem Rollsiegelabdruck von Alalaḫ Str. VII (ca. 1720-1650) ist statt der üblichen Pflanzengebilde eine Stange mit Mondsichel und -scheibe zu sehen (**Abb. 56** = COLLON 1975: Nr. 148; vgl. ebd. Nr. 76 und 141). Zwei Fürsten im Wulstsaummantel (vgl. dazu SCHROER 1985) scheinen das Emblem gehalten zu haben. Der rechts ist zwar nur teilweise erhalten, aber sein Rücken, der auf der Abrollung links noch zu sehen ist, macht diese Annahme sehr wahrscheinlich. Hinter jedem Fürsten steht seine Schutzgöttin. Für die beiden Fürsten dürfte das Mondemblem, wie auf den Stelen von Abb. 7-8, die zwar fast 1000 Jahre jünger sind, aber immerhin aus dem gleichen Raum stammen, den Gott als Wahrer des Rechts vergegenwärtigen. Der andere Aspekt des Mondgottes, der des Förderers vegetativen und animalischen Gedeihens, steht auf einem Rollsiegel der Marcopoli Sammlung im Vordergrund (**Abb. 57** = TEISSIER 1984: Nr. 445). TEISSIER datiert das Stück in die Zeit zwischen 1850 und 1720. Ein Fürst oder Gott mit Breitrandkappe und Fransenmantel umarmt eine halbnackte Göttin. Als Nebenmotiv zu dieser Szene aus dem Bereich der kultischen oder heiligen Hochzeit ist das Mondemblem zu sehen, das diesmal dem Kontext entsprechend nicht von zwei Fürsten, sondern von zwei nackten Frauen gehalten wird.

Den sechs Belegen von Abb. 52-57 ist gemeinsam, dass die im 1. Jt. für das Mondemblem von Harran so typischen Troddeln fehlen (vgl. allerdings Abb. 3). Es kann sich bei diesen Belegen zwar um das Mondemblem von Harran handeln (wie bei dem von Abb. 3), aber das ist keineswegs sicher. Auch wenn sich zu den wenigen hier vorgestellten Belegen zweifellos noch einige weitere hinzufügen lassen (vgl. zusätzlich VAN BUREN 1945: 66), so scheint der Sichelmond auf Stange in Verbindung mit der Scheibe des Vollmonds in Syrien und Palästina während des 2. Jts. keine allzu grosse Bedeutung gehabt und sich nicht besonderer Beliebtheit erfreut zu haben.

4.2. Das Mondemblem bzw. der Sichelmond auf Stange von der altbabylonischen bis in die Ur III-Zeit und vereinzelte frühere Belege

Anders stand es in der ersten Hälfte des 2. Jts. im südlichen Mesopotamien. Aus dem genannten Zeitraum sind zwei Gruppen von Denkmälern bekannt, in denen der Sichelmond auf Stange nicht nur hie und da, sondern öfter vorkommt. Die eine Gruppe bilden Siegel und Abrollungen aus altbabylonischer Zeit (VAN BUREN 1945: 65f mit zahlreichen Belegen). Wahrscheinlich hängen auch im Westen gefundene Siegel wie die von Abb. 55-57 ikonographisch letztlich von altbabylonischen Siegeln wie dem von **Abb. 58** (= COLLON 1986: Nr. 556) ab. Letzteres gehörte einem Mann namens Warad Amurru, der sich in der Inschrift als Diener des Gottes des Westens, Amurru und des Mondgottes Sin bezeichnet.

Viel häufiger als Mondsichel *und* -scheibe wird auf altbabylonischen Siegeln und solchen der Isin-Larsa-Zeit nur *die Sichel auf Stange* dargestellt, und viel häufiger als von zwei Gestalten *gehalten* wird die Standarte von den zwei flankierenden Gestalten *verehrt* (vgl. z.B. **Abb. 59** = SPELEERS 1917: 173 Nr. 495). Besonders oft sind Siegel mit dieser Dekoration in Ur gefunden worden (LEGRAIN 1951: Nr. 488, 490, 509-514; COLLON 1982: 143f). Dabei können statt menschlicher Verehrer auch Göttinnen den Sichelmond auf Stange flankieren (LEGRAIN 1951: Nr. 489 = **Abb. 60**, 492).

Neben der zentralen Position, welche die Standarte in Axialkompositionen einnimmt, finden wir den Sichelmond auf Stange auch in anderen Positionen. In diesen Fällen sind Stange oder Mondsichel – vielleicht zufällig – öfter mit einem oder mehreren Strichen geschmückt, welche die Troddeln beim Mondemblem von Harran vorwegnehmen (vgl. Abb. 61-66; vgl. BUCHANAN 1981: Nr. 726). Mehrmals ist sie hinter dem Gott zu finden, bei dem durch eine Schutzgöttin ein Verehrer eingeführt wird (**Abb. 61** = MENANT 1888: Pl. 26,272; **Abb. 62** = AL-GAILANI-WERR 1988: 74 Nr. 42b; Pl. II,3). Auf einem Siegel der Ur-III-Zeit steht sie zusammen mit einem einzelnen Verehrer neben einem Vasenaltar, der von zwei Personen flankiert wird (**Abb. 63** = DELAPORTE 1939: pl 5,27). Der Vasenaltar war im Kult des Mondgottes sehr wichtig (Urnammustele BÖRKER-KLÄHN 1982: Nr. 94). Der eigenartig M-förmige Fuss auf Abb. 63 findet sich schon auf einem frühdynastischen Siegel, auf dem eine Verehrerin und ein Verehrer,

beide sitzend, das Emblem flankieren, das mit zwei "Perlenschnüren" geschmückt ist (**Abb. 64** = BUCHANAN 1981: Nr. 338 = AMIET 1980: Abb. 1180; zu den "Perlenschnüren" vgl. Abb. 31). Neben der Verehrerin (rechts) ist ein Zweig oder stilisierter Baum zu sehen. Weiter erscheint der Sichelmond mit "Troddeln" als Szepter in der Hand des Mondgotts (**Abb. 65** = PORADA 1957: 196; Pl. 31,10a-b; beachte die gehörnten Tiere, auf denen der Mondgott steht; **Abb. 66** = COLLON 1992: 32 Nr. 9, gehörte einem "Ammi-ešar, Sohn des Išarti-ilu, Diener des Sin"; vgl. KLENGEL-BRANDT 1989: 293f Abb. 38b).
Als Szepter erscheint der Sichelmond auf Stange auch in der Ur-II-Zeit (**Abb. 67** = VON DER OSTEN 1934: Nr. 126; vgl. weiter DELAPORTE 1920/1923: Pl. 5,10 und 76,1-2). Dabei tritt der Sichelmond hier durchwegs ohne die für das Mondemblem im Westen im 1. Jt. typischen Troddeln auf (vgl. allerdings das Szepter in der Hand des Gottes auf Abb. 10).

Für die Form ohne Troddeln führt VAN BUREN einige wenige Belege schon aus dem 3. Jt. an (1945: 64f). Auf einem frühdynastischen Siegel ist die Mondsichel auf Stange zwischen hoch aufgerichtete Löwen gesetzt, die verschiedene Tiere angreifen (GORDON 1939: 7 Nr. 3; Pl. 2,3 = **Abb. 68**). SEIDL bezeichnet dieses Stück als ältesten Beleg für die Mondsichel-Standarte (1989: 97). Falls sie hier nicht überhaupt erst nachträglich dazu geritzt worden ist, handelt es sich um ein isoliertes Vorkommen, wie ja auch der ebenfalls frühdynastische Beleg von Abb. 64 singulär ist.

4.3. Die Mondsichel auf Stange in der Failaka-Glyptik der 1. Hälfte des 2. Jts.

Einen ebenso bedeutenden Platz wie in der altbabylonischen Glyptik nimmt die Sichelmond-Standarte in der Stempelsiegel-Glyptik von Failaka ein, einer Kuwait vorgelagerten Insel, die zum Bereich Dilmuns gehörte. Die dänischen Grabungen der Jahre 1958-1963 haben hier 367 Stempelsiegel zutage gefördert. Auf 35 dieser Stücke, also auf nahezu 10%, ist eine Sichelmond-Standarte zu sehen (KJAERUM 1983: Nr. 56, 108-109, 111, 115-118, 120-121, 123, 132-133, 136-137, 139-147, 149-151, 174, 299, 330, 336-338, 353, 355). Leider ist die Datierung des Materials eher vage. Soweit die Stempelsiegel überhaupt einen klaren stratigraphischen Kontext hatten, kamen sie mehrheitlich aus den älteren Schichten der beiden Tells, aus der Zeit zwischen ungefähr 2000-1500a (KJAERUM 1983: 8f). Sie dürften also ungefähr zeitgenössisch mit der altbabylonischen Glyptik sein. Selten hält eine einzelne Gestalt die Sichelmond-Standarte wie ein Szepter (**Abb. 69** = Nr. 150; vgl. Nr. 149); häufig steht die Standarte auf einem Gestell und wird von zwei Menschen (**Abb. 70** = Nr. 140; vgl. Nr. 109, 111) oder zwei Stiermenschen flankiert und gehalten (Nr. 115, 141). Auf einem Stück sind rechts und links der Standarte je zwei Tänzer zu sehen (**Abb. 71** = Nr. 353). Der Gegenstand über den beiden Paaren könnte eine Fackel oder ein Blitzbündel sein. Der freudige und mit Fruchtbarkeit und Gedeihen assoziierte Charakter des Kults wird auch durch die Zweige unterstrichen, die von den Kultteilnehmern gehalten werden (**Abb. 72** = Nr. 146; vgl. Nr. 108), und durch die Stiere und Capriden, die auf fast allen 35 Siegeln als Nebenmotive erscheinen (vgl. neben Abb. 72 die Nr. 108-109, 111, 115 usw.). Zusammenhänge mit der altbabylonischen Glyptik sind nicht zu übersehen (Stiermenschen; zum Tänzerpaar vgl. VON DER OSTEN 1934: Nr. 148 mit Sichelmond-Standarte; BUCHANAN 1966: Nr. 472; BUCHANAN 1981: Nr. 730b, 732). Den Failaka-Mondstandarten mit Sichel- und Vollmond besonders nahe steht die Darstellung auf einem altbabylonischen Rollsiegel aus Ur, das die Mondstandarte neben dem Gott Amurru und der nackten Göttin zeigt (**Abb. 73** = LEGRAIN 1951: Nr. 530). Doch gibt es auch manche Unterschiede. Vor allem fehlen in der Failaka-Glyptik die für das altbabylonische und das Mondemblem von Harran typischen Striche bzw. Troddeln an der Stelle oder in der Nähe der Stele an der sich Sichelmond und Stange berühren oder diese sind nur ganz rudimentär vorhanden (Abb. 69 und 71).

4.4. Zusammenfassung und Deutung

Bei allen formalen Unterschieden scheinen die mit dem Kult des Mondes – der vor allem ein Kult des Neumondes (Sichelmond!) war – verbundenen Assoziationen vom 2. zum 1. Jt. und von Failaka bis Harran ungefähr die gleichen geblieben zu sein. Schlagartig verdeutlicht das eine rechteckige Platte mit leistenförmigem Griff, die in Nimrud gefunden worden ist, aber westlicher Herkunft sein dürfte (**Abb. 74** = PARKER 1955: 107f; Pl. 18,4 = SPYCKET 1973: 387 Fig. 13; 391). Die Fundschicht datiert ins 7. Jh.; rechteckige Platten mit leistenförmigem Griff sind aber eher für die Frühe Eisenzeit typisch (vgl. KEEL 1990:

379-396). Eine thronende menschliche Gestalt, über deren Haupt eine Mondsichel liegt, hält in einer Hand einen Zweig, während sie die andere verehrend bzw. segnend erhoben hat. Es ist nicht ganz klar, ob es sich um einen Verehrer oder um einen Gott handelt; in letzterem Fall wäre es der anthropomorph dargestellte Mondgott (vgl. Abb. 49 und 49a). Parallel dazu steht das Mondemblem von Harran auf einem gleich gestalteten, etwas kleineren Thron. Unter demselben ist ein Capride zu sehen. Die Ikonographie vereinigt ähnliche Elemente wie das Failaka-Siegel von Abb. 72: Mondsichelstandarte auf Podest, Verehrer bzw. Gott mit Zweig und Capride. Zusammen suggerieren sie freudige Erneuerung und Gedeihen. Die gleichen Elemente, Zweig, Capride, Verehrer und Sichelmond (diesmal ohne Stange) wie auf den Siegeln aus dem persischen Golf (Abb. 72) und aus Nimrud (Abb. 74) finden sich auf einem in Jerusalem gekauften Skaraboiden, der aus formalen Gründen dem 8./7. Jh. zuzuweisen ist (**Abb. 75** = KEEL-LEU 1991: Nr. 138). Die Kombination mit Zweigen (Abb. 64, 72), Vasenaltären (Abb. 63), Tieren (Abb. 65, 69-72) legt nahe, dass im südlichen Mesopotamien in der ersten Hälfte des 2. Jts. vor allem der positive Einfluss des Neumonds auf das Gedeihen von Pflanzen und Tieren im Vordergrund stand und weniger der rechtliche Aspekt wie bei den Stelen des 1. Jts. aus der Gegend von Harran.
Die für das Mondemblem von Harran im 1. Jt. so charakteristischen Troddeln finden sich zum ersten Mal häufiger in der altbabylonischen Glyptik. In altbabylonischer Zeit ist auch der Sin-Tempel von Harran zum ersten Mal bezeugt (POSTGATE 1975: 123), auch wenn sein sumerischer Name *é - ḫu l - ḫu l* samt dem akkadischen Äquivalent *šubat ḫidâti* "Haus der Freude" erst unter Sargon II. zum ersten Mal erwähnt wird (POSTGATE 1975: 124; Thompson 1940: 87). Die besondere Form des Mondemblems von Harran dürfte allerdings nicht erst in altbabylonischer Zeit entstanden sein (vgl. Abb. 64), aber damals zum ersten Mal eine gewisse Verbreitung erfahren haben. Während Jahrhunderten war das Emblem dann wahrscheinlich nur von lokaler Bedeutung.
In der kassitischen Glyptik scheint der Sichelmond auf Stange nicht belegt zu sein (vgl. MATTHEWS 1990). In der Mitanniglyptik ist er sehr selten, sei es als Standarte (EBD.Nr. 621, 625), sei es als Szepter (EBD. Nr. 583). In der mittelassyrischen Glyptik sind Sichelmond und

Gestirne hingegen omnipräsent (EBD. 96 und z.B. Nr. 378, 380, 388, 390, 392, 425, 540), wenn das Mond*emblem* auch zu fehlen scheint. Angesichts des lebhaften Mondkults der Assyrer dürfte der Mondkult von Harran bei ihnen, als sie die aramäischen Gebiete im Westen unterwarfen, entsprechende Aufmerksamkeit gefunden haben. Durch die Assyrer und die Aramäer wurde er dann im 9.-7. Jh. in seiner spezifischen Form nach Osten und Westen verbreitet.

5. ASTRALKULTE DES 8. UND 7. JHS. NACH DEM ZEUGNIS DES ALTEN TESTAMENTS

Die deuteronomisch-deuteronomistische Überlieferung weiss von einer massiven Zunahme des Astralkults in Juda am Ende des 8. und zu Beginn des 7. Jhs. (2 Kön 21,3-5; 23,5.12; Dtn 4,19; vgl. auch Jer 7,17f; 19,13; 44,17; Zef 1,5). Die Glyptik bestätigt eine starke Astralisierung des religiösen Symbolsystems zu dieser Zeit in ganz Palästina (vgl. KEEL 1977: 284-296; WEIPPERT 1988: 627f; UEHLINGER 1990a: 322-330; KEEL/UEHLINGER 1992: 332-369). TH. ÖSTREICHER (1923: 9f, passim) und viele andere wollten die Zunahme der Verehrung des "himmlischen Heeres" (*ṣ^e^bā' haš-šāmayim*) auf den Zwang zurückführen, den die assyrischen Eroberer auf die unterworfenen Völker ausgeübt hätten, an ihrem Kult teilzunehmen. J. MCKAY hat jeden solchen Zwang in Abrede gestellt und in diesem Boom einzig ein Wiederaufleben von alten, autochthonen Astralkulten sehen wollen, die durch das assyrische Milieu nur begünstigt worden seien (1973: 45-59). M. COGAN differenzierte zwischen der religionspolitischen Behandlung von Völkern und Gebieten, die in das assyrische Provinzsystem eingebunden wurden, und solchen, die im Vasallenstatus verblieben; in bezug auf letztere, zu denen Juda zu zählen wäre, vertrat er die Ansicht, dass "Assyria imposed no religious obligations upon its vassals" (1974: 85). Dieser Behauptung ist nun aber H. SPIECKERMANN mit dem Nachweis entgegengetreten, dass die Assyrer auch von unterworfenen Vasallen verlangten, wie dem assyrischen König, so auch dem Reichsgott Assur und den "grossen Göttern" (*ilāni rabûti*) Reverenz zu erweisen (1982: 322-344). Die These, die besiegten Völker seien von ihren eigenen Göttern verlassen worden, wurde durch die

Deportation ihrer Götterstatuen konkretisiert (1982: 344-354; dazu auch COGAN 1974: bes. 22-34).

COGANs These, der von der Bibel erwähnte Astralkult sei typisch syrisch bzw. aramäisch (1974: 84-88), ist von dieser Widerlegung allerdings nicht betroffen. Auch H. WEIPPERT weiss, dass astrale Kulte in Palästina schon seit der Spätbronzezeit bezeugt sind. Dennoch nimmt sie an, dass "bei ihrem Aufleben in der Eisen IIC-Zeit...sicherlich Anstöße von außen eine Rolle (spielten). Vor allem an Einflüsse aus dem aramäischen Bereich, speziell an die Verehrung des Mondgotts von *Ḫarrān*, ist dabei zu denken, weniger an direkt aus Assyrien kommende Impulse" (1988: 628).

Diese Annahme, die zum Teil als Vermutung geäussert wird (vgl. das magische "sicherlich"), zum Teil auf der Verbreitung des Mondemblems im 8. und 7. Jh. beruht (vgl. dazu oben die Abschnitte 2 und 3.3), muss wohl dahin präzisiert werden, dass verschiedene Phänomene verschiedene Verwandtschaftsbeziehungen haben. So kann man dem Kult der "Himmelskönigin" (Jer 7,17f; 44,15-25) schwerlich eine enge Verwandtschaft mit dem der akkadischen Ischtar als *šarrat šamê* absprechen (WINTER 1983: 561-576; anders OLYAN 1987, der die "Himmelskönigin" am ehesten als Aštarte sieht, während KOCH 1988 sie mit der Jerusalemer Aschera identifiziert, differenziert KEEL/UEHLINGER 1992: 386-390). Ebenso dürften die Sonnenpferde von 2 Kön 23,11 auf assyrischen, evtl. aramäisch vermittelten Einfluss zurückzuführen sein (COGAN 1974: 86f; SCHROER 1987: 282-300; KEEL/UEHLINGER 1992: 392-394). Das Hapax legomenon *mzlwt* in 2 Kön 23,5 geht auf ein akkadisches Wort zurück und weist wahrscheinlich auf die in der spätassyrischen Religion so ungeheuer wichtigen Himmelsbeobachtungen und astronomischen Omina hin (SPIECKERMANN 1982: 257-273). Das "Himmelsheer" dürfte primär die Sterne bezeichnen (vgl. Dtn 17,3; Jer 8,2 und das *ndglwt* in Hld 6,10, dazu KEEL 1984b: 46f). Gelegentlich scheint der Ausdruck *ṣᵉbāʾ haš-šāmayim* auch den Mond oder gar die Sonne eingeschlossen zu haben (vgl. Dtn 4,19; 2 Kön 23,5). Die Verehrung des Himmelsheeres im engeren Sinn der Sterne und evtl. noch des Mondes scheint in erster Linie von den Aramäern ausgegangen zu sein, die im 8. und 7. Jh. allerdings oft – und gerade im Westen – eine hervorragende Stellung in der assyrischen Verwaltung einnahmen und so von den Assyrern nicht ganz zu trennen sind (vgl. die oben S.149 in Anm. 2 genannte Literatur).

6. Nordwestsemitische Namenssiegel und der aramäische Astralkult

Die Annahme aramäischen Einflusses bei der starken Astralisierung des religiösen Symbolsystems im 8./7. Jh. wird durch die weite Verbreitung des Mondemblems von Harran gestützt. Ein weiteres Argument für die Richtigkeit dieser These liefert die Untersuchung der Ikonographie der nordwestsemitischen Namenssiegel.

6.1. Das Mondemblem auf aramäischen Namenssiegeln

Das Mondemblem von Harran ist, von Abb. 38 abgesehen, das ja kein klassisches Namenssiegel ist, auf diesen eher selten zu finden. Drei von vier Namenssiegeln mit dem Mondemblem sind aramäisch. Das erste ist ein Rollsiegel aus Achat, das G.J. Chester 1889 in Nordsyrien gekauft hat (**Abb. 76** = Buchanan 1966: Nr. 644 = Galling 1941: Nr. 150 = Bordreuil 1993: 96ff Fig. 36), das einem Aramäer namens *bʿlrgm* gehörte und im 'late drilled style' (Ende 8./7. Jh.) geschnitten verschiedene Embleme, u.a. das Mondemblem in der für Harran typischen Form zeigt (vgl. Abb. 26-27). Auf einem von A. Lemaire veröffentlichten Stempelsiegel aus Achat (**Abb. 77** = 1990: 104-106; Tav. II,4) ist die assyrische Form des Emblems zu sehen. Der Name des Besitzers *ʿwr* findet sich in der Form *ʿwyr* in einem aramäischen Dokument aus dem Jahre 635 (Fales 1986: 258). Paläographisch ist besonders das *w* typisch für die aramäische Schrift des 7. Jhs. Weiter besitzt das Israel-Museum ein Achatsiegel mit der Sichelmond-Standarte, bei der aber die für Harran typischen Troddeln fehlen (vgl. aber Abb. 3). Der auf diesem eingravierte Name *ḥnʾ* ist vor allem im Phönizischen belegt (**Abb. 78** = Hestrin/Dayagi-Mendels 1979: 160 Nr. 126), die Schrift weist ins 8./7. Jh. Besonders interessant ist der vierte Beleg. Es handelt sich um ein Konoid mit typisch assyro-babylonischen Motiven, das ursprünglich anepigraphisch war (**Abb. 79** = Galling 1941: Nr. 107). Erst nachträglich ist der aramäische Name šʾʿn "Sin hat geantwortet" eingraviert worden. Gleichzeitig wurde auf der einen Mantelseite des Konoids das Mondemblem und über den beiden *apkallu* auf der anderen Mantelseite der Sichelmond angebracht (Bordreuil 1993: 99 Fig. 39).

Angesichts der zahlreichen anepigraphischen Siegel mit dem Mondemblem von Harran stellt sich die Frage, warum es auf den Namenssiegeln aus kostbaren, harten Steinen so selten ist. Die Antwort auf diese Frage kann nur eine Vermutung sein. Meine geht dahin, dass die gehobenen Kreise, die sich Namenssiegel aus kostbaren Steinen leisten konnten, eine Erscheinungsform des Mondgottes bevorzugten, die weniger lokal geprägt war und den uranischen Charakter des Gottes, der überall im Fruchtbaren Halbmond gleicherweise erfahren werden konnte, stärker betonte als das Emblem von Harran. Auffallend bleibt –wie immer die verschiedenen Erscheinungsformen zu erklären sind–, dass in keiner Gruppe von Namenssiegeln der Mondgott auch nur annähernd so häufig ist wie in der aramäischen.

6.2. Der anthropomorphe Mondgott im Mondsichel-Boot

P. BORDREUIL hat 1986 die 140 Namenssiegeln aus den öffentlichen Pariser Sammlungen publiziert. 56 davon bezeichnet er aufgrund des Onomastikons und/oder der Paläographie als aramäisch. Auf sieben dieser 56 Siegel (d.h. auf 12,2%) ist der anthropomorphe Mondgott zu sehen, der in der Mondsichel wie in einem Boot steht (**Abb. 80** = BORDREUIL 1986a: Nr. 95 = GALLING 1941: Nr. 105; **Abb. 81** = BORDREUIL 1986a: Nr. 114 = GALLING 1941: Nr. 114; vgl. BORDREUIL 1986a: Nr. 99, 109, 111, 113, 115). Nr. 95, 99, 109 und 111 datiert BORDREUIL ins 7., Nr. 113-115 ins 6. Jh. Dazu kommt noch das ebenfalls ins 6. Jh. datierende Siegel eines *pqd yhd* aus einer Privatsammlung (BORDREUIL 1986b: 305-307 mit Fig. 9).

Der älteste Beleg für den Mondgott im Boot dürfte ein sogenanntes kappadozisches Siegel des Britischen Museums sein (**Abb. 82** = COLLON 1987: Nr. 141 = COLLON 1992: 23 Nr. 7). Es zeigt eine Mischung aus altassyrischen und syrischen Motiven und wird von COLLON ins 19. Jh. datiert. Der Wettergott auf dem Stier (links) und die nackte Göttin (rechts aussen) weisen auf den südostanatolisch-nordsyrischen Raum. Der Mondgott wird durch die Mondsichel identifiziert, der an seiner Mütze, seinem Szepter und seiner Axt angebracht ist und durch das Boot, in dem er steht.

Ein weiterer, wenn auch Jahrhunderte jüngerer Beleg für diese Ikonographie ist kürzlich in Samsat (Samosata) am rechten Ufer des Eufrat, ca. 40 km von Adiyaman Richtung Urfa, gefunden worden (**Abb. 83**

= COLLON 1992: 25 No. 12), also im Bereich oder jedenfalls nicht weit der ursprünglichen Wohngebiete der Aramäer. Der Stil des Siegels ist mittelassyrisch, spätes 13. Jh. Die Ikonographie ist für ein mittelassyrisches Rollsiegel aber ganz ungewöhnlich. Der Gott hält in der einen Hand das Szepter mit dem Sichelmond (vgl. Abb. 10), in der anderen das Ω-Symbol. Dieses ist ursprünglich ein Symbol der Göttin der Geburt (vgl. KEEL/KEEL-LEU/SCHROER 1989: 39-87[7]). Ob es später astrale Bedeutung angenommen hat, ist unklar (FUHR 1967 Komet; DUCHESNE-GUILLEMIN 1986 Symbol der Stationen, die der Mond im Laufe von 223 Monaten durchläuft, "noeuds lunaires", griech. *saros*). COLLON hat darauf hingewisen, dass um 1300 in der Geschichte von Sin und der Kuh in Geburtswehen Sin zum ersten Mal als Geburtshelfer erscheint (1992: 28; LAMBERT 1969).

Die zwei Belege von Abb. 82 und 83 zeigen den Mondgott im Boot ganz, auf Abb. 83 steht er sogar auf einem Podest. In der im 1. Jt. üblichen Form (Abb. 80-81) steht er *im* Boot und seine Füsse sind nicht sichtbar. Zwei der ältesten Belege für den Gott im Mondsichelboot aus dem späten 9. bzw. frühen 8. Jh. stammen aus Nordsyrien. Das eine wurde von WOOLLEY in al-Mina, den Hafen von Alalach (?), gefunden (BARNETT 1939: 1f; Pl. I,2), das andere gehörte einem Beamten des Mannu-kima-Aššur, der 793 Gouverneur von Guzana (Tell Halaf) war (**Abb. 84** = Moortgat 1940: Nr. 596; vgl. zur Geschichte des Gottes im Mondsichelboot van Buren 1945: 63f).[8]

---

7 E. PORADA (1992: 493) vermisst in ihrer Besprechung dieser Arbeit das Buch von I. FUHR zum Ω-Symbol, in dem sie dieses als Kometensymbol deutet. Zu Unrecht! Die These ist auf p. 56 erwähnt und der volle Titel figuriert in der Bibliographie auf p. 332.

8 Wie Abb. 49-49a zeigen, war der anthropomorphe Mondgott auch in Palästina bekannt. In der Regel thront er in einem Boot. 1906 hat DALMAN ein beidseitig graviertes hebräisches Namenssiegel veröffentlicht. Auf der einen Seite steht *l'lšmʿ bn gdlyhw*, auf der andern ist ein Boot zu sehen, dessen Bug und Heck in Vogelköpfe auslaufen; im Boot thront, von zwei Palmetten(?) flankiert, eine menschliche Gestalt (CULICAN 1970: 31-33 Fig. I d = CULICAN 1986: 284-286; vgl. KEEL 1977: 308 Abb. 238a). Die merkwürdige Ikonographie dieses Siegels scheint das Mondemblem zwischen den Bäumen (zu Palmetten in diesem Zusammenhang vgl. MOORTGAT-CORRENS 1968: Nr. 115) mit dem anthropomorphen Mondgott im Boote zu kombinieren. Ein anepigraphisches Siegel mit einer sehr ähnlichen Ikonographie wurde 1971 in Irbid im nördlichen Jordanien gekauft (TUSHINGHAM 1971: 23-28 = KEEL 1977: 308 Abb. 238b). Bei zwei weiteren Belegen, die am Biblischen Institut der Universität Freiburg Schweiz

6.3. Zwei Männer unter dem Sichelmond

Ein weiters Mondmotiv, das mit aramäischen Namen kombiniert erscheint, sind zwei Adoranten, die einen kleinen Tisch oder Altar flankieren, und ihre Hände verehrend zu einem Sichelmond erheben, dem nicht selten ein Stern beigesellt ist. BORDREUIL hat in seinem schon genannten Katalog zwei solche Siegel als aramäisch veröffentlicht und ins 7. Jh. datiert (**Abb. 85-86** = BORDREUIL 1986a: Nr. 97 und 102 = SASS/UEHLINGER 1993: 67 Abb. 65 und 61). Der Name auf dem Siegel von Abb. 85, *ʾḥlkn*, ist wahrscheinlich akkadisch *Aḫīya-likīn* und bedeutet:"Er verschaffe mir einen Bruder". Der Name auf Abb. 86 ist teilweise zerstört; nur noch *lʿy* sind zu lesen. Fünf Siegel mit den beiden Verehrern unter dem Sichelmond sind in den letzten Jahren als sicher moabitisch klassifiziert worden:

- das Siegel des *ʾḥyḥy*, bei dem das Hauptmotiv allerdings die geflügelte Sonnenscheibe und die Mondsichel nur ein Nebenmotiv ist (**Abb. 87** = LEMAIRE 1983: 26f Nr. 12; Pl. III,12 = ISRAEL 1987: 117 Nr. XX = TIMM 1989: 185f Nr. 8 = SASS/UEHLINGER 1993: 67 Abb. 62).
- das Siegel des *ḥkš* (**Abb. 88** = AVIGAD 1978: 68 Fig. 5 = BORDREUIL 1986a: Nr. 67 = ISRAEL 1987: 115 Nr. 15 = TIMM 1989: 197f Nr. 13 = SASS/UEHLINGER 1993: 67 Abb. 57).
- das Siegel des *ylʾ* (**Abb. 89** = BORDREUIL/LEMAIRE 1976: 53f Nr. 24 = ISRAEL 1987: 121f Nr. XXXI = TIMM 1989: 201f Nr. 15 = SASS/UEHLINGER 1993: 67 Abb. 59).
- das Siegel des *ʿzrʾ* (**Abb. 90** = AVIGAD 1977: 108; Pl. 13,1 = ISRAEL 1987: 114 Nr. XII = TIMM 1989: 215f Nr. 21).
- das Siegel des *ʾmṣ hspr* (**Abb. 91** = HESTRIN/DAYAGI-MENDELS 1979: Nr. 1 = NAVEH 1982: 103 Fig. 89 = SASS/UEHLINGER 1993: 67 Abb. 58).

Da die Siegel alle aus dem Handel stammen und ausser dem von Abb. 87, das aus Kerak kommen soll, keine bekannte Herkunft haben, ist das Hauptargument für ihre Klassifizierung als moabitisch die Form der Buchstaben, besonders die Form des *ḥ* (vgl. Abb. 87-88). Bei

---

aufbewahrt werden, ist das Boot ohne Vogelköpfe (KEEL-LEU 1991: Nr. 133-134). Das Thronen der Gestalt im Boot und die Vogelköpfe des Bootes sind wahrscheinlich auf ägypto-phönizischen Einfluss zurückzuführen (GUBEL 1987: 111-113). Vgl. jetzt zusammenfassend KEEL/UEHLINGER 1992: 349-355.

Abb. 89 sind die Buchstabenformen wenig charakteristisch (vgl. TIMM 1989: 202 Anm. 40). Das Gleiche muss zur Inschrift von Abb. 90 gesagt werden. Nebst der Buchstabenform führt TIMM bei den fünf Stükken die Ikonographie als Kriterium für moabitische Herkunft an. Wie die beiden Siegel Abb. 85-86 zeigen, findet sich diese aber auch auf aramäischen Siegeln, und im aramäischen Bereich dürfte auch ihr Ursprung liegen. Die Komposition ist wohl als eine Variante des Mondemblems zwischen zwei Verehrern zu verstehen (vgl. Abb. 7-8, 16-17, 32-33, 44,59f,64). Keiner der fünf Namen auf den Siegeln von Abb. 87-91 ist eindeutig und ausschliesslich moabitisch. Zu *'ḥyḥy* nennt LEMAIRE einen moabitischen, einen ammonitischen, einen phönizischen und zwei hebräische Belege für Namen, die aus einem theophoren Element + *yḥy* gebildet sind (1983: 27). Die Basiskonsonanten von *ḥkš* haben einzig in einem aramäischen Namen aus Palmyra eine Parallele (STARK 1971: 88). Das *yl'*-Siegel von Abb. 89 haben BORDREUIL und LEMAIRE ursprünglich als aramäisches Siegel publiziert (1976: 53f Nr. 24) und den Namen als aramäisches Hypokoristikon gedeutet. Als evtl. Parallelen nannten sie ein ugaritisches und ein thamudisches *yly* (GRÖNDAHL 1967: 143; HARDING 1971: 683). TIMM versteht den Namen als verkürzten Verbalsatznamen der Wurzel *l'y/h* "stark sein" (1989: 201). Auf dem Siegel von Abb. 99 erscheint der Name *yl'* in Verbindung mit einer typisch aramäischen Ikonographie. *'zr'* ist das in allen nordwestsemitischen Sprachen belegte *'zr* mit der aramäischen Endung Aleph. Wenn die Form des *ḥ* bei den Stücken von Abb. 87 und 88 eine Entstehung im Gebiet des alten Moab nahelegt, so ist die ganze Gruppe ohne aramäischen Einfluss kaum denkbar.

Von daher scheint es mir mehr als berechtigt, dass TIMM sich weigert, ein in Ašqelon gekauftes und ein in Samaria ausgegrabenes Siegel mit zwei Verehreren bloss aufgrund der Ikonographie unter die sicher moabitischen Siegel einzureihen. Er führt sie unter der Rubrik "Siegel mit fragwürdiger Zuweisung" auf:

– das in Ašqelon gekaufte Siegel des *'ḥ'*, früher *'b'* gelesen (**Abb. 92** = VINCENT 1903: 606 Fig. 13; 609 Nr. 13 = BORDREUIL 1986c: 284f Nr. 2 = TIMM 1989: 225f Nr. 27 = SASS/UEHLINGER 1993: 67 Abb. 64).
– das in Samaria ausgegrabene Siegel des *km[...* (**Abb. 93** =CROW

FOOT/KENYON 1957: 87; Pl. 15,21 = ISRAEL 1987: 117f Nr. XXII = TIMM 1989: 240f Nr. 35 = SASS/UEHLINGER 1993: 67 Abb. 56).

Beim Siegel von Abb. 92 ist das *ḥ* nicht eindeutig moabitisch, und der Name ist das Hypokoristikon eines mit dem theophoren Element *ʾḥ* gebildeten Namens mit der aramäischen Endung Aleph. Bei dem in Samaria gefundenen Siegel von Abb. 93 ist mit Sicherheit nur ein *k* zu lesen. Der zweite Buchstabe ist vielleicht ein *m*. Dies als den Gottesnamen *kmš* zu lesen, ist eine Möglichkeit, aber mehr nicht. Weder in Ašqelon noch in Samaria ist im 7. Jh. die Anwesenheit von Moabitern auszuschliessen, aber die von Aramäern ist wahrscheinlicher.

Gelegentlich erscheint auf aramäischen Siegeln anstelle zweier Verehrer nur ein Verehrer unter der Mondsichel (GALLING 1941: Nr. 124 und 126 = COOK 1925: Pl. 9,3 und 5; die anepigraphischen Stükke bei UEHLINGER 1990a: 327 und 329 Fig. 105; 327 Fig. 106 [Text] = 329 Fig. 107 [Abb.]; 329 Fig. 110). Eine noch verkürztere Form sind die für aramäische Siegel typischen Verehrer ohne alle göttlichen Symbole (GALLING 1941: Nr. 127-129 und das anepigraphische Siegel bei UEHLINGER 1990a: 328 Fig. 107 [Text] = 329 Fig. 106! [Abb.]).[9]

6.4. Die Gestirne der Nacht

Für die grosse Bedeutung der Mondsichel im aramäischen Bereich und speziell in dem von Harran zeugen die Siegelabdrücke auf einer Gruppe von 24 Tontafeln mit aramäischer Schrift, die 1972 von den Musées Royaux d'Art et d'Histoire in Bruxelles erworben worden sind und aufgrund der Angaben der Händler und aufgrund ihres Inhalts aus der Gegend von Harran stammen (HOMÈS-FREDERICQ 1976). Die auf den Tafeln genannten Daten zeigen, dass sie zwischen 665 und 620 geschrieben worden sind- Neun der 24 Tontafeln tragen einen oder mehrere Abdrücke. Auf sieben der 14 Abdrücke ist die Mondsichel zu se-

9 Von daher erscheint eine Deutung der Stücke, die zwei sich gegenüberstehende Verehrer zeigen, als "cérémonie d'alliance" (BORDREUIL 1986a: 62 zu Nr. 67 = hier Abb. 70), äusserst fraglich; im Gegensatz zu zahlreichen Szenen auf Rollsiegeln, die häufig König und Beamten bzw. König und Priester unterscheiden, weisen auf den genannten Stempelsiegeln jeweils beide Verehrer genau dieselben Attribute auf. Die Verdoppelung des Verehrers dürfte aus Symmetriegründen vorgenommen worden sein.

hen (HOMÈS-FREDERICQ 1976: 62). Einmal ist sie mit einer Capride kombiniert (**Abb. 94**; vgl. Abb. 17, 22, 65, 72, 74 und die zwei aramäischen Siegel des *nbrb* "Nabu-rabu" und des *ḥwr* "Ḥawar" **Abb. 95-96** = BORDREUIL 1986a: Nr. 101 und 104, wobei es sich auf letzterem Stück allerdings um eine Gazelle handelt). Zweimal erscheint die Mondsichel über einem nicht näher zu bestimmenden Vierbeiner, zweimal über dem Siebengestirn (**Abb. 97**). Die Sterne, die mit der Mondsichel kombiniert sind, brauchen nicht immer das Siebengestirn zu sein. Auf einem Skaraboiden im Britischen Museum sind unter der Mondsichel acht Sterne zu sehen (**Abb. 98** = BM WAA 128864). Auf einem Skaraboiden, der am Biblischen Institut der Universität Freiburg Schweiz aufbewahrt wird, sind dem Sichelmond mindestens 16 Sterne beigesellt; das Stück ist beschädigt, sonst wären es wohl gegen 20 (**Abb. 99** = KEEL 1980: 275 Fig. 85 = KEEL 1990: 222-225 und Fig. 47, vgl. Fig. 44a). Dem linken Rand entlang ist der Name *ylʾ* eingraviert (vgl. zu Abb. 90). Zweimal ist auf den aramäischen Tontäfelchen aus Harran die Mondsichel über dem Siebengestirn und dem ägyptischen Lebenszeichen zu sehen (**Abb. 100**).[10] Die Kombination Mondsichel, Sterne und Lebenszeichen findet sich auch auf einem aramäischen Rollsiegel im Louvre (**Abb. 101** = BORDREUIL 1986a: Nr. 94 = UEHLINGER 1990a: 325f Fig. 102 = BORDREUIL 1993: 97-99 Fig. 38) und auf einem noch nicht lange bekannten entenförmigen Stempelsiegel, das einem *šmšʿzr ʿbdšhr* gehörte (**Abb. 102** = AVIGAD 1986: 52 = BORDREUIL 1993: 97f Fig. 37). Der Name oder Titel *bdšḥr* weist nach Nordsyrien, wo der Mondgott *šhr* in einer ganzen Reihe von Inschriften erwähnt ist (DONNER/RÖLLIG ^{2}1968: Nr. 202B Z. 24 (Afis); Nr. 225 Z. 2 und 9; 226 Z. 1 und 9 (Nerab); Nr. 258 Z. 5 (Kesecek Köyü, 35 km nö von Tarsus); Nr. 259 Z. 4 (Gözne, 20 km n von Mersin).

Das Mondemblem von Harran, das Motiv des Mondgottes im Boot, dessen Ikonographie aramäischen Ursprungs zu sein scheint und die zahlreichen Belege aus dem aramäischen Raum für Sichelmond und Sterne als Motiv auf Siegelamuletten zeigen, dass wir es hier mit ei-

---

[10] Auf der gleichen Tafel wie diese Abdrücke taucht übrigens der aus der Bibel wohl bekannte Name Laban auf. Zur Beziehung Labans und anderer Gestalten der biblischen Patriarchengeschichten zu Haran vgl. REINHOLD 1989: 39-67.

nem typisch aramäischen Phänomen zu tun haben. Es zwingt uns, die zahlreichen anepigraphischen Siegel mit Symbolen der nächtlichen Gestirne aus dem Palästina des 8. und 7. Jhs. (vgl. UEHLINGER 1990a: 322-330), wie auch den nach dem Zeugnis des Alten Testaments im 7. Jh. in Juda um sich greifende Kult des Himmelsheeres als Zeichen des grossen Einflusses zu werten, den die aramäische Kultur am Ende des 8. und vor allem im 7. Jh. auf ganz Vorderasien ausgeübt hat.

In der hebräischen Bibel, in deren Bereich das Erscheinen des Neumonds stets Anlass zum Feiern und zu hoffnungsvoller Lebenserwartung und -freude war, ist in Sach 4 sehr wahrscheinlich das Mondemblem von Harran aufgenommen und jahwistisch interpretiert worden (KEEL 1977: 274-320; Keel/Uehlinger 1992:348f,356 Anm 320, 466, 472). Seine Assimilation dürfte einen wichtigen Beitrag zur Überwindung einer allzu anthropomorphen Gottesvorstellung geleistet haben.

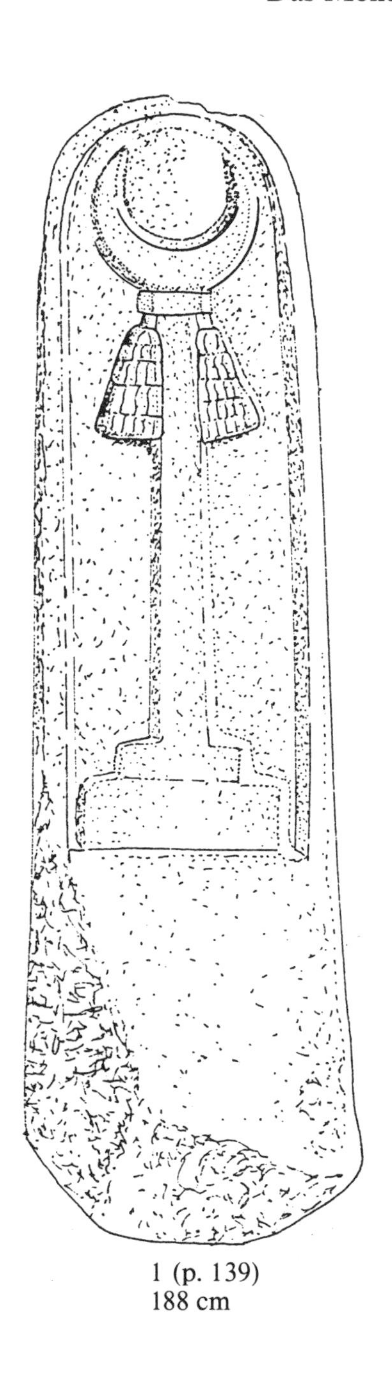

1 (p. 139)
188 cm

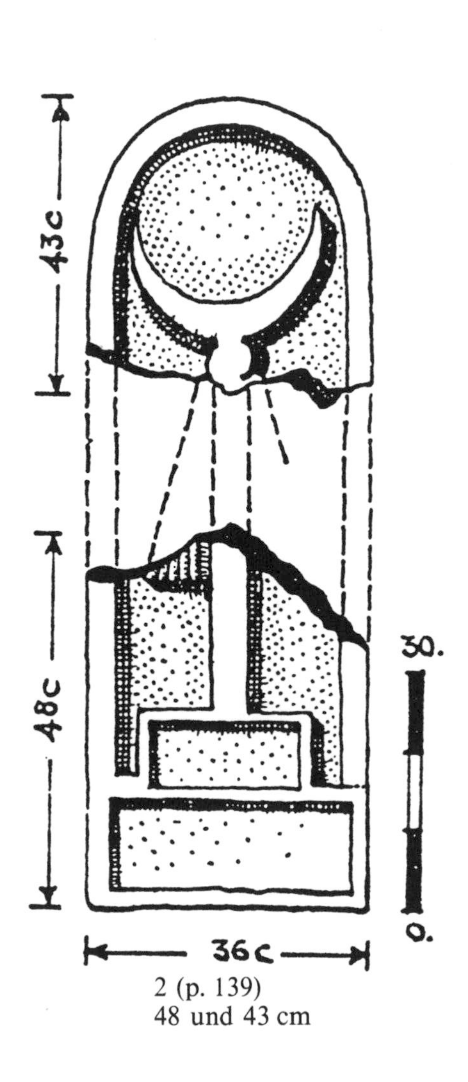

2 (p. 139)
48 und 43 cm

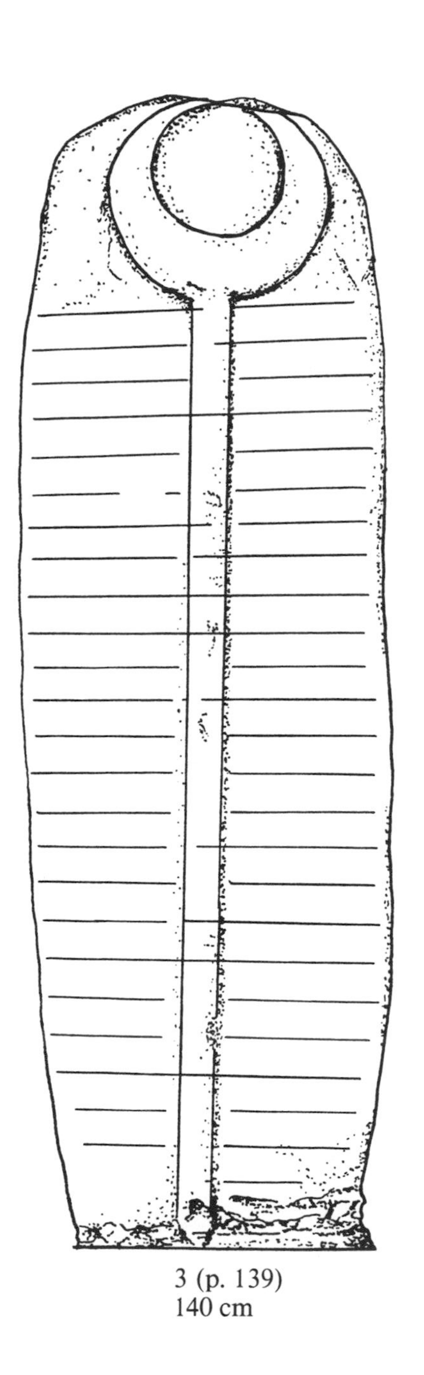

3 (p. 139)
140 cm

4 (p. 140)
137 cm

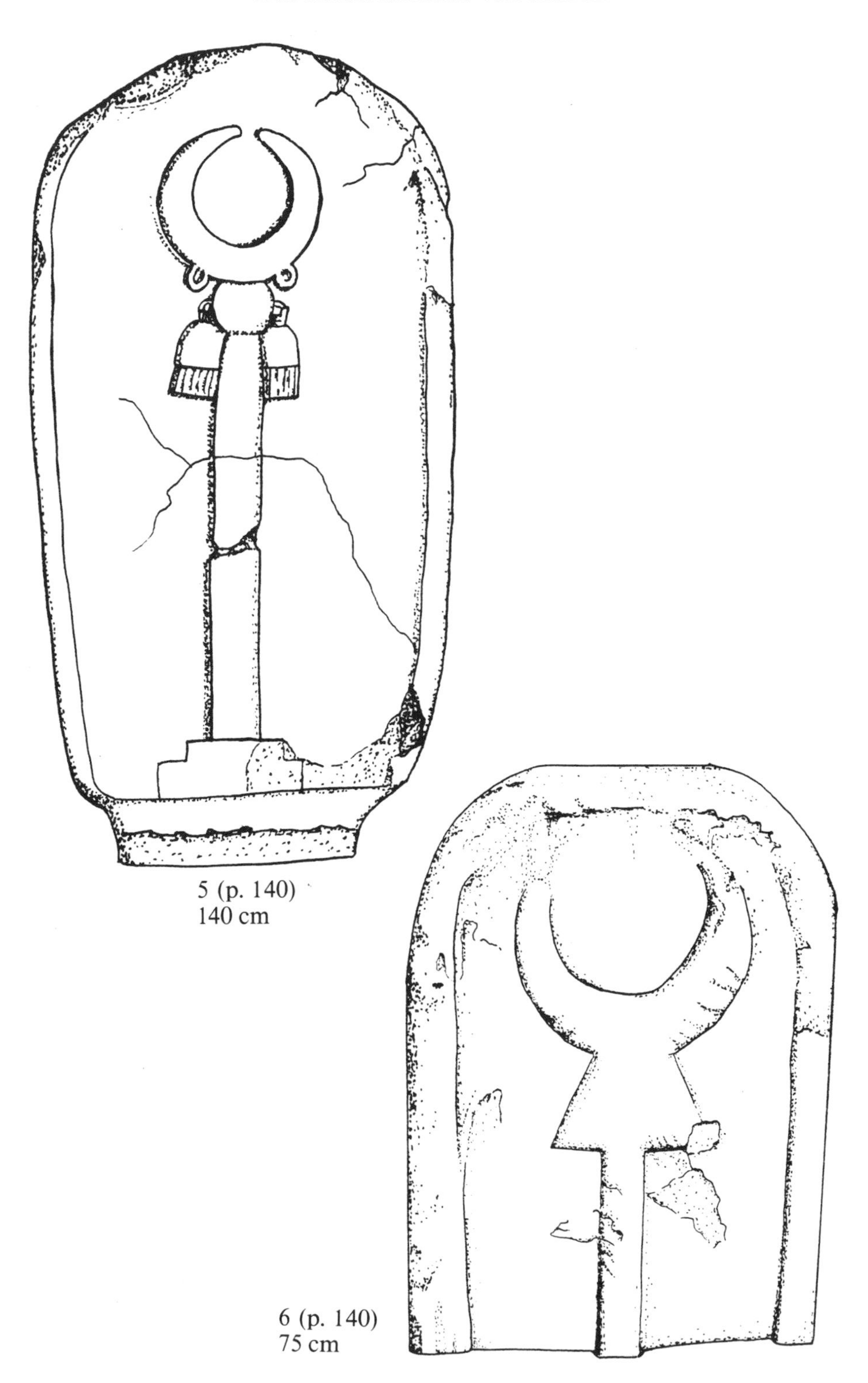

5 (p. 140)
140 cm

6 (p. 140)
75 cm

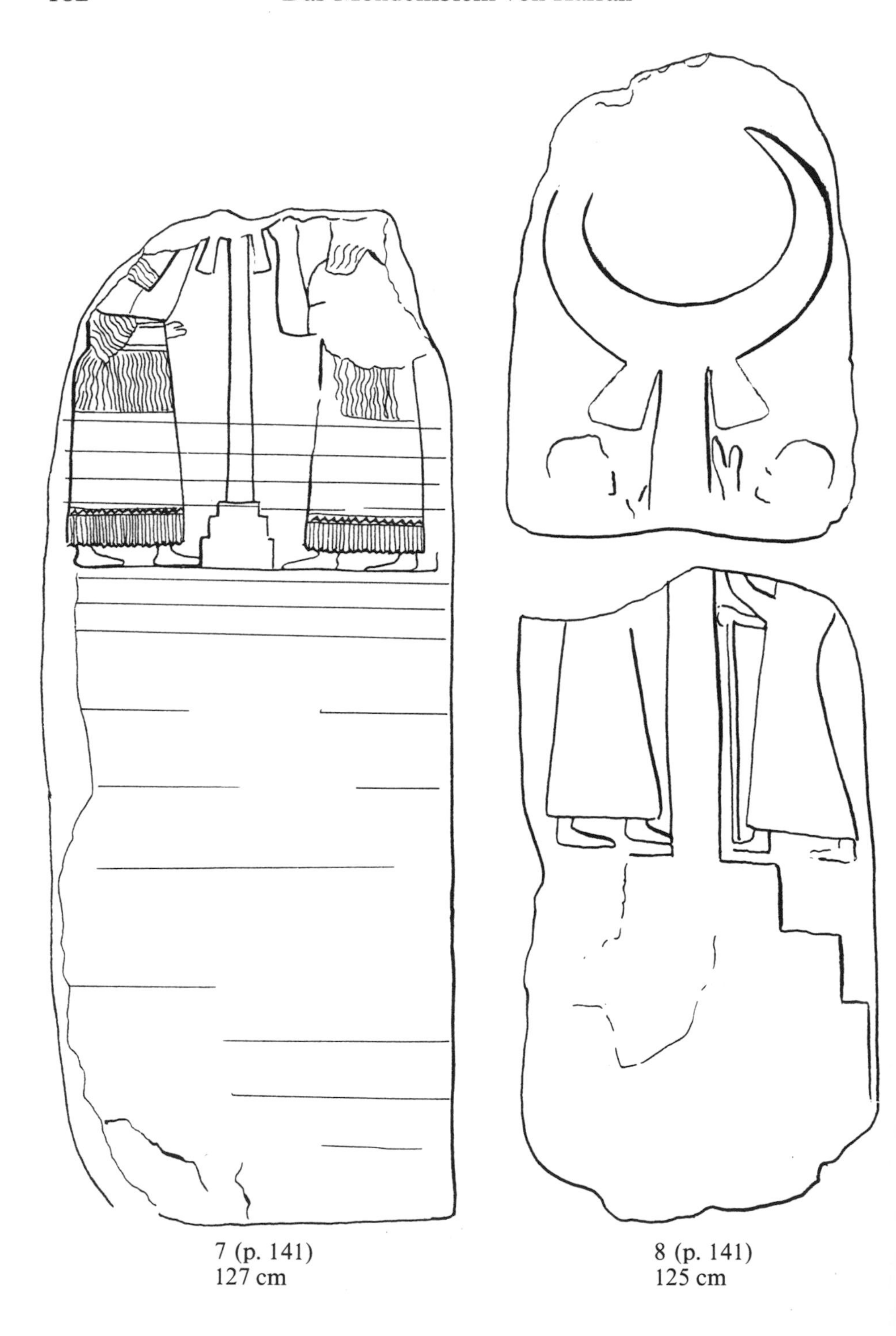

7 (p. 141)
127 cm

8 (p. 141)
125 cm

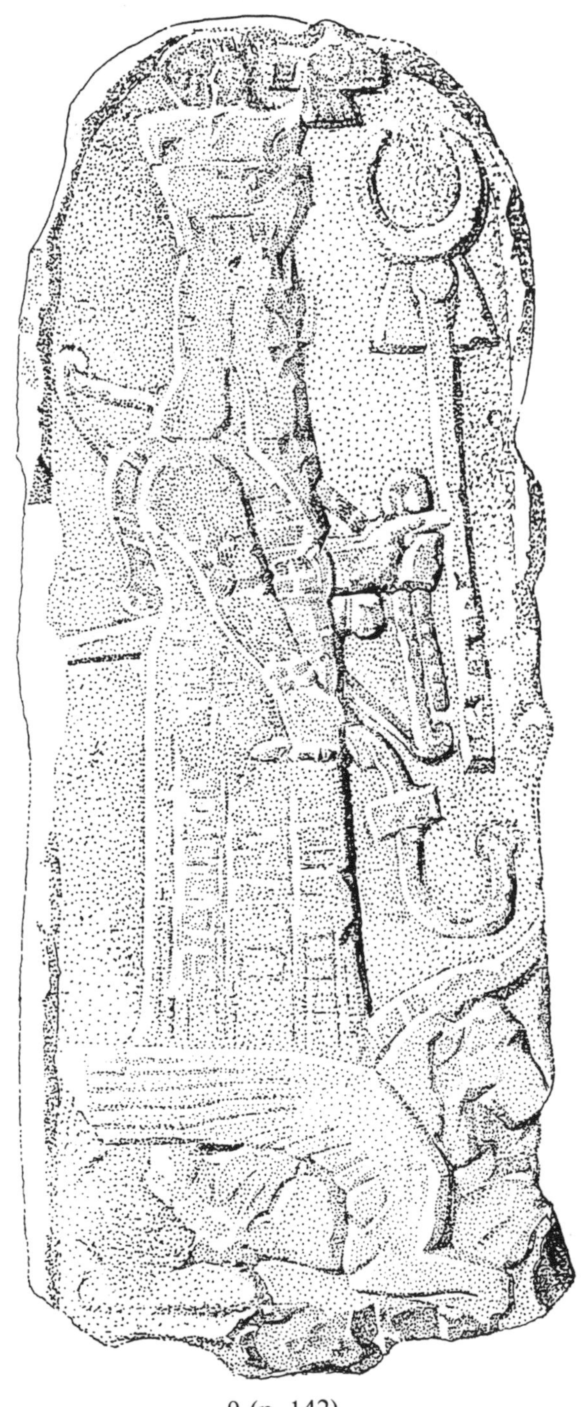

9 (p. 142)
162 cm

10 (p. 143)
55 cm

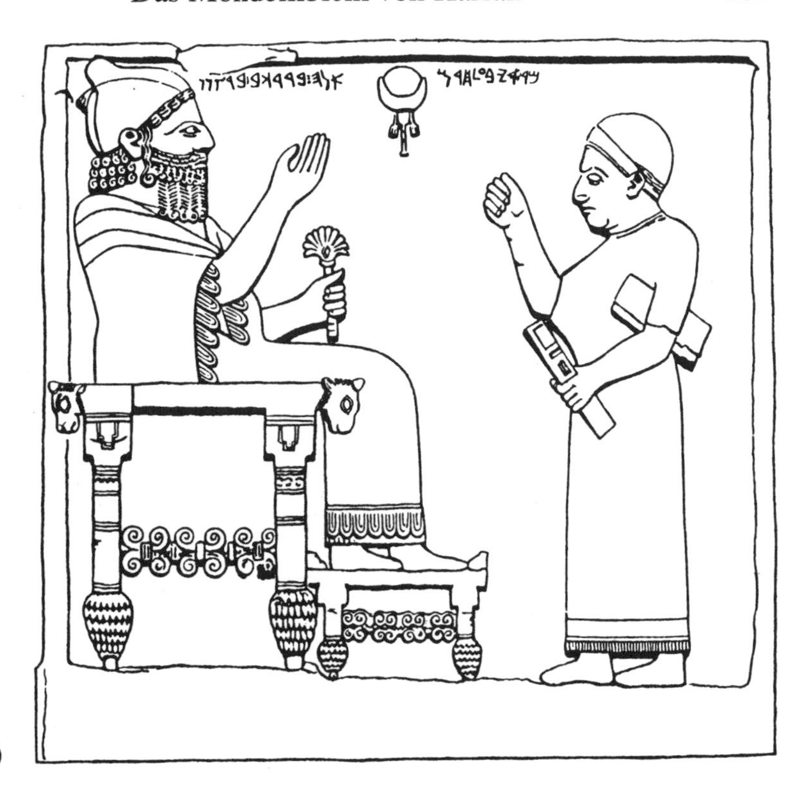

11 (p. 144)

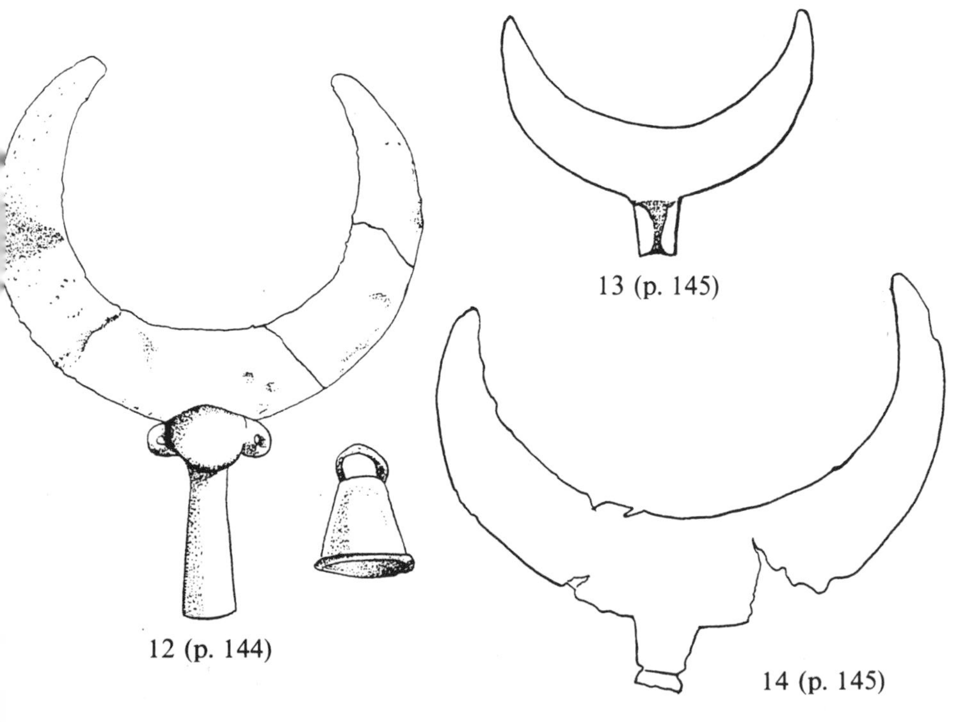

13 (p. 145)

12 (p. 144)

14 (p. 145)

15 (p. 148)

16 (p. 149)

17 (p. 149)

18 (p. 149)

19 (p. 150)

20 (p. 150)

21 (p. 150)

22 (p. 150)

23 (p. 151)

24 (p. 151)

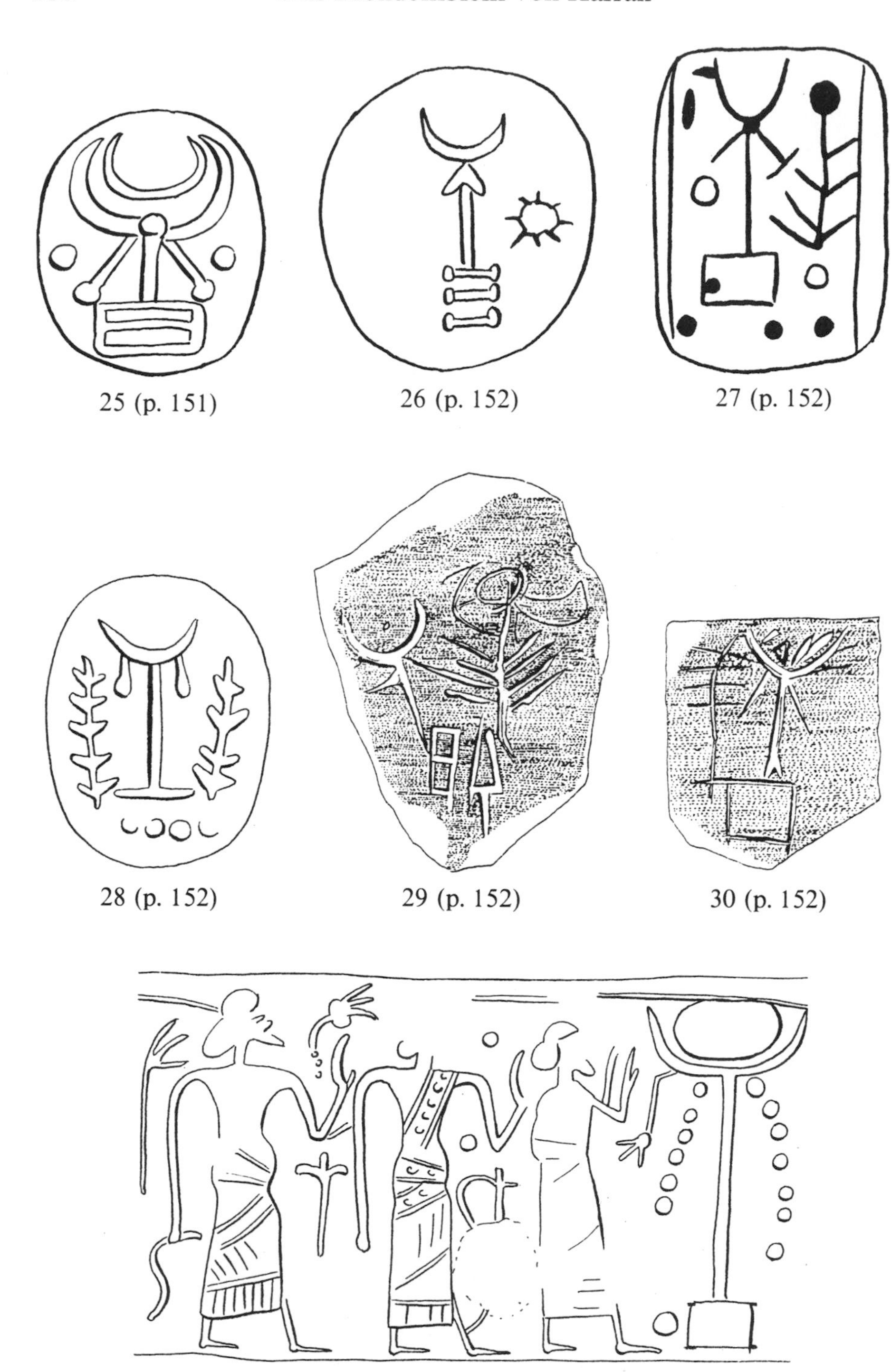

25 (p. 151) 26 (p. 152) 27 (p. 152)

28 (p. 152) 29 (p. 152) 30 (p. 152)

31 (p. 152)

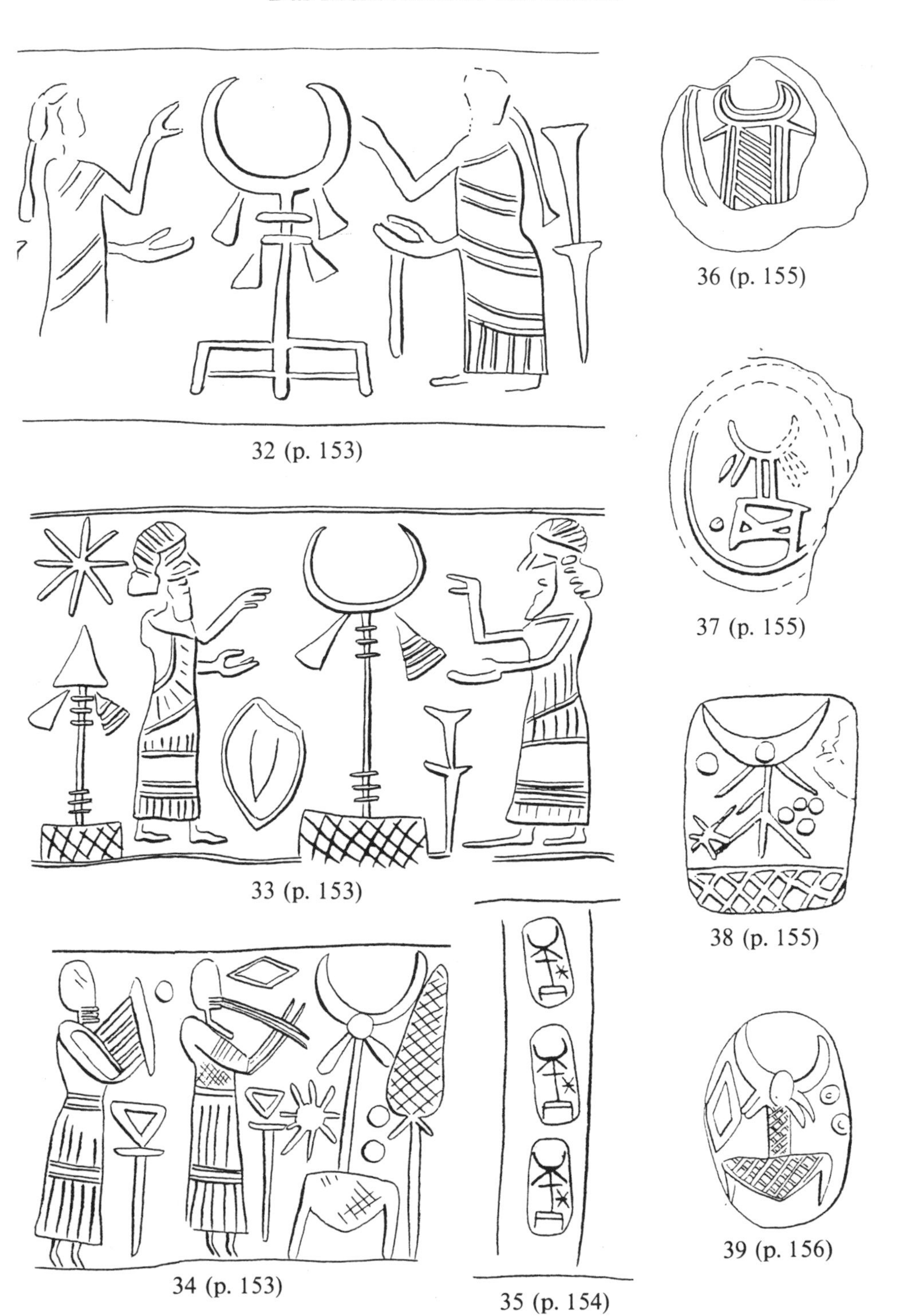

32 (p. 153)

33 (p. 153)

34 (p. 153)

35 (p. 154)

36 (p. 155)

37 (p. 155)

38 (p. 155)

39 (p. 156)

40 (p. 156)

41 (p. 156)

42 (p. 156)

43 (p. 157)

44 (p. 157)

45 (p. 157)

46 (p. 158)

47 (p. 158)

48 (p. 158)

49 (p. 159)

49 a (p. 159)

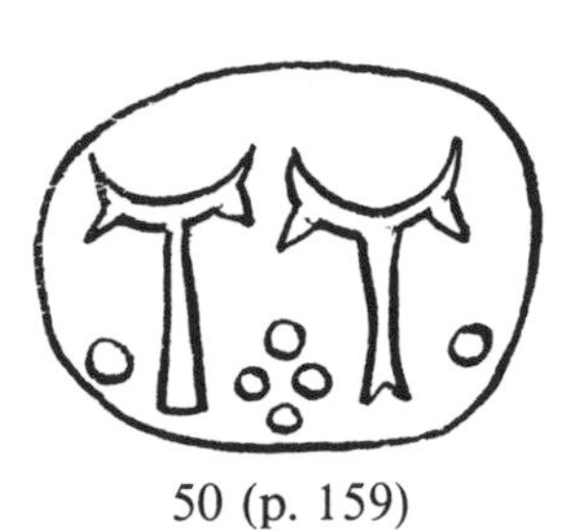

50 (p. 159)

51 (p. 160)

52 (p. 160)

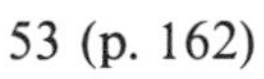

53 (p. 162)

54 (p. 163)

55 (p. 163)

55 a (p. 164)

56 (p. 164)

57 (p. 164)

58 (p. 165)

59 (p. 165)

60 (p. 165)

61 (p. 165)

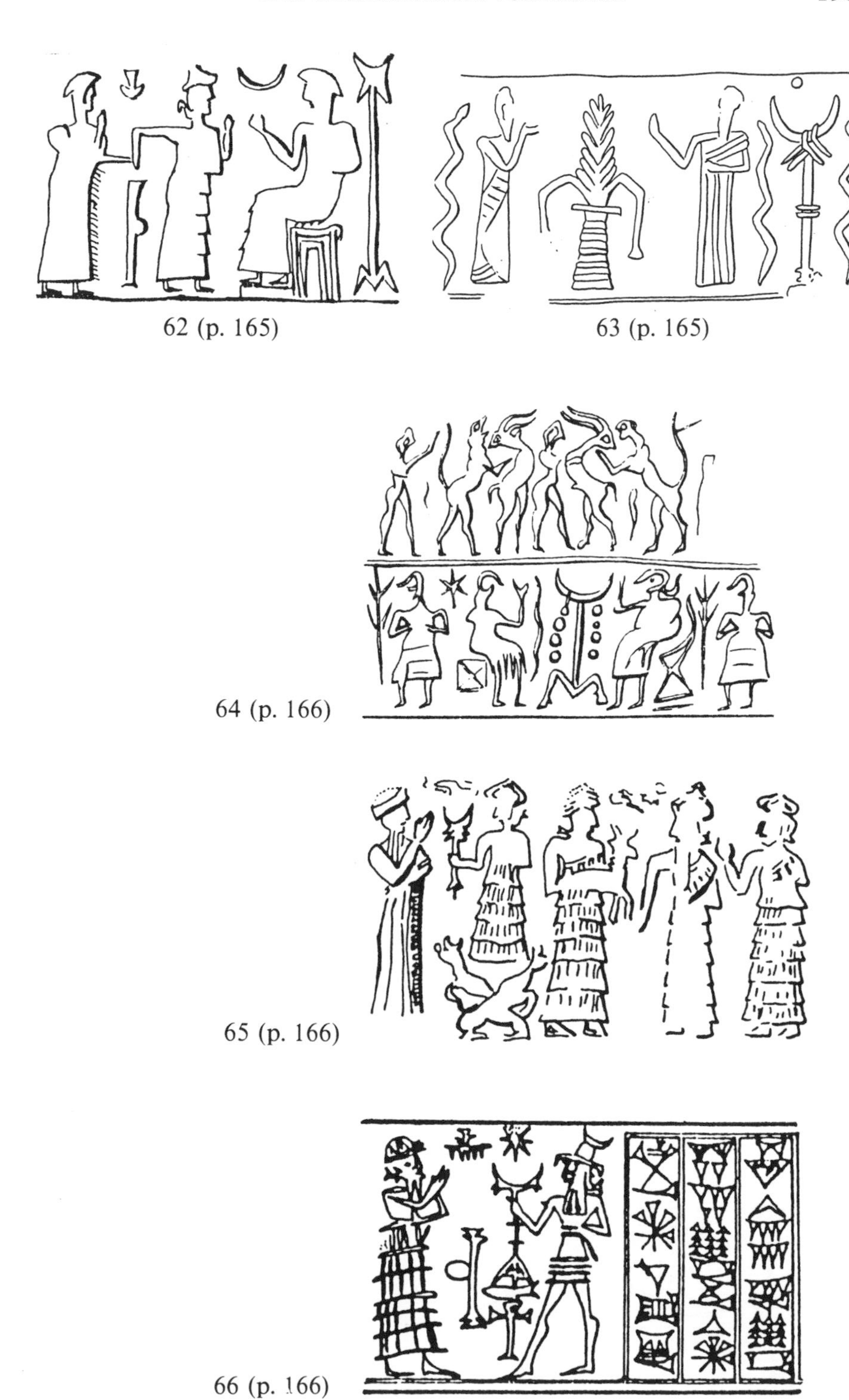

62 (p. 165)

63 (p. 165)

64 (p. 166)

65 (p. 166)

66 (p. 166)

67 (p. 166)

68 (p. 166)

69 (p. 167)

70 (p. 167)

71 (p. 167)

72 (p. 167)

73 (p. 167)

74 (p. 167)

75 (p. 168)

76 (p. 171)

77 (p. 170)

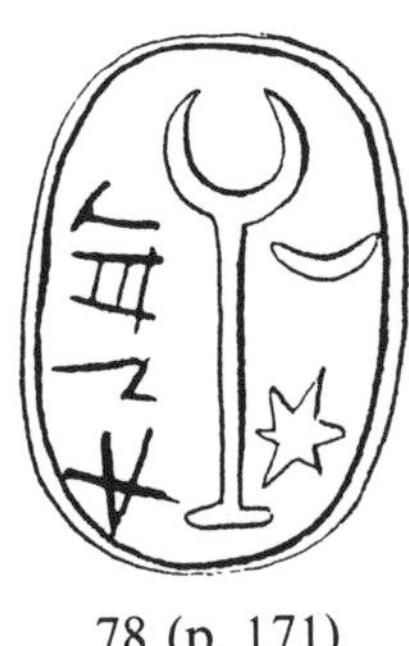

78 (p. 171)

79 (p. 171)

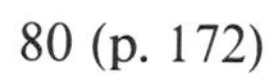

80 (p. 172)

81 (p. 172)

82 (p. 172)

83 (p. 172)

84 (p. 173)

85 (p. 174) 86 (p. 174) 87 (p. 174)

88 (p. 174) 89 (p. 174) 90 (p. 174)

91 (p. 174) 92 (p. 175) 93 (p. 175)

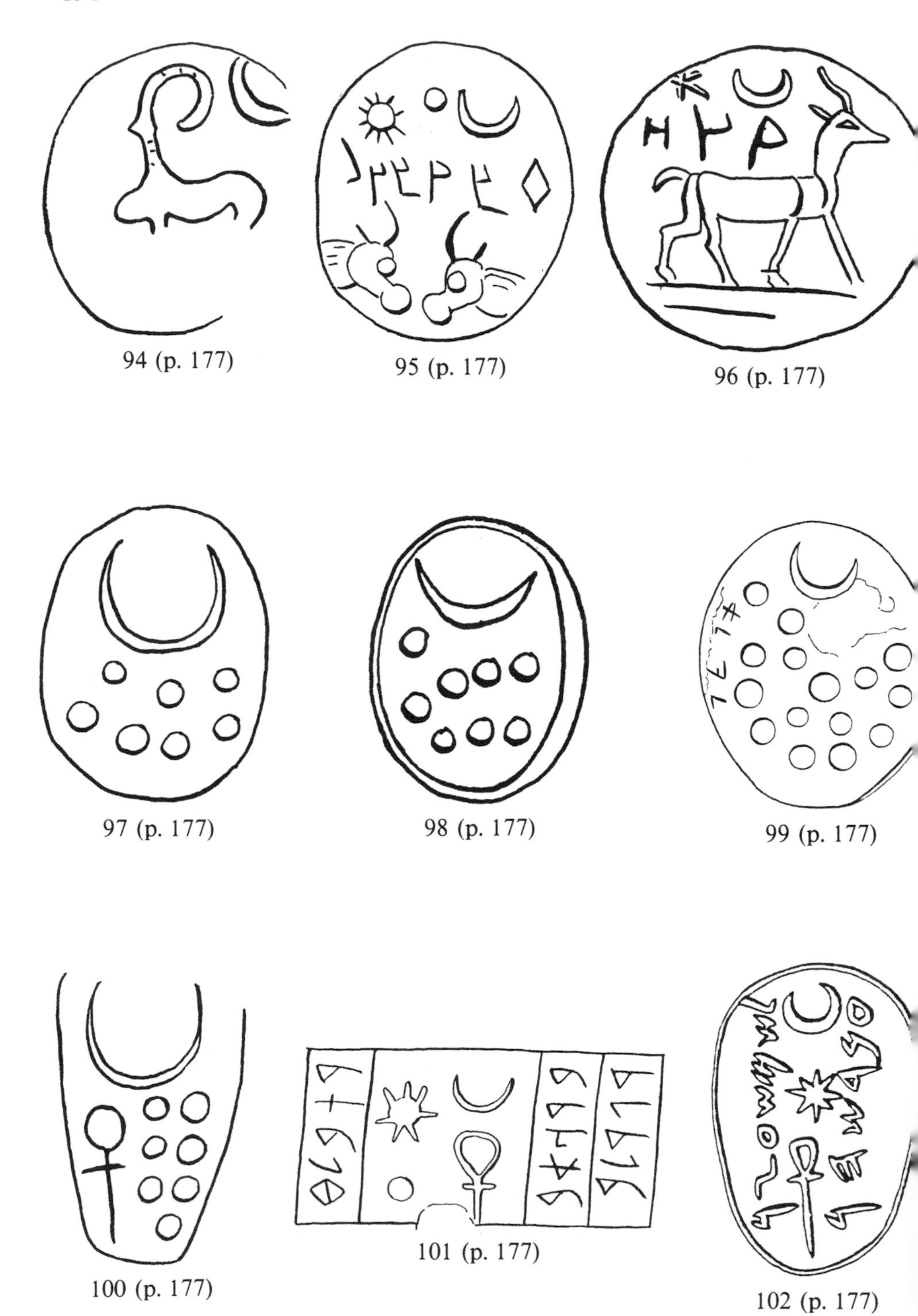

94 (p. 177)

95 (p. 177)

96 (p. 177)

97 (p. 177)

98 (p. 177)

99 (p. 177)

100 (p. 177)

101 (p. 177)

102 (p. 177)

8. APPENDIX

*Schlecht erhaltene Inschrift von **Abb. 1***

"What may be gathered from this is necessarily very little: the two certainties are that the Moon-god Sin is mentioned twice (1, 14) and the city of Harran once (3) — gratifying as this confirmation is, they are precisely the two facts which were known before. Among possibilities, the most interesting are: that Sennacherib is named in (1), and thus may have been the dedicator of this monument; several phrases (6, 8, 10) which refer to "his" (i.e. the god's?) possessions (in the plural), especially (8) "cities" ——— "sons (i.e. inhabitants) of his city"; a very dubious mention (15) of "this image" (??).
It is greatly to be hoped (though perhaps not overmuch to be expected) that direct study of the original stone would give a better result" (GADD 1951:110).

*Inschrift von **Abb. 3***

Obverse:
1) "Boundary stone of Adad-nērārī, king of Assyria,
2) son of Šamšī-Adad, king of Assyria,
3) (and of) Sammu-rāmat, the palace-woman
4) of Šamšī-Adad, king of Assyria,
5) mother of Adad-nērārī, strong king, king of Assyria,
6) daughter-in-law of Shalmaneser,
7) king of the four quarters. When Ušpilulume,
8-10) king of the people of Kummuḫ, caused Adad-nērārī, king of Assyria, (and) Sammu-rāmat, the palace-woman, to cross the Euphrates;
11-15) I fought a pitched battle with them — with Ataršumki, son of Adramu, of the city of Arpad(da), together with eight kings who were with him at the city Paqirahubuna. I took away from them their camp. To save their lives they dispersed.

16-18) In this (same) year this boundary stone was *set up* between Ušpilulume, king of the people of Kummuḫ, and Qalparuda, son of Palalam, king of the people of Gurgum.

19-20) Whoever (dares) to take (it) away from the hand of Ušpilulume, his sons, his grandsons:

21-22) may (the gods) Aššur, Marduk, Adad, Sin, (and) S]amas not stand (for him) at his lawsuit.

23) Abomination of Aššur, my god, (and) Sin who dwells in Harran.

Reverse:

1) Shalmaneser, strong king, king of Assyria,

2) son of Adad-nērārī, strong king, king of the universe, king of Assyria,

3) son of Šamšī-Adad, king of the four quarters:

4-5) when Šamšī-ilu, the commander in chief, marched to Damascus,

6-10) the tribute of Hadiyani, the man of Damascus — silver, gold, copper, his royal bed, his royal couch, his daughter with her extensive dowry, the property of his palace without number — I received from him.

11-13) On my return (from Damascus) I gave this boundary stone to Ušpilulume, king of the people of Kummuḫ.

13-15) Whoever (dares) to take (it) away from the hand of Ušpilulume, his sons, his grandsons may Aššur, Marduk, Adad, Sin (and) Šamaš

16) not stand (for him) at his lawsuit,

17) may they not listen to his prayers;

18) and may they quickly *samash* his country like a brick.

19) May he no longer give advice to the king.

20) Abomination of Aššur, my god, (and) Sin, who dwells in Harran"

(DONBAZ 1990:9f).

Inschrift von ***Abb. 4***

"Die Inschrift ist so stark zerstört, dass sich eine weitergehende Erörterung durch einen Nichtphilologen verbietet. Sie besteht aus 18 Zeilen, wobei die vierzehnte unbeschrieben ist. Klar scheint eine Götteraufzählung im Eingangspassus, Adad, An, Nabu(?) und Sin, und eine Nennung mehrerer Städte, darunter Ḫarran, Zeile 10: ^{al} KASKAL-ni (Parpola, Neo-Assyrian Toponym Names 152f. und Saḫlalu, Zeile 11, 18: ^{al} Saḫ-la-lu (Parpola, Neo-Assyrian Toponym Names 211 (Kitlala); zum altbabylonischen Beleg von Saḫlala: W.W. Hallo, The Road to Emar: JCS 18 (1964) 78, A. Goetze, Remarks on the Old Babylonian Itinerary: JCS 18 (1964) 116) sowie Til ...: Zeile 10, 18: ^{al} Til, wobei unklar ist, ob bei diesem Namen jeweils weitere Zeichen folgen. Saḫlalu dürfte identisch sein mit dem altbabylonischen Saḫlala, das zwischen Apqû ša Baliḫa und Zalpaḫ, dem heutigen Tall Ḥamam, lag, bzw. dem gleichnamigen Ort, in den Salmanassar III. in seinem 6. palû — neben Til Turaḫi — einzog (D.D. Luckenbill, Ancient Records of Assyria and Babylonia I [Chicago 1926] 222 § 610). Auch die Zeile mit dem mutmasslichen Auftraggeber ist stark zerstört: möglicherweise war er ein assyrischer Herrscher, da am Ende der Zeile 7 ein 'šar$_4$ ^{mat} aš' noch erhalten ist. Ein Philologe mag mehr erkennen, doch hat die Inschrift inzwischen durch regelmässiges Abspritzen mit Wasser weiter gelitten" (KOHLMEYER 1992: 96).

Inschrift von ***Abb. 7***

1) "Adad-nērārī, great king, strong kin, king of the universe, king of Assyria,
2) son of Šamšī-Adad, strong king, king of the universe, king of Assyria,
3) son of Shalmaneser, king of the four quarters.
4-5) The boundary which Adad-nērārī, king of Assyria, (and) Šamšī-ilu, the commander in chief, establishd between Zakur of the land of Hamath and Ataršumki, son of Adramu:
6-8) the town of Nahlasi with all its fields, gardens [and] settlements is (the property) of

Ataršumki. They divided the Orontes River between them. *This is* the border.

9-11) Adad-nērārī, king of Assyria, (and) Šamšī-ilu, the commander in chief, have given it free and clear to Ataršumki, son of Adramu, to his sons, and his subsequent grandsons. His city and its territories [...] to the border of his land he made firm.

12-13) By the name of Aššur, Adad, and Ber, the Assyrian Illil, the Assyrian [Mulliss]u, and the name of Sin dwelling in Harran, the great gods [of] Assyria:

14-16) whoever afterwards speaks ill of the terms of this stela, and takes by force this frontier from the possession of Ataršumki, his sons, and his grandsons; *and* destroys the written name (and) writes another name:

17-19) may [Aššur], Adad, and Ber, Sin dwelling in Harran, the great gods of Assyria [whose] names are recorded on this stela, not listen to his prayers"
(DONBAZ1990:7).

STEMPELSIEGEL – DAS PROBLEM PALÄSTINISCHER WERKSTÄTTEN*

INHALTSVERZEICHNIS

---

* Dieses Kapitel wurde zuerst im Rahmen der Tagung "Seals and Sealings in the Ancient World" vorgetragen, die am 2. 9. 1993 auf Einladung von Dr. E. BOROWSKI im Bible Lands Museum in Jerusalem stattgefunden hat.

1. VOM KERAMISCHEN NEOLITHIKUM BIS ZUR MITTLEREN BRONZEZEIT I (CA. 5500-2000)

HILDI KEEL-LEU hat 1989 einen Katalog der in Palästina gefundenen Stempel-Siegel veröffentlicht. Seither sind vereinzelte weitere Siegel gefunden und/oder publiziert worden. Die einzige bisher bekannte grössere Gruppe vor der Frühbronzezeit sind immer noch die von ihr veröffentlichten Stücke Nr. 7-17 aus Ha-Gošerim,[1] die nun dem 5. und nicht dem 4. Jt.[2] zugerechnet werden müssen, d.h. dem ausgehenden Neolithikum bzw. dem beginnenden Chalkolithikum. Ein Siegel mit einer sehr ähnlichen Dekoration wie der von KEEL-LEUs Nr. 16 ist in Herzlija gefunden worden (GARFINKEL/BURIAN/FRIEDMAN 1992: 9 Fig. 2,1 = **Abb. 1**). Das Stück ist aus Kalkstein, die Basis misst 17,5 x 18,1 mm und ist 10,5 mm hoch. Die Autoren deuten es als weiteren Hinweis darauf, dass der Küstenstreifen und der Norden Palästinas im 5. Jt. in einem kulturellen Austausch mit den nördlichen Gebieten des heutigen Libanon und Syriens standen. Das Siegel ist wahrscheinlich als Importstück anzusehen.

Ein Siegel, das eindeutig dem Chalkolithikum zugehört und mindestens der Form nach KEEL-LEUs Nr. 18 aus Gamla im Golan sehr ähnlich ist, ist auf dem Tel Gerar im nördlichen Negev gefunden worden (A. BEN-TOR 1990: 80 Fig. 1 = **Abb. 2**). Das Siegel ist aus Phyllit geschnitten. Phyllit ist ein "Sammelbegriff für blätterig ausgebildete Metamorphite der Epizone mit silbrigem Seidenglanz und graugrüner Farbe" (SCHUMANN 1977: 138). Dieses Material kommt in Palästina nicht vor. Wahrscheinlich ist nicht nur das Material, sondern das fertige Siegel aus Syrien importiert worden. Interessant ist, dass es so weit im Süden gefunden worden ist.

1989 hat P. DE MIROSCHEDJI auf dem Tel Jarmut in einer späten Auffüllung unmittelbar über dem jüngsten Fussboden der Eisenzeit I ein Siegel gefunden (DE MIROSCHEDJI 1992: 35f Fig. 34 = **Abb. 3**). Die unregelmässig runde Basis des Steinsiegels hat einen Durchmesser von ca. 60 mm. Es ist etwa 20 mm dick. Die Form ist eigenartig.

---

1 T. NOY (1993) erwähnt in ihrem Artikel zu Ha-Gošerim in "The New Encyclopedia of Archaeological Excavations in the Holy Land" "stamped (sic!) seals with a geometric design". Deren Veröffentlichung durch KEEL-LEU ist ihr entgangen.

2 KEEL-LEU 1989: 4.

Es hatte oben anscheinend einen Henkel, der grösstenteils abgebrochen ist. Auf den zwei Seiten des Rückens finden sich Griffe. Die Basis zeigt nach der Meinung des Ausgräbers ein ziegenähnliches Tier oder einen Fisch. Das geöffnete Maul, die vier nach vorn gestemmten Beine und der erhobene, parallel zum Rücken gelegte Schwanz zeigen, dass wahrscheinlich ein Löwe intendiert war. Unerklärt bleiben die zwei Bohrlöcher über dem Kopf (Ohren ?) und beim After des Löwen und der Strich rechts vom hinteren Bohrloch. Zu vergleichbaren Löwendarstellungen siehe KEEL-LEU 1991: Nr. 23; VON WICKEDE 1990: Abb. 379, ein Abdruck der späten Urukzeit aus Arslantepe. Die genannten Belege gehören ins 4. Jahrtausend. Das Siegel vom Tel Jarmut wirkt wie eine provinzielle Kopie der genannten Siegel, und es ist denkbar, dass es in der Frühbronzezeit entstanden ist, wie der Ausgräber suggeriert, sehr wahrscheinlich in der Frühbronzezeit I (3300-3000).

Aus der Frühbronzezeit sind seit 1989 zwei Siegel definitiv publiziert worden, die KEEL-LEU provisorisch publiziert hat. Der nun genau bekannte Fundkontext erlaubt das Siegel Nr. 41 vom Tel Qašiš in die Frühbronzezeit I zu datieren (A. BEN-TOR 1993: 47 Fig. 1 = **Abb. 4**). Das Material (Kalkstein) und das einfache Gittermuster, das als Dekoration auf Stempelsiegeln der Frühbronzezeit I auch in Jordanien mehrfach nachgewiesen ist (MABRY 1989: 93f), legen die Vermutung nahe, es könnte sich hier evtl. doch um lokale Produkte handeln. Die Siegelgruppe aus dem frühbronzezeitlichen Arad ist also nichts Singuläres, wie das P. BECK schon vor zehn Jahren vermutet hat (1984: 111). Endlich definitiv publiziert wurde auch das schon 1978 gefundene Siegel Nr. 42 vom Tel Kittan (EISENBERG 1992: 5f Fig. 1 Basis Abdruck und Fig. 3 Seitenansicht = **Abb. 5**). Seine Masse sind 55 x 31 x 12 mm. Es stammt aus einer Schicht der Frühbronzezeit IB (Stratum VII). Nach EISENBERG könnte es sich um eine Pflüge-, eine Hirten- oder eine Jagdszene handeln. Im Lichte einer ähnlichen Szene auf einem zeitgenössischen Rollsiegel von ʿEn Besor (Stratum III) dürfte es sich um eine Hirtenszene handeln (A. BEN-TOR 1976: 14 Fig. 1 = **Abb. 6**). Diese Deutung begünstigt auch ein allerdings erst aus der FB III stammender Rollsiegelabdruck von Ḫirbet ez-Zeraqon im nördlichen Jordanien (**Abb. 7**)[3]. Die Lanze, die der Mann über den Rücken

---

3 Für die Erlaubnis HZ 88-430 (Abb. 7) zu publizieren danke ich Prof. S. MITTMANN und M. FLENDER. Einen Teil-Abdruck des gleichen Siegels hat Prof. S. MITTMANN schon 1974 publiziert (5-13 und Taf. 1 B).

des säugenden Muttertieres hält, soll wohl nicht die Absicht, das Tier zu töten, sondern Besitzanspruch und Schutz zum Ausdruck bringen.

Eine weitere Parallele zu den von KEEL-LEU 1989 als Nr. 43 und 44 publizierten Stempelsiegeln vom Tell Beit Mirsim und aus Dan stellt eine ovale, wahrscheinlich zu etwa einem Drittel abgebrochene, bisher unveröffentlichte Platte aus Bet-Schean dar (**Taf. 17,1**)[4]. Die Oberseite ist unregelmässig. Vielleicht ist ein Griff abgebrochen. Die Basis misst, soweit erhalten, ca. 55 x 43 mm, die Dicke ist ca. 12 mm. Das Material ist grauer Ton, mit einem graubraunen Überzug. Das Stück wurde unmittelbar unter den ältesten spätbronzezeitlichen Schichten gefunden und von den Ausgräbern Stratum XI zugerechnet, der letzten Phase der FB bzw. dem Beginn der MB I. Wie KEEL-LEUs Nr. 43 und 44 besitzt die Basis eine Umrandungslinie und ist mit linearen, schwer deutbaren Gravierungen versehen. Das Material Ton kann wohl als Indiz für eine lokale Produktion gelten.

Klassische ägyptische Design-Amulets und Skarabäen der 11. Dyn. (2134-1991)[5] sind, wenn man von KEEL-LEUs Nr. 44 (Dan) und 45 (Akko) absieht, bisher in Palästina/Israel nicht gefunden worden.[6] Zu Nr. 44 vgl. jetzt BIRAN 1994:41 Fig 16.

---

4 Das Original befindet sich in Philadelphia im University Museum, Inventarnr. 32-15-383; Field Registration Nr. 31-11-92. Für die Photos und das Recht sie zu publizieren danke ich Dr. JAMES A. SAUER und Mrs. MAUDE MEYER DE SCHAUENSEE.

5 Die von WARD 1978 unter dem Titel "Pre-12th Dynasty Scarab Amulets" publizierte Gruppe ist wahrscheinlich nicht vor der 11. Dyn. anzusetzen, wie die Untersuchungen von SEIDLMAYER (1990) nahelegen. Für den Hinweis auf diese Publikation danke ich A. WIESE, Basel.

6 Aus dem Land stammen könnte ein Skarabäus der 11. Dyn., der auf dem Jerusalemer Antiquitätenmarkt aufgetaucht ist und sich eine Zeit lang im Besitz von Godfrey Kloetzli, Terra Sancta, Jerusalem, befunden hat (**Taf. 17,2**). Das Stück befindet sich als Leihgabe am BIF mit der Inventarnr. 1993.50 Es ist aus Steatit geschnitten und misst 16,7 x 14,2 x 10 mm. Der Clipeus ist abgebrochen. Parallelen zur Basis-Dekoration finden sich bei MATOUK 1977: 408 Nr. 2207-2210 = BIF Nr. 3801, 2798, 3799, 3802. Ich kann die Gravur nicht deuten.

2. MITTLERE BRONZEZEIT (ca. 2000-1550)

Es gibt keine Gründe, die wenigen Skarabäen und ähnlichen Siegelamulette, die in Palästina/Israel in Schichten der MB IIA (2000-1750) gefunden worden sind, nicht als Importstücke zu betrachten (zu den Stücken vgl. WEINSTEIN 1975: 1-7)[7]. Das gilt für die Skarabäen mit abstrakten Mustern, wie z.B. für einen Skarabäus mit Spiralen aus Grab 5106 auf dem Tell von Megiddo (LOUD 1948: Pl. 149,48 und 155,48 = **Abb. 8**; vgl. TUFNELL/WARD 1966: 180 Fig. 2, 17 und 20), für solche mit Hieroglyphen wie einen aus Grab B 48 in Jericho (KENYON 1965: 596 Fig. 282,4 = **Abb. 9**) und für solche mit figurativen Elementen wie einen aus Afek mit zwei Nilpferden und zwei Antilopen (GIVEON 1988: 4f Nr. 38 = **Abb. 10**; vgl. TUFNELL/WARD 1966: 180 Fig. 2,5). Noch mehr gilt es für die Skarabäen mit Königsnamen der 12. Dyn. (GIVEON 1978; W.A. WARD in TUFNELL 1984: 151-154 und Pl. 51-53) und die sogenannten Private Name Seals (G.T. MARTIN in TUFNELL 1984: 147f und Pl. 49 11B).[8]

---

7 Der erste Skarabäus, den WEINSTEIN (1975: 1) im Gefolge von K. KENYON und O. TUFNELL einer Schicht der MB IIA zuschreibt, ist ein Skarabäus aus Grab 3143 in Megiddo (LOUD 1948: Pl. 149,1 und 154,1). Das Stück gehört aber aufgrund der Gestaltung des Käfers (KEEL/SHUVAL/UEHLINGER 1990: 339 und unten in diesem Kapitel Abb. 56) und der Basisgravur (vgl. HÖLBL 1979: 98) eindeutig in die Ramessidenzeit. Wie das Stück zum Material von Grab 3143 gekommen ist, ob durch Intrusion im Boden oder erst bei oder nach der Ausgrabung, entzieht sich meiner Kenntnis.

8 In dem vom Bible Lands Museum, Jerusalem, am 2. Sept. 1993 organisierten Symposion über "Seals and Sealing in the Ancient World" hat D. BEN-TOR eine Idee von HORNUNG/STAEHELIN (1976: 88) aufgegriffen und mit neuen und überzeugenden Gründen die Ansicht vertreten, dass die Private Name Seals als Grabbeigaben geschaffen wurden, die Namen und Titel des Verstorbenen mit dem Käfer als Symbol der Regeneration verbanden. Das erkläre die gelegentlich grosse Anzahl von Stücken mit dem gleichen Namen und Beischriften wie *m3ʿ ḫrw* und ähnlichen. Die Fundkontexte in Ägypten und Israel bestätigen, dass die zuerst als Grabbeigaben gedachten Skarabäen später geplündert und als Amulette verwendet wurden. In dieser Funktion sei mindestens die grosse Mehrheit erst während der 15. Dyn. (ca. 1650-1550) nach Palästina gekommen.

Der Import von Skarabäen und verwandten ägyptischen Siegelamuletten nach Vorderasien während der MB IIA wird z.B. auch durch den grossen Hortfund aus Byblos bezeugt ("Montet-Jar", s. oben p. 8).

2.1. Die Ω-Gruppe

Im Laufe der MB setzte dann aber in der Levante auch eine eigene Skarabäenproduktion ein. Um 1750 stellte eine Werkstätte in Nordsyrien oder Nordmesopotamien für den Export nach Palästina oder eine Werkstätte in Palästina selber (TEISSIER 1991: 71) Skarabäen her, die Ω-Gruppe (vgl. KEEL 1986: 4-9; KEEL/KEEL-LEU/SCHROER 1989: 39-87).[9] Drei neue Belege aus Kindergräbern stammen aus der letzten Phase von Kültepe-Karum Kaniš, wo es keine eigene Fayenceproduktion gab (T.ÖZGUÇ 1992: 159f und Taf. 70,1-3 = **Abb. 11**). Die Basisgravur ist bei allen drei Stücken praktisch identisch. Ein weiteres Stück ist in Elam aufgetaucht, in Kalleh Nisar, Areal C, Grab Nr. 13, das in spätaltbabylonischer Zeit um 1700 belegt war (**Abb. 12**).[10] In Jerusalemer Antiquitätengeschäften habe ich in den letzten Jahren mindestens neun Stücke der Ω-Gruppe gesehen. Besonders interessant war ein Stück, das eine Zeit lang GODFREY KLOETZLI, Terra Sancta, Jerusalem, gehörte (**Taf. 17,3**).[11] Im Gegensatz zu allen anderen mir bekannten Stücken aus Palästina/Israel ist bei diesem Stück die Glasur fast ganz erhalten. Sie ist türkisfarben. Die nächste Parallele zur Basisgravur des Stückes findet sich auf einem Skarabäus aus Jericho (vgl. KEEL/KEEL-LEU/SCHROER 1989: 47 Abb. 19 und 49f Nr. 19; vgl. auch die Nr. 20). Im Gegensatz zu diesen Stücken weist der obere Bogen des "Omegas" drei senkrechte Striche auf. Sie erinnern an die Frisur eines zeitgenössischen Frauenkopfs in Form eines kleinen Fayence-Gefässes aus Ebla (MATTHIAE 1977: Tav. 101 = **Abb. 12a**). Es stellt sich die Frage, ob der "Mutterschoss" hier gleichsam personifi-

9 Vgl. zu dieser Gruppe auch BOEHMER/GÜTERBOCK 1987: 40-42. BOEHMER schlägt eine etwas spätere Datierung der Gruppe zwischen 1750 und 1650 vor. Die Monographie von I. FUHR vermisst E. PORADA (1992:493) hingegen zu Unrecht (vgl. KEEL/KEEL-LEU/SCHROER 1989: 56,332).

10 Ich verdanke Bild und Publikationserlaubnis Prof. L. VANDEN BERGHE.

11 Das Stück befindet sich jetzt als Leihgabe am BIF: Inventarnr. 1993.9; Fayence, Masse 12,6 x 9,4 x 5,8 mm. Der Rücken ist leicht versintert.

ziert als stilisierter Frauenkopf zu verstehen ist. Die zwei Dreiecke mit den Punkten wären dann als stilisierte Brüste zu verstehen.

2.2. Die Jaspis-Gruppe

Für die Zeit zwischen 1720 und 1600 ist eine Werkstatt an der libanesischen Küste, vielleicht in Byblos oder auch weiter südlich, vielleicht sogar in Megiddo, wahrscheinlich zu machen, die Skarabäen aus Grünstein-Facies („grünem Jaspis“) und anderen harten Steinen produzierte (KEEL/ KEEL-LEU/SCHROER 1989: 209-242). Diese Produktion lief parallel mit der von Rollsiegeln aus dem gleichen Material, im gleichen Stil und mit einer sehr ähnlichen Ikonographie (COLLON 1986a).[12] Dem kostbareren Material entsprechen die höfischen Themen. Vielleicht tragen einzelne dieser Stücke in protosinaitischer Schrift geschriebene Namen (vgl. KITCHEN 1989).

2.3. Produktion von Steatitskarabäen in Vorderasien ?

Die Existenz dieser beiden vorderasiatischen Werkstätten der Skarabäenproduktion im 18./17. Jh. ist von der Forschung ohne Probleme akzeptiert worden (THUESEN 1990; TEISSIER 1991; PORADA 1992; WARD 1992). Während der 13. und besonders der 15. Dyn., in der letzten Phase der MB IIB, werden die Skarabäen in Palästina sehr zahlreich. Sie sind in der Regel aus Steatit gefertigt und entsprechen sowohl in der Form als auch bezüglich ihrer Basisgravur in der Regel ziemlich genau den Skarabäen, die man gleichzeitig in Ägypten und Nubien findet, wie W.A. WARD mit Recht betont (1992: 737f).

Seit bald 80 Jahren wird darüber diskutiert, ob diese Skarabäen importiert oder zur Hauptsache oder wenigstens teilweise lokal hergestellt worden seien. R. WEILL vertrat 1917 die These, die Ausländer, die während der 13. Dyn. nach Unterägypten eingewandert seien, hätten sich der Skarabäenproduktion bemächtigt und ihr den Stempel ihres

---

12 KARL BESTER, Strassburg, hat in den letzten Jahren sein besonderes Augenmerk auf Skarabäen der Jaspis-Gruppe im Handel gerichtet und u.a. ein Stück gefunden, das in einer Kartusche eine sehr ähnliche Zeichenfolge zeigt (**Abb. 13**) wie das *rʿn ʿnb* bei COLLON 1986: 64 Nr. 2 = **Abb. 14**, was den engen Zusammenhang zwischen der Rolllsiegel- und der Skarabäenwerkstätte weiter bestätigt.

Stils und ihres Repertoires aufgedrückt. Dieser Typ von Skarabäen, den WEILL aufgrund des häufigen Vorkommens der Zeichenkolumne ', *n*, *r*, ' als Anra-Typ bezeichnet, sei dann nach Palästina exportiert und dort bis in die Zeit Thutmosis' III. hergestellt worden, während in Ägypten seine Herstellung fast 100 Jahre früher wieder eingestellt worden sei (1917: 94f; vgl. zu den Anra-Skarabäen HORNUNG/STAEHELIN 1976: 51f). Schon 1918 übernahm J. OFFORD WEILLs These begeistert, stellte aber gleichzeitig ein paar kritische Fragen, u.a. die von Material und Technik: "It is to be remembered that M.WEILL has not suggested that the material of which the scarabs were made is Palestinian. They appear to be Egyptian schist. Nor do any Palestinian amulets ever appear to have been glazed, as most of these scarabs were" (1918: 179).

An diesem Punkt hakte W.M.F. PETRIE ein und wies in einer nur gerade zwölf Zeilen umfassenden Notiz WEILLs These energisch zurück: "The material is from Egypt, the glazing is an Egyptian art (...). Until a factory is found in Palestine it is unlikely that any class of scarabs were regularly produced there" (1919: 46). Eine Werkstatt für Steatit-Skarabäen ist bis heute nicht gefunden worden.

Dennoch findet man immer wieder die Ansicht, viele der in Palästina gefundenen 'Hyksos-Skarabäen' seien dort hergestellt worden. Als Grund wird meistens – eher vage – der unägyptische Stil genannt (z.B. PIEPER 1927: 456). Es gibt aber bessere Argumente.

2.4. Hinweise auf Produktion

Eine "factory", wie PETRIE sie fordert, hat man m.W. bis heute zwar nicht gefunden. PETRIEs "any class of scarabs" kann die Ω- und Jaspis-Gruppe entgegengesetzt werden. "Glacing" kann erstens längst nicht mehr als exklusiv ägyptische Kunst gelten (vgl. z.B. MOOREY 1985: 133-193), und zweitens haben Skarabäen der MB IIB aus Palästina/Israel in der Regel keine Glasur. Darüber hinaus gibt es für die gewöhnlichen Steatit-Skarabäen einige positive Hinweise auf eine Produktion vor Ort, so z.B: den Skarabäus eines Siegelschneiders *ḫtmj*, der auf dem Tell el-ʿAǧǧul gefunden worden ist (PETRIE 1934: Pl. 5,1 = ROWE 1936: Nr. 52 = MARTIN 1971: 127f Nr. 1665; vgl. WARD 1982: Nr. 1186a). Falls die Theorie von D. BEN-TOR (Anm. 8) in jedem Fall stimmt, hat das allerdings nichts zu bedeuten. Falls das Stück aber doch mit seinem Träger nach Palästina gekommen sein sollte, wirft es die interessante Frage auf, ob wir mit Ateliers als fest etablierten Produktionsstätten oder mit wandernden Handwerkern zu rechnen haben, die vielleicht von Ägypten gekommen sind und sich in Kanaan wenigstens teilweise den lokalen Bedürfnissen angepasst haben.

Weiter wurden in Palästina wiederholt Halbfabrikate gefunden, also Skarabäen, die erst in groben Umrissen herausgearbeitet sind oder bei denen nur die Ober- oder die Flachseite fertig ist. Eine unbearbeitete oder nicht fertig bearbeitete Oberseite scheinen drei Skarabäen vom Tell el-ʿAǧǧul zu haben (PETRIE 1931: Pl. 14,170; PETRIE 1934: Pl. 7,144; MACKAY/MURRAY 1952: Pl. 10,11), wie der Augenschein gezeigt hat. Ein Stück, dessen Oberseite fertig ist, dessen Basis aber erst den Anfang einer Spiraldekoration aufweist, befand sich im Besitz von G. KLOETZLI, Jerusalem (D. BEN-TOR 1989: 65 Nr. 32 = **Abb. 15**). Einen erst in groben Umrissen zubehauenen Skarabäus vom Tell el-ʿAǧǧul besitzt das Department of Education and Arts in Bolton (Inventarnr. 47.31.20; 18 x 12 7,3 mm). Ein ähnliches Stück vom Tell Beit Mirsim besitzt die Israel Antiquities Authority (Nr. 81-2009); 25 weitere Stücke vom Tell Beit Mirsim oder aus seiner Umgebung sind im Rëuben Hecht Museum an der Universität Haifa ausgestellt, "indicating the existence of local workshops", wie die Beschriftung des Museums zu Recht hervorhebt. Aus der gleichen Gegend sollen zwei Stücke dieser Art stammen, die in Jerusalem gekauft wurden und als Leihgaben am Biblischen Institut der Universität Freiburg/Schweiz aufbewahrt werden (Inventarnr. 1983.9-10 = **Abb. 16-17**; 17,6 x 11,3* x 7,4 mm bzw. 22,2 x 15 x 9,2 mm; Material grauer Steatit; zu einem ähnlichen Stück vgl. D. BEN-TOR 1989: 65 Nr. 31). KENYON fand in Jericho ein unfertiges Stück aus Quarzit (1965: fig. 288,20; vgl. zu solchen Halbfabrikaten weiter TUFNELL 1984: 42 Anm. 28).

"Many unfinished scarabs in steatite, roughly blocked out", die genau den eben beschriebenen Stücken entsprechen, hat PETRIE in Memphis gefunden und dort selbstverständlich als "remains from workshops" interpretiert (1909: 11 und Pl. 28,14; vgl. KEEL/KEEL-LEU/SCHROER 1989: 298f). PETRIEs Stücke dürften aus dem Neuen Reich stammen. Die Funde vom Tell el-ʿAǧǧul und vom Tell Beit Mirsim sind eher in die MB IIB zu datieren, d.h. in eine Periode, aus der sehr viele Skarabäen in Palästina und besonders an den zwei genannten Orten gefunden worden sind. Diese Hinweise auf lokale Produktion aus dem Bereich des Fabrikationsprozesses werden in manchen Fällen durch die typisch vorderasiatische Ikonographie mancher Skarabäen dieser Zeit verstärkt.

2.5. Asiatische Motive

Ein typisch vorderasiatisches Motiv ist z.B. der Eselreiter (STAUBLI 1991: 100-107). Die Basisdekoration eines Skarabäus, dessen Käferform und Gravurstil für die MB IIB typisch sind, zeigt einen solchen, der von einem Diener zu Fuss begleitet wird (STAUBLI 1991: Abb. 22 = **Taf. 17,4**).[13] Das Motiv findet sich auch auf ägyptischen Stelen in Serabiṭ el-Ḫadim aus der Zeit Amenemhets III., wo es – mit hieroglyphischen Beischriften versehen – von Ägyptern ausgeführt worden sein dürfte (GARDINER/PEET/ČERNÝ 1952: Pl. 37, 39, 85; vgl. STAUBLI 1991: Abb. 16-18). Und wenn derjenige, der diesen Skarabäus in Auftrag gegeben oder als Geschenk empfangen hat, auch so gut wie sicher ein Asiate war, so sagt dieses Einzelstück noch nichts über den Kunsthandwerker aus, der es hergestellt hat. Hingegen dürften zwei Skarabäen mit einem Esel als Hauptmotiv (PETRIE 1932: Pl. 7,76; GIVEON 1985: 116 f Nr. 22) vorderasiatische Produkte sein.

Ähnlich wie mit Taf. 17, 4 verhält es sich mit einem anderen, singulären Stück (**Taf. 18, 1**)[14]. Seine Basis zeigt innerhalb einer Schnurumrandung und eines Kranzes von Glückszeichen (sogenannten Neferzeichen) einen bloss mit einem Schurz bekleideten Mann mit einem Tier. Das Tier, anscheinend ein Canide, am ehesten ein Wolf, scheint ihn anzugreifen. Nun ist ein Löwe, der einen Menschen angreift, auf Skarabäen der MB IIB mehrmals belegt (vgl. oben p. 42). Aber der Mensch liegt in diesen Fällen hingestreckt unter dem Löwen oder ist in die Knie gesunken. Der Löwe ist als Metapher für den Pharao zu verstehen. Hier aber ist der Mensch dem Tier nicht unterlegen. Es kann so nicht als Metapher für den König verstanden werden. Eine Art Parallele kann ich einzig in der Basisdekoration eines ebenfalls sin-

---

[13] Ägyptisches Museum, Museumsinsel, Berlin Inventarnr. 9517; Steatit, Masse 23,5 x 17,5 x 10 mm; das Stück wurde in Theben gekauft. Für Photos und Publikationserlaubnis danke ich Prof. G. RÜHLMANN, Halle.

[14] Das Stück ist in Jerusalem gekauft worden und befindet sich als Leihgabe am BIF (Inventarnr. 1984:7). Material weisser Enstatit mit braunen Flekken; Masse 22,4 x 15,6 x 10 mm.

gulären Igel-Skaraboiden in Basel sehen (HORNUNG/STAEHELIN 1976: Nr. Va 5 Taf. 126 = **Taf. 18,2**). Ein Mann entflieht zwei angreifenden Krokodilen. Um reine Sensation kann es nicht gehen. Skarabäendekorationen können nicht im Licht der Boulevardpresse gesehen werden. Aber vielleicht darf man die beiden Szenen im Licht einer ramessidischen Stele verstehen, die ein gewisser *Pataweret* dem schakalköpfigen Upuaut, dem Gott seiner Heimatstadt Asiut gestiftet hat (**Taf. 18,3** = BM 1632 = BRUNNER 1958: Taf. 3 = KEEL [2]1977: Abb. 307a). Sie zeigt im untersten Register die Rettung des Stifters vor einem Krokodil. Im mittleren Register demonstriert dieser seine Dankbarkeit durch eine Libation und im obersten durch die Darbringung eines Blumenstrausses. Die Rettung durch den Gott und die Dankbarkeit des Stifters sind hier ganz explizit dargestellt. Auf den beiden Skarabäen ist das einzig bei der Bedrohung der Fall. Rettung und Dankbarkeit waren implizit zum Ausdruck gebracht, wenn der Skarabäus bzw. der Igel-Skaraboid seinerzeit als Votivgeschenke in ein Heiligtum gestiftet wurden. Da Wölfe in Ägypten nie vorgekommen sind, haben wir es bei Taf. 18,1 ähnlich wie bei der Szene von Taf. 17,4 mit einer asiatischen Szene zu tun. Über die Kulturzugehörigkeit des Kunsthandwerkers ist damit aber auch hier wenig gesagt. Schliesslich ist am Tempel in Luxor auch ein Asiate dargestellt, der von einem Bären gepackt wird (KEEL [2]1977: Abb. 109; POSENER 1944), ein Motiv, das ebenso asiatisch ist, wie der Angriff des Wolfs auf Taf. 18,1, und mit asiatischer Produktion doch nichts zu tun hat.

2.6. Kanaanaisierung ägyptischer Motive

Auf einer Anzahl ägyptischer "Private-Name Seals", deutsch meist "Beamtenskarabäen" genannt, ist neben dem Titel und dem Namen ein Mann bzw. eine Frau dargestellt.

G.T. MARTIN hat in seinem Standardwerk zu den "Private-Name Seals" jenes Dutzend ihm bekannter Stücke, die zusätzlich zu Titel und Name eine menschliche Figur zeigen, als "Type 9" klassifiziert (1971: 150 und Pl. 41,28-37 und 42,1-2). Die anderen acht Typen unterscheiden sich ikonographisch nur durch verschiedene Arten der Umrandung (Spiralen-, Kerbband-, Schnurumrandung usw.). Jene 12 Stücke mit einer menschlichen Figur machen 0,65% seiner 1838 Belege aus. Auf den fünf Stücken, die einer *nbt pr* "Herrin des Hauses" gehörten, ist das Bild einer Frau, auf den sieben, die aufgrund der Inschrift der Besitz von Männern waren, das eines Mannes zu sehen. Der Schluss liegt nahe, die menschliche Figur stelle die Besitzerin bzw. den Besitzer dar. Einen weiteren Beleg mit dem Bild einer Frau hat MARTIN nachträglich publiziert (**Abb. 18** = MARTIN 1979: 223f Nr. 70). Das Lebenszeichen, das die Frau auf diesem Stück in einer der herabhängenden Hände hält, ist auch bei MARTIN 1971: Pl. 41 Nr.33 und 37 zu finden. Die Inschrift lautet: *b3kt nt ḥk3 ʿb-m3ʿt* (?), *m3ʿt ḫrw* "Dienerin des Herrschers, ʿAb-Maʿat, gerechtfertigt".

Die sieben Männer sind bis auf einen, der bei der Nilpferdjagd gezeigt wird[15], schreitend mit herabhängenden Armen dargestellt. Das ist auch bei einem weiteren, bisher unveröffentlichten Stück der Fall, das mir aus dem Nachlass von RAPHAEL GIVEON[16] zur Veröffentlichung anvertraut worden ist (**Abb. 19 = Taf. 19,1**)[17]. Der Titel *imj-r pr*

---

15 PETRIE 1925: Pl. 24, 13ADa = MARTIN 1971: Nr. 1391, Pl. 41,30 = KEEL 1993: 68 Abb. 2.

16 Als der Tel Aviver Ägyptologe 1985 im Alter von 69 Jahren starb, hatte er zwei grössere Arbeiten in Vorbereitung, zum einen die "Additional Inscriptions of Sinai", zum anderen eine grössere Gruppe von Beamten-Skarabäen des Mittleren Reiches und der Zweiten Zwischenzeit. Das Manuskript zu den "Sinai-Inschriften", an dem R. GIVEON in seinen letzten Lebensjahren hauptsächlich gearbeitet hat, ist zur Fertigstellung und Publikation seinem Schüler, RAPHAEL VENTURA, übergeben worden. Das, was von den Beamten-Skarabäen vorlag, waren hauptsächlich Abdrücke, Zeichnungen und Photos. Sie wurden von R. GIVEONS Witwe, Frau JEHUDIT GIVEON, dem Verf. ausgehändigt. Die meisten von ihnen hatte GIVEON nach und nach in kleinen Gruppen in Artikeln publiziert (vgl. GIVEON 1974; 1976; 1978; 1980). Die noch zur Publikation anstehenden Stücke habe ich alle, ausser dem hier veröffentlichten, Frau DAPHNA BEN-TOR, Jerusalem, weiter gegeben, da sie die "Private Name Seals" im Moment zu einem ihrer Forschungsschwerpunkte gemacht hat.

17 Der Skarabäus ist aus Steatit gefertigt. Der quadratische Kopf ist typisch für die 13. Dynastie (ca. 1750-1650; vgl. TUFNELL 1984: 189, Table 30, Typ C1). In diese Zeit passen auch die Rückengestaltung, die Pronotum und Elytren durch einfache Linien andeutet (TUFNELLs Rückentyp I), und die Seiten, die die je drei Beine des Käfers und die Behaarung des vorderen Beinpaares zeigen (TUFNELLs Seitentyp d9). Er ist rundum ziemlich bestossen. Am unteren Rand der Basis fehlt ein kleines Stück. Die Masse sind 23 x 16,6 x10,3 mm. Er befindet sich zur Zeit in einer grossen Jerusalemer Privatsammlung. In Jerusalem ist er auch erworben worden und dürfte aus Palästina stammen.

"Hausvorsteher, Verwalter" ist sehr häufig (WARD 1982: 21f Nr. 132). Den Namen versucht THOMAS SCHNEIDER, Basel, im Appendix zu diesem Kapitel zu deuten. Ikonographisch ist der Figur auf Abb. 19 die auf dem Siegel des "Hausvorstehers *N.f-snb*" am ähnlichsten (MARTIN 1971: Nr. 634, Pl. 42,1; München, Staatliche Sammlung ägyptischer Kunst, Inv. Nr. 531 = **Abb. 20**). Wie auf unserem Stück trägt der Mann einen mehr oder weniger senkrecht gefältelten Schurz und einen breiten Halskragen.

Auf der Grenze zwischen einem echten Beamtenskarabäus und jenen Skarabäen, die einen Mann und eine Frau mit einigen beliebigen Hieroglyphen davor zeigen, ist ein Skarabäus, der kürzlich bei Sotheby's in London versteigert worden ist (SOTHEBY & CO. 1993: 134 Nr. 470 = **Abb. 21 = Taf. 19,2**)[18]. Ein Titel fehlt. Die drei Zeichen vor der Figur können als *ptḥ* "Ptah" gelesen werden, wenn das *ḥ* auch am falschen Ort steht. Ob "Ptah" als Kurzform eines Namens möglich ist, kann ich nicht beurteilen.[19] Der Name des Gottes findet sich als solcher gelegentlich auf Skarabäen der MB IIB.[20] Sicher ergibt die Hieroglyphenkolumne (*ẖ*, *r*,*ʿ*, *t*, *šs*= GARDINERs D6), die vor einer männlichen Figur auf einem Oberflächenfund aus Akko zu sehen ist, keinen Sinn (GIVEON/ KERTESZ 1986: Nr. 22 = **Abb. 22**). Die Ikonographie aber ist derjenigen von Abb. 21 äusserst ähnlich. Die Figuren auf beiden Stücken sind praktisch identisch, nur dass bei Abb. 21 der Halskragen fehlt, der auf Abb. 22 zu sehen ist. Bei beiden tritt über der Hieroglyphenkolumne eine Lotusblüte aus der Umrandungslinie hervor.

Nun sind, soweit ich sehe, solche "Beamtendarstellungen" mit Pseudonamen nur oder jedenfalls fast nur in Vorderasien oder in Gebieten mit starker asiatischer Präsenz aufgetaucht. Dabei will ich auf Skarabäen der Jaspis-Gruppe mit protosinaitischen oder pseudoprotosinaitischen Inschriften (vgl. z.B. KEEL/KEEL-LEU/SCHROER 1989: 217-221

---

18 Das Stück befindet sich jetzt als Leihgabe am BIF (Inventarnr. 1994.11; Material: Steatit, Masse: 17,9 x 12,3 x 7,8 mm).

19 Mit Ptah zusammengesetzte Namen sind häufig, besonders *ptḥ-wr* (MARTIN 1971: Nr. 519-523) und *ptḥ-ḥtp* (MARTIN 1971: Nr, 525-529). Als eine Art Kurzform, die dem "Ptah" von Abb. 18 nahe kommt, kann vielleicht *ptḥj* verstanden werden (MARTIN 1971: Nr. 532 = HORNUNG/-STAEHELIN 1976: Nr. 526).

20 ZORI 1977: Pl. 15,2 untere Reihe, erster von links; SELLERS 1968: Pl. 41a; STARKEY/HARDING 1932: 43,9.

Nr. 16-17, 19-21) nicht eingehen, da ihre asiatische Herkunft unbestritten ist.

Zwei Belege stammen vom Tell el-Dabʿa, dem alten Auaris. Der eine wurde in einem Grab des Stratum G-F (ca. 1750-1680) gefunden (**Abb. 23**)[21]. Ob die drei Zeichen *nfr*, *šs* (GARDINER D6) und *q* tatsächlich einen Versuch darstellen, Titel und/oder Name zu suggerieren, bleibe dahingestellt. Die Hauptsache scheint die bildliche Darstellung des Notabeln mit seinem Stock zu sein. Hingegen haben wir es bei dem zweiten Stück vom Tell el-Dabʿa (**Abb. 24 = Taf. 19,3**)[22] aus Stratum F (1710-1680) wahrscheinlich mit dem Versuch zu tun, einen ägyptischen Beamtenskarabäus mit Name und Titel zu imitieren. Aber während die beiden Zeichen *r* und *ḫ* etwa zusammen mit *nsw* "Vertrauter (des Königs)" (vgl. MARTIN 1971: 181 sub voce) einen Sinn ergäben, scheint das bei den zwei unteren Zeichen nicht der Fall zu sein.[23]

Das Gleiche gilt bei einem Skarabäus aus Lachisch aus der Grabhöhle 4004 (TUFNELL 1958: Pl. 36,235 = MLINAR 1989: Lachish Nr. 182 = **Abb. 25**), der aufgrund der Rücken- und Seitengestaltung des Käfers ebenfalls während der 13. Dyn. entstanden sein dürfte. Die Zeichen *nb*, *mn*, *ʿnḫ*, *nfr*, *w3ḏ*, *r*, *n* und *nb* können weder als Titel noch als Name gelesen werden. Im Gegensatz zu den Männern auf den Abb. 19-12 und 24 hängen nicht beide Arme herunter, sondern der eine ist angewinkelt nach vorn gestreckt.[24] Ein ähnliches Stück ist auf dem Tell el-Farʿa-Süd gefunden worden (PETRIE 1930: Pl. 12,137 =

---

21 TD Grabungsnr. 5572. Das Stück wurde im Planquadrat F/I-k/22 im Grab 69 gefunden; Material: Steatit, Masse: 17,5 x 12 x 8,5 mm (MLINAR 1989: Nr. 105). Für die Publikationserlaubnis danke ich Prof. MANFRED BIETAK, Wien.

22 TD Grabungsnr. 2621. Das Stück wurde im Planquadrat A/II-1/16 im Grab Nr. 4 gefunden; Material: Steatit, Masse: 16,5 x 11,5 x 8 mm (MLINAR 1989: Nr. 206). Für die Photos und die Publikationserlaubnis danke ich Prof. MANFRED BIETAK.

23 Ein weiterer Mann mit hängenden Armen und Pseudoinschrift davor stammt vom Tell el-ʿAǧǧul (PETRIE 1934: Pl. 5,54).

24 Ein vergleichbares Stück, allerdings mit rudimentärer Inschrift, stammt vom Tell el-Farʿa-Süd (STARKEY/HARDING 1932: Pl. 44,47). Ein anderes mit einer Frau in der gleichen Haltung vom Tell el-ʿAǧǧul (PETRIE 1934: Pl. 11,439).

WILLIAMS 1977: 37 Fig. 19,3 = **Abb. 26**). Der "vordere" Arm ist noch stärker angewinkelt als bei Abb. 25 und erinnert so an den Grussgestus, der auf der vorderasiatischen Jaspis-Gruppe wiederholt zu finden ist (KEEL/KEEL-LEU/ SCHROER 1989: 219-221 Abb. 19-20 und 23; vgl. oben 111-113).

Ein ägyptisch dargestellter Mann mit Pseudoinschrift und dem gleichen Grussgestus wie auf Abb. 26 wurde noch viel weiter nördlich als Tell el-Farʿa-Süd, Lachisch oder Akko gefunden, in Ras Schamra/Ugarit (SCHAEFFER 1937: Pl. 5 = MLINAR 1989: Ugarit Nr. 16 = **Abb. 27**). Der eckige Kopf des Käfers und die Rückengestaltung machen auch für dieses Stück eine Entstehung während der 13. Dyn. wahrscheinlich. Die "Inschrift" besteht von oben nach unten aus folgenden Zeichen: *ʿd* = V26, *r*, *n*, *nṯr* oder *qnbt* = O38 "Gerichtshof".

Wie es "Private-Name Seals" mit Frauen gibt (vgl. Abb. 18) so gibt es auch Frauen mit Pseudoinschriften, so auf einem schlecht dokumentierten Skarabäus vom Tell el-Farʿa-Süd, dessen Original unauffindbar ist (**Abb. 28**), und auf zwei Skarabäen, die in Jerusalem gekauft und jetzt als Dauerleihgabe am Biblischen Institut der Universität Freiburg/ Schweiz deponiert sind (**Taf. 19,4** und **20,1**)[25]. Die groben Formen der Skarabäen-Köpfe (D8), die glatten Rücken, die stark vereinfachten Seiten und die grobe Basis-Gravur deuten alle gleichermassen auf die 15. Dynastie als Entstehungszeit hin. Bei Taf. 19,4 sind die symmetrisch angeordneten Zeichen kaum zu interpretieren. Am ehesten ist an *n* oder *ḫ3st* und *mn* zu denken. Über der Kolumne ist eine nach aussen gebogene Blüte, unten ein *nb* angebracht. Bei Taf. 20,1 ist das oberste Zeichen der Kolumne weggebrochen, darunter sind *n*, *r*, *n*, *r*, *n* zu sehen. Bei Taf. 19,4 hängen die Arme wie bei den Männern und der Frau von Abb. 18 herunter. Die von Taf. 20,1 hat sie nach vorderasiatischer Weise grüssend erhoben.

Während auf den klassischen ägyptischen Beamtenskarabäen die Männer stets mit hängenden Armen dargestellt sind (MARTIN 1971: Pl. 41,28-29, 31-32, 36 und unsere Abb. 19-21), halten sich drei der

---

25 Taf. 19,4 hat die Inventarnr. 1992.7; Material: Steatit, Masse 20,7 x 14,4 x 9,2 mm.

Taf. 20,1 hat die Inventarnr. 1983.8; Material: Steatit, Masse 20,8 x 14,7 x 8,7 mm. Das Stück soll in Tell Beit Mirsim gefunden worden sein.

sechs dargestellten Frauen eine Lotusblüte an die Nase (MARTIN 1971: Pl. 41,33,37 und Pl. 42,2). So kann es nicht verwundern, dass bei Darstellungen von Frauen mit Pseudoinschriften diese sich eine Blüte an die Nase halten, wie auf einer solchen vom Tell el-ʿAǧǧul (PETRIE 1934: Pl. 5,134 = **Abb. 29**)[26]. Auf einem Stück aus Grab 129 in Lachisch hält sie einen undefinierbaren Gegenstand (TUFNELL 1958: Pl. 30,45 = MLINAR 1989: Lachish Nr. 17 = **Abb. 30**).

Auf Skarabäen mit Pseudoinschriften tragen auch Männer nicht selten etwas in der Hand. Dabei kann es sich gelegentlich um einen Stock handeln, wie auf Abb. 23, um eine Streitaxt (?) wie auf einem Stück, das in Jerusalem gekauft worden ist und aufgrund der Seiten- und Rückengestaltung des Käfers ebenfalls in die 13. Dyn. gehört (**Taf. 20,2**)[27], oder um ein Uas-Szepter, wie auf einem Skarabäus aus einem mittelbronzezeitlichen Friedhof in Tel Aviv, der aufgrund des Fundkontexts und der Seite e9 wahrscheinlich auch noch in die 13. Dyn. gehört (LEIBOVITCH 1955: 17 Fig. 6,12 = **Abb. 31**). Im Gegensatz zu den Frauen auf den klassischen ägyptischen Private-Name Seals, die Lotusblüten halten, finden sich bei den Männern also eher Würdezeichen.

Von den eben kurz vorgestellten Stücken, die im Anschluss an die ägyptischen Private-Name Seals zu sehen sind, ist die viel grössere Gruppe von Darstellungen zu unterscheiden, die Männer (oder Frauen) kniend oder schreitend mit einer Blüte oder einem Zweig in der Hand, aber ohne Pseudoinschrift zeigen (TUFNELL 1984: Pl. 42 und 46). Sie präsentieren die Dargestellten wahrscheinlich als Kultteilnehmer oder Kultteilnehmerin (KEEL/SHUVAL/UEHLINGER 1990: 172-181). Gelegentlich werden die beiden Gruppen vermischt, so auf einem Skarabäus aus Grabhöhle 4004 in Lachisch, auf dem vor einem Mann mit einer Blüte eine Pseudoinschrift steht (TUFNELL 1958: Pl. 36,232 = MLINAR 1989: Lachish Nr. 179 =**Abb. 32**), auf einem Skarabäus aus Grab A34 in Jericho, der eine Frau mit Zweig und *rnr* davor zeigt (KENYON 1965: 596 FIG. 282,20) oder auf einem Stück in einer gros-

---

26 Das Stück befindet sich im Besitz der Israel Antiquities Authority Inventarnr. 35.3959. Die Zeichnungen sind nach Originalphotos gemacht worden.

27 Das Stück befindet sich als Leihgabe am BIF Inventarnr. 1993.5; Material: Steatit; Masse 17,8 x 12,7 x 8,2. Ein ähnliches Stück bei NICCACCI 1980: Nr. 212. Was der Mann hält, ist aber entgegen dem, was NICCACCI sagt, keine Blume

sen Jerusalemer Privatsammlung, wo sogar neben einem Tänzer eine Pseudoinschrift zu sehen ist (KEEL/SHUVAL/ UEHLINGER 1990: 175f Fig. 6).

Nebst dem Desinteresse an einer korrekten Wiedergabe von Titel und/oder Name oder der Unfähigkeit, diese in ägyptischer Schrift wiederzugeben, charakterisieren diese Gruppe auch Einflüsse der asiatischen Ikonographie, so vor allem die z.B. auf den Abb. 26-27 zum Gruss erhobene Hand.

Ähnliche Missverständnisse bezüglich der ägyptischen Kultur und eine ähnliche Adaptation an asiatische Vorstellungen lassen sich auch bei anderen Gruppen aufzeigen, so z.B. beim Göttinnenkopf (KEEL/KEEL-LEU/SCHROER 1989: 139-198), beim Falkenköpfigen (Ebd. 243-280) oder bei den Löwendarstellungen (KEEL/ UEHLINGER 1992: 24-28). Die Löwendarstellung auf **Taf. 20,3**[28] steht ganz in der ägyptischen Tradition, in der der Löwe den König verkörpert, der die Asiaten unterwirft (TUFNELL 1958: Pl. 36,215 = **Abb. 33** Lachisch; ROWE 1936: Nr. 317 = **Abb. 34** Jericho)[29]. Auf Taf. 20,3 stemmt der König als Löwe seine Vorderpranken auf die Oberschenkel eines in die Knie gesunkenen Asiaten. Ein zweiter oder eine zweite steht klagend hinter dem Löwen. Die erhobenen, die Haare raufenden (SMITH 1946: Fig. 84b = **Taf. 20,3a**, Mastaba des Idu in Giza) oder ausgestreckten Hände (WERBROUCK 1938: 31 Fig. 17; 32f Fig. 18; Taf. II) sind in Ägypten seit der 6. Dynastie als Ausdruck verzweifelter Klage belegt.

Die Darstellung auf einem Skarabäus, der ebenfalls der MB IIB angehört und kürzlich bei Sotheby's in London versteigert worden ist (SOTHEBY & CO. 1993: 134 Nr. 474 = **Taf. 20,4**)[30], steht im Gegensatz zum Stück von Taf. 20,3 in der Tradition des vorderasiatischen Heros (vgl. z.B. COLLON 1975: Nr. 228 = **Abb. 35**; vgl. ebd. Nr. 230,

---

28 Das Stück wurde in Jerusalem gekauft und befindet sich als Leihgabe am BIF (Inventarnr. 1991.4; Material: Steatit; Masse: 21,8 x 15,7 x 10 mm).

29 Auf einem kürzlich veröffentlichten Skarabäus aus Schilo scheint es sich bei dem Menschen, über den der Löwe hinwegschreitet, um eine Frau zu handeln (BRANDL 1993: 211f Fig. 8.9). Sollten die unterworfenen Asiaten als "Weiber" dargestellt werden oder haben wir mit einer erotischen Konnotation zu rechnen (vgl. dazu KEEL 1986: 52 den Kommentar zu V.4ab).

30 Das Stück befindet sich als Leihgabe am BIF (Inventarnr. 1994.12; Material: Steatit; Masse: 25,2 x 17,8 x 10,7 mm).

beide Alalach). Auf unserem Stück hat der Held einen Fuss auf den Kopf des Krokodils gesetzt und dem Löwen einen Dolch in den Kopf gerammt. So unterwirft er die Könige der Tierwelt zu Wasser und zu Land. Von der Unterwerfungsgewalt des Helden ist wohl auch der Geier, der König der Lüfte, betroffen, der auf dem Rücken des Löwen sitzt.

2.7. Motive kanaanäisch-nordsyrischer Tradition

Wenn sich in der in Abschnitt 2.5. vorgestellten Gruppe ein gewisses Unverständnis ägyptischer Kultur (Pseudoinschriften) und ein gewisser Einfluss vorderasiatischer Sitten (Grussgestus) kundtut, so ist sie doch weitgehend vom Willen bestimmt, ein ägyptisches Kulturgut zu produzieren.

Anders verhält es sich dort, wo typisch vorderasiatische Motive auftreten, die im ägyptischen Symbolsystem überhaupt keinen oder jedenfalls keinen Platz auf einem Siegelamulett haben.

2.7.1. Der Wulstsaummantel-Träger, Vertragsriten und Erotisches

Die in Abschnitt 2.5. vorgestellten Pseudoinschriften waren stets mit Männern oder Frauen in typisch ägyptischer Tracht kombiniert. Gelegentlich ist die Pseudoinschrift aber auch einem Mann im Wulstsaummantel beigesellt, so auf einem Skarabäus aus Jericho (ROWE 1936: Nr. 154 = KEEL/ SCHROER 1985: 79 Abb. 33 = **Abb. 36**; vgl. ebd. 76 Abb. 32) oder einem Stück aus der Sammlung Matouk (MATOUK 1977: 401 Nr. 1598 = **Taf. 21,1**)[31]. Die vorderasiatische Herkunft der Wulstsaummantel-Träger ist schon von O. TUFNELL vermutet (1956) und von S. SCHROER eingehend begründet worden (KEEL/SCHROER 1985: 49-115; vgl. auch MERHAV 1985). Dabei geht es nicht nur um ein Kleidungsstück asiatischer Tradition, sondern darüber hinaus auch um mindestens ein typisch vorderasiatisches Thema, die Darstellung erotischer Beziehungen. Das zeigt z.B. der Vergleich eines altsyrischen Siegels der Bibliothèque Nationale in Paris (DELAPORTE 1910: Nr. 431 = WINTER 1983: Abb. 371 = **Abb. 37**) mit einem Skarabäus aus

---

31 Das Stück gehört jetzt dem BIF (Inventarnr. M. 4489; Material: Steatit; Masse: 17,6 x 12,2 x 7,7 mm).

Megiddo Stratum XII (1750-1700; LOUD 1948: Pl. 149,52 = SCHROER/KEEL 1985: Abb. 66 = **Abb. 38**).

Die Darstellung der Erotik kommt nicht nur in der Gruppe der Wulstsaummantel-Träger vor. Das Thema findet sich auch mit Paaren, bei denen der Mann den ägyptischen Schurz trägt (vgl. KEEL/SCHROER 1985: 95 Abb. 67-70, 99 Abb. 78 und neu RICHARDS 1992: Nr. 6). Zu dieser Gruppe ist auch ein Skarabäus zu zählen, der in Jerusalem gekauft worden ist (KEEL/ UEHLINGER 1992: 51 Abb. 42 = **Abb. 39 = Taf. 21,2**)[32], und eine nur mit einem Gürtel bekleidete Frau zeigt[33], die zusammen mit einem ebenfalls nackten (?) Mann eine Blüte hält. Der erotische Sinn dürfte auch dort gegeben sein, wo eine bekleidete Frau und ein mit einem Schurz bekleideter Mann gemeinsam eine Lotusblüte halten (**Abb. 40**)[34]. Wenn zwei verschiedene Personen gemeinsam einen Gegenstand halten oder auch nur flankieren kann damit vielleicht auch eine Art Vertragsschluss gemeint sein (vgl. oben p. 141 und 164; vgl. Mal 2,14).

Um die Darstellung eines Vertragsschlusses, bei dem man die Hand ans Geschlecht des Vertragspartners legt (Gen 24,9), handelt es sich vielleicht auch bei der, soweit ich sehe, singulären Darstellung von **Taf. 21,3**[35]. Zwischen den beiden Männern ist ein Zweig zu sehen, der vielleicht einen heiligen Baum darstellen soll. Unter solchen wurden Verträge geschlossen (vgl. Jos 24,26; KEEL/KEEL-LEU/SCHROER 1989: 252-259; WRIGHT 1971: 577-581).

Neben archaischen Bündnisriten (falls die Deutung von Taf. 21,3 richtig ist) haben wir auf einem Stück vom Tell el-Farʿa-Süd wahrscheinlich eine ebenso archaische Koitusszene (PETRIE 1930: Pl. 7,4 = WILLIAMS 1977: 94 Fig. 63,6 = **Taf. 21,4**[36]). Eher als mit der Dar-

---

32 Das Stück befindet sich als Leihgabe am BIF (Inventarnr. 1984.1; Material: Steatit; Masse 17,8 x 12,1 x 9,2 mm).

33 Was wie der Saum eines Kleides aussieht, scheinen nur die Knie zu sein.

34 Das Stück ist in Jerusalem gekauft worden und befindet sich in der Sammlung Dr. LEO GITBUD, München (Material: Steatit; Masse der Basis: 21,4 x 16 mm).

35 Das Stück befindet sich als Leihgabe am BIF. Es soll aus Jordanien stammen (Inventarnr. 1992.8; Material: Steatit; Masse: 22,9 x 17,4 x 8,7 mm).

36 Das Stück befindet sich am Institute of Archaeology in London, Inventarnr. E.V. 19/20. Ich danke Prof. P. PARR für das Photo und die Publikationserlaubnis.

stellung eines Menschenopfers, das die Karteikarte des Stücks am Institute of Archaeology in London vorschlägt (vgl. D.P. WILLIAMS 1977: 94), haben wir es mit einer erotischen Szene zu tun. B. WILLIAMS will im Gegenstand, den der Mann in der Hand hält, ein Kleidungsstück der Frau sehen, der er sich von hinten nähert (1970: 78f). *Coitus a tergo*-Szenen finden sich auf Stempel- und Rollsiegeln der Djemdet Nasr- und der frühdynastischen Zeit (vgl. WINTER 1983: Abb. 341-344), aber auch wieder auf altbabylonischen Terrakotten (OPIFICIUS 1961: Nr. 611f = WINTER 1983: Abb. 347f). Auf einem altsyrischen Rollsiegel, das zeitlich und räumlich unserem Stück am nächsten steht, erscheint das Paar wie auf diesem bekleidet (PORADA 1964: Taf. 33,4 = WINTER 1983: Abb. 365 = **Taf. 21,5**).

2.7.2. Die nackte Göttin zwischen Zweigen

Ebenso unbestritten wie der Wulstsaummantel-Träger ist die nackte Göttin zwischen Zweigen ein Bestandteil der kanaanäisch-nordsyrischen Tradition (WARD 1992: 738). Das älteste einigermassen sicher datierbare Stück ist in Bet-Schemesch gefunden worden und gehört der Ω-Gruppe an (KEEL 1986: 6 Fig. 14). S. SCHROER hat 1989 44 Beispiele für mittelbronzezeitliche Skarabäen mit der nackten Göttin vorgelegt (KEEL/KEEL-LEU/SCHROER 1989: 92-138). Seither sind neue dazugekommen, so zwei Skarabäen mit der nackten Göttin zwischen Zweigen aus einem Grab in Pella (RICHARDS 1992: Nr. 4-5), ein Abdruck mit dem gleichen Motiv aus Schilo (BRANDL 1993: 212 Fig. 8,10). Nur zwei der mir bekannten Stücke stammen nachweislich aus Ägypten, und zwar vom Tell el-Jehudije, einem Ort, der ähnlich wie der Tell el-Dabʿa durch sein vorderasiatisches Material charakterisiert wird. Alle übrigen Stücke bekannter Herkunft sind in Palästina gefunden worden. Die in Ägypten zustande gekommene Sammlung F.S. Matouk mit ca. 6500 gravierten Skarabäen enthält kein einziges Exemplar der 'nackten Göttin'. Bei Ausgrabungen in Palästina/Israel und im Jerusalemer Antiquitätenhandel tauchen hingegen relativ häufig Stücke mit der nackten Göttin auf. Dabei finden sich immer wieder einmal neue, interessante Varianten. Das Stück von **Taf. 22,1**[37] ist

---

[37] Das Stück befindet sich als Leihgabe am BIF (Inventarnr. 1993.17; Material: Steatit; Masse 18,7 x 14,9 x 6,1 mm).

kein Skarabäus sondern ein Kauroid. Die Darstellung ist der bei KEEL/KEEL-LEU/ SCHROER 1989: 97 No. 15 sehr ähnlich, nur dass dort der Kopf im Profil, hier aber en face wiedergegeben ist. Bei **Taf. 22,2** ist die Armhaltung ungewöhnlich. Die Arme der Göttin hängen in der Regel dem Körper entlang herunter. Nur bei drei Stücken sind sie vor den Bauch oder an die Brust gelegt (KEEL/ KEEL-LEU/ SCHROER 1989: 97 No. 3-5). Hier aber liegen sie, wie bei der berühmten Gussform aus dem Tempel von Naharija auf den Oberschenkeln bzw. an der Scham (NEGBI 1976: Nr. 1532 Fig. 78 Pl. 39 = KEEL/UEHLINGER 1992: 35 Abb. 17). Ungewöhnlich sind auch die beiden Nefer-Zeichen, die die Göttin anstelle der Zweige flankieren. Während die Wulstsaummantel-Träger in der Regel nicht nur von einem Uräus geschützt, sondern von allerhand Hieroglyphen umgeben sind, fehlen solche bei der Göttin ganz, es sei denn man deute das Gebilde, auf dem sie wiederholt steht, als *nb* "Herr(in)". Einzig bei einem Stück vom Tell el-ʿAğğul ist noch ein einzelnes *nfr* und ein Uräus zu finden (PETRIE 1934: Pl. 5,109) und bei einem Stück in Liverpool sind zwei *z3* "Schutz"-Zeichen zu sehen (KEEL/KEEL-LEU/SCHROER 1989: 99 No. 42). Eine neue Variante bringt auch die Basisgravur von **Taf. 22,3**[38]. Während bis anhin nur der Göttinnenkopf (MACKAY/MURRAY 1952: Pl. 9,47 Tell el-ʿAğğul; KEEL/KEEL-LEU/ SCHROER 1989: 151 No. 092 = **Taf. 22,4**)[39] und der Baum plus Göttinnenkopf (PIEPER 1930: 195f = KEEL/UEHLINGER 1992: 33 Abb. 14a) als von Verehrerinnen flankiert bekannt war, ist nun auch die Göttin in dieser Konstellation belegt. Die Armhaltung der Göttin gleicht derjenigen auf Taf. 22,2. Ihre Ohren sind im Vergleich mit Taf. 22,1 (aus Platzmangel ?) klein geraten (vgl. aber PETRIE 1930: Pl. 7,47 und besonders 10,103). Die Göttin trägt, wie auch sonst gelegentlich, einen Halsschmuck (KEEL/KEEL-LEU/ SCHROER 1989: 97 No. 6 und 8).

S. SCHROER hat zu Recht betont, dass die Verbindung der Göttin mit Zweigen typisch palästinisch und weder in Ägypten noch in Nordsy-

---

38 Das Stück stammt aus dem Jerusalemer Antiquitätenhandel. Es befindet sich als Leihgabe am BIF (Inventarnr. 1993.1; Material: Steatit; Masse: 25,2 x 18,3 x 10 mm).

39 Das Stück stammt aus dem Jerusalemer Antiquitätenhandel. Es wird als Leihgabe am BIF aufbewahrt (Inventarnr. 1977.4; Material: Steatit; Masse: 24 x 18,2 x 10,6 mm).

rien belegt ist (KEEL/KEEL-LEU/SCHROER 1989: 126-129). Das stimmt nach wie vor. Weder aus der altsyrischen noch aus der altbabylonischen Glyptik ist ein Beleg bekannt, der die nackte Göttin zwischen Zweigen zeigt, wie das auf Skarabäen regelmässig der Fall ist (Ebd. 97 No. 5 = KEEL/SHUVAL/UEHLINGER 1990: 214 Fig. 43 = **Taf. 23,1**). Auf einem altsyrischen Rollsiegel der ehemaligen Sammlung MARCOPOLI ist die nackte Göttin zwischen zwei vertikalen Linien – der Andeutung eines Schreins ? – zu sehen (TEISSIER 1984: Nr. 537 = **Taf. 23,2**)[40]. Dieser ist von zwei Zweigen oder Bäumchen und zwei Verehrern flankiert. Die zweite nackte Frau (mit gespreizten Beinen) hat ein Pendant auf Taf.21,5. Sie hält über ihrem Kopf ein stilisiertes Kleid. Über ihr liegen antithetisch zwei Hasen. Zwei auf den Hinterbeinen stehende Hunde flankieren sie (zu Caniden im Umfeld der Göttin vgl. KEEL/UEHLINGER 1990: 40 Abb. 37). Ein Bäumchen in einem Garten oder Schrein ist auf einem weiteren altsyrischen Siegel zu sehen, das die Göttin auf einem Podest zeigt (OPIFICIUS et al. 1968: Nr. 45 = **Taf. 23,3** = WINTER 1983 Abb. 508 = **Taf. 23,4**). Einen Zweig hält die Verehrerin (?), die rechts von der Göttin steht. Wenn Bäumchen und Zweige als Sphäre der Göttin auch typisch palästinisch sind, so finden sich, wie Taf. 23,2-4 zeigen, doch eher noch Parallelen in Syrien als in Ägypten.

2.8. *Schluss*

Angesichts des in den Abschnitten 2.5. und 2.6. skizzierten und illustrierten Sachverhalts stellt sich die Frage, ob z.B. die "Private-Name Seals" mit den Pseudoinschriften oder die Skarabäen mit der nackten Göttin tatsächlich in ägyptischen Werkstätten – ausschliesslich für den Export ? – produziert worden sind, oder ob wir mit (gelegentlich eher zweitklassigen) ägyptischen Kunsthandwerkern zu rechnen haben, die in Kanaan tätig waren oder mit Kanaanäern, die in dieser ägyptischen Kunst, soweit sie das spezifisch Ägyptische betraf, ausgebildet worden waren. Ikonographisch sind die Stücke zum Teil sehr originell.

Da Steatit in Palästina nicht zu finden ist, könnte auch die Möglichkeit ins Auge gefasst werden, dass in Ägypten hergestellte Skarabäen als Halbfabrikate mit blanker Basis nach Kanaan exportiert wurden und

---

40 Das Stück befindet sich jetzt als Leihgabe am BIF, Inventarnr. 1993.6.

die Gravur der Basis dann dort stattfand (vgl. WARD 1992: 738f). Aber angesichts der Rohlinge (Abb. 16-17), die in Palästina gefunden worden sind, scheint mir doch wahrscheinlicher, dass nur das Material importiert worden ist.

Im übrigen wird die Grenze zwischen lokal produzierten und aus Ägypten importierten Stücken für die MB II B kaum je genau zu ziehen sein. Dafür gab es besonders in ihrer letzten Phase zu viele und zu vielfältige Beziehungen zwischen dem östlichen Nildelta und dem südlichen Palästina. Wandernde Handwerker können im einen wie im anderen Raum tätig gewesen sein und sich lokalen Bedürfnissen angepasst haben.

3. DAS NEUE REICH BZW. DIE SPÄTBRONZEZEIT (1550- ca. 1200)

Schon WEILL hat bemerkt, dass die Skarabäen in Palästina von der Mitte des 15. Jhs. an, seit der Zeit Thutmosis' III., bis zum Ende der 19. Dyn. um 1200 rein ägyptischer Machart sind (1917: 63; vgl. TUFNELL 1962: 258). D.h. nicht, dass sie nicht teilweise lokal hergestellt worden sein können. Aber selbst wenn dies der Fall sein sollte, so haben sie doch keine deutlich erkennbaren Spuren lokaler Eigenständigkeit bewahrt. Das Verschwinden autochthoner Motive dürfte auf den Kulturdruck der ägyptischen 'Kolonialmacht' zurückzuführen sein, wie ihn in der Spätbronzezeit auch viele andere Bereiche der materiellen Hinterlassenschaft Palästina/ Israels bezeugen.

Das aus Ägypten importierte oder in ägyptischen Werkstätten in Kanaan produzierte Angebot an Siegelamuletten umfasste nebst den bereits traditionellen Skarabäen zahlreiche andere Formen, die zum Teil – wie etwa das Kauroid – schon in der MB eingesetzt hatten. Für die SB einigermassen typisch sind Affen-, Enten-, Fisch-, Frosch-, Katzen-, Uräen-, Udschat-Augen- und Kartuschen-Skaraboide.

Daneben gibt es auch abstraktere, geometrische Formen, wie z.B. beidseitig gravierte *ovale* Platten, von denen in offiziellen Ausgrabungen mindestens 40 gefunden worden sind. Ihre Blütezeit lag aufgrund ihrer Dekoration und des Fundkontexts zwischen 1450 und 1350, also in der ausgehenden Spätbronzezeit I und in der Spätbronzezeit IIA.

Beidseitig gravierte *rechteckige* Platten mit genuin ägyptischen Motiven sind mindestens 80 bekannt. Im Gegensatz zu den ovalen Platten nimmt die Beliebtheit der rechteckigen in der Spätbronzezeit IIB nicht ab, sondern zu. Nur etwa ein Viertel der rechteckigen Platten dürfte in der Spätbronzezeit IIA entstanden sein, knapp drei Viertel stammen aus der Spätbronzezeit IIB und ein kleiner Rest aus der Eisenzeit.

3.1 Die Gruppe der Tier-Platten der Spätbronzezeit IIA (ca. 1400-1300)

Nebst den rechteckigen Platten aus gebranntem Steatit oder typisch ägyptischen Kompositmaterialien und mit klassischen ägyptischen Hieroglyphen, Königs- und Götternamen und -darstellungen als Dekoration, gibt es nun aber einen Typ, dessen Material stets ein schwärzlich-dunkelgrüner Stein ist, und dessen Dekoration nichts typisch Ägyptisches aufweist.

Diese Gruppe ist bisher nicht als solche erkannt und als Beitrag Vorderasiens bzw. Palästina/Israels zur Stempelsiegel-Glyptik der SB erkannt und gewürdigt worden. GIVEON/KERTESZ z.B. haben die einschlägigen Stücke aus Akko ihren "Later Periods Scarabs and Seals" zugeordnet (1986: Nr. 154 und 167).

Die Gruppe macht mit knapp 30 Belegen gut ein Viertel (26,6%) der rechteckigen, beidseitig gravierten Platten aus, die in offiziellen Grabungen gefunden worden sind. Dabei sind die wenigen Platten, bei denen auch die Schmalseiten graviert sind, ausser acht gelassen. Man kann diese rund 30 Stück nochmals in zwei Gruppen unterteilen, a) in solche, die mit Tieren, Mischwesen und Menschengestalten ohne alle Attribute dekoriert und in versenktem, modellierten Relief gearbeitet sind, und b) in solche, die mit sehr schematisch geritzten linearen, meist kaum zu identifizierenden Sujets versehen sind. Die Bezeichnung "Tier-Platten" bedeutet nicht, dass alle Belege exklusiv mit Tieren dekoriert sind, aber Tiere (Capride, Rinder, Löwe, Skorpion) sind das dominierende Motiv.

Zur Gruppe a) gehören folgende Stücke: Vom Tell Abu Hawam HAMILTON 1935: 27 Fig. 142 = **Abb. 41** ; vom Tell el-ʿAǧǧul PETRIE 1932: Pl. 7,15 = **Abb. 42**; Ebd. Pl. 8,139 (Löwe und Skorpion); PETRIE 1934: Pl. 7,255 (Canide und grüssender Mensch); aus Akko GIVEON/KERTESZ 1986: Nr. 154 = **Abb. 43** und Nr. 167 = **Abb. 44** und

Jerusalem IAA 73-191; vom Tell Anafa WEINBERG 1971: 108 Fig. 9 = **Abb. 45**; aus Bet-Schean ROWE 1940: Pl. 39,17 (Tier); vom Tell Ǧeriše ORY 1944: 57 und Pl. 13,7 (Greif und Vierfüsser); Jerusalem, IAA J. 899 = **Abb. 46**[41]; aus Geser MACALISTER 1912: III Pl. 200,25; 207,10-11 (Capride und Löwe, Greif und Skorpion, Skorpion und Rind); SEGER 1972: Abb. 27 = SEGER/LANCE 1988 Pl. 13,14 = Pl. 75 F = **Abb. 47**; aus Lachisch TUFNELL 1953: Pl. 44A/45,136 (Mischwesen); aus Megiddo LAMON/ SHIPTON 1939: Pl. 73,2 (Tiere); LOUD 1948: pl. 162,3 (Tiere); aus Taanach SELLIN 1904: 80 Fig. 112 (Tiere).

Zur Gruppe b) sind folgende Belege zu zählen: Vom Tell Abu Hawam HAMILTON 1935: 61 Nr. 393 = **Abb. 48**; aus Akko IAA 73-91 und IAA 73-103 = **Abb. 49**[42]; vom Tell Anafa zwei Stück in der Sammlung des Kibbuz Šamir; aus Lachisch TUFNELL 1958: Pl. 39/40,363; aus Šaʿar ha-ʿAmaqim, Sammlung des Kibbuz Šaʿar Haʿamaqim; aus Šamir zwei Stücke aus Dolmengräbern im Bereich des Kibbuz Šamir, Sammlung des Kibbuz Šamir.

Die durchschnittliche Länge der Stücke dieses Typs, die mit Menschen und Tieren graviert sind (Typ a), ist 15,7 mm, die desjenigen mit indistinkten Kritzeleien (Typ b) ist 16,1 mm. Sie sind also nur minimal kleiner als die rechteckigen Platten des ägyptischen Typs mit ihren 16,5 mm. Berücksichtigt man noch, dass diese Platten nicht aus gebranntem Steatit, sondern aus einem meist eher weichen Stein bestehen und häufig etwas abgenützt sind, entfällt der Grössenunterschied praktisch ganz. In den Ausgrabungsberichten wird das Material als schwarzer oder dunkelgrüner Basalt, Kalkstein, Marmor, Serpentin oder Steatit beschrieben. Sicher ist nur, dass es sich um einen schwärzlichen Stein handelt. In seltenen Fällen ist es Glas. Als Dekoration erscheinen Tiere wie Canide, Capride, Löwe, Mischwesen, Skorpion

---

[41] Das Stück ist unveröffentlicht. Es befindet sich im Rockefeller-Museum. Ich danke den IAA für die Publikationserlaubnis. Material: Schwarzer Stein; Masse: 16,4 x 12 x 7 mm.

[42] Das Stück ist unveröffentlicht. Es befindet sich im Rockefeller-Museum. Ich danke den IAA für die Publikationserlaubnis. Material: Schwarzer Stein; Masse: 14,4 x 9,8 x 6,5 mm.

und Stier oder ein stark schematisierter Mensch mit grüssend/verehrend erhobener Hand, einmal ein Thronender (Abb. 46).

Auffällig ist, wie gesagt, das Fehlen aller eindeutig ägyptischen Elemente. Zwar haben wir auch auf beidseitig gravierten ägyptischen Platten gelegentlich Tiere, so z.B.ein Löwe auf einer Platte aus Geser (MACALISTER 1912: III Pl. 207,49). Aber dieser ist mit einer weiblichen Sphingenfigur kombiniert, die typisch ägyptisch ist, und auf einer Platte mit einem Skorpion ist auf der anderen Seite ein Pavian mit Mondsichel über dem Kopf zu sehen, der auf dem Zeichen *mꜥ3t* hockt (Sedment: PETRIE/BRUNDTON 1924: Pl. 57,28). Bei den Platten aus schwärzlichem Stein fehlen alle solche *Kombinationen* mit typisch ägyptischen Elementen.

Auf der Suche nach ikonographischen Verbindungen findet man die meisten und genauesten bei den Rollsiegeln des sogenannten "common style" der Mitanni-Glyptik und zwar in B. SALJEs Gruppe 3 des "Flüchtig Plastischen Stils" (1990: Taf. 21, 357-365). So sind auf einem Siegel aus Stratum V des Tell Abu Hawam (HAMILTON 1935: 64 und Pl. 26, 413 = NOUGAYROL 1939: 13 Nr. XXV = PARKER 1949: Nr. 153 = SALJE 1990: Taf. 21,361 = **Abb. 50**) der Greif der Abb. 43 und 45, der Capride der Abb. 42 und 43 und der Skorpion der Abb. 44 zu sehen. Ein naher Verwandter dieses Steatit-Siegels ist ein ebenfalls aus ungebranntem Steatit geschnittenes Siegel aus Grabhöhle 4004 in Lachisch (PARKER 1949: Nr. 151 = TUFNELL 1958: Pl. 34/35, 164 = **Abb. 51**). E. PORADA findet, dass die Dekoration der beiden Siegel von Abb. 50 und 51 in den Motiven und "in the spacing of the figures and the rendering of the bodies" so ähnlich seien "that both may have been made by the same engraver. This engraver could have been active in Palestine after about 1400 B.C. The figures are quite naturalistic, contrasting with the traditional schematic treatment of Mitannian design" (in TUFNELL 1958: 111). Auf Abb. 51 finden wir den Greif von Abb. 43 und 45, das Rind von Abb. 46, den Skorpion von PETRIE 1932: Pl. 8,139 und Abb. 44 und einen schreitenden Menschen mit hängenden Armen. Weitere Siegel dieses Typs sind auf dem Tell el-Ḥesi (PARKER 1949: Nr. 140) und in Timna-Nord (Tel Baṭaš) gefunden worden (KELM/MAZAR 1982: 12 und 16 Fig. 15 = **Abb. 52**). Auf diesem Siegel findet sich nebst Capride, Rind und Greif auch der liegende Löwe von Abb. 44. Wahrscheinlich auch noch zu dieser Gruppe zu zählen sind ein weiteres Rollsiegel vom Tell Abu Hawam und eines aus Megiddo (PARKER 1949: Nr. 154 und 163).

Kürzlich hat P. AMIET unter dem Titel "Série syro-palestinienne" eine Gruppe von 30 Siegeln dieses Typs aus Ras-Schamra/Ugarit veröffentlicht (1992: 41-49 Nr. 61-91). Er möchte die Gruppe ins 14. und 13. Jh. datieren. Auf diesen Siegeln finden wir Tierreihen wie auf Abb. 50 und 52. Neben Rind, Capride, Skorpion und Greif taucht da auch der Löwe auf (AMIET 1992: Nr. 64 = **Abb. 53**), wie wir ihn von Abb. 47 kennen. Wiederholt finden wir auch den Mann mit grüssend erhobenem Arm (AMIET 1992: Nr. 76, 87 und 78 = **Abb. 54**), wie er auf Abb. 41 und 45 begegnet. Selbst der singuläre Thronende von Abb. 46 hat da eine Parallele (AMIET 1992: Nr. 73 = **Abb. 55**). Einzig für den Caniden von Abb. 42 findet sich, soweit ich sehe, auf den Rollsiegeln keine Parallele. Er könnte auf ägyptischen Einfluss zurückzuführen sein (vgl. PETRIE 1931: Pl. 14,134 [hockend]; HORNUNG/STAEHELIN 1976: Nr. 775 [hockend], 748 und 786). Aber diese Anleihe beim ägyptischen Repertoire wäre, wenn es denn eine ist, einzig. Die Ikonographie der "Tierplatten" ist – von dieser eventuellen Ausnahme abgesehen – rein vorderasiatisch.

60% der rund 30 "Tier-Platten" wurden nördlich der Karmelkette gefunden, nur 40% südlich. Bei den ägyptischen beidseitig gravierten rechteckigen Platten stammen nur 11 (13%) von Fundstätten nördlich des Karmel und 74 (87%) von solchen im Süden. Dazu passt nicht nur der Zusammenhang mit einer Rollsiegelgruppe, sondern auch der Befund, dass die schwarzen Platten nicht selten an libanesischen und syrischen Fundplätzen aufgetaucht sind, so in Kamid el-Loz: HACHMANN 1980: 50 Nr. 119 und Taf. 10,4 = KÜHNE/SALJE 1993: Nr. 49 (Steatit); vgl. ebd. Nr. 50 (schlechter Bernstein); Byblos: DUNAND 1937: pl. 127,1066 und 1705; DUNAND 1950: pl. 198,9397; Qadeš: PÉZARD 1931: 56 Fig. 4; Alalaḫ: BUCHANAN/MOOREY 1988: Nr. 2 (Kalkstein); vielleicht gehört dazu auch Neirab: CARRIÈRE/BARROIS 1927: 211 Fig. 17,3 und aus dem Handel z.B. DOUMET 1992: Nr. 358-359 (schwarzer Steatit bzw. Serpentin). Wir haben es bei den "Tier-Platten" also mit einem syro-palästinischen Pendant zu den ägyptischen beidseitig gravierten Platten zu tun. Dabei überschneidet sich das Verbreitungsgebiet in Palästina. Südlich des Karmel ist aber eine klare Dominanz der ägyptischen, nördlich des Karmel eine solche der syro-palästinischen Platten festzustellen.

Nur wenige der "Tier-Platten" sind in einem eindeutigen stratigraphischen Zusammenhang gefunden worden. Das Stück von Abb. 42 vom Tell el-ʿAǧǧul kommt aus Grab 1035, das in die Zeit zwischen 1550 und 1300 datiert werden kann, das Stück vom Tell el-ʿAǧǧul PETRIE 1934: Pl. 7,255 stammt aus Stratum I (1550-1400). Das Grab in Geser, aus welchem Abb. 47 kommt, enthält Material aus der Zeit um 1400 (SEGER 1972: Abb. 27). Abb. 48, ein Stück vom Tell Tell Abu Hawam wurde in Stratum V gefunden, wahrscheinlich der Phase Va2 (1400-1300) und das Stück von Bet-Schean Stratum VII (ROWE 1940: pl. 39,17) ist zwischen 1375 und 1250 anzusetzen. Die Tier-Platten scheinen also parallel mit den Platten der 18. Dyn. zu laufen. Zwar ist Locus 2157, in dem LOUD 1948: pl. 162,3 (Megiddo) gefunden worden ist, in der Erstpublikation Stratum XI (MB IIB) zugewiesen. Der Locus dürfte aber falsch datiert sein, da der mit dieser Platte zusammen gefundene Skarabäus LOUD 1948: pl. 150/155,65 ganz sicher nicht mittelbronzezeitlich ist, sondern in die Spätbronzezeit IIB datiert werden muss. Rücken und Seiten sind typisch für die ramessidische Massenware. Bei dem Stück von Abb. 41 vom Tell Abu Hawam, das aus Stratum III (950-750) und dem Stück von Abb. 45 aus Anafa, das aus einem hellenistischen Kontext stammt, dürfte es sich um die üblichen Fälle handeln, die aus einem ursprünglich älteren Zusammenhang in einen jüngeren deplaziert worden sind. Die Gruppe der "Tier-Platten" dürfte folglich in der Zeit zwischen dem Ende des 15. und dem Beginn des 13. Jh. produziert worden sein, also hauptsächlich in der Spätbronzezeit IIA (1400-1300).

4. DIE EISENZEIT (CA. 1200 - 600)

Das Ende der Spätbronzezeit erstreckt sich in Palästina über rund 100 Jahre. Während im Bergland schon um 1250 eine neue Kultur einsetzt hält sich besonders in der südlichen Küstenebene und in Bet-Schean die ägyptisch geprägte, Spätbronzezeitliche Stadtkultur bis gegen 1150 (KEEL/ SHUVAL/UEHLINGER 1990: 334-337).

4.1. Lokale Kalksteinsiegel (hauptsächlich 13.-9. Jh.)

Mit dem Beginn der Eisenzeit, vielleicht schon etwas früher, setzt z.B. auf dem Tell Beit Mirsim und in Bet-Schemesch die Produktion von Siegelamuletten aus lokalem Kalkstein ein. Das Repertoire umfasst geometrische Muster, Menschen- und Tierfiguren und erinnert so an die frühbronzezeitliche lokale Produktion (vgl. oben Abschnitt 1). Dazu kommen schriftähnliche Zeichen (KEEL 1990: 379-396). Eine spezielle Gruppe bilden die Konoide. Die Form dürfte im Land entstanden (Ebd. 378f), aber zusätzlich durch evtl. von Europa her angestossene (KEMPINSKI 1989: 87) Entwicklungen in Zypern und Nordsyrien begünstigt worden sein. Ein auf den Kalkstein-Stempelsiegeln der frühen Eisenzeit besonders beliebtes Motiv ist die säugende Ziege, oft in Kombination mit einem Skorpion (KEEL/SCHROER 1985: 25-38).

Zu dieser Gruppe kann man auch die Skaraboide aus Kalkstein zählen, die wie Skarabäen eine ovale Basis besitzen, schräg nach Innen geneigte Seiten (ohne Andeutung von Beinen) und eine gewölbte Oberseite (ohne jede Andeutung von Kopf, Pronotum und Elytren). Sie setzen etwa im 11. Jh. ein und hören um 800 auf. Im 10. Jh. setzt die Form von Skaraboiden ein, bei denen die Seiten senkrecht abfallen. Beliebte Motive auf lokalen Kalkstein-Skaraboiden sind der von zwei Menschen flankierte sakrale Baum (JAROŠ 1980) und der "Herr der Strausse" (KEEL 1978: 102-105; zur ganzen Gruppe vgl. KEEL/UEHLINGER 1992: §§ 76-78, 85-87, 91-95).

4.2. Ramessidische Massenware (13.-11. Jh.)

Aus Schichten der 2. Hälfte des 13. und solchen des 12. Jh. stammen eine grosse Anzahl grob und tief geschnittener Steatit-Skarabäen, wie sie z.B. in Grab 65 auf der Westseite des Tell es-Saʿidije im Jordantal zum Vorschein gekommen sind (TUBB 1988: 71 Fig. 51 = **Abb. 56**)[43]. Das Grab wird in die Zeit zwischen 1250 und 1150 datiert (Ebd. 65). Die Basisgravuren sind hier, wie bei ähnlichen Gruppen durchwegs typisch ägyptisch, so der thronende und der kniende (**Abb. 57,2**) Pharao, der mehr oder weniger kryptographisch geschriebene

43 Abb. 56 zeigt die Gruppe so wie sie veröffentlicht worden ist. Abb. 57 zeigt die Basen dieser Gruppe so, wie sie betrachtet werden wollen.

Name des Amun (Abb. **57, 4** und **6**), die falkenköpfige Sonnengottheit (**Abb. 57, 3**), die Affen, die die stilisierte Palme flankieren (**Abb. 57, 5**) und der Uräenknoten (**Abb. 57, 1**; vgl. zu diesen und weiteren Motiven KEEL 1990: 337-367).

Vergleicht man diese und ähnliche Gruppen mit späteren Produkten der gleichen Tradition, so fällt wie bei dem oben in Kapitel I beschriebenen Hortfund von Megiddo auf, dass typisch ägyptische, nur aus dieser Kultur zu verstehende Motive zurücktreten (vgl. dazu oben p. 46f). Das geschieht einerseits durch das Fallenlassen bestimmter Motive, so z.B. des Falkenköpfigen, oder durch bestimmte Modifikationen, so die Ersetzung des Sphinx durch den Löwen (KEEL 1990: 346) oder die Beseitigung der Blauen Krone beim Bogenschützen (KEEL/SHUVAL/ UEHLINGER 1990: 291f). Da die Gravuren generell summarischer werden, ist bei letzteren Fällen nicht immer klar, ob die Modifikationen absichtlich sind oder auf das Konto des Stils gehen. Aber auch wenn letzteres der Fall sein sollte, würde es doch bedeuten, dass einem an der Blauen Krone und ähnlichen Identitätszeichen nicht mehr viel lag.

Angesichts des generellen Trends der Entägyptisierung überrascht, wie stark die Präsenz des explizit oder kryptographisch geschriebenen Namens des Gottes Amun sich durchhält. Eine Erklärung für diesen auffälligen Sachverhalt könnte der sein, dass der Amun-Tempel in Gaza in die zweite Hälfte des 12. und sogar ins 11. Jh. hinein weiter bestanden hat (vgl. KEEL/SHUVAL/UEHLINGER 1990: 3-26) und diese Skarabäen von einer Werkstätte produziert wurden, die diesem Tempel angeschlossen war (vgl. dazu KEEL/UEHLINGER 1992: 124-128). Diese Werkstätte oder eine im östlichen Delta, etwa in der Ramsesstadt, hätte dann auch die Skarabäen mit den stärker unägyptischen Motiven, wie Ba'al-Seth und Rešef hergestellt (vgl. oben pp. 47-50). Die Produktion der ramessidischen Massenware dürfte gegen Ende des 11., spätestens im 10. Jh. aufgehört haben.

4.3. Die Gruppe mit dem "eckig stilisierten Thronenden" (10./9. Jh.)

Im Bereich der Siegelamulette aus Steatit in Skarabäenform fällt im 10./9. Jh. eine Gruppe auf, die sich durch ihren Stil und ihre Ikonographie leicht von jeder anderen unterscheiden lässt. Ich habe sie 1982 erstmals ausführlich beschrieben. In überarbeiteter und ergänzter Form bildet diese Studie das 2. Kapitel des vorliegenden Bandes. Das Auffällige dieser Gruppe ist erstens die – von der Armhaltung des Thronenden abgesehen – konsequente und ausgeklügelte ägyptische Ikonographie. Dadurch unterscheidet sie sich von den späten Produkten der ramessidischen Massenware. Die zweite Eigenheit ist, dass diese typisch ägyptische Ikonographie in einem ganz unägyptischen, am ehesten im Philisterbereich belegten Stil präsentiert wird, der eine ausgesprochene Vorliebe für rechte Winkel hat. Manche Eigenheiten dieses Stils finden sich später in der sogenannten Lyre-Player-Gruppe (vgl. zuletzt BOARDMAN 1990). Die Verbreitung der Gruppe mit dem "eckig stilisierten Thronenden" der ganzen östlichen Mittelmeerküste entlang, vom Tell el-Jehudije im östlichen Nildelta bis zum Tell Taʿjinat in der ʿAmuq-Ebene und von Megiddo bis Amathus auf Zypern und das deutlich höhere Alter der Gruppe mit dem "eckig stilisierten Thronenden" zwingt, eine Abhängigkeit der Lyre-Player-Gruppe von der mit dem "eckig stilisierten Thronenden" ernsthaft ins Auge zu fassen.

4.4. Judäische Knochensiegel (9./8. Jh.)

Für die Zeit der geteilten Reiche ist mit einer je speziellen Siegelproduktion im Südreich Juda und im Nordreich Israel zu rechnen. Typisch für den Süden mit Lachisch als möglichem Produktionszentrum ist die Gruppe der Knochensiegel, die nach ihrem wichtigsten Herstellungsmaterial so genannt wird. Sie definiert sich aber auch durch ihre etwas unbestimmte Form (bald quadratisch, bald rechteckig mit stark abgerundeten Ecken), ihren linearen Kerbstil und ihre Ikonographie, die ganz in der klassischen ägyptischen Tradition der Ramessidenzeit steht (vgl. KEEL-LEU 1991: 75-78; KEEL/UEHLINGER 1992: 302-311).

4.5. Die phönizisch-israelitisch-judäische Glyptik mit Sonnensymbolik und geflügelten Schutzmächten (hauptsächlich Namenssiegel)

Auf den weiten Bereich der nordwestsemitischen Namenssiegel, der schon seit längerem Objekt intensiver Studien ist, kann hier nur kurz hingewiesen werden. Während die judäische Glyptik im 9. Jh. in billigen Materialien (Kalkstein, Knochen) arbeitete und eine eher traditionelle ägyptische Königsikonographie pflegte, produzierte man im

Nordreich in harten Steinen, zum Teil auch in sogenannten Halbedelsteinen. Die Ikonographie kreist weitgehend um Sonnensymbolik und geflügelte Schutzmächte (vgl. KEEL/UEHLINGER 1992: 282-298). Man hat diese Siegel früher generell gern als phönizisch eingeordnet, aber es wird immer deutlicher, dass es auch eine eigene israelitische Produktion gegeben hat (vgl. z.B. PARAYRE in SASS/UEHLINGER 1993 34f). Diese Art von Siegel scheint spätestens im Laufe des 8. Jhs. auch in Juda Eingang gefunden zu haben, zuerst vielleicht von israelitischen Kunsthandwerkern ausgeübt. Gegen Ende des 7. Jhs. ist die Basisgravur der Namenssiegel im Südreich dann fast ganz anikonisch (vgl. dazu SASS/UEHLINGER 1993: 195-200, 257-288).

4.6. Anepigraphische Siegel (Ende 8. und 7. Jh.)

Während des 7. Jhs. hat es in Juda eine Produktion in Kalkstein gegeben, deren Ikonographie stark mit dem Astralkult verbunden war (vgl. SPYCKET 1973; KEEL 1977: 284-306). Neben den Gestirnen und dem Mondemblem von Harran (vgl. KEEL-LEU 1991: 107-111 und das 3. Kapitel in diesem Band) und zahlreichen Siegeln, die gleichzeitig die Kultteilnehmer und Kultteilnehmerinnen darstellen (vgl. KEEL/SHUVAL/ UEHLINGER 1990: 322-330; KEEL/UEHLINGER 1992: 342-349) spielt der anthropomorphe Mondgott im Boot eine besondere Rolle (vgl. KEEL/UEHLINGER 1992: § 178f Abb. 305a-307). Dieses und andere Motive dieser Gruppe (z.B. die zypressenartig stilisierten Bäume) sind nur aus Palästina und Transjordanien bekannt. Es dürfte sich also um eine lokale Produktion handeln, wenn sie auch unter starkem assyro-aramäischen Einfluss steht.

5. SCHLUSS

Überblickt man die ganze hier skizzierte Zeitspanne so lässt sich eine einheimische Siegelproduktion vor allem in der Frühbronzezeit II und III (3000-2200), in der Mittelbronzezeit IIB (1750-1550) und in der Eisenzeit feststellen. Auch in den anderen Perioden fehlt sie nicht ganz (vgl. die Tier-Platten in der SB IIA). Zu allen Zeiten aber gab es neben der einheimischen Produktion Importe und manchmal haben diese allein die Nachfrage nach Siegelamuletten zu befriedigen vermocht.

6. Appendix: Der Personenname ’bš

von Thomas Schneider, Basel

Der Personenname [hieroglyphs] auf dem Skarabäus von Abb. 19 = Taf. 19,1 ist in vielfacher Hinsicht problematisch. Für eine Diskussion sind die folgenden Punkte zu erwägen:

1. An der Schreibung ist auffällig, dass das Böcklein *vor* den Einkonsonantenzeichen *j* und *b* steht statt wie üblich dahinter (mir sonst nicht bekannt). Die Gruppe [hieroglyphs] [44] steht in den Transkriptionssystemen des Mittleren und Neuen Reiches häufig für semit. *’ab* “Vater”(Wortschreibung durch das ähnlich lautende ägypt. *jb* “Böcklein”).[45]

2. Innerhalb des ägyptischen Materials ist zunächst der auf der Statue CG 489 (JdE 31393) des Sebekhotep aus Edfu belegte Frauenname [hieroglyphs] j:-b^{3}_{2}: š-j_{2} heranzuziehen.[46] Die Statue wird von D. Franke an das Ende der 13. Dynastie gesetzt.[47] Der Name der Frau, die die ungewöhnlich Bezeichnung *mwt wrt* “Grossmutter(?)” trägt, kann ambivalent interpretiert werden, da er gerade aus der Zeit des Wechsels vom älteren zum jüngeren Umschreibungssystem stammt, deren Hauptunterschied in den Lautwerten von ägyptisch <^{3}> (alt = /r/,

---

44 Zu der Gruppe W. SCHENKEL, Schrift, in: W. HELCK/W. WESTENDORF, Hrsg., Lexikon der Ägyptologie V, Wiesbaden 1984, 714f.

45 Siehe T. SCHNEIDER, Asiatische Personennamen in ägyptischen Quellen des Neuen Reiches (OBO 114), Freiburg/Schweiz - Göttingen 1992 , N 3.11. Vgl. die keilschriftliche Transkription des ägyptischen PN *jbj* als *A-ba-a* (R. ZADOK, Egyptians in Babylonia and Elam During the 1st Millenium B.C., LingAeg 2 (1992), 139-146, dort 141 (30).

46 L. BORCHARDT, Statuen und Statuetten von Königen und Privatleuten im Museum von Kairo. Nr. 1-1294. Teil 2. Text und Tafeln zu Nr. 381-653, Berlin 1925, 66f.; H. RANKE, Die ägyptischen Personennamen I, Glückstadt 1935, 82.9 (die Lesung RANKEs korrigiert H. DE MEULENAERE, Contributions à la prosopographie du Moyen Empire, BIFAO 81 Suppl. [1981], 77-85, dort 80).

47 D. FRANKE, Altägyptische Verwandtschaftsbezeichnungen im Mittleren Reich, Diss. Hamburg 1983, 19 (Beleg 44) 30.

/l/, jung ohne konsonantischen Wert) und <r> liegt.[48] Dieser Wechsel muss allerdings vermutlich nach Ort, Quellenart usw. zeitlich differenziert werden.[49] Wird für den Namen der Edfu-Stele das jüngere Umschreibungssystem zugrunde gelegt, ist er zur Erörterung des zur Diskussion stehenden PN des Skarabäus heranzuziehen. Gilt noch das ältere System, transkribiert die Notation semitisch /ʾb^r/lšj/; damit wären etwa die ugaritischen Namen *ʾa-bir5-šu =ʾabi-iršu* "Mein Vater ist Iršu" bzw. *ʾa-bur5-ša-nu = ʾaburšanu* (korrekt wohl: *abiršanu*)[50] zu vergleichen. Dagegen ist von dem Namen des bekannten Beduinenscheichs aus Beni Hasan, j-b-š^3 (STAUBLI 1991: Abb. 15a = C.R. LEPSIUS, Denkmäler aus Ägypten und Äthiopien IV, Berlin o.J. [1849], Bl.133 = **Abb. 58**), abzusehen, der eindeutig einem semit. *ʾabšr* (als PN etwa in Ugarit belegt[51]) entspricht (vgl. zu <^{3}> oben und Anm. 48).[52]

---

48 Dazu O. RÖSSLER, Das ältere ägyptische Umschreibungssystem für Fremdnamen und seine sprachwissenschaftlichen Lehren, in: Neue afrikanistische Studien, hrsg. von J. LUKAS, Hamburg 1966 (Hamburger Beiträge zur Afrika-Kunde 5) 218-229. Zu dem Lautwert von ägypt. <r> siehe noch T. SCHNEIDER, in: Studi di egittologia e di antichità puniche 12 (1993) 80ff.

49 Im Pap. Brooklyn 35.1446 ist er vollzogen; die alte Notation belegt hier nur noch der Gottesname Baʿal (siehe UF 19 [1987], 255-282). Dagegen ist in den Hyksosnamen = ḫiyarān (Lesung RÖSSLER) "Der im Monat ḫiyar geborene" oder "Erwählter" (oder ḫayrān) und = nordwestsemit. ḫāl-muʾdi (bisher: "Chamudi") "Der Onkel/Schutzherr ist meine Fülle" (allenfalls altakkad. ḫāl-mūdû "Der Onkel/Schutzherr ist verständig"; ausführlichere Begründung in einem in Arbeit befindlichen Aufsatz zu den Namen der Hyksos, ägypt. <^{3}> sicher noch Liquida-Vertretung.

50 F. GRÖNDAHL, Die Personennamen der Texte aus Ugarit, Rom 1967, 86f.101; vgl. W.G.E. WATSON, Aula Orientalis 8 (1990) 114.

51 GRÖNDAHL, a.a.O. 196.

52 Diese korrekte Deutung bei W.F. ALBRIGHT, The Vocalization of the Egyptian Syllabic Orthography, New Haven/Conn. 1934, 8. H. GOEDICKE (Abi-Sha[i]'s Representation in Beni Hasan, JARCE 21 [1984], 203-210, dort 207) unterstellt ALBRIGHT mit Hinweis auf dieselbe Stelle, er habe in dem Namen eine 'defective writing' gesehen: ganz im Gegenteil, wie man a.a.O. selber nachlesen möge!

3. Zur Erklärung des vorliegenden Namens und jenes aus Edfu scheint sich der hebr. PN אֲבִישַׁי / אַבְשַׁי ʾabîšay/ʾabšay anzubieten. Eine überzeugende Deutung dieses Namens gibt es aber bisher nicht. Während im Beginn des Namens sicher *ʾab(i)* "(mein) Vater" vorliegt, bleibt der zweite Teil *-šay* ungeklärt. Zu seiner Erklärung wurden verschiedene Ansätze vorgeschlagen:

a. *šay* setzt sich aus dem ersten Konsonanten des zweiten Gliedes des ursprünglichen Vollnamens und der hypokoristischen Endung *-ay* zusammen. Der Name wäre dann eine Verkürzung zu einem PN wie ʾabšalōm.[53]

Einwand: das hebräische Onomastikon kennt entsprechende Verkürzungen im Grunde nicht.[54]

b. *šay* ist mit der Partikel ʾiš / yēš (mit š < *ṯ) "es ist, gibt" zusammenzustellen; der Name würde soviel wie "mein Vater existiert / ist Existenz" (theophorer oder Ersatzname) bedeuten. Semantisch vergleichbar wären akkadische Personennamen des Typs *ibašši*-(Gottesname).[55] Einwand: der Interpretation widersprechen Stellung und Form des Elementes *šay.* ʾiš / yēš ist in der hebräischen Onomastik ansonsten nicht belegt.

c. In *šay* liegt **ṯay* "Geschenk, Gabe" (hebr., ugar.) vor.[56] Einwand: Namen des Typs "Mein Vater ist eine Gabe" wären von der Bedeutung her ungewöhnlich. Das hebräische Onomastikon macht Aussagen über das Geben Gottes, entweder durch Verbalnamen "(Gott) hat gegeben" oder Constructus-Verbindungen "Gabe des Gottes". Für den letzteren Fall wäre aber **ṯayʾab(i)* anzusetzen.

d. šay soll eine Wiedergabe des Namens Sin/Sē des mesopotamischen Mondgottes sein, wie es Lipiński vorschlug: "My father is the

---

53 So M. NOTH, Die israelitischen Personennamen im Rahmen der gemeinsemitischen Namengebung, Stuttgart 1928, 40; und erwogen auch von: W. BAUMGARTNER, Hebräisches und aramäisches Lexikon zum Alten Testament I, Leiden 1967, 6 (oder zu b.); W. GESENIUS, Hebräisches und aramäisches Handwörterbuch über das Alte Testament I, 18. Aufl. 1987, 7.

54 ZADOK (wie Anm. 56), Anm. 63; FOWLER (wie Anm. 55).

55 J. FOWLER, Theophoric Personal Names in Ancient Hebrew (JSOT Supplement Series 49) , Sheffield 1988, 144.244.280.348.

56 R. ZADOK, The Pre-Hellenistic Israelite Anthroponymy and Prosopography (Orientalia Lovaniensia Analecta 28), Leuven 1988, 48.

moon-god (šē)".[57] Einwand: abgesehen von der Notation mit <š>[58] ist auch die Verehrung des Gottes im Israel der Königszeit nicht bezeugt.[59]

4. Sollten b. oder c. für den hebräischen PN zutreffen, liegt ein Interdental /ṯ/ vor, der ägyptisch gewöhnlich durch <s> wiedergegeben wird. Auch dann kann zwar an der Gleichung festgehalten werden; es wären dann aber die Gründe für die Wiedergabe durch ägyptisch <š> zu klären. Da die Deutungen des PN ʾᵃbîšay aber auf derart schwachen Füssen stehen, sollte eher für den hebräischen Namen eine plausiblere Deutung gefunden werden.

5. Zu der Problematik des hebräischen Namens kommt noch der ebenfalls ungeklärte palmyrenische PN *ʾbyšy* hinzu, zu dessen Erklärung J. STARK drei Möglichkeiten anführt:
(1) der AT-Name, (2) die Kurzform eines Namens *ʾby-šmš*, doch ist eine solche Bildungsart in Palmyra nicht klar belegt, (3) die Kurzform eines Namens *ʾby-šwry;* doch ist neben dem Fehlen dieses *structural type* im palmyrenischen Onomastikon *ʾab* als theophores Element in Palmyra nicht klar bezeugt.[60]

6. aus Nuzi ist der dort als akkadisch klassifizierte Name *Abišeia* heranzuziehen.[61] Die Bearbeiter erklären *šeia* als hypokoristische Endung (auch bloss: *še*); Belege sind *Abu/i-, Sin-, Adad-, Aḫu-, Balu-, Minā, Naḫiš, Palū-, Rab(ī)-, šamaš-šeia.*[62] Offenbar ist keine hypokoristische Endung im eigentlichen Sinne gemeint, als welche sie in der

---

57 E. LIPIŃSKI, Studies in Aramaic Inscriptions and Onomastics (Orientalia Lovaniensia Analecta 1), 1975, 102.

58 Hebr. gewöhnlich סִן ägyptisch eventuell als [illegible] , [illegible] (Kurzform Siʾ) belegt (siehe T. SCHNEIDER, UF 19 [1987], 277; DERS. (wie Anm. 45), S. 248 (und vgl. dort S. 252).

59 Wie Anm. 56, dort Anm. 63: "there is no evidence that this deity was worshipped in Palestine during the period of the United Kingdom".

60 J. STARK, Personal Names in Palmyrene Inscriptions, Oxford 1971, 64.

61 I.J. GELB/P.M. PURVES/A.A. MACRAE, Nuzi Personal Names, Chicago 1943, 23.295.

62 A.a.O. 314.

akkadischen Onomastik nicht belegt ist,[63] sondern die gekürzte Form eines zweiten Namensbestandteils.[64] Ob das möglich ist, scheint zweifelhaft, auch wenn ich keine plausible Deutung des Elementes *šeia* vorschlagen kann.[65]

7. Aus dem Akkadischen ist weiterhin ʾabušu "sein Vater" zu nennen, das in nominalen Satznamen wie Dûdu-abušu "Dûdu (Liebling/ Onkel) ist sein Vater"[66] oder Ilšu-abušu "sein Gott ist sein Vater"[67] Verwendung findet. Der vorliegende Name wäre dazu eine Kurzform unter Auslassung des theophoren Elementes wie der eblaitische PN *a-ba-šu.*[68]

8. Zugleich sei noch die Möglichkeit eingeräumt, dass nicht semit. *ʾab* "Vater" vorliegt, sondern dass die Konsonanten *ʾ-b-š* nur *ein* Wortelement bilden. Wurzeln *ʾ-b-š* sind belegt, allerdings nicht so früh

---

63 J.J. STAMM, Die akkadische Namengebung (MAEVG 44), Leipzig 1939 (Neudruck Darmstadt 1968) 113f.

64 Vgl. allenfalls a.a.O. S. 113f. Immerhin ist zu bemerken, dass in hurritischen Personennamen *šenni* "Bruder" zu (keilschriftlich-syllabisch) *-ši, -šu* und *(šeia?>) -še* verkürzt werden kann; das Onomastikon Nuzis ist zu 60% hurritisch. Wegen der theophoren Elemente *abu* und *aḫu* kommt eine Interpretation als hybride PN "GN ist mein Bruder" aber nicht in Betracht. Ein entsprechender Ansatz wäre für unseren Namen ohnehin ausgeschlossen, da die ugaritischen Alphabttexte besagtes Element als *-ṯ/ḏ(y)* notieren, also als Interdental (F. GRÖNDAHL, Die Personennamen der Texte aus Ugarit, Rom 1967, 250ff.; GELB/PURVES/MAC RAE [wie Anm. 61], 252f.), der ägyptisch nicht mit <s> wiedergegeben wird.

65 Auch eine Ableitung von akkad. *šeʾû* (ugar. *ṯʿj,* hebr. *šʿj*) "suchen", das in der akkadischen Onomastik vorkommt, scheint kaum möglich; belegt sind hier etwa PN wie altakkad. *Iši-ilam* oder neuassyr. *šeʾi-ilu* oder *Eše-Ištar-ablut* (W. VON SODEN, Akkadisches Handwörterbuch III, Wiesbaden 1981, 1222ff.; J.J. STAMM (wie Anm. 63), 200; K. TALLQVIST, Assyrian Personal Names, Helsingfors 1914 [Neudruck Hildesheim 1966], 220a).

66 Wie Anm. 61, 161.

67 J.J. STAMM (wie Anm. 63) 142. Ein Frauenname mit dem entsprechenden Possessivsuffix *-ša* ist etwa ᶠAli-abuša (a.a.O. 285) bzw. ḫalb-abuša "H. ist ihr Vater" (wie Anm. 61).

68 M. KREBERNIK, Die Personennamen der Ebla-Texte. Eine Zwischenbilanz, Berlin 1988, 116 (dazu dort 6.2.2). Vgl. noch a.a.O. das Element -a-ba-áš im Namen *du-a-ba-áš*.

bzw. onomastisch[69]. Vgl. immerhin noch die amurritischen Namenselemente *'abaś'abiš* in den Namen A-BA-ŠE-NU-UM, A-BI-SA-NU-UM)[70]

9.K. TALLQVIST[71] führt als Umschreibungen westsemitischer Personennamen die Belege *A-bi-ši* (und *E-bi-šum*) und *Ab-ša-a* an, die er aber als **bjṯwʿ* bzw. **ʿbs'* deutet. R. ZADOK[72] nennt EBI-SU = arab. ʿAbīs und AB-ŠÁ-A = arab.ʿbš', so dass diese Belege hier vermutlich ausser Betracht bleiben müssen.

10. In hurritischen PN aus Ugarit begegnet das Element abš-, abiš-, abuš- (Wurzel *ab "bringen" + -š-).[73]

11. Weitere Möglichkeiten wären etwa:

a) Allenfalls eine auch in der nordwestsemitischen Onomastik belegte *'aqtal*-Bildung zur Bezeichnung von Eigenschaften von der Wurzel bwš, ugar. bš "zaudern".[74]

b) Die Ansetzung eines verbalen Satznamens *'ab'āš "Der Vater hat gegeben" (Wurzel *'wš[75]), wobei das 'Aleph elidiert oder nicht notiert wäre.

c) Die Kurzform eines akkadischen mit *ibašši* gebildeten Namens (vgl. oben 3.b).

Angesichts der ungeklärten Situation der Vergleichsnamen und der Vielzahl eventueller Anschlüsse muss auf eine eindeutige Interpretation verzichtet werden.

---

69 D. COHEN, Dictionnaire des racines sémitiques, fasc. 1, Paris 1970, 6.

70 I. GELB, Computer-Aided Analysis of Amorite (Assyriological Studies 21), Chicago 1980, 45f.

71 Assyrian Personal Names, Helsingfors 1914, 6.

72 R. ZADOK, Arabians in Mesopotamia during the Late-Assyrian, Chaldean, Achaemenian and Hellenistic Periods Chiefly According to the Cuneiform Sources, ZDMG 131 (1981) 42-84: 62.63.

73 GRÖNDAHL (wie Anm. 50), 218f.

74 M. DIETRICH/O. LORETZ, Anats grosse Sprünge. Zu KTU 1.3 31-40 et par.: UF 12 (1980) 385.

75 Onomastische Belege der Wurzel bei T. SCHNEIDER (wie Anm. 45), 43 N 70 unter b.

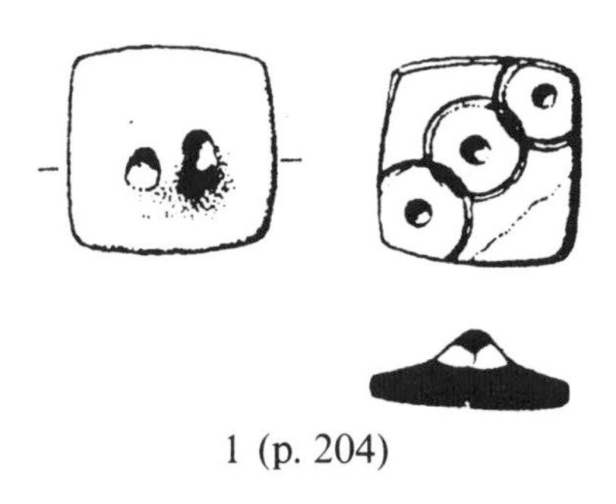

1 (p. 204)

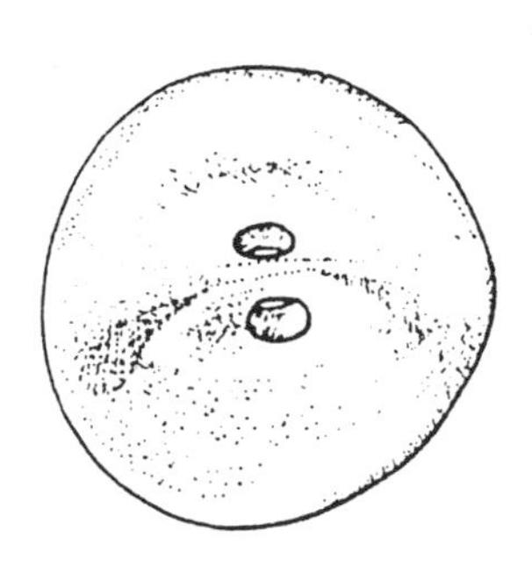

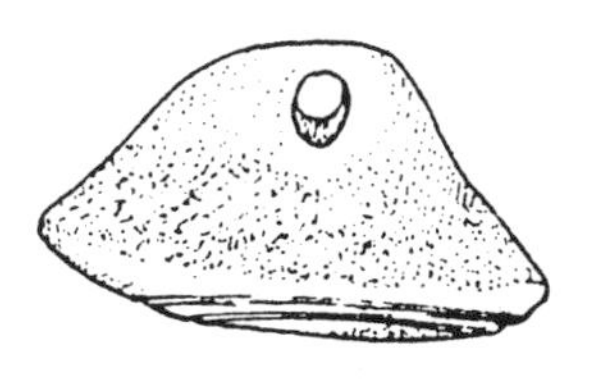

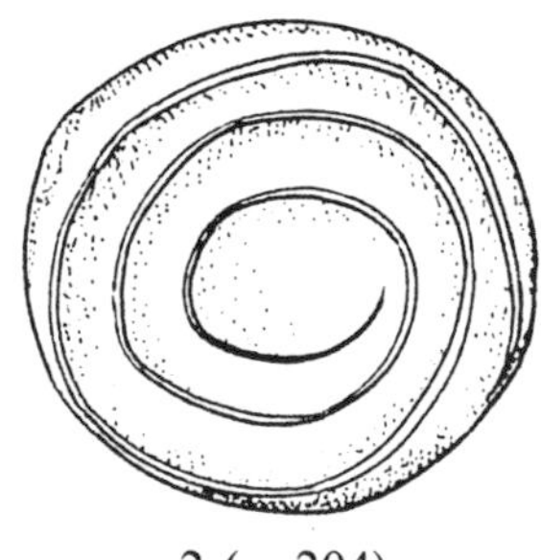

2 (p. 204)

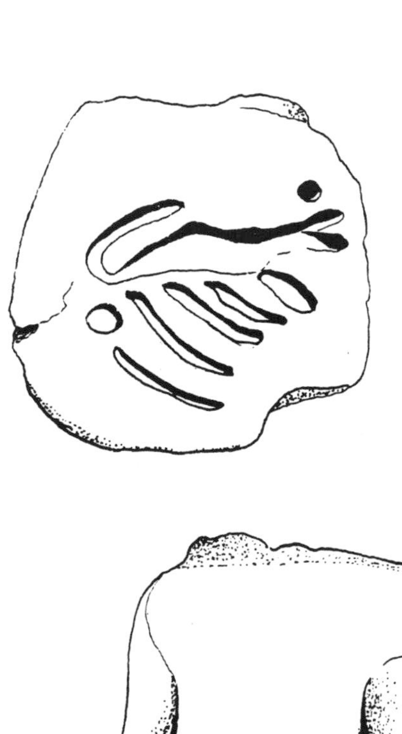

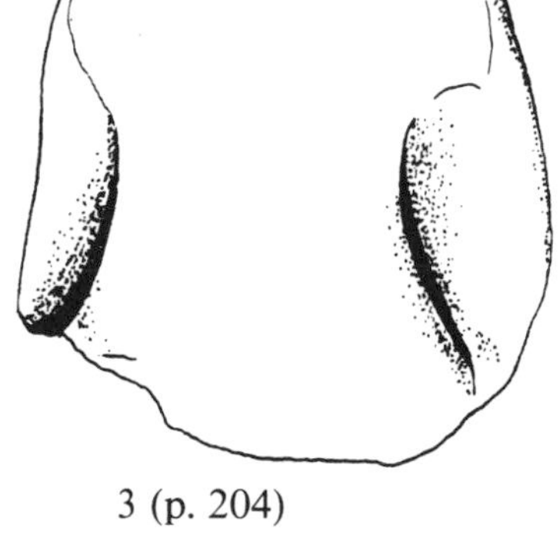

3 (p. 204)

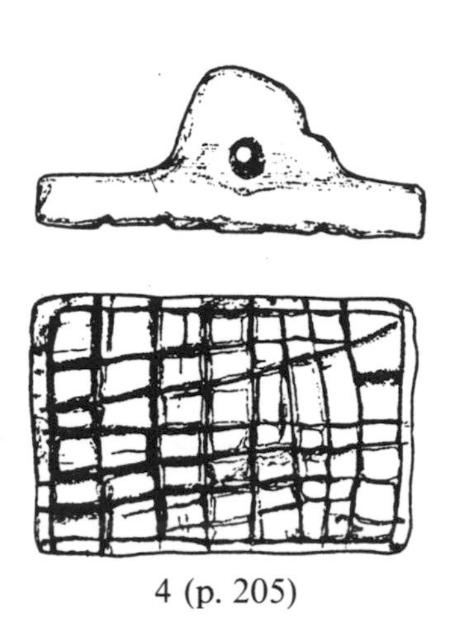

4 (p. 205)

5 (p. 205)

6 (p. 205)

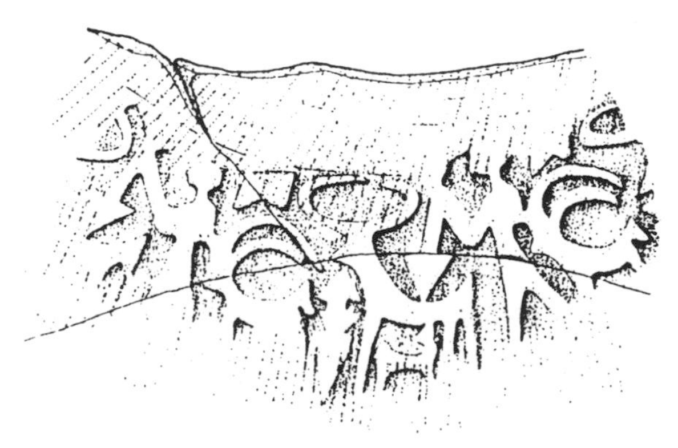

7 (p. 205 f)

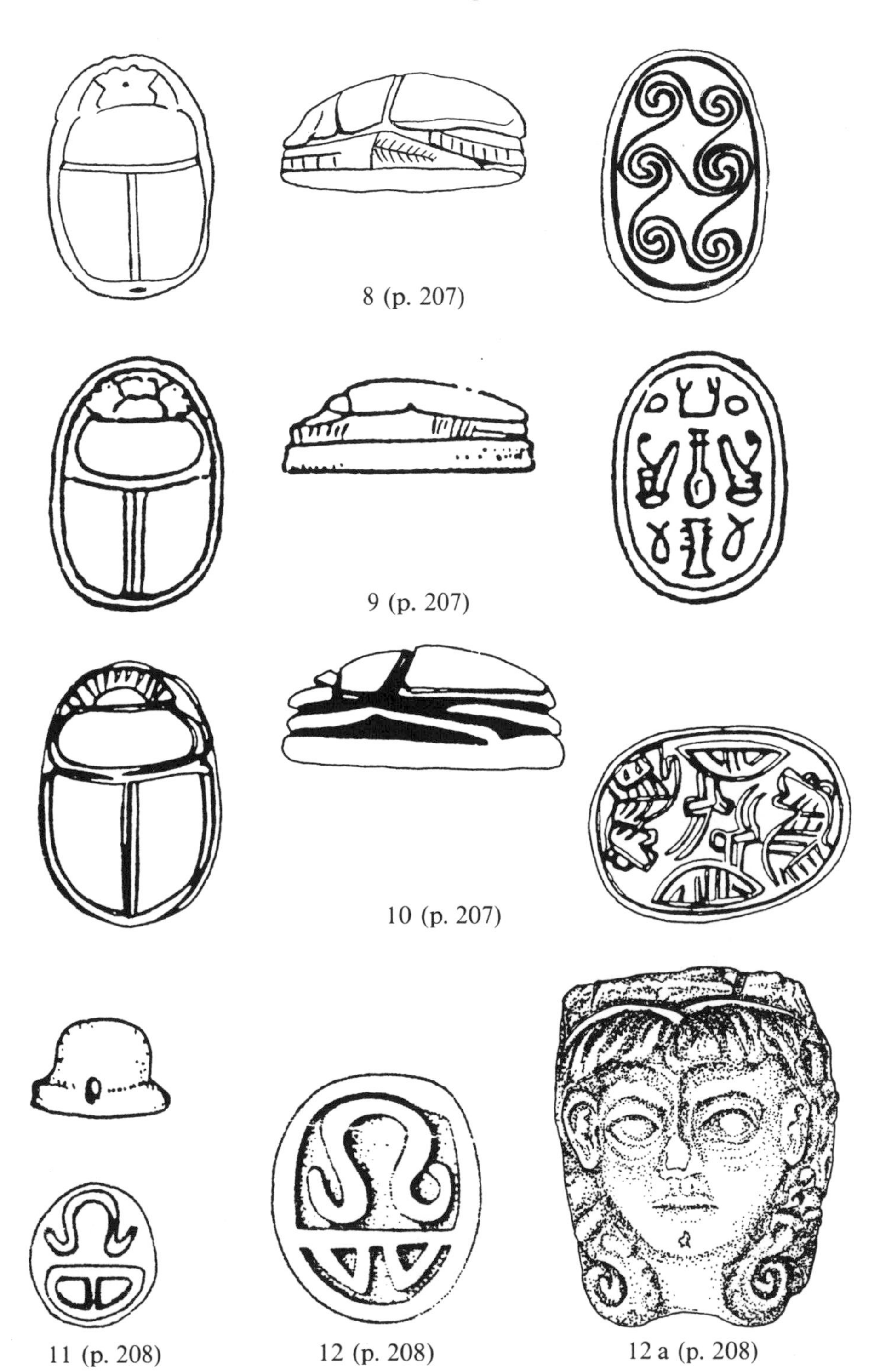

8 (p. 207)

9 (p. 207)

10 (p. 207)

11 (p. 208)

12 (p. 208)

12 a (p. 208)

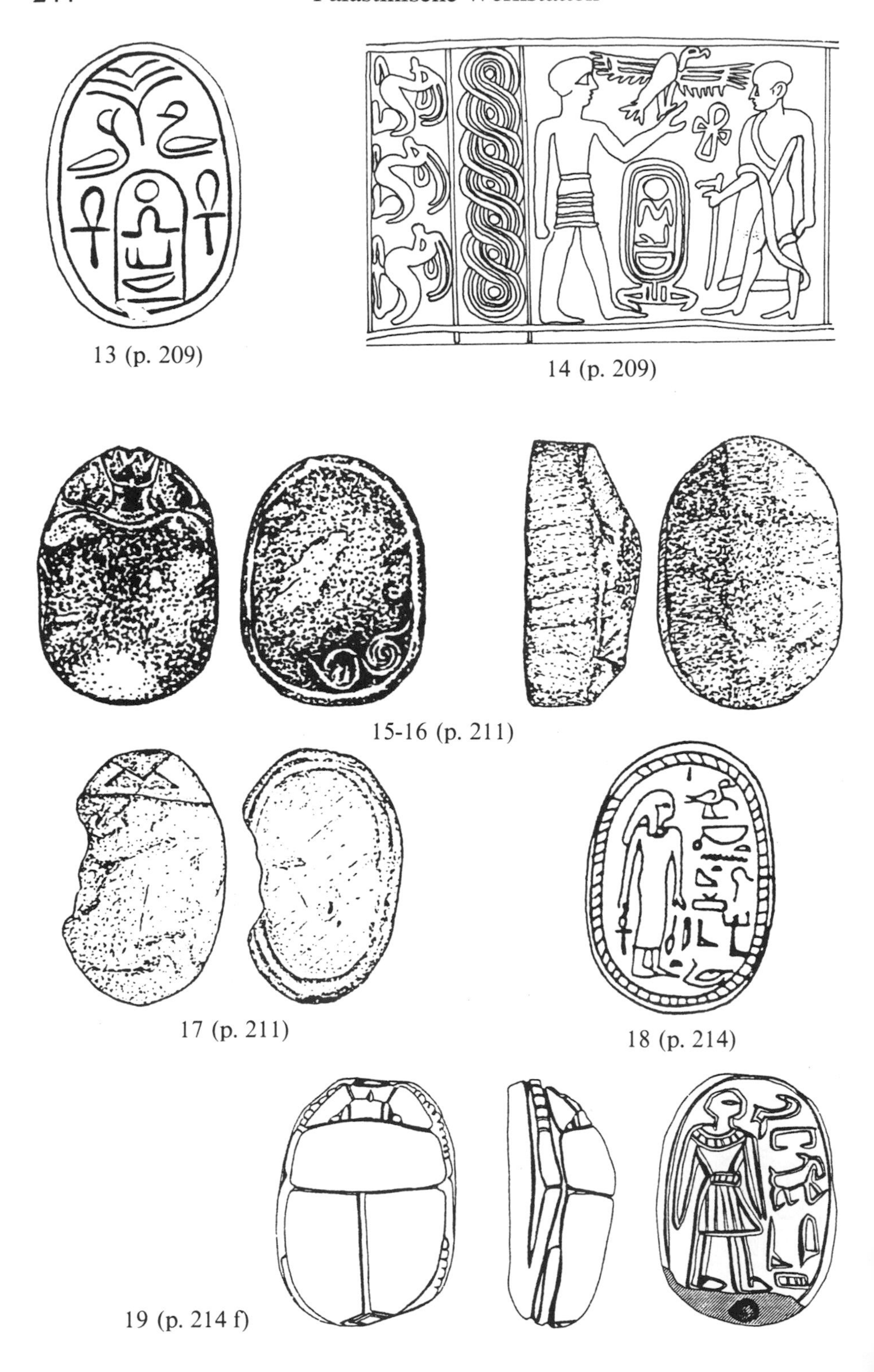

13 (p. 209)

14 (p. 209)

15-16 (p. 211)

17 (p. 211)

18 (p. 214)

19 (p. 214 f)

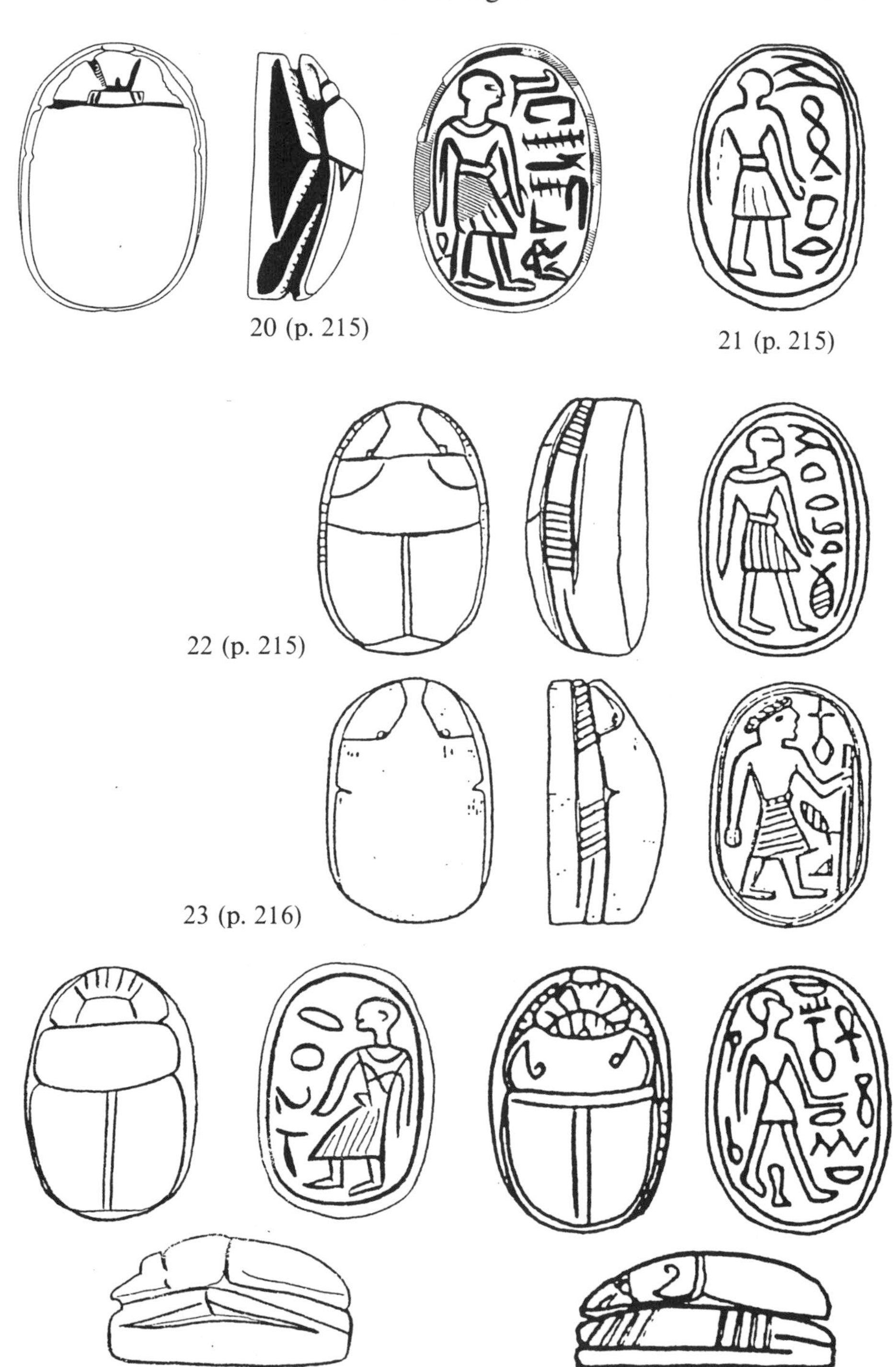

20 (p. 215)

21 (p. 215)

22 (p. 215)

23 (p. 216)

24 (p. 216)

25 (p. 216)

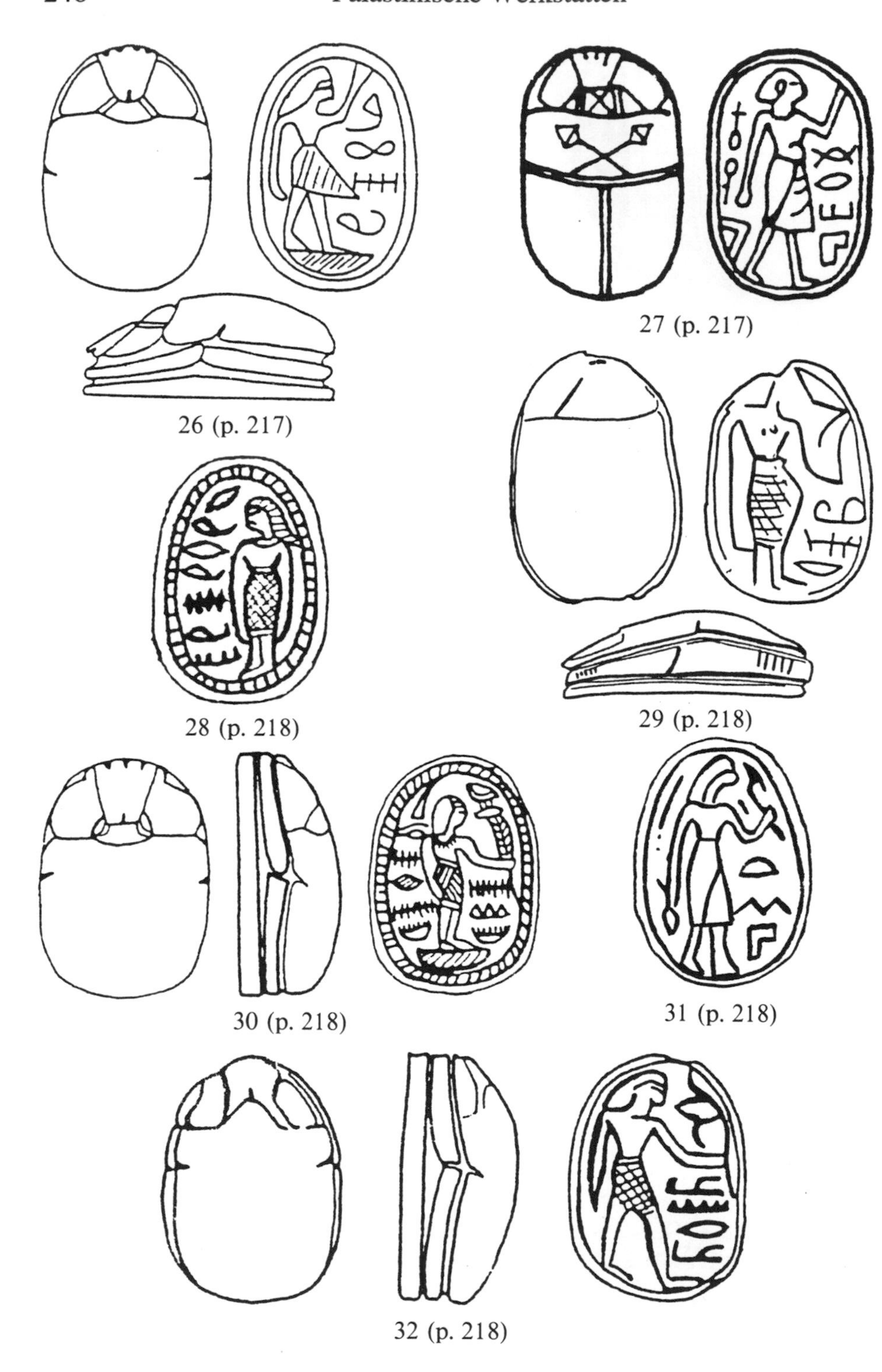

26 (p. 217)

27 (p. 217)

28 (p. 218)

29 (p. 218)

30 (p. 218)

31 (p. 218)

32 (p. 218)

33 (p. 219)

34 (p. 219)

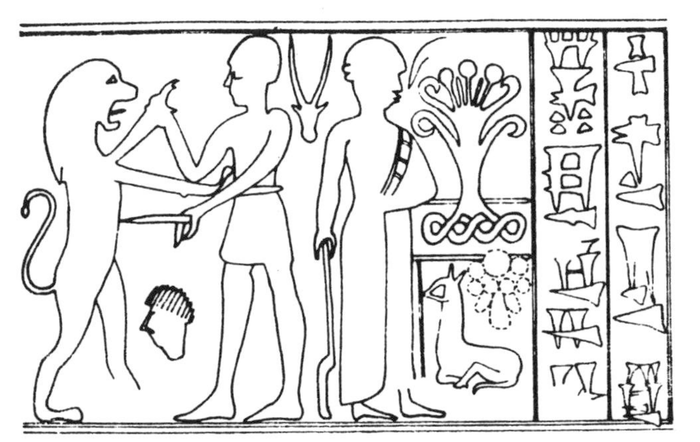

35 (p. 219)

36 (p. 220)

37 (p. 220 f)

38 (p. 221)
(p. 221)

39 (p. 221)

40 (p. 221)

41 (p. 226)

42 (p. 226)

43 (p. 226)

44 (p. 226 f)

45 (p. 227)

46 (p. 227)

47 (p. 227)

48 (p. 227)

49 (p. 227)

50 (p. 228)

51 (p. 228)

52 (p. 228)

53 (p. 229)

54 (p. 229)

55 (p. 229)

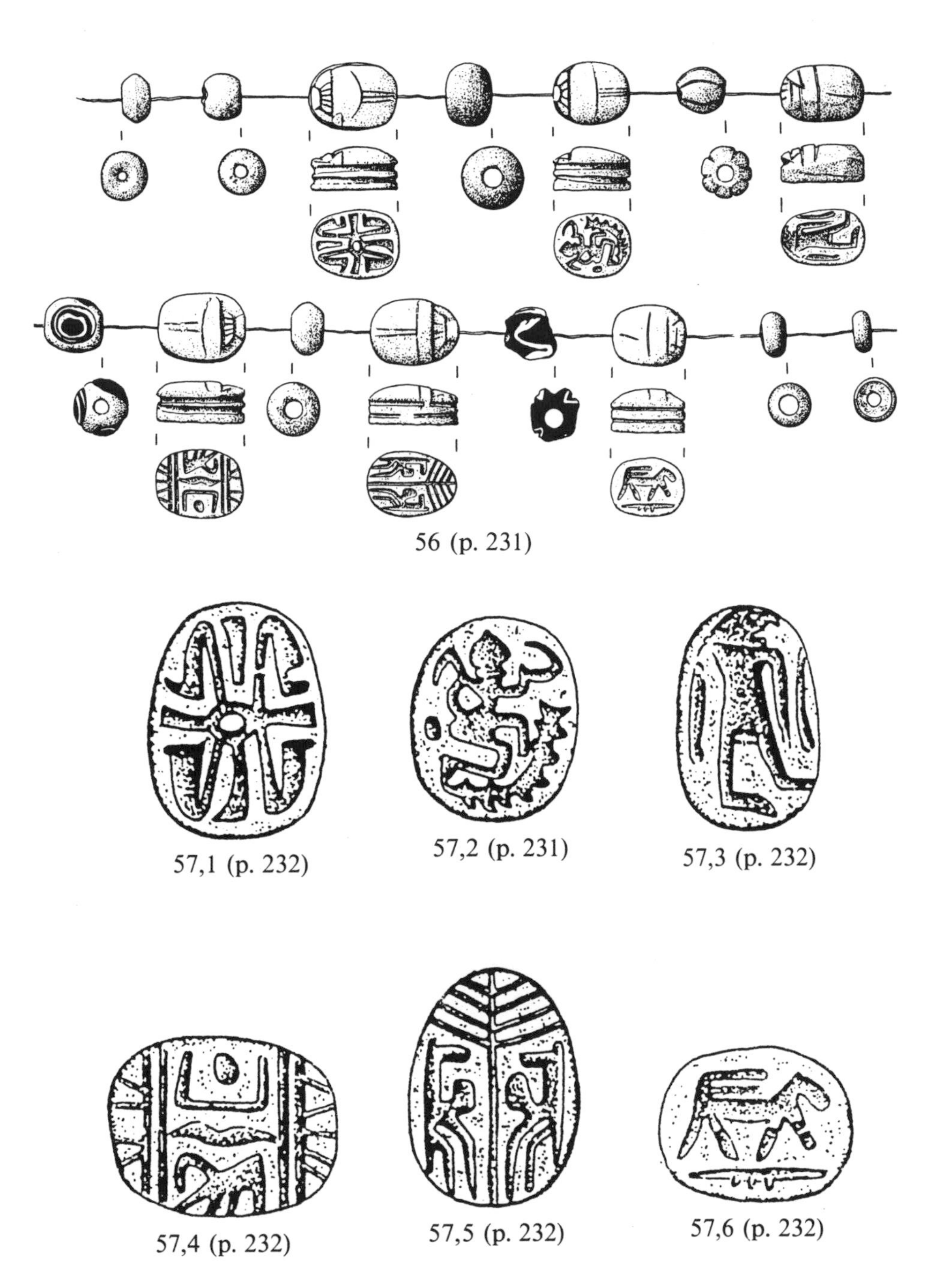

56 (p. 231)

57,1 (p. 232)

57,2 (p. 231)

57,3 (p. 232)

57,4 (p. 232)

57,5 (p. 232)

57,6 (p. 232)

58 (p. 236)

SACHREGISTER

Dieses Sachregister bezieht sich auf "Studien zu den Stempelsiegeln aus Palästina/Israel" Bände I-IV (1985, 1989, 1990, 1994). Die fett gesetzten römischen Ziffern nach dem Stichwort geben die Bandnummer an.
Das das Werk über einen Zeitraum von 10 Jahren entstanden ist und verschiedene Autoren und Autorinnen daran beteiligt waren, ist die Schreibweise, besonders der Ortsnamen, nicht immer einheitlich und konsequent. Ehe "Tall Bait Mirsim" als fehlend registriert wird, lohnt es sich, unter "Tell Beit Mirsim" nachzusehen.
Gelegentlich verweisen die unter einem Stichwort angegebenen Band- und Seitenzahlen auf Seiten, wo das Stichwort nicht erscheint, dafür aber ein Äquivalent, so z.B. statt "Capride" "ziegenähnliches Tier". Es geht also primär um die Sache, ohne dass der Zusammenhang zwischen bestimmten Wörtern und bestimmten Sachen gering geschätzt werden soll.
Ägyptische Begriffe finden sich im "Register ägyptischer Wörter".

Register ägyptischer Wörter

REGISTER DER BIBELSTELLEN

VERZEICHNIS DER (IN BAND IV) ZITIERTEN LITERATUR

Die Abkürzungen sind nach: S. Schwertner, Theologische Realenzyklopädie. Abkürzungsverzeichnis, Berlin 1976.

AHARONI Y., [2]1968, The Land of the Bible. A Historical Geography, London.

ALBRIGHT W.F., 1938, The Excavation at Tell Beit Mirsim, 1936-1937 (AASOR 17), New Haven.

AL-GAILANI WERR L., 1988, Studies in the Chronology and Regional Style of Old Babylonian Cylinder Seals (Bibliotheca Mesopotamica 23), Malibu.

ALDRED C., 1949, [2]1968, Old Kingdom Art in Ancient Egypt, London.

AMIET P., 1972, Glyptique susienne des origines à l'époque des Perses achéménides. Cachets, sceaux-cylindres et empreintes antiques découverts à Suse de 1913 à 1967 (Mémoires de la délégation archéologique en Iran 43), Paris.

— 1977, Pour une interprétation nouvelle du répertoire iconographique de la glyptique d'Agadé: RA 71, 107-116.

— 1980, La glyptique mésopotamienne archaïque. Deuxième édition revue et corrigée avec un supplément, Paris.

— 1992, Corpus des cylindres de Ras Shamra-Ougarit II. Sceaux-cylindres en hématite et pierres diverses (Ras Shamra-Ougarit IX), Paris.

AMIRAN R., 1969, Ancient Pottery of the Holy Land. From its Beginnings in the Neolithic Period to the End of the Iron Age, Jerusalem/Ramat Gan.

— 1972, Arad: IEJ 22, 237f.

AMIRAN R./ ILAN O., 1992, Arad, eine 5000 Jahre alte Stadt in der Wüste Negev (Israel), Neumünster.

ANEP = J.B. PRITCHARD, 1954, The Ancient Near East in Pictures. Relating to the Old Testament, Princeton.

ANTHES R. et al., 1965, Mit Rahineh 1956 (University Museum Monograph), Philadelphia.

ASSMANN J., 1975, Ägyptische Hymnen und Gebete (Bibliothek der Alten Welt. Reihe: Der Alte Orient), Zürich/München.

ATTRIDGE H.W./ODEN R.A., 1976, The Syrian Goddess (De Dea Syria) attributed to Lukian (Society of Biblical Literature. Texts and Traditions 9), Missoula Montana.

AVI-YONAH M., Hrsg., 1975, Encyclopedia of Archaeological Excavations in the Holy Land I, London.

AVIGAD N., 1977, New Moabite and Ammonite Seals at the Israel Museum (hebr.): ErIs 13, 108-110.

— 1978: Gleanings from Unpublished Ancient Seals: BASOR 230, 67-69.

— 1986, Three Ancient Seals: BA 49, 51-53.

BALENSI J., 1985, Revising Tell Abu Hawam: BASOR 257, 65-74.

BARNETT R.D., 1939: A Cylinder Seal from Syria: Iraq 6, 1f.

— 1957, [2]1975: A Catalogue of Nimrud Ivories with Other Examples of Ancient Near Eastern Ivories in the British Museum, London.

— 1986, The Burgon Lebes and the Iranian Winged Horned Lion, in: M. KELLY-BUCELLATI, ed., Insight Through Images. Studies in Honor of Edith Porada (Bibliotheca Mesopotamica 21), Malibu, 21-27.

BARTA W., 1969, Zum Goldnamen der ägyptischen Könige im Alten Reich: ZÄS 95, 80-88.

BECK P., 1984, The Seals and Stamps of Early Arad: Tel Aviv 11, 97-114.

— 1986: A Bulla from Ḥorvat ʿUzza: Qadmoniot 19, 40f.

BECKERATH VON J., 1984, Handbuch der ägyptischen Königsnamen (Münchner Ägyptologische Studien 20), München/Berlin.

BECKING B., 1983, The Two Neo-Assyrian Documents from Gezer in their Historical Context: JEOL 27, 76-89.

BEN-TOR A., 1976, A Cylinder Seal from ʿEn Besor: ʿAtiqot 11, 13-15

— 1990, A Stamp Seal and a Seal Impression of the Chalcolithic Period from Tel Gerar: ErIs 21, 80-86 (hebr.) und 103f* (engl.)

— 1993, Stamp Seal and Cylinder Seal Impressions of the Early Bronze Age I Found at Tel Qashish, in: HELTZER/SEGAL/KAUFMAN 1993, 47-56 (hebr.) und 18* (engl.).

BEN-TOR D., 1989, The Scarab. A Reflection of Ancient Egypt, Jerusalem.

— 1993, The 'Trigram(m)s of Amun' in Scarabs. A Discussion on Driotons Research of Cryptographic Writing in Egypt (hebr.), Unpublished Master Thesis of the Hebrew University, Jerusalem.

BENNET C.-M., 1984, Excavations at Tawilan in Southern Jordan, 1982: Levant 16, 1-23.

BERGMAN J., 1968, Ich bin Isis. Studien zum mephitischen Hintergrund der griechischen Isis-Aretalogien, Uppsala.

BIELINSKI P., 1974, A Prism-Shaped Stamp Seal in Warsaw and Related Stamps: Berytus 23, 53-69.

BIF = Biblisches Institut der Universität Freiburg Schweiz.

BIRAN A., 1994, Biblical Dan, Jerusalem.

BISI A.M., 1963, Un bassorilievo di Aleppo e l'iconografia del dio Sin: OrAnt 2, 215-221.

BISSING VON F.W./KEES H., 1922, Untersuchungen zu den Reliefs aus dem Re-Heiligtum des Rathures I (ABAW. Phil.-Hist. Klasse 32,1), München.

BJORKMAN J.K., 1993, The Larsa Goldsmith's Hoards – New Interpretations: JNES 52, 1-23.

BLEIBTREU E., 1983, Kulthandlungen im Zeltlager Sanheribs, in: I. SEYBOLD, Hrsg., Meqor Ḥajjim. Fest-Schrift für Georg Molin zu seinem 75. Geburtstag, Graz, 43-52.

BOARDMAN J., 1990, The Lyre Player Group of Seals. An Encore: Archäologischer Anzeiger 1990/1, 1-17.

BOARDMAN J./BUCHNER G., 1966, Seals from Ischia and the Lyre Player Group: JdI 81, 1-62.

BOARDMAN J./CLERC G./NICOLAOU I./PICARD O., 1991, La nécropole d'Amathonte, Tombes 110-385 (Études chypriotes 13), Nicosie.

BOEHMER R.M., 1965, Die Entwicklung der Glyptik während der Akkadzeit (Untersuchungen zur Assyriologie und Voderasiatischen Archäologie 4), Berlin.

BOEHMER R.M./GÜTERBOCK H.G., 1987, Glyptik aus dem Stadtgebiet von Boğazköy. Grabungskampagnen 1931-1939.1952-1978 (Boğazköy-Ḫattuša. Ergebnisse der Ausgrabungen XIV. Die Glyptik von Boğazköy II), Berlin.

BONNET H., 1952, Nachdruck 1971, Reallexikon der ägyptischen Religionsgeschichte, Berlin.

BORDREUIL P., 1986a, Catalogue des sceaux ouest-sémitiques inscrits de la Bibliothèque Nationale, du Musée du Louvre et du Musée biblique de Bible et Terre Sainte, Paris.

— 1986b, Charges et fonctions en Syrie-Palestine d'après quelques sceaux ouest-sémitiques du second et du premier millénaire: CRAI 1986, 290-307.

— 1986c, Perspectives nouvelles de l'épigraphie sigillaire ammonite et moabite, in: Proceedings of the Third Conference on the History and Archaeology of Jordan, Tübingen, 283-286.

— 1993, Le répertoire iconographique des sceaux araméens inscrits et son évolution, in: SASS/UEHLINGER 1993: 74-100.

BORDREUIL P./LEMAIRE A., 1976, Nouveaux sceaux hébreux, araméens et ammonites: Semitica 26, 45-69.

BÖRKER-KLÄHN J., 1982, Altvorderasiatische Bildstelen und vergleichbare Felsreliefs (Baghdader Forschungen 4), Mainz a.Rh.

BRANDL B., 1980, Scarabs and Scaraboids from the Beth Shemesh Jewellery Hoard, in: TADMOR/MISCH-BRANDL 1980: 80-82.

— 1993, Scarabs and other Glyptic Finds, in: I. Finkelstein et al., Shiloh. The Archaeology of a Biblical Site, Tel Aviv, 203-222.

BREASTED J.H., 1906, ^{2}1962, Ancient Records of Egypt. Historical Documents from the Earliest Times to the Persian Conquest, 5 vols., New York.

BRUNNER H., 1958, Eine Dankstele an Upuaut: MDAI.K 16, 5-17.

— 1975, Chons, in: W. HELCK/E. OTTO, Hrsg., Lexikon der Ägyptologie I, Wiesbaden, 960-963.

BRUNNER-TRAUT E., 1971, Ein Königskopf der Spätzeit mit dem 'Blauen Helm' in Tübingen: ZÄS 97, 18-30.

BRUYÈRE B., 1937, Rapport sur les fouilles de Deir el Médineh, 1934-1935. Deuxième partie: La nécropole de l'est (FIFAO 15), Le Caire.

BUCHANAN B., 1966 Catalogue of Ancient Near Eastern Seals in the Ashmolean Museum. Vol. I. Cylinder Seals, Oxford.

— 1981, Early Near Eastern Seals in the Yale Babylonian Collection, New Haven and London.

BUCHANAN B./MOOREY P.R.S., 1988, Catalogue of Ancient Near Eastern Seals in the Ashmolean Museum. Vol. III. The Iron Age, Oxford.

de BUCK A., 1970, Egyptian Reading Book, Leiden.

BÜHLMANN W./SCHERER K., 1973, Stilfiguren der Bibel. Ein kleines Nachschlagewerk (Biblische Beiträge 10), Freiburg Schweiz.

CALVERLEY A.M./BROOME M.F./GARDINER A.H., 1933, 1935, 1938, 1958, The Temple of King Sethos I at Abydos, 4 vols., London/ Chicago.

CAPART J., 1905, Primitive Art in Egypt, London.

CAQUOT A./SZNYCER M., 1980, Ugaritic Religion (Iconography of Religions XV/8), Leiden.

CARRIÈRE B./BARROIS A., 1927, Fouilles de l'Ecole Archéologique Française de Jérusalem effectuées à Neirab du 24 Septembre au 5 Novembre 1926: Syria 8, 201-212.

CHAMBON A., 1984, Tell el-Farʿah I. L'âge du fer, Paris.

CHARLES R.P., 1964, Les scarabées égyptiens et égyptisants de Pyrga, district de Larnaca (Chypre): ASAE 58,4-36.

— 1964-1965, Remarques sur une maxime religieuse à propos d'un scarabée égyptien à Kyrenia (Chypre), in: Mélanges de Carthage. Offert à CH. SAUMAGNE/L. POINSSOT/ M. PINARD (Cahiers de Byrsa 10), Paris, 11-20.

CHRISTIE'S, 1992, Fine Antiquities, London, Wednesday, 8 July 1992, London.

CITY OF DAVID, 1989, Discoveries from the Excavations. Exhibition in Memory of Yigal Shilo, Institute of Archaeology of the Hebrew University, Jerusalem (Faltprospekt).

CLERC G., 1983, Aegyptiaca de Palaepaphos-Skales, in: V. KARAGEORGHIS et al., Palaepaphos-Skales. An Iron Age Cemetery in Cyprus (Ausgrabungen in Alt-Paphos auf Cypern 3), Konstanz, 375-395.

— 1991, Aegyptiaca [Nécropole d'Amathonte], in: BOARDMAN/CLERC/-NICOLAOU/PICARD 1991: 1-157.

CLERC G./KARAGEORGHIS V./LAGARCE E./LECLANT J., 1976, Fouilles de Kition II. Objets égyptiens et égyptisants, Nicosia.

COGAN M., 1974, Imperialism and Religion. Assyria, Judah and Israel in the Eighth and Seventh Centuries B.C.E. (Society of Biblical Literature.Monograph Series 19), Missoula, Montana.

COLDSTREAM J.N., 1982, Greeks and Phoenicians in the Aegean, in: H. G. NIEMEYER, ed., Phönizer im Westen (Madrider Beiträge 8) Mainz, 261-275.

COLLON D., 1975: The Seal Impressions from Tell Atchana/Alalakh (AOAT 27), Kevelaer/ Neukirchen-Vluyn.

— 1982, Catalogue of the Western Asiatic Seals in the British Museum. Cylinder Seals II: Akkadian-Post Akkadian Ur III-Periods, London.

— 1986, Catalogue of the Western Asiatic Seals in the British Museum. Cylinder Seals III: Isin-Larsa and Old Babylonian Periods, London.

— 1986a, The Green Jasper Cylinder Seal Workshop, in: M. Kelly-Buccellati, ed., Insight Through Images. Studies in Honor of Edith Porada (Bibliotheca Mesopotamica 21), Malibu/Cal., 57-70.

— 1992, The Near Eastern Moon God, in: D.J.W. Meijer, ed., Natural Phenomena. Their Meaning, Depiction and Description in the Ancient Near East, Amsterdam, 19-37.

COOK S.A., 1930, The Religion of Ancient Palestine in the Light of Archaeology (The Schweich Lectures of the British Academy 1925), London.

COONEY J.D., 1953, The Papyri and Their Sealings, in: E.G. KRAELING, The Brooklyn Museum Aramaic Papyri. New Documents of the Fifth Century B.C. from the Jewish Colony at Elephantine, New Haven, 123-127.

CROWFOOT J.W. und G.M., 1938, Samaria-Sebaste II. Early Ivories from Samaria, London.

CROWFOOT J.W. und G.M./KENYON K.M., 1957: Samaria–Sebaste III. The Objects from Samaria, London.

CULICAN W., 1960/1961, Melqart Representations on Phoenician Seals: Abr Nahrain 2, 41-54 = CULICAN 1986: 195-210.

— 1970: Problems of Phoenicio-Punic Iconography – a Contribution: The Australian Journal of Biblical Archaeology I/3, 28-57.

— 1977, Syrian and Cypriot Cubical Seals: Levant 9, 162-167 = CULICAN 1986: 517-525.

— 1986: Opera selecta. From Tyre to Tartessos, Göteborg.

DAHOOD M., 1966, Psalms I (Anchor Bible 16), New York.

DALMAN G., 1906, Ein neu gefundenes Jahvebild: PJ 2, 44-50.

— 1928, Arbeit und Sitte in Palästina I. Jahreslauf und Tageslauf, Gütersloh.

DAVIES G.I., 1986, Megiddo. Cities of the Biblical World, Cambridge.

— 1986a, Megiddo in the Period of the Judges: OTS 24, 34-53.

DAVIES N. de G., 1905, The Rock Tombs of el Amarna II, London.

— 1908, The Rock Tombs of el Amarna VI, London.

— 1943, ^{2}1973, The Tomb of Rekh-mi-Reʿ at Thebes, New York.

DAVIES N. DE G./GARDINER A.H., 1948, Seven Private Tombs at Kurnah, London.

DELAPORTE L., 1910: Catalogue des cylindres orientaux et des cachets assyro-babyloniens, perses et syro-cappadociens de la Bibliothèque Nationale, Paris.

— 1920/1923: Musée du Louvre. Catalogue des cylindres, cachets et pierres gravées de style oriental, 2 vols., Paris.

— 1939, Intailles orientales au palais des arts de la ville de Lyon, in: Mélanges syriens offerts à Monsieur René Dussaud II, Paris, 907-912.

DIGARD F. et al., 1975, Répertoire analytique des cylindres orientaux (3 vols. und 2 Zettelkästen), Paris.

DONBAZ V., 1990, Two Neo-Assyrian Stelae in the Antakya and Kahramanmaras Museums: Annual Review of the Royal Inscriptions of Mesopotamia Project 8, 5-24.

DONNER H./RÖLLIG W., ^{2}1968, Kanaanäische und aramäische Inschriften II, Wiesbaden.

DOTHAN M., 1971, Ashod 2-3 (ʿAtiqot 9-10), Jerusalem.

DOTHAN M./PORATH Y., 1982, Ashdod IV (ʿAtiqot 15), Jerusalem.

DOTHAN T., 1976, Forked Bronze Butts from Palestine and Egypt: IEJ 26, 20-34.
— 1982, The Philistines and their Material Culture, Jerusalem.
DOUMET C., 1992, Sceaux et cylindres orientaux: La collection Chiha (OBO. Series Archaeologica 9), Fribourg/ Suisse-Göttingen.
DRIOTON E., 1955, Scarabée de la collection Gurewich: BSFE 19, 59-66.
— 1956, Vœux inscrits sur des scarabées: MDAI.K 14, 34-41.
— 1957, Trigrammes d'Amon: WZKM 54, 11-33.
— 1959, Le char dans la glyptique égyptienne: BSFE 28/29, 17-25.
DUCHESNE-GUILLEMIN J., 1986, Origines iraniennes et babyloniennes de la nomenclature astrale: CRAI avril-juin, 234-250
DUMORTIER J.-B., 1974, Les Scarabées de Tell el Far'ah, unveröffentlichtes Mémoire der Ecole Biblique et Archéologique, Jerusalem.
DUNAND M., 1937 (Atlas), 1939 (Texte), Fouilles de Byblos I: 1926-1932, Atlas (Etudes et Documents d'Archéologie 1), Texte (BAH 24), Paris.
— 1950 (Atlas), 1954 (Texte I), 1958 (Texte II) , Fouilles de Byblos II: 1933-38 (Etudes et documents d'archéologie 3), Paris.
EAEHL = M. AVI-YONAH/E. STERN, eds., 1975, 1976, 1977, 1978, Encyclopedia of Archaeological Excavations in the Holy Land, 4 vols., Oxford.
EAEHL^2 = E. STERN, ed., 1993, The New Encyclopedia of Archaeological Excavations in the Holy Land, 4 vols., Jerusalem.
EL-ALFI M., 1972, Recherches sur quelques scarabées de Ramses II: JEA 58: 178f.
EGGLER J., 1992, Scarabs from Excavations in Palestine/Transjordan from Iron Age I (c. 1200-1000 B.C.). Including a Framework for Computerized Picture Database (ICONBASE), Unveröffentlichte Master-Thesis am Department of Semitic Languages and Cultures, University of Stellenbosch SA, Stellenbosch.
EISENBERG E., 1992, An EB I Stamp Seal from Tel Kitan: ErIs 23, 5-8 (hebr.) und 144f* (engl.).
ERMAN A./GRAPOW H., 1926-1953, ^{2}1971, ^{4}1982, Wörterbuch der ägyptischen Sprache, 7 Bde., Berlin.
FABRETTI A./ROSSI F./LANZONE R.V., 1888, Regio Museo di Torino, Antichità Egizie II, Torino.
FAIRMAN H.W., 1943, Notes on the Alphabetic Signs Employed in the Hieroglyphic Inscriptions of the Temple of Edfu: ASAE 43, 193-310.
— 1945, An Introduction to the Study of Ptolemaic Signs and their Values: BIFAO 43, 51-138.
FIRTH C.M., 1915, Archaeological Survey of Nubia. Report 1909-1910, Kairo.
FIRTH C.M./GUNN B., 1926, Teti Pyramid Cemeteries II, Le Caire.

FIRTH C.M./QUIBELL J.E., 1936, Excavations at Saqqara. The Step Pyramid II, Kairo.

FISCHER H.G., 1973, Hands and Hearts (Berlin 1157): JEA 59, 224-226.

FOHRER G., 1962, Das Buch Jesaja II (Zürcher Bibelkommentare AT), Zürich.

FRANKFORT H., 1939, Cylinder Seals, London.

FRITZ V./KEMPINSKI A., 1983, Ergebnisse der Ausgrabungen auf der *Ḫirbet el-Mšāš (Tēl Māśōś)* 1982-1975 (ADPV 6), Wiesbaden.

FUHR I., 1967, Ein altorientalisches Symbol. Bemerkungen zum sogenannten "Omegaförmigen Symbol" und zur Brillenspirale, Wiesbaden.

GADD C.J., 1951, Note on the Stele of Açaği Yarimca: AnSt 1, 108-110.

GALLING K., 1941: Beschriftete Bildsiegel des ersten Jahrtausends v. Chr. vornehmlich aus Syrien und Palästina: ZDPV 64, 121-202; Taf. 5-12.

GAMER-WALLERT I., 1978, Ägyptische und ägyptisierende Funde von der Iberischen Halbinsel (Beihefte zum Tübinger Atlas des Vorderen Orients Reihe B Nr. 21), Wiesbaden.

GARDINER A.H., 1937, Late-Egyptian Miscellanies (Bibliotheca Aegyptiaca 7), Bruxelles.

— ^{3}1957, Egyptian Grammar. Being an Introduction to the Study of Hieroglyphs, Oxford/London.

GARDINER A.H./PEET T.E./ČERNÝ J., 1952 und 1955, The Inscriptions of Sinai, 2 vols., London.

GARELLI P., 1982, ^{2}1987, Importance et rôle des Araméens dans l'administration de l'empire assyrien, in: H.-J. NISSEN/J. RENGER, Hrsg., Mesopotamien und seine Nachbarn (XXVe Rencontre Assyriologique International = Berliner Beiträge zum Vorderen Orient 1), Berlin, 437-447.

GARFINKEL Y./BURIAN F./FRIEDMAN E., 1992, A Late Neolithic Seal from Herzliya: BASOR 286, 7-14.

GENGE H., 1979, Nordsyrisch-südanatolische Reliefs. Eine archäologisch-historische Untersuchung, Datierung und Bestimmung, 2 Bde., København.

GEORGE A.R., 1993, House Most High. The Temples of Ancient Mesopotamia (Mesopotamian Civilizations 5), Winona Lake.

GESE H., 1970: Die Religionen Altsyriens, in: H. GESE/M. HÖFNER/K. RUDOLPH, Die Religionen Altsyriens, Altarabiens und der Mandäer (Die Religionen der Menschheit 10,2), Stuttgart, 3-232.

GIVEON R., 1961, Egyptian Seals from Kefar Ruppin (hebr.): BIES 25, 249-250.

— 1967-1968, Egyptian Seals in the Maritime Museum, Haifa (hebr.): Sefunim 2, 62-63 = Giveon 1978: 105-106 (engl.).

— 1974, Hyksos Scarabs with Names of Kings and Officials from Canaan, in: Chronique d'Egypte 49, 222-233.

— 1976, New Egyptian Seals with Titles and Names from Canaan, in: Tel Aviv 3, 127-133.

— 1978, The Impact of Egypt on Canaan. Iconographical and Related Studies (OBO 20), Freiburg Schweiz/Göttingen.

— 1978a, The XIIIth Dynasty in Asia, in: Revue d'Egyptologie 30, 163-167.

— 1980, Some Scarabs from Canaan with Egyptian Titles, in: Tel Aviv 7, 179-184.

— 1985, Egyptian Scarabs from Western Asia from the Collections of the British Museum (OBO. Series Archaeologica 3), Freiburg Schweiz/Göttingen.

— 1988, Scarabs from Recent Excavations in Israel, ed. by D. WARBURTON/CH. UEHLINGER (OBO 83), Freiburg Schweiz/Göttingen.

GIVEON R./KERTESZ T., 1986, Egyptian Scarabs and Seals from Acco. From the Collection of the Israel Department of Antiquities and Museums, Freiburg Schweiz.

GJERSTAD E. et al., 1934 (I), 1935 (II), 1937 (III), 1948 (IV/2), The Swedish Cyprus Expedition. Finds and Results of the Excavations in Cyprus 1927-1931, 4 vols., Stockholm.

GOPHNA R./SUSSMAN V., 1969, A Middle Bronze Age Tomb at Barqai: ʿAtiqot. Hebr. Ser. 5: 1*, 1-13.

GORDON C.H., 1939, Western Asiatic Seals in the Walters Art Gallery: Iraq 6, 3-34.

— 1953: Near Eastern Seals in Princeton and Philadelphia: Or. NS 22, 242-250.

GÖRG M., 1977, Weiteres zu *nzr* ("Diadem"): Biblische Notizen 4, 7f.

GRANT E., 1931, Ain Shems Excavations, Palestine (Biblical and Kindred Studies 3), Haverford.

— 1932, Ain Sems Excavations, Palestine, 1928-1929-1930-193. Part II (Biblical and Kindred Studies 4), Haverford.

GRANT E./WRIGHT G.E., 1939, Ain Shems Excavations, Palestine. Part V (Biblical and Kindred Studies 8), Haverford.

GREENFIELD J.C., 1976, The Aramean God Ramma\n/Rimmo\n: IEJ 26, 195-198.

— 1987, Aspects of Aramean Religion, in: P.D. MILLER/P.D. HANSON/ S.D. MCBRIDE, eds., Ancient Israelite Religion. Essays in Honor of Frank Moore Cross, Philadelphia.

GRÖNDAHL F., 1967: Die Personennamen der Texte aus Ugarit (Studia Pohl 1), Roma.

GRUMACH-SHIRUN I., 1977, Federn und Federkronen, in: W. HELCK/W. WESTENDORF, Hrsg., Lexikon der Ägyptologie II, Wiesbaden, 142-145.

GUBEL E., 1987: Phoenician Furniture (Studia Phoenicia 7), Leuven.

— 1987a, "Syro-cypriote" Cubical Stamps. The Phoenician Connection (Corpus Glyptica Phoenicia 2), in: Studia Phoenicia V. Phoenicia and the East Mediterranean in the First Millenium B.C. (Orientalia Lovaniensia Analecta 22), Leuven, 195-224.

GUY P.L.O., 1938, Megiddo Tombs (OIP 33), 2 vols., Chicago.

HABACHI L., 1969, Features of the Deification of Ramesses II, Glückstadt.

HACHMANN R., 1980, Kāmīd el-Lōz 1968-1970 (Saarbrücker Beiträge zur Altertumskunde 22), Bonn.

HALL E.S., 1986, The Pharao Smites his Enemies (Münchner Ägyptologische Studien 44), München/ Berlin.

HALL H.R., 1913, Catalogue of Egyptian Scarabs, etc. in the British Museum I: Royal Scarabs, London.

HALLER A., 1954, Die Gräber und Grüfte von Assur (Ausgrabungen der Deutschen Orient Gesellschaft in Assur. A: Die Baudenkmäler aus assyrischer Zeit VII), Berlin.

HAMILTON R.W., 1935, Excavations at Tell Abu Hawam: QDAP 4, 1-69.

HARDING L., 1971: An Index and Concordance of Pre-Islamic Names and Inscriptions, Toronto.

HAYES W.C., 1959, [2]1968,The Scepter of Egypt II. The Hyksos Period and the New Kingdom (1675-1080 BC.), New York.

HEINTZ J.G., 1973, Le 'feu dévorant', un symbole du triomphe divin dans l'Ancien Testament et le milieu sémitique ambiant, in: Le feu dans le Proche-Orient antique (Université des sciences humaines de Strasbourg. Travaux du centre de recherche sur le Proche-Orient et la Grèce antiques 1), Leiden, 63-78.

HELCK W., [2]1971, Die Beziehungen Ägyptens zu Vorderasien im 3. und 2. Jahrtausend v. Chr. (Ägyptologische Abhandlungen 5), Wiesbaden.

— 1977, Goldhorusname, in: DERS./W. WESTENDORF, Lexikon der Ägyptologie II, Wiesbaden, col. 740.

HELTZER M./SEGAL A./KAUFMAN D., eds., 1993, Studies in the Archaeology and History of Ancient Israel. In Honour of Moshe Dothan, Haifa.

HERRMANN CH., 1985, Formen für ägyptische Fayencen. Katalog der Sammlung des Biblischen Instituts der Universität Freiburg Schweiz und einer Privatsammlung (OBO 60), Freiburg Schweiz/Göttingen.

— 1990, Weitere Formen für ägyptische Fayencen aus der Ramsesstadt. Katalog der Model der Ausgrabungskampagne 1988 des Österreichischen Archäologischen Instituts Zweigstelle Kairo in Tell el Dabʿa und Qantir: Ägypten und Levante. Zeitschrift für ägyptische Archäologie und deren Nachbargebiete 1, 17-73.

— 1994, Ägyptische Amulette aus Palästina/Israel. Mit einem Ausblick auf ihre Rezeption durch das Alte Testament (OBO), Freiburg Schweiz/Göttingen.

HERRMANN S., 1964, Operationen Pharao Schoschenks I. im östlichen Ephraim: ZDPV 80, 55-79.

HERZOG Z., 1984, Tel Gerisa, 1983; IEJ 34, 55-56.

HESTRIN R., 1970, The Philistines and the Other Sea-Peoples, Jerusalem.

HESTRIN R./DAYAGI-MENDELS M., 1979, Inscribed Seals. First Temple Period. Hebrew, Ammonite, Moabite, Phoenician and Aramaic. From the Collections of the Israel Museum and the Israel Department of Antiquities and Museums, Jerusalem.

HOMÈS-FREDERICQ D., 1976, Glyptique sur les tablettes araméennes des Musées royaux d'Art et d'Histoire: RA 70, 57-72.

HÖLBL G., 1979, Typologische Arbeit bei der Interpretation von nicht klar lesbaren Skarabäenflachseiten: Studien zur altägyptischen Kultur 7, 89-102.

HORN S.H., 1962, Scarabs from Shechem: JNES 21, 1-14.

HORNUNG E.,1966, Geschichte als Fest, Darmstadt.

— 1972, Ägyptische Unterweltsbücher (Bibliothek der Alten Welt, Reihe: Der Alte Orient), Zürich/München.

— 1979, Das Totenbuch der Ägypter (Die Bibliothek der Alten Welt), Zürich-München.

HORNUNG E./STAEHELIN E. et al., 1976, Skarabäen und andere Siegelamulette aus Basler Sammlungen (Ägyptische Denkmäler in der Schweiz 1), Mainz.

HROUDA B., 1962, Tell Halaf IV. Die Kleinfunde aus historischer Zeit, Berlin.

— 1965, Die Kulturgeschichte des assyrischen Flachbildes (Saarbrücker Beiträge zur Altertumskunde 2), Bonn.

HUGHES G.R. et al., 1954, Reliefs and Inscriptions at Karnak III. The Bubastite Portal (OIP 74), Chicago.

ILAN D., 1992, A Middle Bronze Age Offering Deposit from Tel Dan and the Politics of Cultic Gifting; Tel Aviv 19, 247-266.

ISRAEL F., 1987, Studi Moabiti I: Rassegna di Epigrafia Moabita e i Sigilli, in: G. BERNINI/V. BRUGNATELLI, ed., Atti della 4a Giornata di Studi Camito-Semitici e Indeuropei, Milano, 101-138.

JAEGER B., 1982: Essai de classification et de datation des scarabées Menkhéperrê (OBO.Series Archaeologica 2), Fribourg und Göttingen.

JAKOB-ROST L., 1975, Die Stempelsiegel im Vorderasiatischen Museum (Staatliche Museen zu Berlin. Vorderasiatisches Museum), Berlin.

JAMES F., 1966, The Iron Age at Beth Shan. A Study of Levels VI-IV (University Museum Monographs), Philadelphia.

JANOWSKI B., 1989, Rettungsgewissheit und Epiphanie des Heils. Das Motiv der Hilfe Gottes «am Morgen» im Alten Orient und im Alten Testament (WMANT 59), Neukirchen-Vluyn.

JAROŠ K., 1980, Das Motiv der Heiligen Bäume und der Schlange in Gen 2-3: ZAW 92, 204-215.

JÉQUIER G., 1938, Le monument funéraire de Pepi II. Vol. II. Le temple, Le Caire.

— 1940, Le monument funéraire de Pepi II. Vol. III. Les approches du temple, Le Caire.

JOHNSON S.B., 1990, The Cobra Goddess of Ancient Egypt. Predynastic, Early Dynastic and Old Kingdom Periods, London/New York.

JUNKER H., 1910, Die Schlacht- und Brandopfer im Tempelkult der Spätzeit: ZÄS 48, 67-77.

— 1941, Das Brandopfer im Totenkult, in: Miscellanea Gregoriana, Roma, 109-117.

— 1955, Die Feinde auf dem Sockel der Chasechem-Statuen und die Darstellung von geopferten Tieren, in: Ägyptologische Studien, H. Grapow zum 70. Geburtstag gewidmet, Berlin, 162-175.

KAISER O., 1976, Der Prophet Jesaja. Kapitel 13-39 (Das Alte Testament Deutsch 18), Göttingen.

KARAGEORGHIS V./[LECLANT J.], 1973, Chroniques des fouilles et découvertes archéologiques à Chypre en 1972: BCH 97, 601-689.

KAUTZSCH E., 1900, [2]1962, Die Apokryphen und Pseudepigraphen des Alten Testaments II, Tübingen, Nachdruck: Darmstadt.

KEEL O., 1973, Das Vergraben der "Fremden Götter" in Genesis XXXV 4b: VT 23, 305-336.

— 1974, Wirkmächtige Siegeszeichen im Alten Testament. Ikonographische Studien zu Jos 8,18-26; Ex 17,8-13; 2 Kön 13,14-19 und 1 Kön 22,11 (OBO 5), Freiburg Schweiz/Göttingen.

— 1975, Kanaanäische Sühneriten auf ägyptischen Tempelreliefs: VT 25, 413-469.

— 1977, Jahwe-Visionen und Siegelkunst. Eine neue Deutung der Majestätsschilderungen in Jes 6, Ez 1 und 10 und Sach 4 (SBS 84/85), Stuttgart.

— [2]1977, Die Welt der altorientalischen Bildsymbolik und das Alte Testament. Am Beispiel der Psalmen, Zürich.

— 1977a, Der Bogen als Herrschaftssymbol. Einige unveröffentlichte Skarabäen aus Ägypten und Israel zum Thema "Jagd und Krieg": ZDPV 93, 141-177 = KEEL/SHUVAL/UEHLINGER 1990: 27-65.

— 1978, Jahwes Entgegnung an Ijob. Eine Deutung von Ijob 38-41 vor dem Hintergrund der zeitgenössischen Bildkunst (FRLANT 121), Göttingen.

— 1978a: Grundsätzliches und das Neumondemblem zwischen den Bäumen: BN 6, 40-55.

— 1980: La Glyptique, in: J. BRIEND/J.B. HUMBERT, éds., Tell Keisan (1971-1976). Une cité phénicienne en Galilée (OBO.SA 1), Fribourg/-Göttingen/Paris, 257-295 = KEEL/SHUVAL/UEHLINGER 1990: 163-260.

— 1980a, Das Böcklein in der Milch seiner Mutter und Verwandtes. Im Lichte eines altorientalischen Bildmotivs (OBO 33), Freiburg Schweiz/-Göttingen.

— 1982, Der Pharao als "Vollkommene Sonne". Ein neuer ägypto-palästinischer Skarabäentyp, in: S. ISRAELIT-GROLL, ed., Egyptological Studies (Scripta Hierosolymitana 28), Jerusalem, 406-529.

— 1984, Deine Blicke sind Tauben. Zur Metaphorik des Hohen Liedes (SBS 114/115), Stuttgart.

— 1986, A Stamp Seal Research Project and a Group of Scarabs with Raised Relief: Akkadica 49, 1-16.

— 1989, Zur Identifikation des Falkenköpfigen, in: Keel/Keel-Leu/Schroer 1989, 243-280.

— 1990, Früheisenzeitliche Glyptik in Palästina/Israel, in: KEEL/SHUVAL/ UEHLINGER 1990: 331-421.

— 1992, Das Recht der Bilder gesehen zu werden. Drei Fallstudien zur Methode der Interpretation altorientalischer Bilder (OBO 122), Freiburg Schweiz/Göttingen.

— 1993, Königliche Nilpferdjagd. Eine ungewöhnliche Darstellung auf einem Skarabäus des Mittleren Reiches: Göttinger Miszellen 134, 63-68.

KEEL O./KEEL-LEU H./SCHROER S., 1989, Studien zu den Stempelsiegeln aus Palästina/ Israel II (OBO 88), Freiburg/Schweiz-Göttingen.

KEEL O./SCHROER S., 1985, Studien zu den Stempelsiegeln aus Palästina/Israel I (OBO 67), Freiburg/ Schweiz-Göttingen.

KEEL O./SHUVAL M./UEHLINGER CH., 1990, Studien zu den Stempelsiegeln aus Palästina/ Israel III. Die Frühe Eisenzeit. Ein Workshop (OBO 100), Freiburg Schweiz/Göttingen.

KEEL O./UEHLINGER CH., 1990, Altorientalische Miniaturkunst. Die ältesten visuellen Massenkommunikationsmittel. Ein Blick in die Sammlungen des Biblischen Instituts der Universität Freiburg Schweiz, Mainz a. Rh.

— 1992, [2]1993, Göttinnen, Götter und Gottessymbole. Neue Erkenntnisse zur Religionsgeschichte Kanaans und Israels aufgrund bislang unerschlossener ikonographischer Quellen (Quaestiones disputatae 134), Freiburg/-Basel/Wien.

KEEL-LEU H., 1989, Die frühesten Stempelsiegel Palästinas. Von den Anfängen bis zum Ende des 3. Jahrtausends, in: KEEL/KEEL-LEU/SCHROER 1989: 1-38.

— 1991, Vorderasiatische Stempelsiegel. Die Sammlung des Biblischen Instituts der Universität Freiburg Schweiz (OBO 110), Freiburg Schweiz/-Göttingen.

KEES H., 1942, Bemerkungen zum Tieropfer der Ägypter und seiner Symbolik (NAWG 1942,2), 71-88.

KELLERMANN D., 1978, *ṭāman, maṭmôn*, in: G.J. BOTTERWECK/H. RINGGREN, Hrsg., Theologisches Wörterbuch zum Alten Testament III,2/3, Stuttgart, Sp. 366-369.

KELM G.L./MAZAR A., 1982, Three Seasons of Excavations at Tel Batash – Biblical Timnah: BASOR 248, 1-36.

KEMPINSKI A., 1974, Tell el-ʿAjjûl - Beth Aglayim or Sharuḥen?: IEJ 24,145-152.

— 1985, The Overlap of Cultures at the End of the Late Bronze Age and the Beginning of the Iron Age: ErIs 18, 399-407 (Hebrew) und 79* (English Summary).

— 1989, Megiddo. A City-State and Royal Centre in North Israel (Materialien zur Allgemeinen und Vergleichenden Archäologie 40), München.

KENNA V.E.G., 1971, Catalogue of the Cypriote Seals of the Bronze Age in the British Museum. Corpus of Cypriote Antiquities 3 (Studies in Mediterranean Archaeology 20,3), Göteborg.

KENYON K.M., 1960, Excavations at Jericho I. The Tombs excavated in 1952-4, London.

— 1965, Excavations at Jericho II, The Tombs excavated in 1955-8, London.

KIRKBRIDE D., 1965, Scarabs, in: K. KENYON 1965, 580-655.

KITCHEN K.A., 1973, The Third Intermediate Period in Egypt (1100-650 B.C.), Warminster.

— 1989, An Early Westsemitic Epigraph on a Scarab from Tell Abu Zureiq?: IEJ 39, 278-280.

KJAERUM P., 1983, Failaka/Dilmun. The Second Millenium Settlements I,1: The Stamp and Cylinder Seals (Jutland Archaeological Society Publications 17/1), Aarhus.

KLENGEL-BRANDT E., 1989, Altbabylonische Siegelabrollungen (VS VII-IX): Altorientalische Forschungen 16/2, 253-356.

KNUDTZON J.A., 1915, [2]1964, Die El-Amarna-Tafeln, 2 Bde., Leipzig, Nachdruck: Aalen.

KOCH K., 1988: Aschera als Himmelskönigin in Jerusalem: UF 20, 97-120.

KOHLMEYER K., 1992, Drei Stelen mit Sin-Symbolen aus Nordsyrien, in: B. HROUDA/S. KROLL/P.Z. SPANOS, Hrsg., Von Uruk nach Tuttul. Eine Festschrift für Eva Strommenger. Studien und Aufsätze von Kollegen und Freunden (Münchner Vorderasiatische Studien 12), München, 91-100.

KRAUS H.J., [2]1961, Psalmen I (Biblischer Kommentar 15,1), Neukirchen.

KUHLMANN K.P., 1977, Der Thron im Alten Ägypten. Untersuchungen zu Semantik, Ikonographie und Symbolik eines Herrschaftszeichens, Glückstadt.

KÜHNE H./SALJE B., in Vorbereitung, Kamid el-Loz. Die Glyptik, Saarbrücken.

KURTH D., 1975, Den Himmel stützen. Die "Tw3 pt"-Szenen in den ägyptischen Tempeln der griechisch-römischen Epoche (Rites égyptiens 2), Bruxelles.

— 1983, Die Lautwerte der Hieroglyphen in den Tempelinschriften der Griechisch-Römischen Zeit - Zur Systematik ihrer Herleitungsprinzipien: ASAE 69, 287-309.

LACAU P./CHEVRIER H., 1969, Une chapelle de Sesostris Ier à Karnak, Le Caire.

LAMBERT W.G., 1966, Ancient Near Eastern Seals in Birmingham Collections: Iraq 28, 64-83.

— 1969, A Middle Assyrian Medical Text: Iraq 31, 28-39.

— 1971, Götterlisten, in: E. WEIDNER/W. VON SODEN, Hrsg., Reallexikon der Assyriologie III, Berlin, 473-479.

LAMON R. S., 1935, The Megiddo Water System (OIP 32), Chicago.

LAMON R.S./SHIPTON G.M., 1939, Megiddo I. Seasons of 1925-1934, Strata I-V (OIP 42), Chicago.

LANDSBERGER B., 1948, Samʾal. Studien zur Entdeckung der Ruinenstätte Karatepe, Ankara.

LANDSBERGER B./VON SODEN W., 1965: Die Eigenbegrifflichkeit der babylonischen Welt. Leistung und Grenze sumerischer und babylonischer Wissenschaft (Libelli 142), Darmstadt.

LANDSTRÖM B., 1974, Die Schiffe der Pharaonen, Gütersloh.

LANGE K./HIRMER M., ^{4}1967, Ägypten. Architektur, Plastik, Malerei in drei Jahrtausenden, München.

LAROCHE E., 1955, Divinités lunaires d'Anatolie: RHR 74, 1-24.

LAYARD H.A., 1853: A Second Series of Monuments of Niniveh from Drawings made on the Spot, London.

LECLANT J., 1956, La 'mascarade' des boeufs gras et le triomphe de l'Egypte: MDAI.K 14, 128-145.

— 1968, Relations entre l'Egypte et la Phénicie, in: W.A. WARD, The Role of the Phoenicians in the Interaction of Mediterranean Civilizations, Beirut, 9-31.

LEGRAIN L., 1925, The Culture of the Babylonians from their Seals in the Collections of the Museum (University of Pennsylvania. The University Museum. Publications of the Babylonian Section XIV), Philadelphia.

— 1951, Ur Excavations X. Seal Cylinders, New York.

LEIBOVITCH J., 1955, Description of the Scarabs found in a Cemetery near Tel Aviv: ʿAtiqot. English Series 1, 13-18.

LEMAIRE A., 1983: Nouveaux sceaux nord-ouest sémitiques: Semitica 33, 17-31; Pl. I-III.

— 1990: Cinq nouveaux sceaux ouest-sémitiques: Studi di egittologia e di antichità puniche 7, 97-109.

LEPSIUS C.R., 1849-1858, ^{2}1972, Denkmäler aus Ägypten und Äthiopien. 12 Bde., Berlin, verkleinerter Nachdruck: Genève.

LEWY J., 1945-1946: The Late Assyro-Babylonian Cult of the Moon and its Culmination at the Time of Nabonidus: HUCA 19, 405-489.

LIPIŃSKI E., 1988: Art. Aramäer, in: M. GÖRG/B. LANG, Hrsg., Neues Bibel-Lexikon. Lfg. 1, Zürich, 146-148.

LLOYD S., 1954, Sultantepe II: AnSt 4, 101-110.

LLOYD S./BRICE W., 1951, Harran: AnSt 1, 77-111.

LLOYDS./GÖKÇE N., 1953, Sultantepe. Anglo-Turkish Joint Excavations, 1952: AnSt 3, 27-51.

LOUD G., 1939, The Megiddo Ivories (OIP 52), Chicago.

— 1948, Megiddo II. Seasons of 1935-39 (OIP 62), Chicago.

LOUD G./ALTMAN CH.B., 1938: Khorsabad II. The Citadel and the Town (OIP 40), Chicago.

von LUSCHAN F./ANDRAE W., 1943: Ausgrabungen in Sendschirli V: Die Kleinfunde von Sendschirli (Staatliche Museen zu Berlin. Mitteilungen aus den orientalische Sammlungen 15), Berlin.

M. = Sammlung Fuad Selim Matouk, jetzt am Biblischen Institut der Universität Freiburg Schweiz.

MABRY J., 1989, Investigations at Tell el-Ḥandaquq, Jordan (1987-88): ADAJ 33, 59-95.

MACALISTER R.A.S., 1912, The Excavation of Gezer. 1902-1905 and 1907-1909, 3 vols., London.

MACHINIST P., 1984/1985, The Assyrians and Their Babylonian Problem: Some Reflections, in: Wissenschaftskolleg – Institute for Advanced Study – zu Berlin. Jahrbuch 1984/1985, 353-364.

MACKAY E.J.H./MURRAY M.A., 1952, Ancient Gaza V (British School of Archaeology in Egypt 64), London.

MARCUS M.I., 1988, The Seals and Sealings from Hasanlu IVB, Iran, Ann Arbor.

MARKOE G., 1985, Phoenician Bronze and Silver Bowls from Cyprus and the Mediterranean (University of California Publications: Classical Studies 26), Berkeley/Los Angeles.

MARTIN G. TH., 1971, Egyptian Administrative and Private-Name Seals Principally of the Middle Kingdom and Second Intermediate Period, Oxford.

— 1979, Private Name Seals in the Alnwick Castle Collection: MDAI.K 35, 215-226.

MATOUK F.S., 1971 (I), 1977 (II), Corpus du Scarabée Egyptien. Vol. I: Les scarabées royaux. Vol. II: Analyse thématique, Beyrouth.

MATTHEWS D.M., 1990, Principles of Composition in Near Eastern Glyptic of the Later Second Millenium B.C. (OBO Series Archaeologica 8), Freiburg/Schweiz-Göttingen.

MATTHIAE P., 1977, Ebla. Un impero ritrovato (Saggi 586), Torino.

MATTHIAE SCANDONE G., 1975, Scarabei e Scaraboidi egiziani ed egittizzanti del Museo Nationale di Cagliari (Collezione di Studie Fenici 7), Roma.

McCOWN CH.CH., 1947, Tell en-Naṣbeh. Excavated under the Direction of the Late William Frederic Badè. Vol. I: Archaeological and Historical Results, Berkeley – New Haven.

McKAY J., 1973, Religion in Judah under the Assyrians 732-609 BC (Studies in Biblical Theology II/26), London.

MENANT J., 1888, Collection de Clercq. Catalogue méthodique et raisonné. Vol. I: Cylindres orientaux, Paris.

MERHAV R., 1985, The Stele of the 'Serpent Goddess' from Tell Beit Mirsim and the Plaque from Shechem Reconsidered: The Israel Museum Journal 4, 27-42.

METZGER M., 1985 (das Manuskript war 1971 abgeschlossen), Königsthron und Gottesthron. Thronformen und Throndarstellungen in Ägypten und im Vorderen Orient im dritten und zweiten Jahrtausend v. Chr. und deren Bedeutung für das Verständnis von Aussagen über den Thron im Alten Testament (AOAT 15) Kevelaer/Neukirchen.

MILLARD A.R., 1983, Assyrians and Arameans: Iraq 45, 101-108.

MIROSCHEDJI DE P., 1991, Tel Yarmut – 1989: Excavations and Surveys in Israel 10, 33-36.

MITTMANN S., 1974, Zwei Siegelbildscherben der frühen Bronzezeit aus dem nördlichen Ostjordanland: ZDPV 90, 1-13.

MLINAR CH., 1989, Die Skarabäen vom Tell el-Dabʿa (unveröffentlichtes Manuskript), Wien.

MONTET P., 1947-1960, La nécropole royale de Tanis, 3 Vols., Paris.

MOOREY P.R.S., 1985, Materials and Manufacture in Ancient Mesopotamia. The Evidence of Archaeology and Art. Metal and Metalwork, Glazed Materials and Glass (BAR International Series 237), Oxford.

MOORTGAT A., 1940, Vorderasiatische Rollsiegel. Ein Beitrag zur Geschichte der Steinschneidekunst, Berlin.

MOORTGAT-CORRENS U., 1968, Die ehemalige Rollsiegelsammlung Erwin Oppenländer: Baghdader Mitteilungen 4, 233-293.

MÜLLER-WINKLER C., 1987, Die ägyptischen Objekt-Amulette. Mit Publikation der Sammlung des Biblischen Instituts der Universität Freiburg Schweiz, ehemals Sammlung Fouad S. Matouk (OBO.Series Archaeologica 5), Freiburg-Schweiz/Göttingen.

MURRAY M.A., 1948, The Serpent Hieroglyph: JEA 34, 117f.

— 1949, Some Canaanite Scarabs: PEQ 81, 95-97.

NAVEH J., 1982, Early History of the Alphabet, Jerusalem-Leiden.

NAVILLE E., 1886, ^{2}1971, Das ägyptische Totenbuch der XVIII. bis XX. Dynastie, 2 Bde., Berlin, Nachdruck: Graz.

— 1901, The Temple of Deir el Bahari IV, London.

NEGBI O., 1976, Canaanite Gods in Metal. An Archaeological Study of Ancient Syro-Palestinian Figurines, Tel Aviv.

NEGBI O./MOSKOWITZ S., 1966, The "Foundation Deposits" or "Offering Deposits" of Byblos: BASOR 184, 21-26.

NELSON H.H. et al., 1930, Earlier Historical Records of Ramses III, Medinet Habu I (OIP 8), Chicago.

— 1932, Later Historical Records of Ramses III. Medinet Habu II (OIP 9), Chicago.

— 1934, The Calendar, the "Slaughterhouse" and Minor Records of Ramses III, Medinet Habu III (OIP 23), Chicago.

— 1936, Reliefs and Inscriptions at Karnak I. Ramses the IIIs Temple within the great Enclosure of Amon I (OIP 25) Chicago.

— 1957, The Temple Proper I. Medinet Habu V (OIP 83), Chicago.

NEWBERRY P.E., 1906, [2]1908, Scarabs. An Introduction to the Study of Egyptian Seals and Signet Rings (Egyptian Antiquities Series), London; Reprinted as: Ancient Egyptian Scarabs, Chicago 1979.

— 1907, Scarab-shaped Seals (CG 36001-37521) London.

— 1907a, The Tim(m)ins Collection of Ancient Egyptian Scarabs and Cylinder Seals, London.

NICCACCI A., 1980, Hyksos Scarabs (Studium Biblicum Franciscanum. Museum 2), Jerusalem.

NOTH M., 1938, Die Schoschenkliste: ZDPV 61, 277-304; jetzt auch in: DERS., 1971, Aufsätze zur biblischen Landes- und Altertumskunde II. Beiträge altorientalischer Texte zur Geschichte Israels, Neukirchen, 73-93;

NOUGAYROL J., 1939, Cylindres-sceaux et empreintes de cylindres trouvés en Palestine (BAH 33), Paris.

NOY T., 1993, Ha-Gosherim, in: EAEHL[2] II 553.

O'CONNOR D., 1985 [erschienen 1987], The Chronology of Scarabs of the Middle Kingdom and the Second Intermediate Period: The Journal of the Society for the Study of Egyptian Antiquities 15/1, 1-41.

OFFORD J., 1918, Palestinian Scarabs: PEQ 50, 175-179.

OHATA K., 1967, Tel Zeror II. Preliminary Report of the Excavation. Second Season 1965, Tokyo.

OHNEFALSCH-RICHTER M., 1893, Kypros, die Bibel und Homer. Beiträge zur Kultur-, Kunst- und Religionsgeschichte des Orients im Alterthume, 2 Bde., Berlin.

OLYAN S.M., 1987: Some Observations concerning the Identity of the Queen of Heaven: UF 19, 161-174.

OPIFICIUS R., 1961, Das altbabylonische Terrakottarelief (Untersuchungen zur Assyriologie und Vorderasiatischen Archäologie 2), Berlin.

OPIFICIUS R. et al., 1968, Geschnittene Steine der Antike. Münzen und Medaillen A.G., Basel.

OREN E.D, 1973, The Northern Cemetery of Beth Shan (University Museum Monographs), Leiden.

— 1993: Tel Sera', in: EAEHL[2] IV, 1329-1335059-1069.

OREN E. et al., 1991, Tell Haror – After Six Seasons: Qad 24, 2-19.

ORTHMANN W., 1971, Untersuchungen zur späthethitischen Kunst (Saarbrücker Beiträge zur Altertumskunde 8), Bonn.

ORY J., 1944, A Late Bronze-Age Tomb at Tell Jerishe: QDAP 10, 55-57.

OSTEN VON DER H.H., 1934, Ancient Oriental Seals in the Collection of Mr. E.T. Newell (OIP 22), Chicago.

ÖSTREICHER TH., 1923: Das deuteronomische Grundgesetz (BFChTh 27,4), Gütersloh.

ÖZGUÇ T., 1992, New Glazed Faience Objects from Kanish, in: B. HROUDA/-ST. KROLL/P.Z. SPANOS, Hrsg., Von Uruk nach Tuttul. Eine Festschrift für Eva Strommenger (Münchener Vorderasiatische Studien 12), München, 159-162.

PANOFSKY E., 1939, ²1962, Studies in Iconology. Humanistic Themes in the Art of the Renaissance, Oxford, zitiert nach der 2. Aufl., New York (Harper Torchbooks), 3-31.

PARAYRE D., 1990, Les cachets ouest-sémitiques à travers l'image du disque solaire ailé (Perspective iconographique): Syria 67, 269-301.

— A propos des sceaux ouest-sémitiques: le rôle de l'iconographie dans l'attribution d'un sceau à une aire culturelle ou un atelier, in: SASS/-UEHLINGER 1993: 27-51.

PARKER B., 1949, Cylinder Seals from Palestine: Iraq 11, 1-43.

— 1955 Excavations at Nimrud, 1949-1953. Seals and Seal Impressions: Iraq 17, 93-125

PATERSON A., 1917, Assyrian Sculptures. Palace of Sinnacherib, The Hague.

PETRIE F., 1888, Nebesheh (Am) and Defenneh (Tahpanhes) (Egypt Exploration Fund 4), London.

— 1889, Historical Scarabs, London.

— 1896, Koptos, London.

— 1903, Abydos II, London.

— 1906, Hyksos and Israelite Cities (British School of Archaeology in Egypt 12), London.

— 1909, Memphis I (British School of Archaeology in Egypt 15), London.

— 1914, ²1972, Amulets, London, Nachdruck: Warminster.

— 1917, Scarabs and Cylinders with Names. Illustrated by the Egyptian Collection in University College, London (British School of Archaeology in Egypt 29), London; Nachdruck: Warminster-Encino/Cal. 1974.

— 1919, Notes and Queries: PEQ 51, 46.

— 1925, Buttons and Design Scarabs. Illustrated by the Egyptian Collection in University College, London (BSAE 38), London; Nachdruck: Warminster-Encino/Cal. 1974.

— 1928: Gerar (BSAE 43), London.

— 1930: Beth-Pelet - Tell Fara I (British School of Archaeology in Egypt 48), London.

— 1931, 1932, 1933, 1934, Ancient Gaza. Tell el Ajjūl, 4 vols., (British School of Archaeology in Egypt 53, 54, 55, 56), London.

— 1937, Anthedon Sinai (British School of Archaeology in Egypt 58), London.

PETRIE F./BRUNTON G., 1924, Sedment I-II (British School of Archaeology in Egypt 34-35), London.

PÉZARD M., 1931, Qadesh. Mission archéologique à Tell Nebi Mend 1921-1922, Paris.

PIANKOFF A./RAMBOVA N., 1957, Mythological Papyri, 2 vols. (Egyptian Religious Texts and Representations 3), New York.

PIEPER M., 1927, Art. Skarabäen, in: G. WISSOWA/W. KROLL/K. MITTELHAUS, Hrsg., Paulys Realencyclopädie der classischen Altertumswissenschaft III A1, München, 447-459.

— 1930, Beschreibung einiger Skarabäen der Berliner Ägyptischen Sammlung: ZDPV 53, 195-199.

PIER G.C., 1906, Egyptian Antiquities in the Pier Collection I, Chicago..

— 1906-1907, Historical Scarab Seals from the Art Institute Collection, Chicago: AJSL 23, 75-94.

PORADA E., 1948, Corpus of Ancient Near Eastern Seals in North American Collections. The Collection of the Pierpont Morgan Library, 2 vols. (The Bollingen Series 14), Washington.

— 1948a, The Seal Cylinders of the Late Cypriote Bronze Age: AJA 52, 178-198.

— 1956, A Lyre Player from Tarsus and his Relations, in: The Aegean and the Near East. Studies presented to Hetty Goldman on the Occasion of her Seventy-Fifth Birthday, New York, 185-211.

— 1957, Syrian Seal Impressions on Tablets Dated in the Time of Hammurabi and Samsu-iluna: JNES 16, 192-197.

— 1992, Review of KEEL/KEEL-LEU/SCHROER 1989: JAOS 112, 492-494.

POSENER G., 1944, La mésaventure d'un Syrien et le nom égyptien de l'ours: Or. NS 13, 193-204.

POSTGATE J.N., 1975, Ḫarrān, in: D.O. EDZARD, Hrsg., Reallexikon der Assyriologie und Vorderasiatischen Archäologie IV, Berlin, 122-125.

POTTS T.F. et al., 1988, Preliminary Report on the Eighth and Ninth Seasons of Excavation by the University of Sydney at Pella (Ṭabaqat Faḥl), 1986 and 1987: ADAJ 32, 115-149.

PRAUSNITZ M., 1975, Achzib (ez-Zib), in: M. AVI-YONAH, Hrsg., Encyclopedia of Archaeological Excavations in the Holy Land I, London, 26-30.

PRINZ H., 1915, Altorientalische Symbolik, Berlin.

PRITCHARD J.B., 1963, The Bronze Age Cemetery at Gibeon (University Museum Monograph), Philadelphia.

— 1980, The Cemetery at Tell es-Saʿidiyeh, Jordan (University Museum Monograph 41), Philadelphia.

PUECH E., 1980: Inscriptions sur sceaux et tessons incisés, in: J. BRIEND/ J.B. HUMBERT, éds., Tell Keisan (1971-1976). Une cité phénicienne en Galilée (OBO.Series Archaeologica 1), Fribourg/Göttingen/Paris, 296-299.

RADWAN A., 1975, Der Königsname. Epigraphisches zum göttlichen Königtum im Alten Ägypten: Studien zur Altägyptischen Kultur 2, 213-234.

— 1976, Eine Inschrift aus Gebel El Silsilah: MDAI.K 32, 187-189.

RAINEY A.F., 1970, El Amarna Tablets 359-379 (AOAT 8), Kevelaer.

RANKE H., 1935, Ägyptische Personennamen I, Glückstadt.

REICH R./BRANDL B., 1985, Gezer under Assyrian Rule: PEQ 117, 41-54.

REINHOLD G.G.G., 1989, Die Beziehungen Altisraels zu den aramäischen Staaten in der israelitisch-judäischen Königszeit (Europäische Hochschulschriften XXIII/368), Frankfurt a.M. – Bern.

REYES A.T., 1993, A Group of Cypro-Geometric Stamp Seals: Levant 25, 197-205.

RICHARDS F., 1988, Scarabs from Tomb 89 (Pella), in: POTTS et al. 1988: 148f.

— 1992, Scarab Seals from a Middle to Late Bronze Age Tomb at Pella in Jordan (OBO 117), Freiburg/Schweiz-Göttingen.

ROEDER G., 1915, Urkunden zur Religion des Alten Ägypten, Jena.

ROWE A., 1936, A Catalogue of Egyptian Scarabs, Scaraboids, Seals and Amulets in the Palestine Archaeological Museum, Le Caire.

— 1940, The Four Canaanite Temples of Beth-Shan I. The Temples and Cult Objects (Publications of the Palestine Section of the Museum of the University of Pennsylvania 2), Philadelphia.

RÜHLMANN G., 1964, Der Löwe im altägyptischen Triumphalbild: Wissenschaftliche Zeitschrift der Martin-Luther-Universität Halle-Wittenberg. Gesellschafts- und sprachwissenschaftliche Reihe 13, 651-665.

— 1977, Der Götterthron mit dem Türornament, in: W.-F. REINEKE/S. WENIG, Hrsg., Ägypten und Kusch (Schriften zur Ge-schichte und Kultur des Alten Orients 13), Berlin, 377-389.

SALJE B., 1990, Der 'Common Style' der Mitanni-Glyptik und die Glyptik der Levante und Zyperns in der Späten Bronzezeit (Baghdader Forschungen 11), Mainz.

SASS B., 1990, Studia Alphabetica. On the Origin and Early History of the Northwest Semitic, South Semitic and Greek Alphabets (OBO 102), Freiburg Schweiz/Göttingen.

SASS B./UEHLINGER CH., eds., 1993, Studies in the Iconography of Northwest Semitic Inscribed Seals (OBO 125), Freiburg Schweiz/Göttingen.

SÄVE-SÖDERBERGH T., 1957, Four Eighteenth Dynasty Tombs (Private Tombs at Thebes 1), Oxford.

SCHÄFER H., 1928, Weltgebäude der alten Ägypter, Berlin und Leipzig.

— 1933, Der Reliefschmuck der Berliner Tür aus der Stufenpyramide und der Königstitel *Ḥr-nb*: MDAI.K 4,1-17.

— [4]1963, Von ägyptischer Kunst. Eine Grundlage, Wiesbaden.

SCHAEFFER C.F.A., 1937, The Cuneiform Texts of RasShamra-Ugarit (The Schweich Lectures of the British Academy), London.

— 1952, Enkomi-Alasia I, Paris.

SCHOLLMEYER A., 1912, Sumerisch-babylonische Hymnen und Gebete an Šamaš, Paderborn.

SCHROER S., 1985, Der Mann im Wulstsaummantel. Ein Motiv der Mittelbronze-Zeit IIB, in: KEEL/SCHROER 1985: 49-115.

— 1987: In Israel gab es Bilder. Nachrichten von darstellender Kunst im Alten Testament (OBO 74), Freiburg Schweiz und Göttingen.

SCHROER S./STAUBLI TH., 1993, Der Vergangenheit auf der Spur. Ein Jahrhundert Archäologie im Land der Bibel, Zürich.

SCHUMACHER G., 1908, Tell el-Mutesellim. Bericht über die 1903 bis 1905 mit Unterstützung Sr. Majestät des Deutschen Kaisers und der Deutschen Orient-Gesellschaft vom Deutschen Verein zur Erforschung Palästinas veranstalteten Ausgrabungen I. Fundbericht, Leipzig.

SCHUMANN W., 1977, Steine und Mineralien (BLV Bestimmungsbuch), München-Bern-Wien.

SEGER J.D., 1972, Tomb Offerings from Gezer (Rockefeller Museum Catalogue 94), Jerusalem.

SEGER J.D./LANCE H.D., eds., 1988, Gezer V: The Field I Caves, Jerusalem.

SEIDL U., 1989, Die Babylonischen Kudurru-Reliefs. Symbole mesopotamischer Gottheiten (OBO 87), Freiburg Schweiz/Göttingen.

— 1993, Kleine Stele aus Til Barsip: Nouvelles Assyriologiques Brèves et Utilitaires 3 (Septembre), 72.

SEIDLMAYER ST.J., 1990, Gräberfelder aus dem Übergang vom Alten zum Mittleren Reich. Studien zur Archäologie der ersten Zwischenzeit (Studien zur Archäologie und Geschichte Altägyptens 1), Heidelberg.

SELLERS O.R., 1933: The Citadel of Beth Zur, Philadelphia.

SELLERS O.R. et al., 1968, The 1957 Excavation at Beth-Zur (AASOR 38), Cambridge/Mass.

SELLIN E., 1904, Tell Ta'annek (Denkschrift der Kaiserlichen Akademie der Wissenschaften in Wien. Philosophisch-historische Klasse 50/4), Berlin.

SETHE K., 1913, Ägyptische Inschriften aus den königlichen Museen zu Berlin I, Leipzig.

— 1927 und 1930, ²1961, Urkunden der 18. Dynastie (Urkunden des ägyptischen Altertums IV,1-4), Leipzig, Nachdruck Berlin/Graz.

— 1930, Urgeschichte und älteste Religion der Ägypter, Leipzig.

SHUVAL M., 1990, A Catalogue of Early Iron Stamp Seals from Israel, in: KEEL/SHUVAL/UEHLINGER 1990: 67-161.

SIMONS J., 1937, Handbook for the Study of Egyptian Topographical Lists Relating to Western Asia, Leiden.

SMITH W.S., 1946, A History of Egyptian Sculpture and Painting in the Old Kingdom, Oxford.

von SODEN W., 1974/1977, Zwei Königsgebete an Ištar aus Assyrien: AfO 25, 37-49.

SOTHEBY & CO., 1975, Catalogue of Egyptian Seals, Scarabs and Signet Rings. The Property of His Grace the Duke of Northhumberland, London 21.4.1975, London.

— 1993, Antiquities, London 9. 12. 1993, London.

SPELEERS L., 1917, Catalogue des intailles et empreintes orientales des Musées royaux du Cinquantenaire, Bruxelles.

SPIECKERMANN H., 1982, Juda unter Assur in der Sargonidenzeit (FRLANT 129), Göttingen.
SPYCKET A., 1973, Le culte du dieu-lune à Tell Keisan: RB 80, 384-395.
— 1974, Nouveaux documents pour illustrer le culte du dieu-lune: RB 81, 258f.
STÄHLI H.-P., 1985, Solare Elemente im Jahweglauben des Alten Testaments (OBO 66), Freiburg Schweiz/Göttingen.
STARK J.K., 1971, Personal Names in Palmyrene Inscriptions, Oxford.
STARKEY J.L./HARDING L., 1932, Beth Pelet II (British School of Archaeology in Egypt 52), London.
STAUBLI TH., 1991, Das Image der Nomaden im Alten Israel und in der Ikonographie seiner sesshaften Nachbarn (OBO 107), Freiburg/Schweiz-Göttingen.
STEINDORFF G., 1917, Die blaue Königskrone: ZÄS 53, 59-74.
STOCK H., 1942, Studien zur Geschichte und Archäologie der 13.-17. Dynastie Ägyptens unter besonderer Berücksichtigung der Skarabäen dieser Zwischenzeit (ÄF 12), Glückstadt.
STOL M., 1992, The Moon as seen by the Babylonians, in: D.J.W. MEIJER, ed., Natural Phenomena. Their Meaning, Depiction and Description in the Ancient Near East, Amsterdam, 245-277.
STÖRK L., 1980, Katze, in: W. HELCK/W. WESTENDORF, Hrsg., Lexikon der Ägyptologie III, Wiesbaden, col. 367-370.
STOOF M., 1992, Ägyptische Siegelamulette in menschlicher und tierischer Gestalt. Eine archäologische und motivgeschichtliche Studie (Europäische Hochschulschriften XXXVIII/41), Frankfurt a. M.
STRAUSS CH., 1980, Kronen, in:, W. HELCK/W. WESTENDORF, Hrsg., Lexikon der Ägyptologie III, Wiesbaden, col. 814-816.
TAÇYÜREK O.A., 1975, Some new Assyrian Rock-Reliefs in Turkey: AnSt 25, 169-180.
TADMOR H., 1975, Assyria and the West. The Ninth Century and its Aftermath, in: H. GOEDICKE/J.J.M. ROBERTS, eds., Unity and Diversity. Essays in the History, Literature and Religion of the Ancient Near East, Baltimore-London, 36-48.
— 1982, [2]1987, The Aramaization of Assyria: Aspects of Western Impact, in: H.-J. NISSEN/J. RENGER, Hrsg., Mesopotamien und seine Nachbarn (XXVe Rencontre Assyriologique International = Berliner Beiträge zum Vorderen Orient 1), Berlin, 449-470.
TADMOR M./MISCH-BRANDL O., 1980, The Beth Shemesh Hoard of Jewellery: The Israel Museum News 16, 71-82.
TEISSIER B., 1984, Ancient Near Eastern Cylinder Seals from the Marcopoli Collection, Berkeley.
— 1991, Review of KEEL/KEEL-LEU/SCHROER 1989: PEQ 123, 71f.
THOMPSON R.C., 1921, The Cuneiform Tablet from House D, in: C.L. WOOLLEY, Carchemish. Report on the Excavations at Jerablus on Behalf of the British Museum II. The Town Defences, London, 135-142.

— 1940, A Selection from the Cuneiform Historical Texts from Nineveh (1927-1932): Iraq 7, 85-131.

THUESEN I., 1990, Review of KEEL/KEEL-LEU/SCHROER 1989: Acta Orientalia 51, 265-268.

TIMM S., 1989: Moab zwischen den Mächten. Studien zu historischen Denkmälern und Texten (Ägypten und Altes Testament 17), Wiesbaden.

THUREAU-DANGIN F./DUNAND M., 1936, Til-Barsib (BAH 23), Paris.

TOSI M./ROCCATI A., 1972, Stele e altre epigrafi di Deir el Medina, Torino.

TREASURES of Tutankh-amun, 1972, London.

TUBB J.N., 1988, Tell es-Saʿidiyeh: Preliminary Report on the First Three Seasons of Renewed Excavations: Levant 20,23-88.

TUFNELL O.,1953, Lachish III (Tell ed-Duweir). The Iron Age, Oxford.

— 1956, 'Hyksos' Scarabs from Canaan: AnSt 6, 67-73.

— 1958, Lachish IV (Tell ed-Duweir). The Bronze Age, Oxford.

— 1962, Seals and Scarabs, in: G.A. Buttrick, ed., The Interpreters Dictionary of the Bible. An Illustrated Encyclopedia IV, Nashville, 254-259.

— 1984, Studies on Scarab Seals. Vol. II: Scarab Seals and their Contribution to History in the Early Second Millenium B.C. With Contributions by G.T. MARTIN and W.A. WARD, 2 vols., Warminster.

TUFNELL O./WARD W.A., 1966, Relations between Byblos, Egypt and Mesopotamia at the End of the Third Millenium B.C. A Study of the Montet Jar: Syria 43,165-241.

TUNCA Ö., 1979, Catalogue des sceaux-cylindres du Musée régional d'Adana: Syro-Mesopotamian Studies 3/1, 1-27.

TUSHINGHAM A.D., 1971, God in a Boat: The Australian Journal of Biblical Archaeology I/4, 23-28.

VANEL A., 1965, L'iconographie du dieu de l'orage dans le Proche Orient ancien jusqu'au VIIe s. av. J.-C. (Cahiers de la Revue Biblique 3), Paris.

VOLLENWEIDER M.-L., 1967, Catalogue raisonné des sceaux, cylindres et intailles I, Genève.

UEHLINGER CH., 1990a: Ein *ʿnḫ*-ähnliches Astralkultsymbol auf Stempelsiegeln des 8./7. Jhs., in: KEEL/SHUVAL/UEHLINGER 1990: 322-330.

— 1990b: Weltreich und «eine Rede». Eine neue Deutung der sog. Turmbauerzählung (Gen 11,1-9) (OBO 101), Freiburg Schweiz/ Göttingen.

VANDIER J., 1964, Manuel d'Archéologie égyptienne IV, Paris.

VAN BUREN E.D., 1945, Symbols of the Gods in Mesopotamian Art (AnOr 23), Roma.

VERCOUTTER J., 1945, Les objets égyptiens et égyptisants du mobilier funéraire carthaginois (BAH 40), Paris.

VINCENT H., 1903, Notes d'épigraphie palestinienne: RB 12, 605-612.

VODOZ I., 1979, Catalogue raisonné des scarabées gravés du Musée d'art et d'histoire de Genève, Genève.

WARD J., 1900-1901, A Collection of Historical Scarabs and Others, with a few Cylinders: PSBA 22, 305-320.386-401; 23, 19-34.79-91 = 1902, The Sacred Beetle. A Popular Treatise on Egyptian Scarabs in Art and History. Five Hundred Examples of Scarabs and Cylinders, London; Reprint San Diego/Cal. 1969.

WARD W.A., 1964, Cylinders and Scarabs from a Late Bronze Temple at ʿAmman: ADAJ 8-9, 47-55.

— 1978, Studies on Scarab Seals I. Pre-12th Dynasty Scarab Amulets, Warminster.

— 1982, Index of Egyptian Administrative and Religious Titles of the Middle Kingdom, Beirut.

— 1987, Scarab Typology and Archaeological Context: AJA 91, 507-532.

— 1992, Review of KEEL/KEEL-LEU/SCHROER 1989: BiOr 49, 733-739.

WARD W.H., 1910, The Seal Cylinders of Western Asia, Washington.

WATZINGER C., 1929, Tell el-Mutesellim. Bericht über die 1903 bis 1905 mit Unterstützung Sr. Majestät des Deutschen Kaisers und der Deutschen Orient-Gesellschaft vom Deutschen Verein zur Erforschung Palästinas veranstalteten Ausgrabungen II. Die Funde, Leipzig.

WEILL R., 1917, La fin du Moyen Empire Égyptien. Compléments: JA 11/9, 5-143.

WEINBERG S.S., 1971, Tel Anafa. The Hellenistic Town: IEJ 21, 86-109.

WEINSTEIN J.M., 1975, Egyptian Relations with Palestine in the Middle Kingdom: BASOR 217, 1-16.

WEIPPERT H., 1978, Siegel mit Mondsichelstandarten aus Palästina: Biblische Notizen 5, 43-58.

— 1988, Palästina in vorhellenistischer Zeit (Handbuch der Archäologie II/1), München.

WELTEN P., 1969, Die Königstempel. Ein Beitrag zur Militärpolitik Judas unter Hiskia und Josia (ADPV 1), Wiesbaden.

WERBROUCK M., 1938, Les pleureuses dans l'Égypte ancienne, Bruxelles.

— 1941, A propos du disque ailé: CEg 16, 165-171.

WERNER E.K., 1986, Month and the "Falcon Ships" of the Eighteenth Dynasty: Journal of the American Research Center in Egypt 23,107-123.

WESTENDORF W., 1968, Kunst im Bild. Das alte Ägypten, Baden-Baden.

WICKEDE A. VON, 1990, Prähistorische Stempelsiegelglyptik in Vorderasien (Münchner Vorderasiatische Studien VI), München.

WIESE A., 1990, Zum Bild des Königs auf ägyptischen Siegelamuletten (OBO 96), Freiburg Schweiz/Göttingen.

WILDBERGER H., 1972, Jesaja I (Biblischer Kommentar 10,1), Neukirchen.

WILDUNG D., 1972, Ramses, die grosse Sonne Ägyptens: ZÄS 99, 33-44.

— 1977, Flügelsonne, in: W. HELCK/W. WESTENDORF, Hrsg., Lexikon der Ägyptologie II, Wiesbaden, 277-279.

WILLIAMS B., 1970, Representational Scarabs from the Second Intermediate Period, Unveröffentlichte Master Thesis der University of Chicago, Chicago.

WILLIAMS D.P., 1977, The Tombs of the Middle Bronze Age II Period from the '500' Cemetery at Tell Fara (South) (Institute of Ar chaeology Occasional Publication 1), London.

WINTER U., 1983, ²1987, Frau und Göttin. Exegetische und ikonographische Studien zum weiblichen Gottesbild im Alten Israel und in dessen Umwelt (OBO 53), Freiburg Schweiz/Göttingen.

WOLF W., 1931, Das schöne Fest von Opet. Die Festzugsdarstellungen im grossen Säulengange des Tempels von Luksor, Leipzig.

WRIGHT G.R.H., 1971, Shechem and League Shrines: VT 21, 572-603.

YADIN Y., 1960: Hazor II, Jerusalem.

— 1972, Hazor (Schweich Lectures of the British Accademy 1970), London.

— 1974, Hazor. The Rediscovery of a Great Citadel of the Bible, Jerusalem.

YOYOTTE J. et al., 1987, Tanis. L'or des Pharaons, Paris.

ZADOK R., 1985, Samarian Notes: BiOr 42, 567-572.

ZORI N., 1962, An Archaeological Survey of the Beth Shan Valley, Jerusalem.

— 1977, Naḥalat Issak̲ar (The Land of Issachar. Archaeological Survey), Jerusalem.

TAFELN

Tafel 1

a (p. 3 und 5)

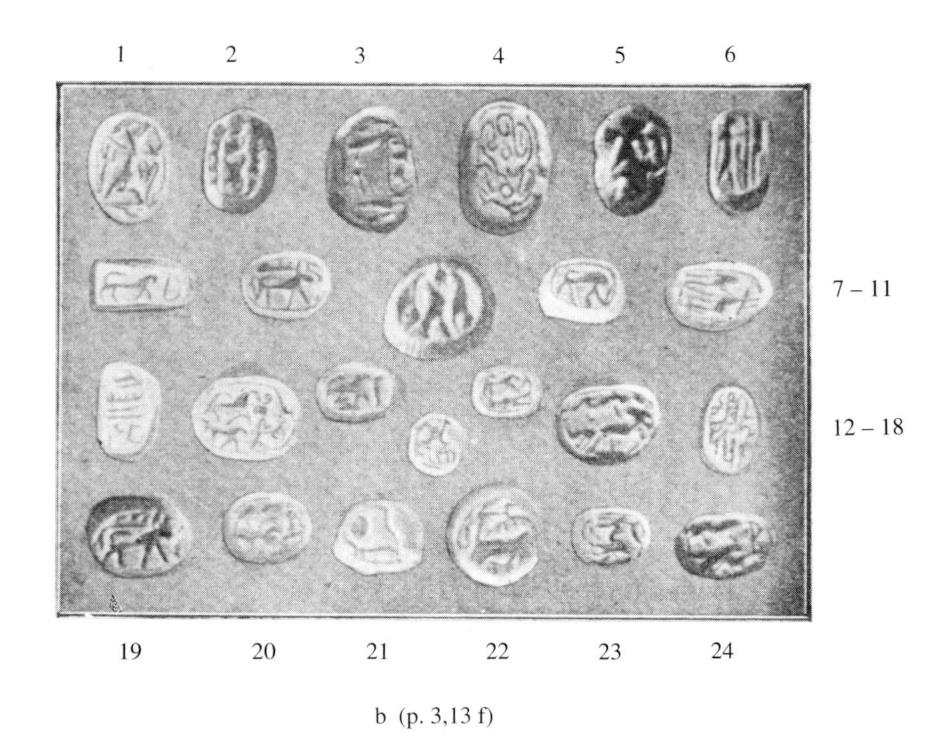

b (p. 3,13 f)

Tafel 2

(p. 3, 11, 13 f)

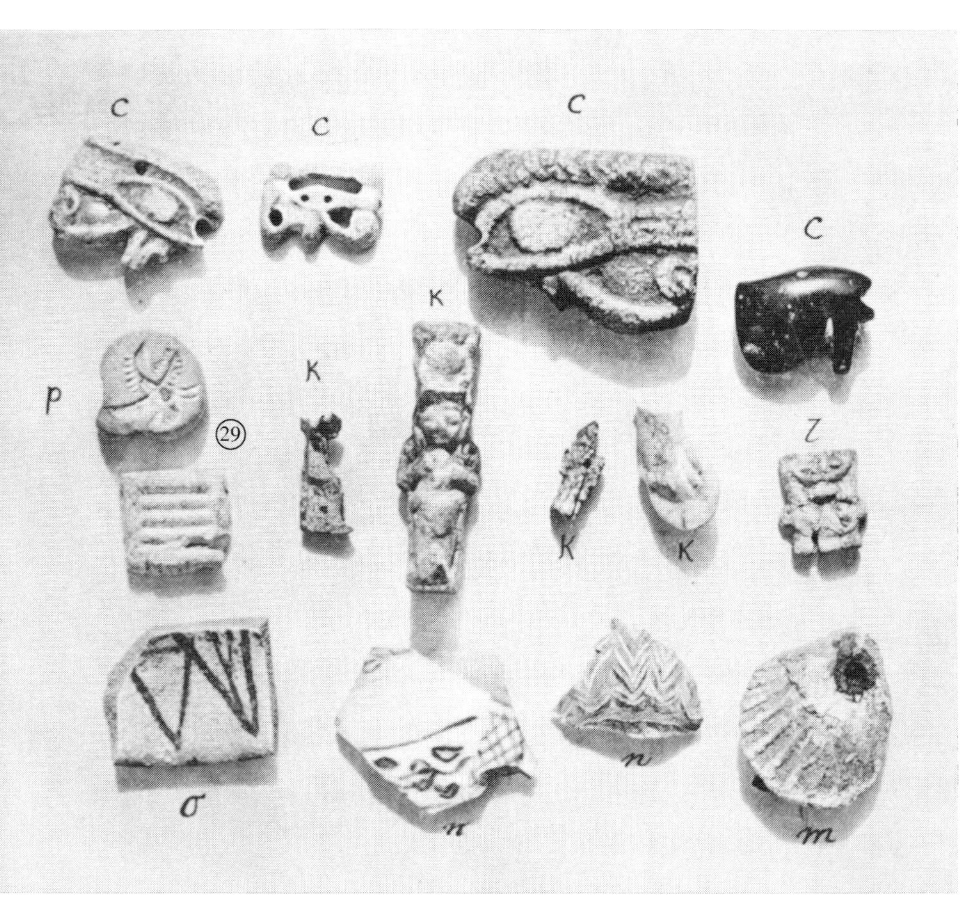

(p. 3, 9, 11 f, 13 f)

Tafel 4

(p. 5 f und 52)

(p. 5 f und 52)

Tafel 6

1 (p. 14 – 16)

2 (p. 16 – 18)

3 (p. 18 – 21)

4 (p. 21 – 22)

5 (p. 22 f)

6 (p. 23 f)

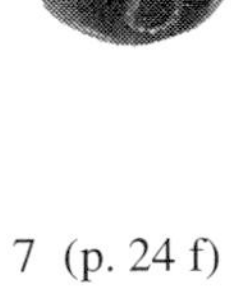

7 (p. 24 f)

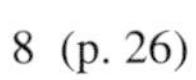

8 (p. 26)

9 (p. 26 – 28)

Tafel 8

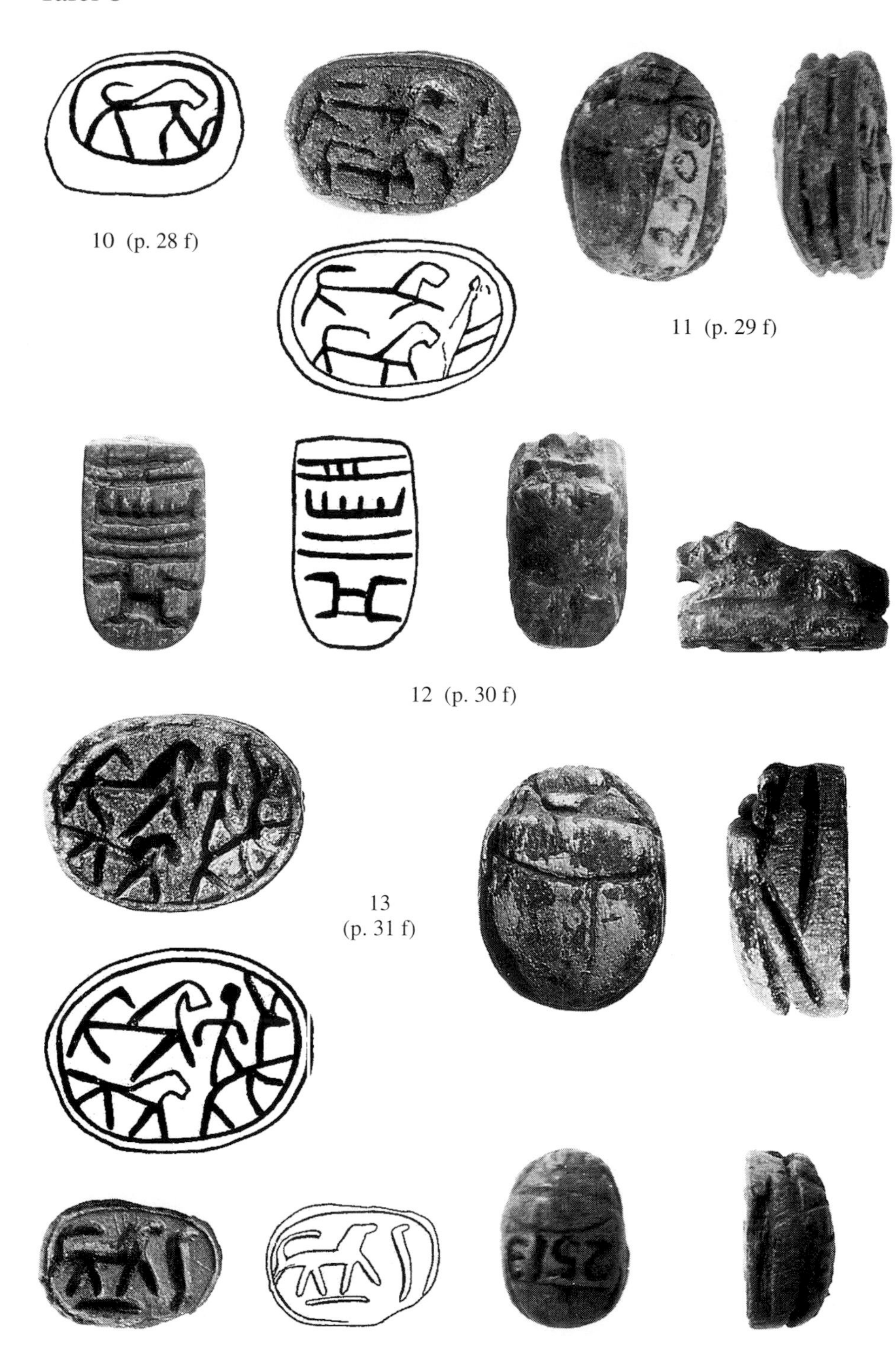

10 (p. 28 f)

11 (p. 29 f)

12 (p. 30 f)

13 (p. 31 f)

14 (p. 32)

15 (p. 33)

16 (p. 33 f)

   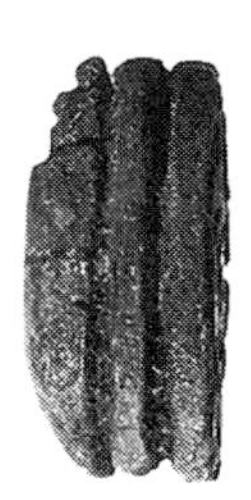

17 (p. 35 f)

18 (p. 36 f)

19 (p. 37 – 40)

Tafel 10

20 (p. 40 f)

21 (p. 41 – 43)

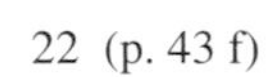

22 (p. 43 f)

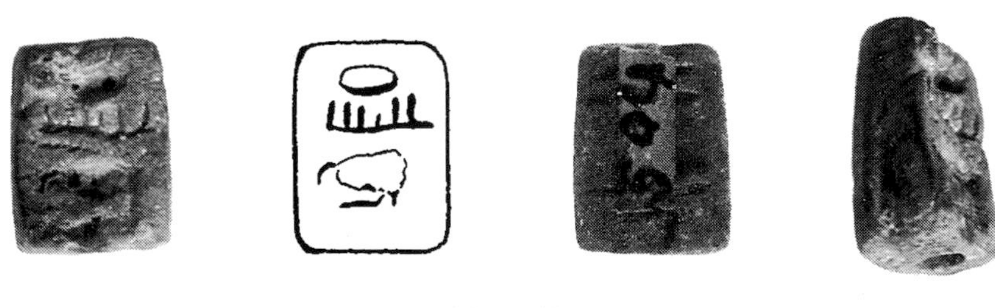

23 (p. 44)

24 (p. 44 f)

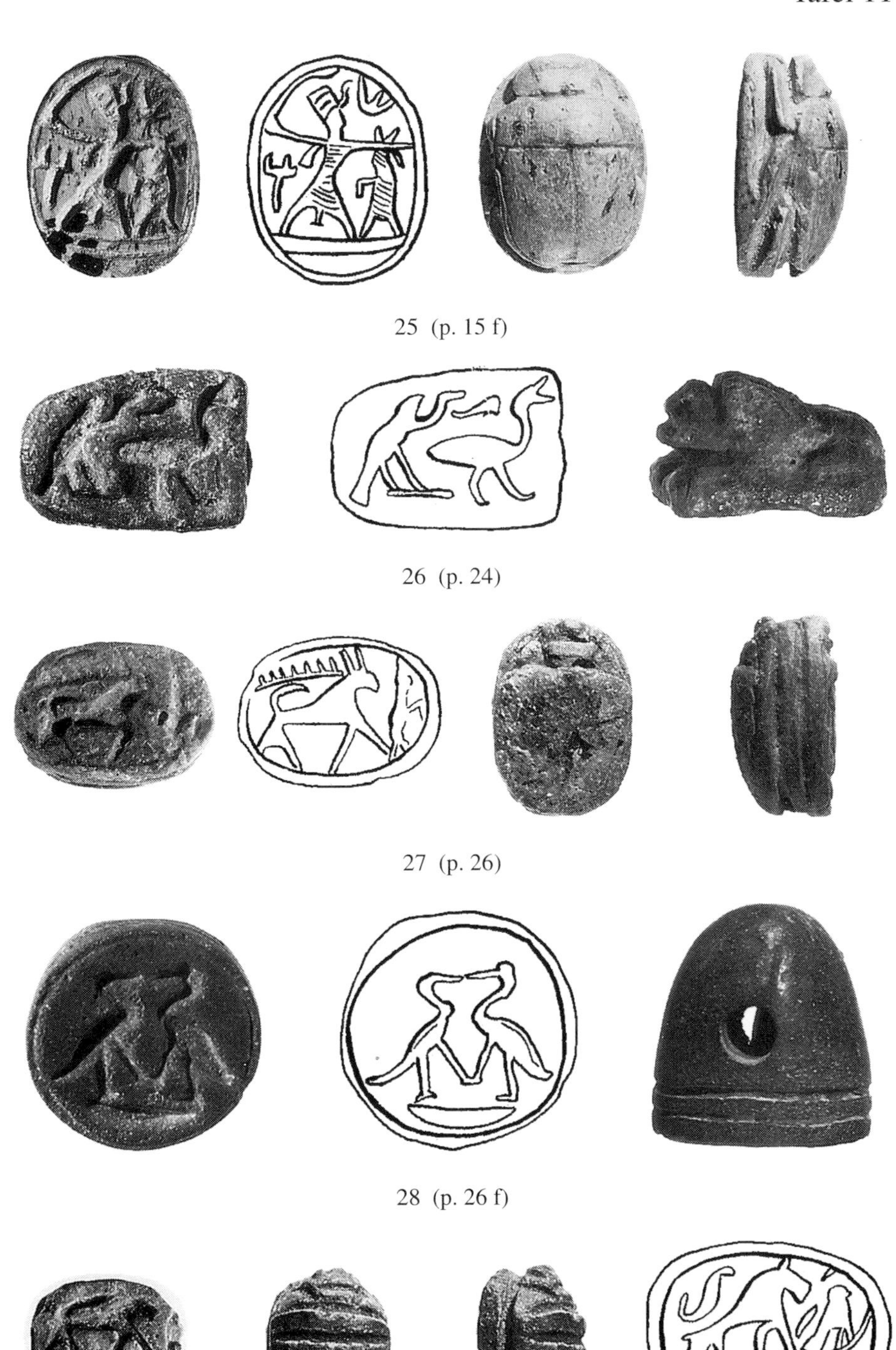

25 (p. 15 f)

26 (p. 24)

27 (p. 26)

28 (p. 26 f)

29 (p. 28 f)

30 (p. 34)

Tafel 12

1 (p. 54 – 61)

2 (p. 61 f)

3 (p. 62)

4 (p. 63 f)

5 (p. 64 f)

6 (p. 65)

7 (p. 66)

8 (p. 66)

9 (p. 67)

10 (p. 67 – 72)

11 (p. 72)

12 (p. 72 f)

13 (p. 73 – 76)

14 (p. 76 f)

15 (p. 77 f)

16 (p. 78)

Tafel 15

17 (p. 78 f)

18 (p. 79)

19 (p. 85 ff)

20 (p. 85 ff)

21
(p. 107)

22 (p. 108)

1 2:1 (p. 82)

2 1:1 (p. 151)

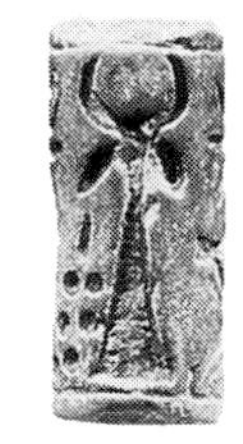

3 1:1 (p. 158)

4 1:1 (p. 158)

1 1:1 (p. 206)

2 2:1 (p. 206 Anm. 6)

3 2:1 (p. 208)

4 2:1 (p. 212)

Tafel 18

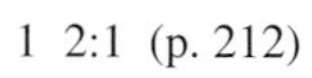

1 2:1 (p. 212)

2 (p. 213)

3 (p. 213)

1 2:1 (p. 214)

2 2:1 (p. 215)

3 2:1 (p. 216)

4 2:1 (p. 217)

Tafel 20

1 2:1 (p. 217)

2 2:1 (p. 218)

3a

3 2:1 (p. 219)

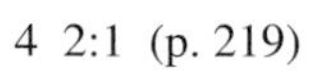

4 2:1 (p. 219)

1 2:1
(p. 220)

2 2:1
(p. 221)

3 2:1 (p. 221)

4 2:1 (p. 221 f)

5

Tafel 22

1 2:1
(p. 222 f)

2 2:1
(p. 223)

3
2:1
(p. 223)

4 2:1 (p. 223)

1 2:1 (p. 224)

2 2:1 (p. 224)

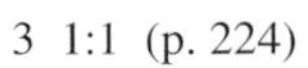

3 1:1 (p. 224)

4 1:1 (p. 224)

ORBIS BIBLICUS ET ORIENTALIS – Lieferbare Titel

Bd. 4 KARL JAROŠ: *Die Stellung des Elohisten zur kanaanäischen Religion.* 294 Seiten, 12 Abbildungen. 1982. 2. verbesserte und überarbeitete Auflage.

Bd. 7 RAINER SCHMITT: *Exodus und Passa. Ihr Zusammenhang im Alten Testament.* 124 Seiten. 1982. 2. neubearbeitete Auflage.

Bd. 8 ADRIAN SCHENKER: *Hexaplarische Psalmenbruchstücke.* Die hexaplarischen Psalmenfragmente der Handschriften Vaticanus graecus 752 und Canonicianus graecus 62. Einleitung, Ausgabe, Erläuterung. XXVIII–446 Seiten. 1975.

Bd. 10 EDUARDO ARENS: *The ΗΛΘΟΝ-Sayings in the Synoptic Tradition.* A Historico-critical Investigation. 370 Seiten. 1976.

Bd. 11 KARL JAROŠ: *Sichem.* Eine archäologische und religionsgeschichtliche Studie, mit besonderer Berücksichtigung von Jos 24. 280 Seiten, 193 Abbildungen. 1976.

Bd. 11a KARL JAROŠ/BRIGITTE DECKERT: *Studien zur Sichem-Area.* 81 Seiten, 23 Abbildungen. 1977.

Bd. 17 FRANZ SCHNIDER: *Die verlorenen Söhne.* Strukturanalytische und historisch-kritische Untersuchungen zu Lk 15. 105 Seiten. 1977.

Bd. 18 HEINRICH VALENTIN: *Aaron.* Eine Studie zur vor-priesterschriftlichen Aaron-Überlieferung. VIII–441 Seiten. 1978.

Bd. 19 MASSÉO CALOZ: *Etude sur la LXX origénienne du Psautier.* Les relations entre les leçons des Psaumes du Manuscrit Coislin 44, les Fragments des Hexaples et le texte du Psautier Gallican. 480 pages. 1978.

Bd. 25/1 MICHAEL LATTKE: *Die Oden Salomos in ihrer Bedeutung für Neues Testament und Gnosis.* Band I. Ausführliche Handschriftenbeschreibung. Edition mit deutscher Parallel-Übersetzung. Hermeneutischer Anhang zur gnostischen Interpretation der Oden Salomos in der Pistis Sophia. XI–237 Seiten. 1979.

Bd. 25/1a MICHAEL LATTKE: *Die Oden Salomos in ihrer Bedeutung für Neues Testament und Gnosis.* Band Ia. Der syrische Text der Edition in Estrangela Faksimile des griechischen Papyrus Bodmer XI. 68 Seiten. 1980.

Bd. 25/2 MICHAEL LATTKE: *Die Oden Salomos in ihrer Bedeutung für Neues Testament und Gnosis.* Band II. Vollständige Wortkonkordanz zur handschriftlichen, griechischen, koptischen, lateinischen und syrischen Überlieferung der Oden Salomos. Mit einem Faksimile des Kodex N. XVI–201 Seiten. 1979.

Bd. 25/3 MICHAEL LATTKE: *Die Oden Salomos in ihrer Bedeutung für Neues Testament und Gnosis.* Band III. XXXIV–478 Seiten. 1986.

Bd. 27 JOSEF M. OESCH: *Petucha und Setuma.* Untersuchungen zu einer überlieferten Gliederung im hebräischen Text des Alten Testaments. XX–392–37* Seiten. 1979.

Bd. 28 ERIK HORNUNG/OTHMAR KEEL (Herausgeber): *Studien zu altägyptischen Lebenslehren.* 394 Seiten. 1979.

Bd. 29 HERMANN ALEXANDER SCHLÖGL: *Der Gott Tatenen.* Nach Texten und Bildern des Neuen Reiches. 216 Seiten, 14 Abbildungen. 1980.

Bd. 30 JOHANN JAKOB STAMM: *Beiträge zur Hebräischen und Altorientalischen Namenkunde.* XVI–264 Seiten. 1980.

Bd. 31 HELMUT UTZSCHNEIDER: *Hosea - Prophet vor dem Ende.* Zum Verhältnis von Geschichte und Institution in der alttestamentlichen Prophetie. 260 Seiten. 1980.

Bd. 32 PETER WEIMAR: *Die Berufung des Mose.* Literaturwissenschaftliche Analyse von Exodus 2, 23–5, 5. 402 Seiten. 1980.

Bd. 33 OTHMAR KEEL: *Das Böcklein in der Milch seiner Mutter und Verwandtes.* Im Lichte eines altorientalischen Bildmotivs. 163 Seiten, 141 Abbildungen. 1980.

Bd. 34 PIERRE AUFFRET: *Hymnes d'Egypte et d'Israël.* Etudes de structures littéraires. 316 pages, 1 illustration. 1981.

Bd. 35 ARIE VAN DER KOOIJ: *Die alten Textzeugen des Jesajabuches.* Ein Beitrag zur Textgeschichte des Alten Testaments. 388 Seiten. 1981.

Bd. 36 CARMEL McCARTHY: *The Tiqqune Sopherim and Other Theological Corrections in the Masoretic Text of the Old Testament.* 280 Seiten. 1981.

Bd. 37 BARBARA L. BEGELSBACHER-FISCHER: *Untersuchungen zur Götterwelt des Alten Reiches im Spiegel der Privatgräber der IV. und V. Dynastie.* 336 Seiten. 1981.

Bd. 38 MÉLANGES DOMINIQUE BARTHÉLEMY. *Etudes bibliques offertes à l'occasion de son 60e anniversaire.* Edités par Pierre Casetti, Othmar Keel et Adrian Schenker. 724 pages, 31 illustrations. 1981.

Bd. 39 ANDRÉ LEMAIRE: *Les écoles et la formation de la Bible dans l'ancien Israël.* 142 pages, 14 illustrations. 1981.

Bd. 40 JOSEPH HENNINGER: *Arabica Sacra.* Aufsätze zur Religionsgeschichte Arabiens und seiner Randgebiete. Contributions à l'histoire religieuse de l'Arabie et de ses régions limitrophes. 347 Seiten. 1981.

Bd. 41 DANIEL VON ALLMEN: *La famille de Dieu.* La symbolique familiale dans le paulinisme. LXVII–330 pages, 27 planches. 1981.

Bd. 42 ADRIAN SCHENKER: *Der Mächtige im Schmelzofen des Mitleids.* Eine Interpretation von 2 Sam 24. 92 Seiten. 1982.

Bd. 43 PAUL DESELAERS: *Das Buch Tobit.* Studien zu seiner Entstehung, Komposition und Theologie. 532 Seiten + Übersetzung 16 Seiten. 1982.

Bd. 44 PIERRE CASETTI: *Gibt es ein Leben vor dem Tod?* Eine Auslegung von Psalm 49. 315 Seiten. 1982.

Bd. 46 ERIK HORNUNG: *Der ägyptische Mythos von der Himmelskuh.* Eine Ätiologie des Unvollkommenen. Unter Mitarbeit von Andreas Brodbeck, Hermann Schlögl und Elisabeth Staehelin und mit einem Beitrag von Gerhard Fecht. XII–129 Seiten, 10 Abbildungen. 1991. 2. ergänzte Auflage.

Bd. 47 PIERRE CHERIX: *Le Concept de Notre Grande Puissance (CG VI, 4).* Texte, remarques philologiques, traduction et notes. XIV–95 pages. 1982.

Bd. 49 PIERRE AUFFRET: *La sagesse a bâti sa maison.* Etudes de structures littéraires dans l'Ancien Testament et spécialement dans les psaumes. 580 pages. 1982.

Bd. 50/1 DOMINIQUE BARTHÉLEMY: *Critique textuelle de l'Ancien Testament.* 1. Josué, Juges, Ruth, Samuel, Rois, Chroniques, Esdras, Néhémie, Esther. Rapport final du Comité pour l'analyse textuelle de l'Ancien Testament hébreu institué par l'Alliance Biblique Universelle, établi en coopération avec Alexander R. Hulst †, Norbert Lohfink, William D. McHardy, H. Peter Rüger, coéditeur, James A. Sanders, coéditeur. 812 pages. 1982.

Bd. 50/2 DOMINIQUE BARTHÉLEMY: *Critique textuelle de l'Ancien Testament.* 2. Isaïe, Jérémie, Lamentations. Rapport final du Comité pour l'analyse textuelle de l'Ancien Testament hébreu institué par l'Alliance Biblique Universelle, établi en coopération avec Alexander R. Hulst †, Norbert Lohfink, William D. McHardy, H. Peter Rüger, coéditeur, James A. Sanders, coéditeur. 1112 pages. 1986.

Bd. 50/3 DOMINIQUE BARTHÉLEMY: *Critique textuelle de l'Ancien Testament.* Tome 3. Ézéchiel, Daniel et les 12 Prophètes. Rapport final du Comité pour l'analyse textuelle de l'Ancien Testament hébreu institué par l'Alliance Biblique Universelle, établi en coopération avec Alexander R. Hulst†, Norbert Lohfink, William D. McHardy, H. Peter Rüger†, coéditeur, James A. Sanders, coéditeur. 1424 pages. 1992.

Bd. 52 MIRIAM LICHTHEIM: *Late Egyptian Wisdom Literature in the International Context.* A Study of Demotic Instructions. X–240 Seiten. 1983.

Bd. 53 URS WINTER: *Frau und Göttin.* Exegetische und ikonographische Studien zum weiblichen Gottesbild im Alten Israel und in dessen Umwelt. XVIII–928 Seiten, 520 Abbildungen. 1987. 2. Auflage. Mit einem Nachwort zur 2. Auflage.

Bd. 54 PAUL MAIBERGER: *Topographische und historische Untersuchungen zum Sinaiproblem.* Worauf beruht die Identifizierung des Ǧabal Mūsā mit dem Sinai? 189 Seiten, 13 Tafeln. 1984.

Bd. 55 PETER FREI/KLAUS KOCH: *Reichsidee und Reichsorganisation im Perserreich.* 119 Seiten, 17 Abbildungen. 1984. Vergriffen. Neuauflage in Vorbereitung.

Bd. 56 HANS-PETER MÜLLER: *Vergleich und Metapher im Hohenlied.* 59 Seiten. 1984.

Bd. 57 STEPHEN PISANO: *Additions or Omissions in the Books of Samuel.* The Significant Pluses and Minuses in the Massoretic, LXX and Qumran Texts. XIV–295 Seiten. 1984.

Bd. 58 ODO CAMPONOVO: *Königtum, Königsherrschaft und Reich Gottes in den Frühjüdischen Schriften.* XVI–492 Seiten. 1984.

Bd. 59 JAMES KARL HOFFMEIER: *Sacred in the Vocabulary of Ancient Egypt.* The Term *DSR,* with Special Reference to Dynasties I–XX. XXIV–281 Seiten, 24 Figures. 1985.

Bd. 60 CHRISTIAN HERRMANN: *Formen für ägyptische Fayencen.* Katalog der Sammlung des Biblischen Instituts der Universität Freiburg Schweiz und einer Privatsammlung. XXVIII-199 Seiten. Mit zahlreichen Abbildungen im Text und 30 Tafeln. 1985.

Bd. 61 HELMUT ENGEL: *Die Susanna-Erzählung.* Einleitung, Übersetzung und Kommentar zum Septuaginta-Text und zur Theodition-Bearbeitung. 205 Seiten + Anhang 11 Seiten. 1985.

Bd. 62 ERNST KUTSCH: *Die chronologischen Daten des Ezechielbuches.* 82 Seiten. 1985.

Bd. 63 MANFRED HUTTER: *Altorientalische Vorstellungen von der Unterwelt.* Literar- und religionsgeschichtliche Überlegungen zu «Nergal und Ereškigal». VIII–187 Seiten. 1985.

Bd. 64 HELGA WEIPPERT/KLAUS SEYBOLD/MANFRED WEIPPERT: *Beiträge zur prophetischen Bildsprache in Israel und Assyrien.* IX–93 Seiten. 1985.

Bd. 65 ABDEL-AZIZ FAHMY SADEK: *Contribution à l'étude de l'Amdouat.* Les variantes tardives du Livre de l'Amdouat dans les papyrus du Musée du Caire. XVI–400 pages, 175 illustrations. 1985.

Bd. 66 HANS-PETER STÄHLI: *Solare Elemente im Jahweglauben des Alten Testamentes.* X–60 Seiten. 1985.

Bd. 67 OTHMAR KEEL / SILVIA SCHROER: *Studien zu den Stempelsiegeln aus Palästina/Israel.* Band I. 115 Seiten, 103 Abbildungen. 1985.

Bd. 68 WALTER BEYERLIN: *Weisheitliche Vergewisserung mit Bezug auf den Zionskult.* Studien zum 125. Psalm. 96 Seiten. 1985.

Bd. 69 RAPHAEL VENTURA: *Living in a City of the Dead.* A Selection of Topographical and Administrative Terms in the Documents of the Theban Necropolis. XII–232 Seiten. 1986.

Bd. 70 CLEMENS LOCHER: *Die Ehre einer Frau in Israel.* Exegetische und rechtsvergleichende Studien zu Dtn 22, 13–21. XVIII–464 Seiten. 1986.

Bd. 71 HANS-PETER MATHYS: *Liebe deinen Nächsten wie dich selbst.* Untersuchungen zum alttestamentlichen Gebot der Nächstenliebe (Lev 19,18). XII–204 Seiten. 1990. 2. verbesserte Auflage.

Bd. 72 FRIEDRICH ABITZ: *Ramses III. in den Gräbern seiner Söhne.* 156 Seiten, 31 Abbildungen. 1986.

Bd. 73 DOMINIQUE BARTHÉLEMY/DAVID W. GOODING/JOHAN LUST/EMANUEL TOV: *The Story of David and Goliath.* 160 Seiten. 1986.

Bd. 74 SILVIA SCHROER: *In Israel gab es Bilder.* Nachrichten von darstellender Kunst im Alten Testament. XVI–553 Seiten, 146 Abbildungen. 1987.

Bd. 75 ALAN R. SCHULMAN: *Ceremonial Execution and Public Rewards.* Some Historical Scenes on New Kingdom Private Stelae. 296 Seiten, 41 Abbildungen. 1987.

Bd. 76 JOŽE KRAŠOVEC: *La justice (Ṣdq) de Dieu dans la Bible hébraïque et l'interprétation juive et chrétienne.* 456 pages. 1988.

Bd. 77 HELMUT UTZSCHNEIDER: *Das Heiligtum und das Gesetz.* Studien zur Bedeutung der sinaitischen Heiligtumstexte (Ez 25–40; Lev 8–9). XIV–326 Seiten. 1988.

Bd. 78 BERNARD GOSSE: *Isaie 13,1-14,23.* Dans la tradition littéraire du livre d'Isaïe et dans la tradition des oracles contre les nations. 308 pages. 1988.

Bd. 79 INKE W. SCHUMACHER: *Der Gott Sopdu - Der Herr der Fremdländer.* XVI–364 Seiten, 6 Abbildungen. 1988.

Bd. 80 HELLMUT BRUNNER: *Das hörende Herz.* Kleine Schriften zur Religions- und Geistesgeschichte Ägyptens. Herausgegeben von Wolfgang Röllig. 449 Seiten, 55 Abbildungen. 1988.

Bd. 81 WALTER BEYERLIN: *Bleilot, Brecheisen oder was sonst?* Revision einer Amos-Vision. 68 Seiten. 1988.

Bd. 82 MANFRED HUTTER: *Behexung, Entsühnung und Heilung.* Das Ritual der Tunnawiya für ein Königspaar aus mittelhethitischer Zeit (KBo XXI 1 – KUB IX 34 – KBo XXI 6). 186 Seiten. 1988.

Bd. 83 RAPHAEL GIVEON: *Scarabs from Recent Excavations in Israel.* 114 Seiten. Mit zahlreichen Abbildungen im Text und 9 Tafeln. 1988.

Bd. 84 MIRIAM LICHTHEIM: *Ancient Egyptian Autobiographies chiefly of the Middle Kingdom.* A Study and an Anthology. 200 Seiten, 10 Seiten Abbildungen. 1988.

Bd. 85 ECKART OTTO: *Rechtsgeschichte der Redaktionen im Kodex Ešnunna und im «Bundesbuch».* Eine redaktionsgeschichtliche und rechtsvergleichende Studie zu altbabylonischen und altisraelitischen Rechtsüberlieferungen. 220 Seiten. 1989.

Bd. 86 ANDRZEJ NIWIŃSKI: *Studies on the Illustrated Theban Funerary Papyri of the 11th and 10th Centuries B.C.* 488 Seiten, 80 Seiten Tafeln. 1989.

Bd. 87 URSULA SEIDL: *Die babylonischen Kudurru-Reliefs.* Symbole mesopotamischer Gottheiten. 236 Seiten, 33 Tafeln und 2 Tabellen. 1989.

Bd. 88 OTHMAR KEEL/HILDI KEEL-LEU/SILVIA SCHROER: *Studien zu den Stempelsiegeln aus Palästina/Israel.* Band II. 364 Seiten, 652 Abbildungen. 1989.

Bd. 89 FRIEDRICH ABITZ: *Baugeschichte und Dekoration des Grabes Ramses' VI.* 202 Seiten, 39 Abbildungen. 1989.

Bd. 90 JOSEPH HENNINGER SVD: *Arabica varia.* Aufsätze zur Kulturgeschichte Arabiens und seiner Randgebiete. Contributions à l'histoire culturelle de l'Arabie et de ses régions limitrophes. 504 Seiten. 1989.

Bd. 91 GEORG FISCHER: *Jahwe unser Gott.* Sprache, Aufbau und Erzähltechnik in der Berufung des Mose (Ex. 3–4). 276 Seiten. 1989.

Bd. 92 MARK A. O'BRIEN: *The Deuteronomistic History Hypothesis:* A Reassessment. 340 Seiten. 1989.

Bd. 93 WALTER BEYERLIN: *Reflexe der Amosvisionen im Jeremiabuch.* 120 Seiten. 1989.

Bd. 94 ENZO CORTESE: *Josua 13-21.* Ein priesterschriftlicher Abschnitt im deuteronomistischen Geschichtswerk. 136 Seiten. 1990.

Bd. 96 ANDRÉ WIESE: *Zum Bild des Königs auf ägyptischen Siegelamuletten.* 264 Seiten. Mit zahlreichen Abbildungen im Text und 32 Tafeln. 1990.

Bd. 97 WOLFGANG ZWICKEL: *Räucherkult und Räuchergeräte.* Exegetische und archäologische Studien zum Räucheropfer im Alten Testament. 372 Seiten. Mit zahlreichen Abbildungen im Text. 1990.

Bd. 98 AARON SCHART: *Mose und Israel im Konflikt.* Eine redaktionsgeschichtliche Studie zu den Wüstenerzählungen. 296 Seiten. 1990.

Bd. 99 THOMAS RÖMER: *Israels Väter.* Untersuchungen zur Väterthematik im Deuteronomium und in der deuteronomistischen Tradition. 664 Seiten. 1990.

Bd. 100 OTHMAR KEEL/MENAKHEM SHUVAL/CHRISTOPH UEHLINGER: *Studien zu den Stempelsiegeln aus Palästina/Israel.* Band III. Die Frühe Eisenzeit. Ein Workshop. XIV–456 Seiten. Mit zahlreichen Abbildungen im Text und 22 Tafeln. 1990.

Bd. 101 CHRISTOPH UEHLINGER: *Weltreich und «eine Rede».* Eine neue Deutung der sogenannten Turmbauerzählung (Gen 11,1–9). XVI–654 Seiten. 1990.

Bd. 102 BENJAMIN SASS: *Studia Alphabetica.* On the Origin and Early History of the Northwest Semitic, South Semitic and Greek Alphabets. X–120 Seiten. 16 Seiten Abbildungen. 2 Tabellen. 1991.

Bd. 103 ADRIAN SCHENKER: *Text und Sinn im Alten Testament.* Textgeschichtliche und bibeltheologische Studien. VIII–312 Seiten. 1991.

Bd. 104 DANIEL BODI: *The Book of Ezekiel and the Poem of Erra.* IV–332 Seiten. 1991.

Bd. 105 YUICHI OSUMI: *Die Kompositionsgeschichte des Bundesbuches Exodus 20,22b-23,33.* XII–284 Seiten. 1991.

Bd. 106 RUDOLF WERNER: *Kleine Einführung ins Hieroglyphen-Luwische.* XII–112 Seiten. 1991.

Bd. 107 THOMAS STAUBLI: *Das Image der Nomaden im Alten Israel und in der Ikonographie seiner sesshaften Nachbarn.* XII–408 Seiten. 145 Abb. und 3 Falttafeln. 1991.

Bd. 108 MOSHÉ ANBAR: *Les tribus amurrites de Mari.* VIII–256 Seiten. 1991.

Bd. 109 GÉRARD J. NORTON/STEPHEN PISANO (eds.): *Tradition of the Text.* Studies offered to Dominique Barthélemy in Celebration of his 70th Birthday. 336 Seiten. 1991.

Bd. 110 HILDI KEEL-LEU: *Vorderasiatische Stempelsiegel.* Die Sammlung des Biblischen Instituts der Universität Freiburg Schweiz. 180 Seiten. 24 Tafeln. 1991.

Bd. 111 NORBERT LOHFINK: *Die Väter Israels im Deuteronomium.* Mit einer Stellungnahme von Thomas Römer. 152 Seiten. 1991.

Bd. 112 EDMUND HERMSEN: *Die zwei Wege des Jenseits.* Das altägyptische Zweiwegebuch und seine Topographie. XII–282 Seiten, 1 mehrfarbige und 19 Schwarz-weiss-Abbildungen. 1992.

Bd. 113 CHARLES MAYSTRE: *Les grands prêtres de Ptah de Memphis.* XIV–474 pages, 2 planches. 1992.

Bd. 114 THOMAS SCHNEIDER: *Asiatische Personennamen in ägyptischen Quellen des Neuen Reiches.* 480 Seiten. 1992.

Bd. 115 ECKHARD VON NORDHEIM: *Die Selbstbehauptung Israels in der Welt des Alten Orients.* Religionsgeschichtlicher Vergleich anhand von Gen 15/22/28, dem Aufenthalt Israels in Ägypten, 2 Sam 7, 1 Kön 19 und Psalm 104. 240 Seiten. 1992.

Bd. 116 DONALD M. MATTHEWS: *The Kassite Glyptic of Nippur.* 208 Seiten. 210 Abbildungen. 1992.

Bd. 117 FIONA V. RICHARDS: *Scarab Seals from a Middle to Late Bronze Age Tomb at Pella in Jordan.* XII–152 Seiten, 16 Tafeln. 1992.

Bd. 118 YOHANAN GOLDMAN: *Prophétie et royauté au retour de l'exil. Les origines littéraires de la forme massorétique du livre de Jérémie.* XIV–270 pages. 1992.

Bd. 119 THOMAS M. KRAPF: *Die Priesterschrift und die vorexilische Zeit. Yehezkel Kaufmanns vernachlässigter Beitrag zur Geschichte der biblischen Religion.* XX-364 Seiten. 1992.

Bd. 120 MIRIAM LICHTHEIM: *Maat in Egyptian Autobiographies and Related Studies.* 236 Seiten, 8 Tafeln. 1992.

Bd. 121 ULRICH HÜBNER: *Spiele und Spielzeug im antiken Palästina.* 256 Seiten. 58 Abbildungen. 1992.

Bd. 122 OTHMAR KEEL: *Das Recht der Bilder, gesehen zu werden. Drei Fallstudien zur Methode der Interpretation altorientalischer Bilder.* 332 Seiten, 286 Abbildungen. 1992.

Bd. 123 WOLFGANG ZWICKEL (Hrsg.): *Biblische Welten. Festschrift für Martin Metzger zu seinem 65. Geburtstag.* 268 Seiten, 19 Abbildungen. 1993.

Bd. 125 BENJAMIN SASS/CHRISTOPH UEHLINGER (eds.): *Studies in the Iconography of Northwest Semitic Inscribed Seals. Proceedings of a symposium held in Fribourg on April 17-20, 1991.* 368 pages, 532 illustrations. 1993.

Bd. 126 RÜDIGER BARTELMUS/THOMAS KRÜGER/HELMUT UTZSCHNEIDER (Hrsg.): *Konsequente Traditionsgeschichte. Festschrift für Klaus Baltzer zum 65. Geburtstag.* 418 Seiten. 1993.

Bd. 127 ASKOLD I. IVANTCHIK: *Les Cimmériens au Proche-Orient.* 336 pages. 1993.

Bd. 128 JENS VOß: *Die Menora. Gestalt und Funktion des Leuchters im Tempel zu Jerusalem.* 124 Seiten. 1993.

Bd. 129 BERND JANOWSKI/KLAUS KOCH/GERNOT WILHELM (Hrsg.): *Religionsgeschichtliche Beziehungen zwischen Kleinasien, Nordsyrien und dem Alten Testament. Internationales Symposion Hamburg 17.-21. März 1990.* 572 Seiten. 1993.

Bd. 130 NILI SHUPAK: *Where can Wisdom be found?* The Sage's Language in the Bible and in Ancient Egyptian Literature. XXXII–516 pages. 1993.

Bd. 131 WALTER BURKERT/FRITZ STOLZ (Hrsg.): *Hymnen der Alten Welt im Kulturvergleich.* 134 Seiten. 1994.

Bd. 132 HANS-PETER MATHYS: *Dichter und Beter. Theologen aus spätalttestamentlicher Zeit.* 392 Seiten. 1994.

Bd. 133 REINHARD G. LEHMANN: *Friedrich Delitzsch und der Babel-Bibel-Streit.* 472 Seiten, 13 Tafeln. 1994.

Bd. 134 SUSANNE BICKEL: *La cosmogonie égyptienne avant le Nouvel Empire.* 360 Seiten. 1994.

Bd. 135 OTHMAR KEEL: *Studien zu den Stempelsiegeln aus Palästina/Israel.* Band IV. Mit Registern zu den Bänden I-IV. XII–340 Seiten mit Abbildungen, 24 Seiten Tafeln. 1994.

Sonderband PASCAL ATTINGER: *Eléments de linguistique sumérienne. La construction de* du_{11}*/e/di «dire».* 816 pages. 1993.

UNIVERSITÄTSVERLAG FREIBURG SCHWEIZ

Studien zu den Stempelsiegeln aus Palästina/Israel — die ersten drei Bände im Urteil der Fachwelt

Othmar Keel / Silvia Schroer
STUDIEN ZU DEN STEMPELSIEGELN AUS PALÄSTINA/ISRAEL I (OBO 67)
Freiburg Schweiz – Göttingen, 115 Seiten, 97 Strichzeichnungen

"The careful collection and documentation of the material, which was precisely defined and sensibly interpreted, deserve to be fully appreciated because such work increase our understanding of ancient Near Eastern Art."

Edith Porada, Columbia University, New York
Journal of the American Oriental Society

Othmar Keel / Hildi Keel-Leu / Silvia Schroer
STUDIEN ZU DEN STEMPELSIEGELN AUS PALÄSTINA/ISRAEL II (OBO 88)
Freiburg Schweiz – Göttingen, 350 Seiten, 716 Strichzeichnungen

"This volume is one of several on scarabs and seals published in the series Orbis Biblicus et Orientalis, all of which I have used with profit(...).The present work maintains these high standards. There is complete documentation, including ample illustrative material, a satisfactory methodology, and the conviction that there is very little that has escaped the authors by way of evidence bearing on the problem they investigate."

William A. Ward, Brown University, Providence
Bibliotheca Orientalis

"The book makes two important contributions. First, it collects and makes available iconographic information that otherwise would not be available to scholars. This is an enormously valuable service and the authors are to be congratulated for making these data available. Second, it contributes to the methodology of the study of ancient Near Eastern art by focusing on the miniature (and popular) as opposed to the grand (and formal) iconographic traditions. These essays set [a[research agenda with which all future discussions of Near Eastern art must interact."

Walter E. Aufrecht, The University of Lethbridge, Alberta
The Catholic Biblical Quarterly

"The study of seals has developed into a very distinct and important subdiscipline to the reconstruction of Middle Eastern cultural history. This book demonstrates how far studies of seals can lead us."

Ingolf Thuesen, University of Copenhagen
Acta Orientalia

Othmar Keel / Menahem Shuval / Christoph Uehlinger
STUDIEN ZU DEN STEMPELSIEGELN AUS PALÄSTINA/ISRAEL III (OBO 100)
Freiburg Schweiz – Göttingen, 455 Seiten, 542 Strichzeichnungen und 22 Tafeln

"The study...is an admirable pioneering attempt to open the dark and difficult pages of part of the great picture book of the ancient Near East to modern eyes."

Aloysius Fitzgerald, The Catholic University of America, Wahington
Old Testament Abstracts

"La matière du livre est déjà, telle quelle, un outil inespéré pour commencer à définir l'imaginaire d'une époque qui vit se profiler l'identité israélite dans un monde ouest-sémitique en plein processus de différenciation. Occasion aussi d'aborder la question des modèles fondateurs par le biais des représentations courantes dont le caractère objectif et la nécessaire charge symbolique proposent une sorte de lieu herméneutique nouveau pour le décodage des témoignages archéologiques ou épigraphiques contemporains."

Françoise Smyth, Faculté Libre de Théologie Protestante, Paris
Etudes théologiques et religieuses

"Von besonderem Interesse sind die religionsgeschichtlichen Folgerungen, die Keel aus dem untersuchten Material zieht(...). Hier wird Pionierarbeit geleistet, die zeigen kann, wie wertvoll archäologische Funde für die Rekonstruktion von religiösen Vorstellungen in einer allgemein als 'dunkle Periode' bezeichneten...Zeit sein können."

Wolfgang Zwickel, Universität Kiel
Zeitschrift des Deutschen Palästinavereins

Zusammenfassung

Dieser Band schliesst eine Reihe von vier Bänden ab, die zum ersten Mal den Versuch machen, einige markante Gruppen der Tausende von unbeschrifteten Siegelamuletten, die in Palästina/Israel vom Neolithikum bis zur Perserzeit (von ca. 5000 bis 500 v. Chr.) ans Licht gekommen sind, unter chronologischen, typologischen und ikonographischen Gesichtspunkten zu ordnen und als Quellen für die Kultur- und Religionsgeschichte dieser Region auszuwerten. Der vorliegende Band beschäftigt sich vor allem mit Materialien aus der Eisenzeit: einem Hortfund von rund 30 Siegelamuletten aus Megiddo, einer Siegelgruppe, die in der Levante im 10./9. Jh. weit verbreitet war und den Pharao als Sonnengott zeigt, und aramäisch beeinflussten Siegelamuletten, die ihren Ursprung im Mondtempel von Harran hatten, und im 7. Jh. auch in Juda populär waren. Ein abschliessendes Kapitel, das eine Art Zusammenfassung der vier Bände bildet, diskutiert das Vorhandensein lokaler palästinischer Siegelamulett-Werkstätten von der Frühbronze- bis in die Eisenzeit. Zusammen mit den ausführlichen Registern zu allen vier Bänden bietet es einen bequemen Zugang zu diesem bisher weitgehend unerschlossenen Quellenmaterial.

Summary

This book completes a four-volume collection of pioneering studies on stamp seals from Israel/Palestine. Out of thousands of excavated seal amulets dating from the Neolithic down to the Persian period (i.e. from ca. 5000 to 500 B.C.E.), several distinct groups are classified according to chronological, typological and iconographical criteria and interpreted as sources for the of the area's cultural and religious history.
The present volume deals mainly with Iron age materials: a hoard of some 30 seal amulets from Megiddo, a seal group widely diffused in the 10th and 9th centuries displaying the Egyptian pharaoh as sun-god, and Aramaean-inspired seal amulets which were produced under the influence of the temple of the moon god in Harran but were also common in 7th-century Judah. The final chapter, a kind of summary of all four volumes, discusses the problem of local Palestinian seal manufacture from the Early Bronze to the Iron age. In conclusion and together with extensive indexes, it offers a convenient introduction to this hardly accessible and largely neglected source material.